▶ 交通运输类"十三五"创新教材
▶ 中华人民共和国内河船舶船员适任考试培训教材

船 舶 管 理

（轮机专业一类）

中国海事服务中心组织编审

主编 ◎ 宿靖波 袁成岗 张东方

大连海事大学出版社

Ⓒ 中国海事服务中心 **2020**

图书在版编目(CIP)数据

船舶管理：轮机专业一类／宿靖波，袁成岗，张东
方主编. — 大连：大连海事大学出版社，2020.12(2022.7重印)
  中华人民共和国内河船舶船员适任考试培训教材
  ISBN 978-7-5632-4050-0

Ⅰ．①船… Ⅱ．①宿… ②袁… ③张… Ⅲ．①船舶管
理—职业培训—教材 Ⅳ．①U692

中国版本图书馆 CIP 数据核字(2020)第 256120 号

大连海事大学出版社出版

地址:大连市黄浦路523号 邮编:116026 电话:0411-84729665(营销部) 84729480(总编室)
http://press.dlmu.edu.cn E-mail:dmupress@dlmu.edu.cn

大连金华光彩色印刷有限公司印装 **大连海事大学出版社发行**

2020 年 12 月第 1 版 2022 年 7 月第 3 次印刷
幅面尺寸:184 mm×260 mm 印张:25.75 字数:627 千

出版人:刘明凯

责任编辑:史云霞 责任校对:陈青丽 张 冰
封面设计:解瑶瑶 版式设计:解瑶瑶

ISBN 978-7-5632-4050-0 定价:72.00 元

中华人民共和国内河船舶船员适任考试培训教材
编委会

前　言

　　根据《内河船舶船员适任培训和考试大纲(2019版)》,中国海事服务中心组织在内河船舶运输领域有着丰富教学和培训经验的专家在2016年培训教材的基础上重新编写了"中华人民共和国内河船舶船员适任考试培训教材",并组织实践经验丰富的海事管理机构专家和船公司的指导船长、轮机长对教材进行了审定。

　　在本套教材编写前,中国海事服务中心组织参编专家对内河船舶运输现状进行了广泛的调研和深入的讨论,确保教材内容符合船上实际,反映最新航运技术和与航运相关的最新法律、法规、规范与标准,并在表达方式上通俗易懂,符合内河船舶船员业务学习和技能培训的需要。

　　本系列教材分驾驶专业和轮机专业两类:驾驶专业包括《船舶操纵》《船舶值班与避碰》《船舶引航》《船舶管理(驾驶专业一类)》《船舶操纵与引航(二、三类)》《船舶管理(驾驶专业二、三类)》;轮机专业包括《主推进动力装置》《船舶辅机》《船舶电气设备》《船舶管理(轮机专业一类)》《船舶机械设备操作与管理(二、三类)》《船舶电气设备操作与管理(二、三类)》《船舶管理(轮机专业二、三类)》。

　　《船舶管理(轮机专业一类)》由重庆交通大学宿靖波、江苏航运职业技术学院袁成岗、江苏海事职业技术学院张东方主编,重庆交通大学何宏康、湖北三峡职业技术学院左新明、江苏航运职业技术学院刘瑜参编。全书由宿靖波负责统稿,大连海事大学任洪莹、中国海事服务中心李富玺主审。

　　《船舶管理(轮机专业一类)》全书内容共分十四章。第一章为船舶概述,第二章为船员职业道德,第三章为船舶环保意识,第四章为法律法规,第五章为机械识图,第六章为船机修复工艺,第七章为安全值班,第八章为轮机应急情况处理,第九章为轮机部日常工作安排及各种作业安全注意事项,第十章为船舶修理业务,第十一章为船舶检验及安全检查,第十二章为轮机部文件与技术资料管理,第十三章为船舶油料、物料及备件的管理,第十四章为内河船舶轮机团队管理。本书适用于内河船舶轮机专业一类证书船员适任考试培训,也可供航运企业内部培训使用,还可作为大、中专院校内河船舶轮机专业或同类专业的教学参考书。

　　在教材编写过程中得到了各海事机构、航运院校、船员培训机构、航运企业等相关单位的关心和大力支持,特致谢意! 由于时间仓促,书中难免存在错误和疏漏,欢迎广大读者和专家批评指正。

中国海事服务中心

2020年7月

目　录

第一章
船舶概述

第一节 ◉ 内河船舶的分类与特点

内河船舶指能航行或漂浮于内陆江河、湖泊、水库等水域内以执行运输、工程作业任务的运载工具,是各类船、艇、舢板及水上作业平台的统称。

一、内河船舶的种类

内河船舶按不同的分类标准,有不同种类。根据中华人民共和国国家标准《内河船舶分类与代码》(GB/T 16158—1996),将内河船舶按用途、船舶动力和船体建造材料三大方面进行分类。

(一)按用途分类

1.客船

客船指航行于江河、湖泊上,专门用于运送旅客及其所携带的行李和邮件的船舶。有关规范规定,凡载客超过 12 人的船舶为客船。

客船的基本特点是,上层建筑布置有旅客舱室,抗沉、防火、救生等方面的安全要求较严格,避震、隔音等方面的舒适性要求较高,航速较快和功率贮备较大。

(1)根据船舶延续航行时间,分为 1~5 类客船,如表 1-1 所示。

(2)根据用途,客船又分为:一般客船、高速客船、旅游船、客货船和其他客船 5 类。

表 1-1　按延续航行时间分类的客船

类别	延续航行时间 t（h）	备注
1 类	$t>24$	延续航行时间指自出发港至终点港,其逆水延续航行时间,不包括中途停港时间
2 类	$12<t\leq24$	
3 类	$4<t\leq12$	
4 类	$0.5<t\leq4$	
5 类	$t\leq0.5$	

2. 货船

货船指以载运货物为主的、载客 12 人以下的船舶。其特点是大部分舱位用于堆贮货物。货船船型较多,根据装载货物不同又可分为以下几种:

（1）杂货船

杂货船主要用于运输箱装、袋装、桶装等包装杂货,也叫干货船。杂货船货舱舱容较大,一般设多层甲板,机舱多设在尾部。杂货船又可分为普通杂货船和多用途杂货船。普通杂货船通常用于运输箱装、包装、袋装、捆装等杂货,货舱体积较大,多层甲板、上甲板有吊杆,装卸效率较低。多用途杂货船可装集装箱,甲板开口大,设有吊杆,压载舱数目较多,装卸效率较高。

（2）散货船

散货船主要用于专运谷物、矿砂、煤炭等大宗散装货物。散货船包括矿砂船、运煤船、散粮船、散装水泥船。散货船一般为单甲板、尾机型船,设有较大的货舱口,以便装卸。散货船根据货舱结构形式的不同分为:通用型散货船、多用途散货船、矿砂船和自卸式散装船。

（3）液货船

①油船

油船是专运散装油类的船。油船多为尾机型,其特点是纵舱壁、双层壳结构、单层甲板、吨位大。油舱由纵横舱壁分隔为若干个独立舱,以增加强度,减小自由液面的影响。油的装卸由管系和油泵进行。由于石油及其制品易挥发、易燃,因而对防火和消防设备有特殊的要求。

②液体化学品船

液体化学品船是专门运输有毒、易挥发、具有一定危险性的液体化学品的船舶。根据液体化学品危险性大小可将液体化学品分为Ⅰ、Ⅱ、Ⅲ级:Ⅰ级液体化学品危险性最大,Ⅰ级液体化学品船货舱容积必须小于 1 250 m^3;Ⅱ级液体化学品船货舱容积小于 3 000 m^3;Ⅲ级液体化学品属于危险性较小的液体化学品。液体化学品船要求货舱必须与机器处所和居住处所分隔开,货舱要设有透气系统和温度控制系统,货舱和泵舱必须有足够大的出入口。

③液化气船

液化气船是运输液化石油气(以丙烷为主的碳氢化合物)或液化天然气(以甲烷为主的碳氢化合物)的船。运输时需将石油气或天然气经低温或高压处理,使之变成液态。专门散装运输液化石油气的船舶称为液化石油气船,简称为 LPG 船;专门散装运输液化天然气的船舶称为液化天然气船,简称为 LNG 船。液化气船按所装运的液化气体的液化方式可分为以下 3 种:压力式液化气船、低温式液化气船、低温压力式液化气船。液化气船常采用蒸汽轮机作为主机。

（4）冷藏船

冷藏船是将肉、鱼或水果等时鲜食品以冻结或维持低温状态进行运输的船。按货物的不同，可分为运肉船、运鱼船、水果运输船等。船上有制冷装置，使冷藏舱适应不同货种的要求维持在不同的低温状态。冷藏船具有多层甲板、甲板间舱高度较小、货舱口小、航速较高的特点。

（5）集装箱船

集装箱船是运输集装箱的船舶。内河小型集装箱船主要有以下特点：船型较瘦；一般设有首楼、尾甲板室、舷边舱、压载舱，而不设起重设备；单层连续甲板，双层底，双层壳体；甲板具有大型货舱开口。集装箱船的优点是：装卸效率高，船舶周转速度快，货损货差少，能实现海陆空联运和"门到门"运输，经济效益高。但有些集装箱船由于甲板上装集装箱，重心高、受风面积大，通常要采用10%载货量的压载量。

（6）滚装船

滚装船是把集装箱或货物连同带轮子的底盘或装货的托盘作为一个货物单元，用牵引拖带车或叉式装卸车搬运直接进出货舱的船。滚装船型深较大；设首尾尖舱、封闭式机舱、舷边舱；货舱内不设横舱壁，按其尺度的不同设有二至六层分舱甲板；一般为尾机型，上甲板不设货舱口和起货机械；设置在船首、船尾的门或舷边门由跳板与码头连接；货舱内设置有内跳板和升降平台，以便安置和移动货物；装卸速度快，码头投资小，便于特大或特重货物运输。但滚装船舱容利用率低、造价高。目前，长江上的滚装船多用于装运汽车。

（7）渡船

渡船，又称渡轮，是航行于江河、湖泊、岛屿之间的运输船舶，主要用于载运旅客、货物、车辆渡过江河、湖泊等水域。渡船的特点：船体轻巧，生活设备少；舱室和甲板宽大，稳性好；载客、装货较多；停靠码头、上下旅客、装卸货物方便。

（8）顶推船、拖船

顶推船、拖船指专门用于顶推或拖动载运物资的驳船和各种作业船舶。顶推船、拖船的特点：船体结构牢固、稳性好、船身小、主机功率大、牵引力大、操纵性能好，但本身无装卸能力。

（9）驳船

驳船指本身无自航能力，需拖船或顶推船拖带的货船。与拖船或顶推船组成驳船船队，可用于各港口间的货物运输，并根据货物运输要求而随时编组。驳船的特点：设备简单、吃水浅、载货量大。少数增设推进装置的驳船称为机动驳船，具有一定的自航能力。

此外，根据用途分类还有集多种用途于一体的多用途船和专门用于运输某类物品（如木材、牲畜、重件等）的专用船舶等。

3. 工程船舶

工程船舶主要指能够利用船上特有的工程机械从事特定的水上或水下工程任务的船舶。工程船舶的特点是：种类繁多，设备复杂，专业性强，新技术、新设备应用较为广泛。船上配置有成套工作机械以完成特定的工作任务，如航道保证、港口作业、水利建设、水上施工、救助打捞等。工程船舶包括航道保障用船（灯标船/艇等）、水工建筑用船（起重船、打桩船等）、救助船、打捞船、潜水工作船、采矿船、采砂船等。

（1）挖泥船、泥驳

挖泥船：用于清挖水道与河川淤泥的专用船舶；泥驳：用于装运挖泥船所挖泥沙的驳船。

（2）起重船

起重船又称浮吊,用于起吊水上建筑构件、搬运和安装大型机械、在港口码头起卸特大件货物等起重作业的船。主钩起吊能力从几十吨到 500 吨以上;其按起重设备类型的不同可分为转机式、定机式和固定变幅式等。为了保证浮吊的稳性,船上还设有平衡水舱和水泵等专用设备。

起重船常见的有扒杆式起重船和旋转式起重船。扒杆式起重船多为非自航式,箱形船体,吊钩在船首,几乎无横倾斜;旋转式起重船多为自航式,箱形船体,可进行 360° 旋转,起吊灵活。

（3）打桩船

打桩船是用于港口及桥梁工程以及其他临水建筑工程施工中打桩的船。多为非自航式的箱形船体,桩架通常设在首部。常见的有桩架固定式打桩船和桩架全回式打桩船。

（4）救助打捞船

救助打捞船是对遇难船舶进行施救和打捞沉船的工程船。救助拖船常要求稳性、耐波性好,航速高,有较强的消防能力。打捞船按打捞方式可分为浮筒式、起吊式、充塑式、金属筒式。

（5）浮船坞

浮船坞是能调节沉浮、用于修船和造船的工程船舶。特别是修船工程中有关拆换底部外板、清除污底、船底涂漆、修理螺旋桨和舵设备等水下工程,常需进坞施工。浮船坞具有箱形坞底和左右对称的两个箱形坞墙,其上设起重设备,坞中设强力泵站,通过对坞底水舱进行排灌,可以调节坞的沉浮。浮船坞由于造价比干船坞低,且可以移泊,在内河的修造船中被广泛使用。

4. 工作船舶

工作船舶既不直接参加运输生产,也不参与工程作业,而是为运输生产服务的船舶。它包括以下几种:

（1）港作船

在港内对大型船舶或其他船舶提供支援、服务的船舶。如交通船/艇、修理船/艇、协助大型船舶靠离码头的顶推船或拖船等。

（2）供应船

在港内用于供应运输船舶油、水、物等物品的船。供应船包括:供油船(分为自航船和油驳两种,它们都具有泵油的油泵,消防设备比较完善)、供水船(分为自航船和水驳两种,装有水泵和水管以供泵水之用)等。

（3）环保船

在港内用于运输船舶或港区水域的垃圾、污水、污油、浮油等的回收、处理船等。

（4）绞滩船

锚泊于内河急流、险滩河段,专门绞曳上行船舶过滩的工作船。设有大功率绞车及钢缆等绞曳设备。

（5）公务船

专门从事各种公务工作的船舶的统称。包括海事巡逻船/艇、海关巡逻船/艇、检疫船/艇、消防船/艇等。

（6）航标船

航标船的主要任务是安放航标,也兼做起重、航道测量和水文测量工作。全船漆成白色,并绘有专用标志。

此外,还有用于船舶靠泊或码头人员工作的趸船,以及适用于船舶修理的浮船坞等。

(二)按船舶动力分类

1.机动船

机动船是指依靠船舶自有主机动力航行的船,亦称自航船。机动船根据主机和推进器的形式不同又可分为以下几种:

(1)螺旋桨推进船

根据驱动螺旋桨的主机的型式分为:蒸汽机船、柴油机船、汽轮机船、燃气轮机船、电力推进船等。

(2)挂桨机船

挂桨机船又分为汽油挂桨机船和柴油挂桨机船。

汽油挂桨机船是指船用汽油挂机和螺旋桨组合成一体,外挂于船尾,螺旋桨伸入水中推动船舶前进。采用汽油机或船用挂机的小艇,常称为摩托艇。

柴油挂桨机船是指柴油机安装在船尾甲板上,利用传动系统和螺旋桨连接作为推进装置的船舶,其柴油机和传动系统为非整体式。

(3)明轮推进船

明轮推进船的优点:构造简单,造价低廉。明轮推进船的缺点:机构笨重,在波涛中不易保持一定的航速和航向,且蹼板易损坏。主要应用于内河船舶。

(4)喷水推进船

喷水推进船的优点:装在船体内部,具有良好的保护性;操纵性能良好。喷水推进船的缺点:减少了船舶的有效载重量;喷管中水力损耗很大,故推进效率低。喷水推进船主要为内河浅水的拖船、快艇。

2.风帆船

风帆船是指利用风力前进的船舶。风帆船的优点:利用了无代价的风力。风帆船的缺点:得到的推力依赖于风向和风力,以致船的速度和操作性能都受到限制。风帆船主要为游艇、教练船和小型渔船。此外,还有新型风帆助航节能船。

3.人力船

人力船是指利用人力,依靠篙、桨、橹、拉纤等方法驱动的船舶。

4.非自航船

非自航船是指驳船、趸船等船舶本身没有动力推动的船舶。

(三)按船体建造材料分类

内河船舶按船体建造材料一般分为钢质船、木质船、水泥船、轻(铝)合金船、玻璃钢船等船舶。

二、船舶主要部位名称

一般运输船舶是由四个部分组成的,即主体部分、上层建筑部分、动力部分和设备与系统部分。船舶主体部分是指船舶主甲板以下的船体。上层建筑部分是主甲板以上各种围蔽建筑物的统称,主要包括船楼及甲板室,用于布置船员和旅客工作、生活的房间以及安置各种装置与设备等。动力部分是指船舶产生原动力的机械设备和产生推进力的推进设备等,主要包括主发动机、推进器及其他辅助装置和设备。设备与系统部分:其中设备包括锚设备、舵设备、起货设备、系泊设备、拖顶设备、救生设备、消防设备等;系统包括舱底水系统,压载系统,供水、卫生及泄水系统,暖气及通风系统,油船的货油系统等。

1. 甲板

船舶被分隔板分隔成若干层,这种分隔板统称为甲板,可分为:

(1)全通甲板。凡自船首直通到船尾而不间断的甲板称为全通甲板。

船舶不论有几层全通甲板,其中必有一层为主甲板。主甲板又称干舷甲板,主甲板以下必须严格封闭,保证水密,因而主甲板上的所有开口应有水密设备。内河船舶水面上第一层全通甲板为主甲板(海船通常是最高一层全通甲板为主甲板)。

(2)短段甲板。船舶除有全通甲板外还有短段甲板,通常以所处位置而命名,如首楼甲板、尾楼甲板、游步甲板、艇甲板、驾驶甲板和顶篷甲板等。

2. 舱室

船舶各层又以纵横隔板分为许多舱室。

(1)驾驶台。设在船舶最高一层,是驾驶船舶的中心。罗经、雷达、测深仪、海图及其他航行仪器均置于此室。

(2)机舱。是装置主机的舱室,大部分辅机也设在其内。机舱通常设在船中部或尾部,油船机舱一般均设在尾部。

(3)首尾尖舱。是在船舶首尾尖瘦部位的舱室,前面的称首尖舱,后面的称尾尖舱。常用作压载水舱或淡水舱。

(4)货舱。装载货物的各种舱的统称,货舱通常自首至尾依次编为一号、二号……

(5)客舱。客船有大量舱室用于旅客起居,它又分若干等级。内河船舶客舱都设在主甲板以上。

(6)轴隧。自机舱至船尾,以钢板围成拱形的水密护罩,轴系由此通过至船尾螺旋桨。

此外,还有一些专用舱,如锚链舱、舵机舱、油船货油泵舱等。

第二节 ● 内河船舶基本参数

一、内河船舶尺度

船舶的主要尺度(简称主尺度)是表示船体外形大小的基本量度,包括船长、型宽和型深等。按照不同的用途,主尺度可分为船型尺度、最大尺度和登记尺度三种,见图1-1。

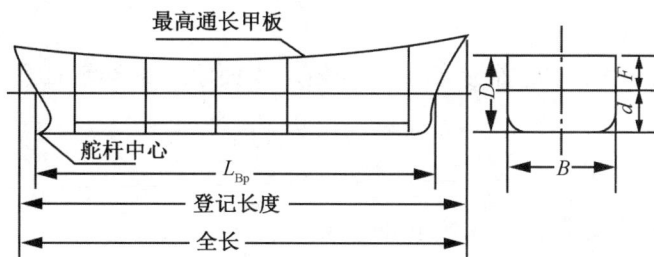

图 1-1 船舶尺度

(一)船型尺度

船型尺度也称为计算尺度或理论尺度。船型尺度是从船体型表面(内表面)上量取的,主要用于船舶的航行性能,如浮性、稳性等的计算。

1. 船长

船长通常指垂线间长,用 L_{Bp} 表示。它是船舶首垂线与尾垂线之间的水平距离。

2. 型宽

型宽用 B 表示。它是在船长中点处,船体型表面之间垂直于中线面的最大水平距离。

3. 型深

型深用 D 表示。它是指在船舶中横剖面处,自龙骨线沿垂直于基平面的方向量至船舶主甲板边线下缘的距离。

4. 型吃水

型吃水用 d 表示。它是自龙骨线(龙骨上缘)沿垂直于基平面的方向量至某一水线的距离。通常指在中横剖面处,按上述方法量至设计水线的距离。在首垂线处量得的型吃水称为首吃水,用 d_F 表示;在尾垂线处量得的型吃水称为尾吃水,用 d_A 表示。按下式计算出的吃水称为平均吃水,用 d_m 表示,即船长中点处的吃水。

$$d_m = \frac{d_F + d_A}{2}$$

5. 干舷

干舷用 F 表示。它是指在船中处从甲板边线上缘向下量至载重线上边缘的垂直距离。可用公式 $F = D - d$ 近似计算干舷的大小。

(二)最大尺度

最大尺度是船舶停靠泊位,进坞,过船闸、桥梁、狭窄航道,以及船舶避碰等的主要参考数据。

1. 全长(或称最大长)

全长用 L_{max} 表示。它是船舶最前端与最后端之间包括外板和两端永久性固定突出物的水平距离。

2. 全宽(或称最大宽)

全宽用 B_{max} 表示。它是包括外板和永久性固定突出物的船体最宽部分的水平距离。

3. 最大高度

最大高度用 H_{max} 表示。它是从船舶的空船水线面垂直量至船舶固定建筑物最高处的距离。

（三）登记尺度

登记尺度是用来丈量船舶、计算吨位的尺度。

1. 登记长度

登记长度对内河船舶称为量吨甲板长度，系指量吨甲板型线首尾两端点之间的最大水平长度。量吨甲板系指相邻满载水线以上的第一层全通甲板。

2. 登记宽度

登记宽度对内河船舶又称船宽，即船舶的型宽。

3. 登记深度

登记深度对内河船舶又称型深。对金属外板的船舶，系指在中横剖面处，从龙骨板上表面量至量吨甲板在船舷处的下表面的垂直距离；对非金属外板的船舶，此垂直距离应包括船底板的厚度。

二、内河船舶排水量、载重量和吨位

在船舶的度量参数中还有排水量、载重量和吨位，它们表示船舶的大小、建造规模和运输能力。

（一）排水量

船舶的排水量是船舶自由浮于静水中，保持静态平衡时所排水的质量。在数值上排水量就等于船舶的质量。根据船舶的装载情况，排水量分为以下几种：

1. 空载排水量

空载排水量指船体、机器、设备、船员及行李等质量的排水量。

2. 满载排水量

满载排水量指船舶满载时的排水量，包括空载排水量、燃料、淡水、供应品及旅客和货物等的质量。一般所说的船舶排水量多指船舶满载排水量。

3. 实际排水量

实际排水量指船舶装载部分货物时的排水量。

（二）载重量

载重量指船舶所装货物等的质量，它包括：

1. 总载重量

它等于满载排水量减去空载排水量，包括旅客和货物、燃料、淡水和供应品等的质量。

2. 净载重量

它等于总载重量减去燃料、淡水及供应品等的质量，表示船舶运载旅客和货物的能力。

排水量和载重量都是用质量的多少来表示船舶的运输能力,单位是"吨(t)"。

(三)吨位

在运输船舶中计算船上空间容积大小的单位叫作吨位,用来表示船舶的大小和运输能力。船舶吨位由船舶检验机构根据《内河船舶法定检验技术规则》中吨位丈量的要求,丈量、测定船舶的容积(吨位)的大小,主要有总吨位和净吨位。

1.总吨位

总吨位表示根据有关规范的规定丈量确定的船舶总容积,用 GT 表示。它表示船舶的大小,作为国家统计船舶吨位、计算船舶净吨位及海事赔偿计算的基础。

2.净吨位

净吨位表示根据有关规范的规定丈量确定的船舶有效容积,用 NT 表示。它是计算税收、停泊、拖带及过运河的费用的基础。

总之,排水量、载重量是以质量来表达船舶运输能力的,单位是"吨"。而"吨位"是以体积来表达船舶的运输能力的,在使用时不要混淆。

三、船舶稳性的基本概念

船舶稳性是指船舶受外力作用离开平衡位置而倾斜,当外力消除之后船舶能够自行地回复到原平衡位置的性能。这是所有船舶必须具备的性能。

船舶在停泊或航行中,经常受到风浪等外力作用,使其离开原平衡位置而倾斜;产生倾斜后的船舶又由于其本身所具有的性能而回复到原平衡位置。因此,可以说船舶一般都是经常处于这种平衡与不平衡的往复运动之中。为了船舶的安全,当然需要船舶具有良好的回复到原平衡位置的能力。

稳性是船舶非常重要的一个航行性能。它与船舶配载有着密切的关系。为了保障航行安全,防止发生翻船的危险,首先要求船舶具有足够的稳性。但是稳性亦不宜过大,因为稳性过大会使船舶发生剧烈的横摇。

(一)船舶的平衡状态

船舶有了浮性,在水中就会呈一种平衡状态,这种平衡状态是否具有稳定性,可做如下分析:

图 1-2(a)所示的船舶无外力矩作用,其初始的平衡状态为正浮于水线 WL 处,重力 W 和浮力 D 大小相等、方向相反,并作用在垂直于 WL 的同一条直线上,船舶处于正浮状态。

当船舶受外力矩(一般称为倾斜力矩,用 M_f 表示)作用后,将发生倾斜[图 1-2(b)中假设为右倾]。船舶横倾 θ 后,重力作用点即重心 G 一般认为保持不变,而浮力作用点即浮心 B 将向倾斜一侧移动到 B_1。船舶倾斜前后浮力作用线的交点 M 称为稳心。船舶倾斜后,当重力和浮力不在同一垂线上时,两力将形成一个力矩,称为稳性力矩(或复原力矩),用 M_S 表示。

船舶在水中的平衡状态与稳性力矩的方向有关,可分为三种:

1.稳定平衡状态

如图 1-2(b)所示,如果重心 G 在稳心 M 之下,重力和浮力所形成的力矩 M_S 和倾斜力矩

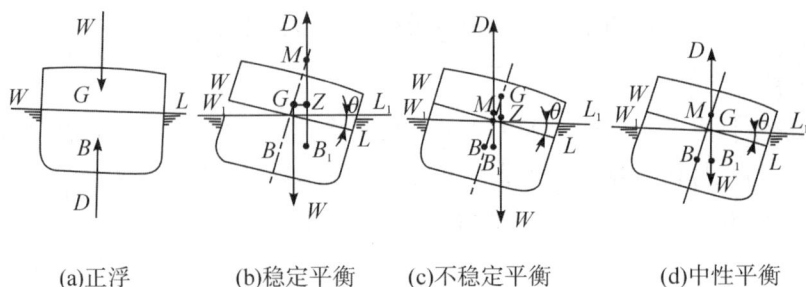

(a)正浮 (b)稳定平衡 (c)不稳定平衡 (d)中性平衡

图 1-2　船舶的平衡状态

M_f 方向相反。当 M_f 消除后，M_S 将使船舶回复到初始平衡位置，所以倾斜前船舶的平衡状态为稳定平衡状态。

2. 不稳定平衡状态

如图 1-2(c)所示，如果重心 G 点在稳心 M 点之上，重力与浮力所形成的力矩 M_S 与 M_f 方向相同，将使船舶进一步倾斜，此时船舶的平衡状态为不稳定平衡状态。

3. 随遇平衡状态

如图 1-2(d)所示，如果重心 G 点与稳心 M 点重合，重力与浮力作用于同一垂线上，M_S 为零。当 M_f 消除后，船舶不会回复到原来位置，也不会继续倾斜，将保持在倾斜角 θ 位置上，船舶的这种平衡状态为随遇平衡状态，也称中性平衡状态。

以上三种平衡，仅有船舶重心 G 点低于稳心 M 点时，船舶的平衡才是稳定的。为了保证船舶的安全，必须使船舶处于稳定平衡状态，即使船舶重心 G 点低于稳心 M 点。

(二)稳性的分类

在稳性问题研究中，为了使计算简化和得到较明确的稳性影响因素，将稳性问题做如下分类：

1. 按倾斜方向分

横稳性——船舶绕纵向轴横倾（即向左舷或右舷一侧的倾斜）时的稳性。

纵稳性——船舶绕横向轴纵倾（即向船首或船尾的倾斜）时的稳性。

2. 按倾角大小分

小倾角稳性——船舶倾斜角度很小时的稳性。实际应用中指倾角小于或等于 10°（或主甲板边缘开始入水前）时的稳性。

大倾角稳性——船舶倾斜角度较大时的稳性。实际应用中指倾角大于 10°（或主甲板边缘入水或舭部开始露出水面）时的稳性。

3. 按倾斜力矩的性质分

静稳性——船舶受到静倾力矩的作用，在倾斜过程中不计及角速度的稳性。当稳性力矩和倾斜力矩相等时船即得到平衡，故稳性力矩是衡量静稳性的重要指标。

动稳性——船舶受到动倾力矩的作用，在倾斜过程中计及角速度的稳性。当稳性力矩做功和倾斜力矩做功相等时船即得到平衡，故稳性力矩做功是衡量动稳性的重要指标。

对于一般船舶，船长远大于船宽，故纵稳性远好于横稳性，且大倾角稳性一般涉及船舶的横倾。因此,除特别说明,下面讨论的稳性均指横稳性。

(三)影响船舶初稳性的主要因素

1. 自由液面对船舶初稳性的影响

船舶装载液体在倾斜时能够自由流动的液体表面,称为自由液面。船上装载液体载荷的舱柜如淡水舱、燃油舱、压载水舱等,如没有装满,当船舶倾斜时液体表面相对于倾斜船体而保持与水面平行。

如图1-3所示,当船舶受外力矩作用发生倾斜时,舱内自由液面液体的重心将从 q 移至 q_1,移动方向与船舶倾斜方向相同。液体重心移动后与原来状态相比,相当于产生了一个附加力矩 M_r。该力矩与稳性力矩方向相反,而与船舶倾斜方向相同,所以会降低船舶的稳性,也就是减小了初稳性高度。

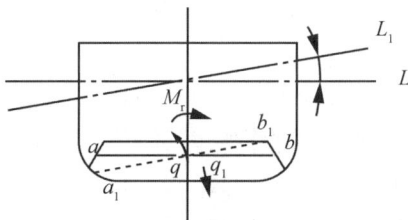

图1-3 自由液面对船舶初稳性的影响示意图

减小自由液面影响的措施有:

(1)在船舶营运过程中,使用燃油舱、淡水舱等舱柜时,尽可能对称地逐舱使用,尽可能保持舱柜全满或全空,以减少具有自由液面的舱柜数;

(2)装载液体货物的船舶,如油船、供水船,其自由液面对稳性的影响较大。这类船舶通常设置有水密纵舱壁以有效地减少自由液面对稳性的影响。

当舱内装载液体的容积超过舱室容积的95%以上或剩余液体所占容积少于该舱容积的5%时,自由液面对稳性影响很小,可以不考虑自由液面的影响。

2. 散装货物对船舶初稳性的影响

船舶装载粮食、矿砂、煤炭等货物时,通常以散装方式进行运输。这些散装货物有时因货源不足而未装满船舱,或者已装满货物的船舱因受船舶在航行中的摇荡运动的影响,散货出现下沉,使船舱上部留出了一定的空间。总之,只要货舱不满,在船舶横倾或横摇时,散货就会向倾斜一侧移动,使船舶重心发生横向位移,相当于产生了一个附加的横倾力矩,从而产生与自由液面类似的影响,使船舶稳性降低。

由于散货内部之间具有摩擦力,这种摩擦力因货物种类不同而差别很大。当船舶向一侧倾斜时,散货将向同一侧移动,但当船舶回倾时,散货却不能全部回复到原来的状态,而使船舶处于有一定倾角的新的平衡状态。如果船舶多次出现上述情况,就会产生一个很大的横倾角,使稳性不断减小,甚至造成船舶倾覆。所以散装货物对船舶稳性的影响较自由液面更严重。

内河相当一部分散货运输是由驳船承担的。驳船满载时,干舷较小、重心较高、稳性余量较小。若遇风浪或驳船稍有横摇,江水涌上甲板会浸入散货中,导致散货与甲板间摩擦力减小而使散货更容易移动,严重危及船舶安全。因此驳船装运散货时,较一般船舶具有更大的危险性。长江上曾多次发生散货甲板驳船在大风浪中货倾船翻的恶性事故,所以应引起足够重视。

减小散货对船舶稳性影响的措施有：

（1）对大宗散货船，特别是甲板驳船的稳性有更高要求；

（2）专用散货船货舱结构，设置有翼舱，可减小散货移动距离；

（3）在装运散货时，散货舱应平舱，散货表面可装袋装货物；

（4）在舱内设置纵向隔板；

（5）限制散货船的载货量，杜绝超载。

（四）改善船舶稳性的措施

为了保证船舶具有足够稳性，船舶在设计、建造（包括改建、扩建）阶段，对其各种装载情况都应进行稳性核算，使之能满足稳性规范的要求。但船舶在实际营运中，由于货源繁杂、装载状态多变，且航行中可能遇到各种环境条件，使基本稳性发生改变。所以应根据船舶实际情况，分析掌握本船的稳性。

1. 降低船舶重心

船舶重心位置的高低对稳性起决定性作用，重心越低，船舶静稳性力臂（回复力臂）GZ 值越大。营运过程中，通常采用压载或合理的货物配置来降低重心，例如拖船在舱底装生铁块或石块；客货船在下面的货舱装载重货，在双层底注入压载水，将油水由高舱位调拨至低舱位，将上层舱货物移至底舱等。

2. 船舶尽量不产生初始倾斜角

装卸货时，保持船舶平衡；开航前，绑扎可能移动的物品，避免货物移动（货物移动会产生很大的横倾角。船舶横倾角越大，对稳性的影响越大。船舶具有初始倾斜角是许多船舶发生倾覆事故最重要的原因）。

3. 减少自由液面对稳性的影响

对装载油、水等液体货物的船舶，油舱及压载舱应装满或抽净；燃油、淡水尽可能对称地逐舱使用；液体舱的舱壁应保证水密，避免舱壁破损后使液体流入其他舱室而产生横倾。

4. 减少横倾外力矩

拖船的拖钩应尽量布置得低些，以减小拖索横倾牵力矩，提高拖船的稳性。

客船应避免旅客集中在一舷。例如，短途客船的座位可以沿纵向安置、阻止旅客的横向流动、在舷侧走廊设置隔离区等，避免旅客向一舷集中，引起船舶的横倾。

5. 航行中避免产生过大的横倾角

船舶在大风浪中应避免横浪航行，尤其当船舶摇摆周期与波浪传播周期相近时，船舶会产生谐摇使横摇角越摇越大。遇到这种情况，应根据当时的环境条件，改变航向或航速，或改变航向的同时改变航速，避免谐摇，减小船舶横摇角。

船在回转调头时，应采取低速、小舵角缓慢转弯，尽量避免采用大舵角。尤其是稳性差的船舶若舵角突然大幅度改变，易引起横倾角过大，甚至翻沉。船舶回转时如果横倾角较大，不能急回舵，更不能反向操舵，因为舵力对重心的力矩有抵消外倾的作用，回舵则取消了这一抵消作用，将产生更大的横倾角。

四、船舶阻力对船舶航行的影响

（一）船舶阻力的分类

船舶阻力是指船舶航行时,作用于船体上阻止船舶运动的力,主要包括空气阻力和水阻力,航行于山区中小河流航道的船舶还要考虑由于航道落差而产生的坡降阻力。

1. 空气阻力

民用船舶的空气阻力很小,通常仅占总阻力的 2%～4%。

2. 水阻力

水阻力分为主体阻力和附体阻力两个部分。

（1）主体阻力

主体阻力又称基本阻力,是新出坞的裸船体(不包括附体)在平静水面航行时水对船体产生的阻力。按阻力的本质又可分为摩擦阻力、旋涡阻力和兴波阻力。

①摩擦阻力指船舶在水中运动时,由于水具有黏性,船体湿表面周围的水将受船体带动随船一起运动,反过来水将阻碍船舶运动而产生摩擦阻力。

②旋涡阻力指受水的黏性作用和水下船体形状的影响产生的阻力。当水流经船体时,在船体尾部形成旋涡,而旋涡处的水压力下降,造成船体首部压力大于尾部压力,形成首尾压差而产生旋涡阻力。旋涡阻力本质上与黏性有关,同时表现为压差的形式,所以又叫黏压阻力或形状阻力。

③兴波阻力指船舶航行时兴起波浪所形成的阻力。船兴波的产生改变了船体周围水压力的分布,使首部压力大于尾部压力而形成兴波阻力。

（2）附体阻力

附体阻力是由舵、螺旋桨、舭龙骨、轴包架等附体所引起的阻力;附体通常占船体体积很小,产生的阻力只占总阻力的 3%～10%。

船舶阻力的分类,如图 1-4 所示。

除主体阻力外,其余的如空气阻力、汹涛阻力及附体阻力统称为附加阻力。故船舶总阻力为主体阻力与附加阻力之和。

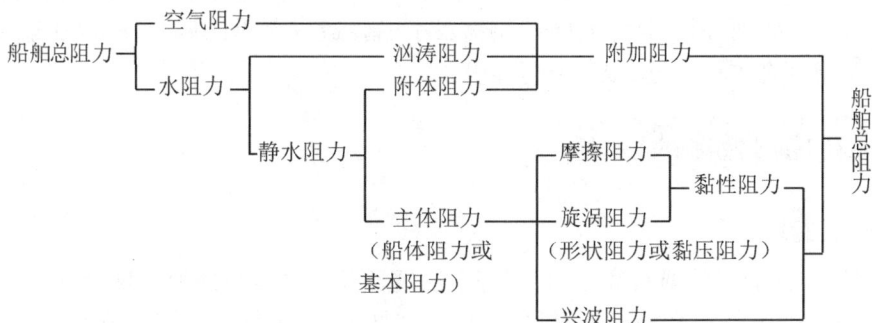

图 1-4　船舶阻力分类示意图

（二）影响船舶阻力的主要因素

1. 摩擦阻力的影响因素

（1）船体的浸湿面积。船体湿表面面积越大，摩擦阻力越大。

（2）船体表面的弯曲度和粗糙度。船体表面弯曲度越大或粗糙度越大，阻力也就越大。

（3）污底船体浸水表面生锈或附生藻类等生物，会使船体表面粗糙程度加大，从而造成阻力的增加。

摩擦阻力在船舶总阻力中所占的比例较大，对于低速船可达 70%~80%，一般的高速船也占 40%左右。

2. 旋涡阻力的影响因素

该阻力主要与船体浸入水下的形状有关，一般"流线型"旋涡阻力较小，船体碰撞变形后阻力会增加。

3. 兴波阻力的影响因素

兴波阻力主要与船速和船长有关，与流体的黏性无关。船速越高，该阻力越大，高速船的兴波阻力可占总阻力的 50%~60%。由于首横波和尾横波会产生干扰现象，当首横波移至船尾并呈波峰形式时，它将与尾横波的波谷叠加，从而出现有利干扰，使兴波阻力减少；当首横波波动到船尾以波谷的形式出现时，将会出现不利干扰，使兴波阻力增加。

（三）船舶在限制航道中的阻力

1. 浅水航道对阻力的影响

通常把水深与船舶尺度属同一数量级的航道叫浅水航道。船舶在浅水航道航行时，由于河床与船底之间距离很小，水流过流断面很小，船体湿表面周围特别是船底的水流速度增加，使摩擦阻力及旋涡阻力都会增加。此外，由于船底流速增加时，水流压力减少，还会使船舶产生下沉和尾倾（尾部下沉量大于首部下沉量）现象，容易导致船体与河床相撞的海损事故。通常应通过降低主机转速来降低船速或减载通过浅水区。

2. 狭窄航道对阻力的影响

通常把航道宽度与船舶尺度属同一数量级的航道叫狭窄航道。狭窄航道对阻力的影响比浅水宽航道的影响更大，不但会引起更加严重的下沉和尾倾，而且在狭窄航道高速行驶时船兴波具有很大的能量，对堤岸、河中水工建筑物及小船会造成严重的威胁，所以船舶通过狭窄航道时，一般都应降低主机转速，限制航行速度。

五、柴油机内河航区的划分

（一）航区的划分

为了保证内河船艇的航行安全，我国海事法规及相关规范将内河水域，按照航区水域的水文和气象条件，划分为 A、B、C 三级航区，其中某些区域，又依据水流湍急情况，分为 J_1、J_2 两级急流航段。

1. 按风浪等级划分

按风浪等级大小，航区可划分为 A 级、B 级和 C 级航区。各级航区的计算波浪尺度和波高范围的规定如表1-2所示。

表1-2　计算波浪尺度和波高范围

航区级别	计算波高 h(m)×计算波长 λ(m)	波高 h 范围(m)
A 级	2.5×30.0	$1.5 < h \leqslant 2.5$
B 级	1.5×15.0	$0.5 < h \leqslant 1.5$
C 级	0.5×5.0	$h \leqslant 0.5$

2. 按水流速度划分

除 A、B、C 三个内河船舶航区外，按水流速度分为 J_1、J_2 两种急流航段。在峡谷河流中，滩上流速超过 3.5 m/s 的航段，定为急流航段。急流航段主要考虑到区域的风浪虽然较小，但水流速度很快，同样会危害到船舶安全。

J_1 级急流航段：航区内滩上水流速度为 5 m/s 以上，但不超过 6.5 m/s 的航段；

J_2 级急流航段：航区内滩上水流速度为 3.5 m/s 以上，但不超过 5 m/s 的航段。

综上所述，航区级别按 A 级、B 级、C 级高低顺序排列，航段级别按 J_1 级、J_2 级高低顺序排列，不同等级的急流航段分别从属于所在水域的航区级别。

航区级别较低的船舶，不得在高一级别航区内航行；各级航区的船舶，如不满足航区内急流航段的特殊要求，也不能航行于急流航段。

（二）主要航区分级

由于我国能够通航的内河（江河、湖泊和水库）资源丰富、分布广阔，为了保证内河船艇的航行安全，《内河船舶法定检验技术规则》将我国内河的黑龙江水系、海河水系、黄河水系、淮河水系、长江水系、钱塘江水系、京杭运河水系、珠江水系及独自入海主要水系等九大水系的航区（航段）进行了划分。

内河船舶航行于 A 级航区的相对较少，我国长江、黄河、珠江三大水系各有一段，分别是长江水系的江阴至吴淞口（包括横沙岛）、黄河水系的龙羊峡水库、珠江水系的磨刀门到澳门水域。典型的 B 级航区为长江水系的宜昌至江阴一段。

各具体水系航区（航段）划分情况，可查询《内河船舶法定检验技术规则》（2019）第 2 篇"内河航区划分的规定"，或向水系所辖的省、直辖市、自治区的船舶检验机构咨询。

<h1 align="center">第三节 ◉ 内河船舶机舱设备</h1>

所谓机舱设备，泛指保证船舶正常航行、作业、停泊以及船员、旅客正常工作和生活所必需的机电设备和系统的综合体。

随着现代工业机械化、电气化、自动化的发展和人们需求的提高，船舶上配置的轮机设备的种类和功能也逐步得到发展和完善。总体而言，轮机设备大致包括主推进动力装置、辅助装置、船舶管路系统、甲板机械、机舱自动化设备等五个大类。

一、主推进动力装置

主推进动力装置是保证船舶以一定的速度航行的主要设备,也是轮机设备中最重要的部分。主要包括:

1. 主机

内河民用船舶通常采用中、高速柴油机,为推动船舶航行的推进器提供动力。

2. 传动设备

具体指带有离、合功能的减速齿轮箱,其主要功能是降低传动轴系的转速,提高螺旋桨的推进效率,此外对于不可换向的主机可实现螺旋桨的正、反转,实现船舶倒航。

3. 轴系

轴系是从主机曲轴输出法兰到螺旋桨之间的(一端与主机或减速齿轮箱输出轴相连接,另一端与螺旋桨相连接)传动轴、轴承及附件的总称。轴系包括传动轴和轴承(推力轴及轴承、中间轴及轴承、尾轴及尾轴管内的轴承)、轴系附件(联轴器、制动器、隔舱密封、尾轴套管密封、轴承润滑和冷却系统等)。轴系的作用是将主机动力矩传给螺旋桨,克服桨在水中转动的阻力矩,同时将螺旋桨产生的推力经推力轴承传给船体,推进船舶克服航行阻力航行。

4. 推进器（螺旋桨）

推进器是能量的转换装置,其作用是将主机的转动功率转化为推进力的装置,主要采用螺旋桨的形式。

二、辅助装置

1. 副机

副机是为全船提供电力、照明和其他动力的装置,也称发电机组。

在柴油机船上,通常备有 2~3 台发电机组,由单独设置的中、高速柴油机驱动。其发电容量根据全船电动机械设备的功率及数量确定。

2. 燃油辅助锅炉

燃油辅助锅炉通过燃烧燃油加热淡水产生蒸汽,在柴油机动力船舶上供平时取暖和加热使用。

除了燃油辅助锅炉外,船舶上还可能配置有利用柴油机排出废气热量来产生蒸汽的废气锅炉。

三、船舶管路系统

船舶管路系统是指为完成一定任务、专门用来输送和排出液体或气体的管路,包括管子和附件、容器、机械设备和监控仪表等。船舶管路系统分为船舶动力管系和船舶通用管系。

1. 船舶动力管系

船舶动力管系是专门为船舶动力装置(主机、副机)本身正常工作服务的管系。主要由燃油系统、滑油系统、冷却水系统、压缩空气系统和排气管系等组成。

2. 船舶通用管系

船舶通用管系是保证船舶不沉性,防火、防污染和安全航行,以及满足船员和旅客生活需要的管系。包括管子及其附件、机械和仪表等。船舶通用管系的管路复杂,纵横交错地布满全船。一般可按管路输送的介质、用途或功能不同进行分类。船舶通用管系主要有压载水系统、舱底水系统、消防系统、日用供水系统、空调通风系统等。

四、甲板机械

甲板机械是装在船舶甲板上的机械设备,是船舶的重要组成部分。其作用是保证船舶正常航行及船舶停靠码头、装卸货物、上下旅客所需要的机械设备和装置。甲板机械主要包括操舵机械、锚泊机械[起锚机和绞车、导缆器、带缆桩(系缆桩)、导缆滚轮]等。

五、机舱自动化设备

机舱自动化设备是船舶机舱内各种机械和电气设备自动化的总称。其作用主要是由自动控制设备代替人工对设备的操作和监测,以减少人工成本,改善工作条件,提高设备的可靠性及船舶营运的经济性。

第二章
船员职业道德

第一节 ◉ 内河航运简史与文化

中国有江河 5 000 多条,总长度 42 万多公里。中国自营内河航运始于 19 世纪 70 年代。"中华民国"成立以后取得了进一步发展,但在抗日战争期间遭受到较大损失,至 20 世纪 40 年代末仍未能恢复。中华人民共和国成立以来,内河航运大致经历了三个发展阶段。

一、主要内河航运干线

1.长江

长江是中国的"黄金水道"。干、支流通航里程达 7 万公里。长江干流自四川宜宾至入海口,全长 2 800 余公里,可全年通航,是中国全年昼夜通航最长的深水干线内河航道;其中长江口至武汉航道可通 5 000 吨级的船舶;汉口至重庆间航道可通 3 000 吨级江轮,在枯水期千吨级轮船亦可上溯到重庆;宜宾至重庆间航道可通航千吨级以下轮船。长江干流、支流、湖泊与人工运河相互贯通联结,组成了中国最大的水运网。

1949 年后,我国重点整治了重庆到宜昌段的险滩,改善了航道设施,大大提高了川江通航能力。长江干、支流航道同成昆、京广、川黔、成渝、焦枝等铁路干线相交,还通过运河和局部地段的水陆联运,与淮河、珠江及浙闽水系相连。

目前,整个长江干流货运量比 1949 年初期增加了约 15 倍,客运量增长了 12.6 倍,沿线港口吞吐量增加了 12 倍以上;所完成的货运量占全国内河航运货运总量的 42.6%。长江沿线主要港口有重庆、宜昌、沙市、城陵矶、武汉、黄石、九江、安庆、芜湖、马鞍山、南京、镇江、张家港、南通、上海等。

2.珠江

珠江是华南以广州为中心的最大水系、水运大动脉，通航价值仅次于长江。目前，通航里程只及河长的1/3，其中通航机动船只仅占1/6，尚有很大发展潜力。西江是珠江水系主要内河航运干线。梧州至广州段可常年通航轮船，百色以下可通小型轮驳船，木帆船可上溯至云南境内。北江韶关以下可通轮船，韶关以上及各支流多可通航木帆船。东江除龙川至合河口只能通航木船外，龙川以下400多公里均可通航轮船。

3.淮河

淮河自古即为重要通航河流，后因12世纪末黄河夺淮，又遭历代人为破坏，淮河遂成害河。

中华人民共和国成立后，经过40年来的努力，淮河干、支流航运量增长较快，20世纪80年代后期比1949年增长7倍。淮河水运潜力目前尚未得到充分利用。

4.黄河

黄河的航运价值远不如长江、珠江等河流。贵德以上基本不能通航，贵德到中卫间只通皮筏，中卫至银川、西小召至河口、龙门至孟津及孟津至陶城铺间可通木船，陶城铺至垦利间可通小船，垦利以下航道水浅则不通航。

5.黑龙江、松花江

黑龙江在中国境内的通航里程约2 200公里。松花江是黑龙江最大的支流，可通航里程达1 500公里，航运价值较大。黑龙江、松花江全年有冰封期5~6个月，冰封期间虽不能通航，但可发展东北地区特有的运输方式——冰上运输。

6.京杭运河

京杭运河是世界上开凿最早、路线最长的一条人工运河。它的修通在一定程度上弥补了中国缺少南北纵向天然航道之不足，对沟通中国南北物资交流有重要作用。京杭运河自兴修以来，几经变动，20世纪50年代以来不断整治，季节性通航里程已可达1 100公里，自邳州以南660公里则终年通航。

二、内河航运早年历史

航运企业中历史悠久的是招商局。其前身是李鸿章于1872年（同治十一年）创办的轮船招商局，这是晚清洋务派创办的第一个民用企业，也是中国第一家航运公司。成立后，遭到美商旗昌，英商太古、怡和轮船公司在运费上削价竞争，企图将其挤垮，继续垄断中国航运业。轮船招商局奋起应战，承揽漕粮，兼揽商货。1885年（光绪十一年）经盛宣怀改为官督商办，1909年（宣统元年）归邮传部管理。1930年由国民政府改为国营，1932年归交通部，从此成为国民党四大家族垄断航运的机构。

自第一次世界大战结束后，外商轮船先后返回中国沿海内河复航，加之内战频繁，屡有征调军用、碰坏船只等事发生，自营航运业受到很大打击。1927年招商局只占长江航线总货运的2.1%，此后虽有上升，但至1936年也只占16.4%。抗日战争爆发后，外轮陆续撤离，自营航运业均努力抢运上海数百家工厂的内迁器材及军用物资，其后又投入后方水陆交通。战时中国船舶直接、间接损失总计 3 000 艘,计 495 320 t。抗日战争胜利后,各航运公司努力恢复水运交通。到 1947 年 6 月,轮船共 1 501 艘,计 179 893 t,内河航运终未恢复到战前水平。

三、内河航运发展阶段

中华人民共和国成立以来,内河航运大致经历了三个发展阶段:

1. 20 世纪 50 年代内河航运恢复和迅速发展阶段

1949 年,我国内河通航里程只有 7.36 万公里,年货运量仅 2 500 多万吨。1957 年发展到 14.4 万公里,内河货运量占国内货物周转量的比重为 13.4%。1961 年,内河通航里程创历史最高纪录,达到 17.2 万公里。

2. 20 世纪 60 至 80 年代内河航运缓慢发展阶段

由于对水资源的综合利用,重水利、水电,轻航运,1979 年全国通航河流上形成碍航闸坝 1 200 多座;在交通运输建设中重铁路轻河运,国家对内河航运投资减少,造成大量物资弃水走陆。1979 年全国内河的通航里程缩短为 10.8 万公里,内河运输在国内物资周转量中比重下降到 7%。在上述通航里程中能够常年通航 300 吨级以上船舶的仅占 8.7%;能够通航 1 000 吨级船舶的只占 4.1%。设备落后,港口吞吐能力滞后,以船代库,港口压船,船只实际航行量仅 10%。

3. 20 世纪 80 年代以来大力整治内河航运、提高航运能力的发展阶段

这一阶段,大力整治内河航运、提高航运能力主要表现在:

第一,在客货运输方面,1983 年与 1952 年相比,完成的客运量为 7.9 倍,客运周转量为 5.4 倍;货运量为 7.2 倍,货物周转量为 9.3 倍。到 1988 年,内河航运的年货运量达 3.76 亿吨,客运量 2.15 亿人次,比 20 世纪 50 年代都有较大提高。

第二,通航里程经河道整治后有所增加。到 1988 年年底,全国已开辟通航的里程达 10.94 万公里,其中水深 1 m 以上的航道增至 5.8 公里。过去被称为"蜀道之难难于上青天"的川江,经过整治,660 公里航道的最浅水深从 2.1 m 提高到 2.9 m,可全年通航 1 000 吨级轮驳船队,宜昌至重庆间船舶往返周期从 10 天缩短到 5 天。又如京杭运河苏北段,由于建成 10 座大型船闸,使之变成能通航 2 000 吨级驳船的航道,年货运量从整治前的 92 万吨增加到 2 000 万吨。

第三,在港口方面,截至 1988 年年底,内河港口增至 1 880 个,其中万吨级以上的深水泊位有 25 个,年吞吐量 2.38 亿吨。主要港口码头泊位比 1949 年前增加 6 倍多。比如长江干线的港口吞吐能力已达到 1.2 亿吨以上,这是由于沿江新建了一批机械化程度较高的新码头,同时对老港口着重进行了技术改造。

第四,在船舶方面,1983 年我国拥有轮驳船的吨位为 1952 年的 23 倍,1949 年以前留下的 300 多万吨木帆船经过更新改造剩下的已经不到 1/10。1949 年的内河货运量的 79% 由木帆船担负,现在 95% 以上已由机动船舶完成。船舶机型已基本实现内燃化。现代化分节驳顶推运输有了较快发展,80 年代从国外引进的 6 000 马力大型推船,用 2 000 吨级驳船在长江下游编组的顶推船队已达 30 000 吨。这充分显示了现代内河航运量大的优点。在内河客运方面,新建了一批东方红 11 型(汉申线)和 39 型(汉渝线)客船,大大改善了长江干线客运的条件,

过去武汉到上海之间往返一次需要 12 天,现在乘快班客船只需 5 天。

四、展望未来

纵观近代世界交通发展历程,内河航运服务经济社会发展的巨大优势凸显,随着经济的进一步繁荣,内河运输量将不断增长,整个内河航运业将面临无限的发展机遇,美好前景就在眼前。

长江黄金水道舞动内河航运发展龙头,与莱茵河-多瑙河水运通道对欧洲的贡献相似。长江作为中国第一、世界第三大河,贯穿我国东中西部地区,主要支流沟通南北,其巨大的运能资源、重要地位及作用都是其他运输方式所不可替代的。

第二节 ◉ 船员职业操守

船员从事的是一种特殊职业,船员不仅应该掌握过硬的专业知识和业务技能,还应该是具有较高道德品质、思想政治素质,符合时代发展和国家航运需求的人才。良好的职业道德、强烈的社会责任感、高度的个人安全意识,熟练掌握相关知识及技能,不仅是船员作为个体在社会中存在和发展的基本需要和保证,也是作为水上运输行业高成本经营活动中人命和财产安全的重要保证,还是确保现代航运安全和经济协调发展的最主要的条件之一。

一、职业道德

良好的职业道德是每个船员必须具备的基本品质,良好的职业素养是每个船员需要在生活和工作中不断完善、不断叠加积累的素质。

1. 爱岗敬业

热爱本职工作,就是要把自己所从事的工作当作自己的职业理想,发挥自己的聪明才智。对于船员来说,如果不热爱航海事业,就会产生一种逆反心理,工作就会变成一种负担,做起事来就失去了积极性,极易发生事故。如某船二副,大学毕业生,工作两年就担任远洋二副,在值夜班时,由于自己的失误,他没有处理好避让与定位的关系,不听值班水手的劝告,没有系统地观察来船的动态,误把两艘对拖渔船看成锚泊船,结果与其中一艘渔船相撞,造成近 20 万美金的损失。事后在接受调查时,他承认自己不喜欢这个职业,所以对一切都抱着无所谓的态度。在这种情况下,出事故是必然的,不出事故才是偶然的。

船员要树立起职业责任感和职业荣誉感,热爱本职工作,忠于职守。船员的工作是单调、苦闷、艰苦的,但对工作的感情是可以培养出来的。我们既然从事了航海事业,就应该提倡"快乐工作",发掘工作中美好的一面,尽量忘记工作中的苦,创造工作中的乐,开开心心地工作,从心底里接受它,用我们的智慧,去减少环境条件带给生活和工作的限制,享受航行的乐趣。

2. 严把安全,崇尚环保

船员的服务对象就是船公司和货主。设计一条安全、经济、快速的航线,做好设备维修保养工作,是对船公司负责;公司树立了良好的市场信誉,赢得了市场份额,船员的收入和其他福利待遇自然就会提高,这是对自己负责;保管好船上的货物,减少自然损耗,这是对货主负责。

另外,一个很重要的方面就是保护海洋、内河环境,服务全人类。随着航运事业的发展,船舶对海洋的污染日益严重,所以,船员必须有强烈的服务意识和理念,保护海洋、内河环境。

优质服务与安全是相辅相成的统一体,没有安全的运输就谈不上优质的服务,真正树立起优质服务和安全思想是船舶高效航行和运输的基本保证。

3. 钻研业务,提高技能

不论从事什么职业,都必须掌握一定的业务知识和技术。鉴于环境的要求和工作特点,船舶驾驶员、轮机员更应该精通业务知识,掌握专业技术。业务精通、技术过硬是成为一名合格船员的必备条件。否则,不仅无法适应时代的要求,更有可能造成船舶事故,使生命安全和财产受到威胁和损失。

不同的时代对航海业务与技术的要求不同,但是,无论何时,船舶驾驶员、轮机员的业务能力和技术水平都必须跟上社会的发展。这就要求船员不断地充实自己,吸取新的知识,改变懒惰的学习作风,转变保守的思想,去钻研业务,掌握新技术,否则酿成事故就后悔晚矣。

4. 团结协作,同舟共济

船舶操作绝不是单一个体行为所能承担的,而是一个完整的合作和动态的组织系统,是独立性与群体性的统一。只有大家团结合作才能驾驶好船舶,也只有相互友爱才能冲淡环境限制对大家心理和生理带来的负面影响。面对困难,大家只有齐心协力才能克服,一个团结的整体就是一个有凝聚力的整体,凝聚力越大,各成员间的联系就越紧密、越团结,开展工作就越顺利,也就越容易达到预期的目标。所以,凝聚力的大小直接影响集体行为的效果。

5. 遵纪守法,维权履责

船员职业是国际化最明显的职业之一。职业的流动性、分散性和国际性使得遵纪守法的职业道德显得十分重要。首先,守法的要求不仅体现在遵守国内法,还体现在遵守国际法和船舶所到国家和地区的法律、法规及特别要求;其次,严格的组织纪律是对船员的最基本要求;再次,坚信中国共产党的领导是最重要的船员职业道德。船员要热爱祖国、忠于祖国,自觉维护祖国的声誉;要热爱航海事业,脚踏实地地工作;必须保守国家机密,更不能背叛祖国,从事间谍活动;要严守涉外纪律、劳动纪律、组织纪律。

二、船员职责

船员在船工作期间,应当符合下列要求:

1. 携带规定的有效证件;
2. 掌握船舶的适航状况和航线的通航保障情况,以及有关航区气象、海况等必要的信息;
3. 遵守船舶的管理制度和值班规定,按照水上交通安全和防治船舶污染的操作规则操纵、控制和管理船舶,如实填写有关船舶法定文书,不得隐匿、篡改或者销毁有关船舶法定证书、文书;
4. 参加船舶应急训练、演习,按照船舶应急部署的要求,落实各项应急预防措施;
5. 遵守船舶报告制度,发现或者发生险情、事故、保安事件或者影响航行安全的情况,应当及时报告；

6.在不严重危及自身安全的情况下,尽力救助遇险人员；

7.不得利用船舶私载旅客、货物,不得携带违禁物品；

8.《中华人民共和国内河船员值班规则》规定:严禁船员酗酒,值班人员在值班前4 h内禁止喝酒,且值班期间血液中酒精浓度(BAC)不高于0.05%或呼吸中酒精浓度不高于每升0.25 mg。严禁船员服用可能导致不能安全值班的药物,严禁船员有吸毒和贩毒的行为。

三、部门职责

(一)驾驶部职责

1.负责船舶驾驶、引航工作；

2.负责客货运输等船舶营运管理工作；

3.负责船体保养工作；

4.主管舵设备、锚设备、系缆设备、装卸设备等一般性保养工作；

5.主管驾驶设备和助航设备、信号设备,以及航行资料的管、用、养、修、添、换；

6.主管救生、消防、堵漏工作及设备器材的管理和维护；

7.负责船舶通信和对外联络；

8.负责全船医务和其他有关事项。

(二)轮机部职责

1.负责船舶主机、副机、锅炉以及包括发电机在内的各种辅助机械及其管系的管、用、养、修；

2.负责全船电力系统及用电设备的管理和维护；

3.负责全船的明火作业,舱面机械传动部分的保养、修理,舱面管系的修换；

4.负责燃油的补给和其他有关事项。

第三节 ◉ 船员法制观念

为确保船舶航行、作业、停泊安全,防治船舶污染水域环境,目前已形成相对完善的内河水运法规体系,其内容和要求基本涵盖了港口法规体系、航道法规体系、航运法规体系、船舶法规体系、船员法规体系、水上交通安全管理法规体系和船舶防污染法规体系。这些法规体系对维护船员权益、保障水上交通安全和环境提供了法理和政策依据,也推动了内河水运业的健康快速发展。广大船员不仅要在适任培训时加强法律、法规和规章的学习,而且应该自觉地学习以增强法制观念,以便能够清醒地认识到哪些事能够做,哪些事应坚决不做,哪些事能够促进船舶安全,哪些事会危害船舶安全、损害他人和社会的利益。为便于船员学习,表2-1列出了与船员相关的法律、法规、规章。

表 2-1　与船员相关的法律、法规、规章一览表

序号	类别	法律、法规、规章名称	发布号	颁布日期
1	综合类	中华人民共和国行政许可法	国家主席令第七号	2003 年 8 月 27 日
2		中华人民共和国行政处罚法	国家主席令第六十三号	1996 年 3 月 17 日 2017 年 9 月 1 日修正
3		中华人民共和国行政强制法	国家主席令第四十九号	2011 年 6 月 30 日
4		中华人民共和国行政复议法	国家主席令第十六号	1999 年 4 月 29 日 2017 年 9 月 1 日修正
5		中华人民共和国行政诉讼法	国家主席令第十五号	1989 年 4 月 4 日 2017 年 6 月 27 日修正
6		中华人民共和国国家赔偿法	国家主席令第二十三号	1994 年 5 月 12 日
7	交通行政执法类	交通行政处罚程序规定		1996 年 9 月 25 日
8		交通行政复议规定		2000 年 6 月 27 日 2015 年 9 月 9 日修正
9	水路行政执法类	中华人民共和国水路运输管理条例		1987 年 5 月 12 日 1997 年 12 月 3 日修正
10		中华人民共和国航道法	国家主席令第十七号	2014 年 12 月 28 日
11		中华人民共和国港口法	国家主席令第二十三号	2003 年 6 月 28 日 2018 年 12 月 29 日修正
12		老旧运输船舶管理规定		2006 年 7 月 5 日 2017 年 5 月 23 日修正
13		内河运输船舶标准化管理规定		2014 年 12 月 12 日
14		水路危险货物运输规则(第一部分) 水路包装危险货物运输规则		1996 年 11 月 4 日
15	海事行政执法类	中华人民共和国水污染防治法	国家主席令第七十号	1984 年 5 月 11 日 2017 年 6 月 27 日修正
16		中华人民共和国大气污染防治法	国家主席令第三十二号	1987 年 9 月 5 日 2018 年 10 月 26 日修正
17		中华人民共和国船员条例		2007 年 4 月 14 日 2020 年 3 月 27 日修订
18		中华人民共和国船舶登记条例	国务院令第 155 号	1994 年 6 月 2 日 2014 年 7 月 29 日修订
19		中华人民共和国航标条例	国务院令第 187 号	1995 年 12 月 3 日 2011 年 1 月 8 日修订
20		中华人民共和国内河海事行政处罚规定		2015 年 5 月 29 日 2019 年 4 月 12 日修订
21		中华人民共和国内河交通安全管理条例		1986 年 12 月 16 日
22		中华人民共和国高速客船安全管理规则		1996 年 12 月 24 日
23		中华人民共和国船舶最低安全配员规则		2004 年 6 月 30 日 2018 年 11 月 28 日修正

序号	类别	法律、法规、规章名称	发布号	颁布日期
24	海事行政执法类	中华人民共和国船舶安全检查规则		1997 年 11 月 5 日 2009 年 11 月 30 日修订
25		中华人民共和国船舶和海上设施检验条例		1993 年 2 月 14 日 2019 年 3 月 2 日修订
26		中华人民共和国防止拆船污染环境管理条例		1988 年 5 月 18 日 2016 年 2 月 6 日修订
27		中华人民共和国防治船舶污染内河水域环境管理规定		2015 年 12 月 15 日
28		中华人民共和国船舶载运危险货物安全监督管理规定		2003 年 11 月 30 日 2012 年 3 月 14 日修正
29		内河航标管理办法		1996 年 5 月 20 日
30		中华人民共和国水上水下活动通航安全管理规定		2011 年 1 月 17 日 2016 年 9 月 2 日修订

第四节 ● 船员安全责任

一、安全意识

1. 安全意识

所谓安全意识就是船员在日常生活和工作活动中建立起来的安全保护的观念，也就是对船上可能出现的各种紧急情况、有可能对自己或他人造成伤害的外在环境条件的一种戒备和警觉的心理状态。

2. 树立安全第一的意识

人的思想观念和动机决定人的行为。人是有知觉的动物，人的每一个行为均由大脑指挥完成，认识决定行为。因此，要保证安全生产，必须从提高认识出发。坚持安全第一，就是对国家负责，对水运安全负责，对人的生命财产负责。特别是当船舶安全和防污染与生产、经营、效益发生矛盾时，应当坚持以安全第一和保护环境为原则。

二、安全就是生命

安全就是生命这一概念的广泛接受是与人类科学技术的进步以及对安全文化的认识密切相连的，是人类在生产、生活实践过程中，对事故由被动接受到积极事先预防，以实现从源头杜绝事故和人类自身安全保护需要，在安全问题认识上取得的一大进步。

1. 思想上高度重视

安全问题无处不在，无时不在。只要有人在工作，就存在着安全问题，它不分场合、不分大小,也就是说安全问题的普遍性要求每位船员对每个岗位在思想上都要给予高度重视。

2.不断提高船员的素质

许多事故的发生,与船员自身素质有着密切关系。船员基本素质高,往往就可以减少或者避免许多事故的发生。特别是在航运过程中,船员务必要注意人身安全、航行安全、施工安全、作业安全、设备使用安全等。每一位船员不仅要参加岗前培训,还必须在工作中不断总结经验、吸取教训,不断完善各项工作的操作规程,提高各项专业知识技能和业务水平。

3.各项规章制度落实到位

许多事故的发生尽管有许多不同的客观原因,但是有一点是相同的,那就是对规章制度、安全措施和操作规程没有严格实施,没有落实到位。每一位船员都肩负着神圣的使命,就是把旅客和货物安全地运送到目的地。这就要求船员必须严格遵守国家法律法规和国际公约的有关规定,按照《公司安全营运和防污染体系》的要求来航行、停泊与作业。

4.积极营造安全生产的氛围

船员、船长、船舶所有人、经营人,齐抓共管,营造出人人讲安全、事事讲安全、时时讲安全的工作氛围。特别是针对季节性变化、国家法定节假日以及其他运输较为密集时期的专题安全管理活动,要加强安全教育和安全宣传。

三、船舶作业之安全责任

(一)船舶烧焊或者明火作业注意事项

船舶明火作业应遵守国家相关法律规定,以及国务院有关部委和地方人民政府制定的法规、规章等。

《消防法》第十八条规定:"禁止在具有火灾爆炸危险的场所使用明火;因特殊情况需要使用明火作业的,应当按照规定事先办理审批手续。作业人员应当遵守消防安全规定,并采取相应的消防安全措施。"

《船舶港内安全作业监督管理办法》第三条规定:"船舶港内安全作业应提前 24 h 向海事管理机构书面报备。拆修作业或明火作业等在特殊情况下不能满足提前 24 h 报备要求的,船舶应不晚于作业前 2 h 向海事管理机构书面报备。"

严格按照《船舶港内安全作业监督管理办法》的规定程序报备,重点抓好作业前的准备、作业中的具体实施、作业后的现场清理三个环节,落实各项安全措施。

船舶进行烧焊或明火作业应满足以下条件:

1.承接作业的单位必须具备船舶修理从业资格。

2.从事作业的人员,必须经过相应的专业技术培训,取得相应的资格证明。

3.船舶进行烧焊或明火作业的条件应符合国家标准 GB/T 1336—92 第三条的有关要求。

4.明火作业场所需要进行测爆检查的,必须清除舱内油、气,取得船舶可燃气体清除证明,并在报备时向海事管理机构出示。液化气船、散装液态化学品船和油船明火作业,还应遵守其他有关的特别规定。

5.测爆合格的舱室或处所,明火作业必须在 4 h 内开工,否则应重新测爆认可。作业前和作业中,必要时,应有专人对施工区域及受影响处所随时复测可燃气体浓度。

违法记分代码 21030：船舶烧焊或者明火作业，不按照规定备案的，扣除责任船长 2 分。

（二）船舶应急之安全责任

内河交通事故是指船舶、浮动设施在内河通航水域内航行、停泊、作业过程中发生的下列事件：

1. 碰撞、触碰或者浪损；

2. 触礁或者搁浅；

3. 火灾或者爆炸；

4. 沉没（包括自沉）；

5. 影响适航性能的机件或者重要属具的损坏或者灭失；

6. 其他引起财产损失或者人身伤亡的交通事件。

船舶、浮动设施发生内河交通事故，必须立即采取一切有效手段向事故发生地的海事管理机构报告。船舶、浮动设施发生内河交通事故，除向事故发生地的海事管理机构报告外，还必须在事故发生后 24 h 内向事故发生地的海事管理机构提交《内河交通事故报告书》和必要的证书、文书资料。

《内河交通事故报告书》应当包括下列内容：

（1）船舶、浮动设施的概况（包括其名称、主要技术数据、证书、船员及所载旅客、货物等）；

（2）船舶、浮动设施所属公司的情况（包括其所有人、经营人或者管理人的名称、地址、联系电话等）；

（3）事故发生的时间和地点；

（4）事故发生时水域的水文、气象、通航环境情况；

（5）船舶、浮动设施的损害情况；

（6）船员、旅客的伤亡情况；

（7）水域环境的污染情况；

（8）事故发生的详细经过（碰撞事故应当附相对运动示意图）；

（9）船舶、浮动设施沉没的，其沉没概位；

（10）与事故有关的其他情况。

船员、浮动设施上的工作人员或者其他人员发现其他船舶、浮动设施遇险，或者收到求救信号后，必须尽力救助遇险人员，并将有关情况及时向遇险地海事管理机构报告。（违法记分代码 21006，记 8 分。）

船舶应当在码头、泊位或者依法公布的锚地、停泊区、作业区停泊；遇有紧急情况，需要在其他水域停泊的，应当向海事管理机构报告。船舶停泊，应当按照规定显示信号，不得妨碍或者危及其他船舶航行、停泊或者作业的安全。

在内河通航水域检修影响船舶适航性能的设备，可能影响通航安全的作业，应当在进行作业前向海事管理机构备案。（违法记分代码 21044，记 2 分。）

在内河通航水域检修通信设备和消防、救生设备，可能影响通航安全的作业，应当在进行作业前向海事管理机构备案。（违法记分代码 21046，记 1 分。）

违法记分代码 21006：发现或者发生险情、事故、保安事件或者影响航行安全的情况未及时报告的，扣除船长 8 分。

违法记分代码21044：在内河通航水域检修影响船舶适航性能的设备，不按照规定备案的，扣除船长2分。

违法记分代码21046：在内河通航水域检修通信设备和消防、救生设备，不按照规定备案的，扣除船长1分。

第五节 ◉ 船员权益保护

为了加强船员管理，提高船员素质，维护船员的合法权益，保障水上交通安全，保护水域环境，制定了《中华人民共和国船员条例》。解读《中华人民共和国船员条例》：

一、《中华人民共和国船员条例》的修订

修订后的《中华人民共和国船员条例》对发展船员队伍、提高船员素质和保障船员权益做了四个方面的规定：

1. 建立了船员注册制度；
2. 建立了船员任职资格制度；
3. 建立了船员培训许可制度；
4. 明确了船员上船应当完成相应的专业培训、特殊培训和适任培训。

二、我国内河船员数目

根据中华人民共和国交通运输部新闻办公室公布的《2018年中国船员发展报告》可知，截至2018年年底，我国共有注册内河船员837 577人，同比增长8.2%。注册内河船舶船员中，女性船员有199 245人。内河船员主要集中在安徽、江苏、湖北、广西、广东等内河水系较发达省份。

三、船员应具备的条件

《中华人民共和国船员条例》（以下简称《船员条例》）对此有明确的规定：年满18周岁，符合船员健康要求，经过船员基本安全培训，并经海事管理机构考试合格的，就可以申请领取船员服务簿，注册为船员。

经依法注册的船员，满足了在船上工作的最低要求，可以在船上担任二水、机工、厨师等职务。但是，符合船员注册要求的船员，还不能满足参加航行值班和轮机值班等船员职务的要求。因此，条例对船长、大副、轮机长、大管轮等参加航行值班和轮机值班的船员，规定除必须取得船员注册外，还应当经过适任培训和特殊培训，具备相应的任职资历，有良好的任职表现和安全记录，并通过国家海事管理机构组织的船员任职考试，取得相应的船员适任证书。

四、船员在船服务期间的职责和要求

1. 规定了船员应当携带有效的船员证书；

2. 规定了船员不得隐匿、篡改或者销毁有关船舶的法定证书、文书；

3. 规定了船员应当遵守船舶的管理制度和值班规定；

4. 规定了船员应当参加船舶应急训练、演习，落实各项应急预防措施；

5. 规定了船员发现或者发生险情、事故或保安事件以及影响航行安全的情况，应当及时报告，在不严重危及自身安全的情况下，尽力救助遇险人员；

6. 规定了船员不得利用船舶私载旅客、货物，不得携带违禁物品。

五、保障船员合法权益

条例针对现实存在的我国船员合法权益保护不够的问题，借鉴国际劳工组织和国际海事组织关于船员保护的有关公约的规定，从以下七个方面对船员合法权益的保护做了规定：

1. 明确了船员用人单位和船员应当按照国家有关规定参加工伤保险、医疗保险、养老保险、失业保险以及其他社会保险，并依法按时足额缴纳各项保险费用；

2. 明确了船员生活和工作的场所应当符合国家船舶检验规范中有关船员生活环境、作业安全和防护的要求；

3. 明确了船员服务机构向船员用人单位提供船舶配员服务时，应当督促船员用人单位与船员依法订立劳动合同；

4. 明确了船员用人单位应当根据船员职业的风险性、艰苦性、流动性等因素，向船员支付合理的工资，并按时足额发放给船员，任何单位和个人不得克扣船员的工资；

5. 明确了船员用人单位应当向在劳动合同有效期内的待派船员支付不低于船员用人单位所在地人民政府公布的最低工资；

6. 明确了船员除享有国家法定的节假日外，还享有在船舶上每工作 2 个月不少于 5 日的年休假，船员用人单位应当向在年休假期的船员支付不低于船员在船服务期间平均工资的报酬；

7. 明确了船员要求遣返和选择遣返地点的权利。

六、保证制度实施的措施

为了保障条例的实施，条例规定海事管理机构应当建立健全船员管理的监督检查制度，重点加强对船员注册、任职资格、履行职责、安全记录，船员培训机构培训质量，船员服务机构诚实守信以及船员用人单位保护船员合法权益等情况的监督检查，督促船员用人单位、船舶所有人以及相关的机构建立健全船员在船舶上的人身安全、卫生、健康和劳动安全保障制度，落实相应的保障措施。

海事管理机构在监督检查时，对有违反水上交通安全和防治船舶污染水域法律、行政法规行为的船员，除依法给予行政处罚外，还实行累计记分，由海事管理机构对累计记分达到规定分值的船员，扣留船员适任证书，责令其参加水上交通安全、防治船舶污染等有关法律、行政法规的培训并进行相应的考试；发现船舶违反法律、行政法规有关要求的，海事管理机构应当责令限期改正，在规定期限内未能改正的，海事管理机构可以禁止船舶离港或者限制船舶航行、停泊、作业。

此外，海事管理机构在监督检查过程中，发现已取得船员服务簿、船员适任证书、中华人民共和国海员证的船员以及取得从事船员培训业务许可、船员服务业务许可的机构，不再具备规定条件的，海事管理机构应当责令限期改正；拒不改正或者无法改正的，海事管理机构应当撤销相应的行政许可决定。

七、从事船员培训业务的培训机构应具备的条件

船员培训是提高船员素质的关键环节。我国加入的《1978年海员培训、发证和值班标准国际公约》要求缔约国主管机关按照公约的有关规定，采取质量标准体系等手段加强对船员培训机构的连续监控，并规定各缔约国每5年将"审核报告"递交给国际海事组织秘书长，由秘书长安排专家进行审核，未通过审核的国家将被列入各国海事当局严格监控的"黑名单"。

船员培训特别是高级船员的培训，具有很强的专业性和技术性，除理论培训外，实际操作培训也是船员培训的重要内容。因此，条例规定船员培训机构应当配备船舶航行导航、定位、动力推进、装卸、消防、救生、应急通信等必需的设备、设施。为了保证船员的培训质量，条例规定依法设立的培训机构从事船员培训时，应当有符合船员培训要求的场地、设施和设备，有与船员培训相适应的教学人员、管理人员，有健全的船员培训管理制度、安全防护制度，有符合国务院交通主管部门规定的船员培训质量控制体系。

八、加强船员服务机构管理的措施

随着我国航运业的发展，航运公司自己拥有船员并不允许船员自由流动的局面已被打破，船员服务机构应运而生。

船员服务机构代理船员用人单位管理船员事务，提供船舶配员服务，代理船员办理培训、考试、申领证书（包括外国船员证书）等有关手续，对促进船员有序流动和扩大船员就业、方便航运企业管理船员发挥了重要作用。但同时也出现了一些船员服务机构片面追求经济效益，忽视对船员权益的保护，盘剥克扣船员工资，重复、高额收取费用或者只收钱不提供相应服务等现象，损害了船员的合法权益。

为此，条例规定从事船员服务业务的机构，应当满足具有中华人民共和国法人资格、具有两名以上具有高级船员任职资历的管理人员、具有符合国务院交通主管部门规定的船员服务管理制度、具有与所从事业务相适应的服务能力等条件，并应取得海事管理机构的许可。

九、获准从事船员服务的机构的行为规范

1. 船员服务机构应当建立船员档案，加强船舶配员管理，掌握船员的培训、任职资历、安全记录、健康状况等情况，并将上述情况定期报海事管理机构备案。

2. 船员服务机构应当向社会公布服务项目和收费标准。

3. 船员服务机构为船员提供服务，应当诚实守信，不得提供虚假信息，不得损害船员的合

法权益。

4.船员服务机构为船员用人单位提供船舶配员服务,应当督促船员用人单位与船员依法订立劳动合同。船员用人单位未与船员依法订立劳动合同的,船员服务机构应当终止向船员用人单位提供船员服务。

5.船员服务机构为船员用人单位提供的船员失踪或者死亡的,船员服务机构应当配合船员用人单位做好善后工作。

十、保证船员有序流动的规定

1.建立了船员服务许可制度;

2.明确了船员服务机构应当建立船员档案,加强船舶配员管理,掌握船员的培训、任职资历、安全记录、健康状况等情况;

3.明确了船员服务机构应当向社会公布服务项目和收费标准;

4.明确了船员服务机构为船员提供服务,应当诚实守信,不得提供虚假信息,不得损害船员的合法权益。

《船员条例》是一部专门对船员进行系统规范管理的重要行政法规。全面贯彻、正确实施《船员条例》,是各级海事管理机构、船公司、船员培训机构、船员服务机构以及船员的重要职责。各有关单位工作人员尤其是领导干部,要认真学习《船员条例》,掌握《船员条例》的具体内容,领会《船员条例》的精神实质。各级海事管理机构将以《船员条例》的实施为契机,遵循"有法可依、有法必依、执法必严、违法必究"的基本要求,认真履行监督管理职能,加大船员的保护和管理力度,以达到提高船员素质、维护船员合法权益、保障水上交通安全、实现水路运输、促进对外贸易和国民经济健康快速发展的目的。

第六节 ◉ 案例分析

2018年,全国海事审判队伍以习近平新时代中国特色社会主义思想为指导,紧紧围绕"一带一路"建设、京津冀协同发展、长江经济带发展、加快建设海洋强国等党和国家工作大局,充分发挥海事审判职能作用,在提升新时代海事司法理念、维护国家海洋权益、规范航运秩序、统一裁判尺度等方面取得新的进展。为发挥典型案例的示范和引领作用,最高人民法院发布了2018年全国海事审判典型案例。发布的十个典型案例,其案件类型丰富,法律适用问题突出,社会示范效应明显。

本书选取其中两例:一是涉及从事沿海货物运输船舶、内河船舶设立海事赔偿责任限制基金的问题;二是涉及为提高内河航行安全意识,认定船舶未配备持有适任证书的船员构成船舶不适航并导致保险事故发生时,依据保险条款免除保险人赔偿责任的问题。这两起案件对规范航运秩序、统一类似案件裁判尺度、强化内河航行安全意识、促进内河航运经济高质量发展具有积极意义。

【案例一】韩某某申请设立海事赔偿责任限制基金案

【基本案情】

"湘张家界货3003"轮所有人为韩某某,2 071总吨,该船持有长江中下游及其支流省际普通货船运输许可证、内河船舶适航证书,准予航行A级航区,作自卸砂船用。2016年5月9日,"湘张家界货3003"轮在闽江口D9浮返航进港途中,与"恩基1"轮发生碰撞,造成"恩基1"轮及船载货物受损。韩某某向法院申请设立海事赔偿责任限制基金。

【裁判结果】

厦门海事法院一审认为,韩某某系"湘张家界货3003"轮的登记所有人,该船虽为内河船舶,但根据其提供的内河船舶适航证书,该船航行区域为长江中下游及其支流省际内河航线,而且发生涉案事故时,正航行于闽江口,属于国务院批准施行的《关于不满300总吨及沿海运输、沿海作业船舶海事赔偿责任限额的规定》(以下简称《责任限额规定》)第四条规定的"300总吨以上从事中华人民共和国港口之间货物运输或者沿海作业的船舶"。一审裁定准许韩某某提出的设立海事赔偿责任限制基金的申请。相关利害关系人不服一审裁定,提起上诉。

福建省高级人民法院二审认为,涉案船舶"湘张家界货3003"轮虽为内河船舶,但其在沿海海域从事航行作业属于《责任限额规定》第四条所规定的从事沿海作业的船舶,依法可以申请设立海事赔偿责任限制基金。二审裁定驳回上诉,维持一审裁定。相关利害关系人不服二审裁定,提起再审。

最高人民法院再审认为,"湘张家界货3003"轮持有长江中下游及其支流省际普通货船运输许可证、内河船舶适航证书,准予航行A级航区,为内河船舶。涉案船舶碰撞事故发生在福建闽江口,并非"湘张家界货3003"轮准予航行的航区。"湘张家界货3003"轮的船舶性质及准予航行航区不因该船实际航行区域而改变。"湘张家界货3003"轮作为内河船舶,不属于《责任限额规定》适用的船舶范围。再审撤销一、二审裁定,驳回韩某某设立海事赔偿责任限制基金的申请。

【典型意义】

《海商法》第三条规定的船舶仅限于海船,关于内河船舶在海上航行是否适用海事赔偿责任限制制度,司法实践中存在争议。国务院批准施行的《责任限额规定》源于《海商法》第二百一十条的授权,其规定的"从事中华人民共和国港口之间货物运输或者沿海作业的船舶"仍应限定为海船。受利益驱动,近年来内河船舶非法从事海上运输的问题非常突出,严重威胁着人员、财产和环境的安全。最高人民法院在该案中进一步明确,内河船舶性质及准予航行航区不因该船实际航行区域而改变,对于规范航运秩序、统一类似案件裁判尺度具有积极意义。

【一审案号】(2016)闽72民特90号

【二审案号】(2016)闽民终1587号

【再审案号】(2018)最高法民再453号

【案例二】陈某某与中国人民财产保险股份有限公司高淳支公司等通海水域保险合同纠纷案

【基本案情】

自2014年起,陈某某为其所有的"宁高鹏3368"轮连续四年向中国人民财产保险股份有限公司高淳支公司(以下简称人保高淳支公司)投保沿海内河船舶一切险,中国人民财产保险股份有限公司南京分公司(以下简称人保南京分公司)根据陈某某的投保签发保险单,收取保险费并开具保险费发票。其中2015年的保险单载明被保险人为陈某某,投保险别为沿海内河船舶一切险。保险条件及特别约定部分第九条载明:附加船东对船员责任险,投保三人,每人保额10万,并列明了三名船员的姓名和居民身份证号码。第十条载明:除以上特别约定外,其他条件严格按照《中国人民财产保险股份有限公司沿海内河船舶保险条款(2009版)》执行。该保险条款第三条第一款规定,由于船舶不适航、不适拖(包括船舶技术状态、配员、装载等,拖船的拖带行为引起的被拖船舶的损失、责任和费用,非拖船的拖带行为所引起的一切损失、责任和费用)所造成的损失、责任及费用,保险人不负责赔偿。

2016年3月13日,"宁高鹏3368"轮在运输过程中,触碰位于长江中的中海油岳阳油库码头,造成趸船及钢引桥移位。事发时在船船员三人,均无适任证书。岳阳海事局认定该船当班驾驶员未持有《内河船舶船员适任证书》,违规驾驶船舶,操作不当是造成事故的直接原因,该船对上述事故负全部责任。陈某某就事故损失向人保高淳支公司提出保险理赔。人保南京分公司认为,船员操作不当是导致发生触碰的直接原因,且船员没有适任证书、船舶未达最低配员,船舶不适航属于除外责任,故有权拒绝赔偿。陈某某遂起诉人保南京分公司、人保高淳支公司及中国人民财产保险股份有限公司。

【裁判结果】

天津海事法院一审认为,在航运实践中,船员取得适任证书是预防船舶驾驶操作不当、确保船舶安全的重要举措。根据海事行政部门的认定,船员操作不当是造成事故的直接原因。当班船员未持有《内河船舶船员适任证书》违规驾驶船舶是诱使该行为最主要的实质上的原因,故应认定当班驾驶员未持有《内河船舶船员适任证书》违规驾驶船舶对事故发生具有直接的因果关系,涉案船舶未配备适任船员,构成船舶不适航。根据《中国人民财产保险股份有限公司沿海内河船舶保险条款(2009版)》第三条第一款,因船舶不适航造成的损失,保险人不负赔偿责任。故一审法院判决驳回陈某某的诉讼请求。当事人不服一审判决提起上诉,天津市高级人民法院维持一审判决。

【典型意义】

长期以来,很多从事内河货物运输的企业、个人为降低经营成本,雇佣不持有适任证书的船员或不按最低配员标准配备船员,给内河航行安全造成了严重隐患,损害了内河航运经济健康有序的发展。2016年,最高人民法院出台《关于为长江经济带发展提供司法服务和保障的意见》,提出要引导各类市场主体展开有序良性竞争,指引港口、航运、造船企业切实增强安全意识、质量意识,为平安黄金水道建设提供有力司法支撑。在该案审理中,人民法院依法认定涉案船舶未配备持有适任证书的船员属于船舶不适航,在船舶不适航与保险事故有因果关系的情况下,依照保险条款免除保险人的赔偿责任。该案对于强化内河航行安全意识、促进内河航运经济高质量发展具有积极意义。

【一审案号】(2018)津72民初53号

【二审案号】(2018)津民终392号

第三章

船舶环保意识

第一节 ◉ 内河船舶环保常识

　　船舶对水域造成的污染将破坏水中生物的生存环境,妨碍渔业生产;水质量的降低直接影响人类生活环境并危害人体健康。保持江、河、湖泊水域的洁净是每个船员的社会责任。防止水域污染,保持生态平衡,维护人民身体健康,是我国政府长期坚持的政策。

一、防止油污染

　　为防止船舶含油舱底水污染水域,除不产生含油舱底水的驳船等船舶外,其他船舶均应采取下列措施之一:

　　1.设置污油水舱(柜),将所产生的污油水贮存在船上,由岸上接收设施或污油水接收船接收,严禁将污油水直接排往舷外。

　　2.设置污油水处理设备,污油水经处理后排放,其排放的处理水含油量不应超过 15ppm。污油水处理后所产生的污油应贮存在船上,由岸上接收设施或污油水接收船接收。

　　航行于三峡库区、京杭运河和漓江等要求污油水零排放水域的船舶,将所产生的污油水贮存在船上,严禁将污油水直接排往舷外。

　　凡 150 总吨及以上的油船、油驳和 400 总吨及以上的其他船舶,应制订船上油污应急计划,并配有船舶检验规定的油类记录簿。

二、控制散装有毒液体物质污染

严禁把有毒液体物质的残余物或含有此类物质的压载水、洗舱水或其他混合物排入水中。

船上残存的有毒液体物质的残余物或含有此类物质的压载水、洗舱水或其他混合物应交由岸上处理。

在按规定进行液货舱清洗或排放程序之前，载运有毒液体物质的舱室应按照内河散装运输危险化学品船舶货物装卸计划中规定的程序排空至最大程度。

每艘150总吨及以上的散装运输有毒液体物质的内河船舶，应在船上备有一份船上有毒液体物质污染应急计划。

对于150总吨及以上的油船、油驳和400总吨及以上的其他船舶，该计划可与船上油污应急计划合并，其标题应为"船上污染应急计划"。

三、防止包装的有害物质污染

严禁将有害物质及其残余物质或含有有害物质的污液排入水中。

船上残存的有害物质，或含有有害物质的污液应交由岸上处理。

曾用于运载有害物质的空包装物，如未采取适当预防措施保证其中没有危害环境的残余物，则应将其视为有害物质。

四、防止船舶生活污水污染

（一）定义

生活污水系指下列各种水质：

1. 任何形式排放的粪便污水。

2. 从医务室（药房、病房等）排出的污水。

3. 装有活的动物处所的排出物。

4. 混有上述排出物的其他废水。

（二）排放控制

为防止船舶生活污水污染水域，船舶应符合下列要求之一：

1. 装设生活污水贮存舱（柜），该贮存舱（柜）应有足够的容积以贮存船舶产生的生活污水，并应将生活污水排往接收设施。

2. 装设生活污水处理装置，该装置对船舶产生的生活污水进行预处理或最终处理，最终处理达到排放标准后，方可排往水域。配套装设生活污水贮存舱（柜），其贮存舱（柜）应具有足够的容积以贮存船舶在停泊期间或在禁止排放生活污水水域航行期间产生的生活污水。

3. 装设打包收集设施（免冲），将船舶产生的生活污水打包收集，打包后的生活污水应送到接收设施。

经过处理的船舶生活污水的排放应避开取水源。经过处理的船舶生活污水的排放应进行控制，不应顷刻排放。排放应在船舶航行中进行。航行于京杭运河、漓江等要求生活污水零排放水域的船舶的生活污水排放控制措施应符合上述 1 或 3 的要求。

五、防止船舶垃圾污染

船舶垃圾系指产生于船舶正常营运期间并需要持续或定期处理的各种食品废弃物、生活废弃物和作业废弃物,如塑料制品、货物残余、食用油、渔具、动物尸体和电子垃圾等。

电子垃圾系指船舶正常操作和生活区域的电气和电子设备,包括所有零配件、半成品和耗材,丢弃时属于设备的一部分,存在可能对人体健康、环境造成危害的物质。

所有船舶垃圾应储存在垃圾收集装置中,定期由船/岸有关部门予以接收,不应排往水域。

船长为 12 m 及以上的所有船舶,应设置告示牌以便船员及乘客知道关于船舶垃圾处理的规定,告示牌的规格、内容及安装位置应符合海事局的有关规定。

100 总吨及以上的所有船舶,以及核准载运船上人员 15 人及以上的船舶,应备有一份垃圾管理计划,该计划应对垃圾收集、储存、处理提供书面程序,且应指定负责执行该计划的人员。

100 总吨及以上的所有船舶,以及核准载运船上人员 15 人及以上的船舶,应备有一份经海事局签注的垃圾记录簿,以记录每次的排放作业情况。

六、防止船舶造成空气污染

消耗臭氧物质系指破坏大气臭氧层、危害人类生存环境的化学物质。

严禁消耗臭氧物质的任何故意排放。故意排放包括在系统或设备的维护、检修或处置过程中发生的排放,但不包括与消耗臭氧物质的回收或再循环相关的微量释放。

除 2020 年 1 月 1 日前允许含有氢化氯氟烃(HCFCs)物质的装置外,所有船上应禁止使用含有消耗臭氧物质的装置。新建船舶上第 1 类和第 2 类柴油机,其排气污染物中的一氧化碳(CO)、碳氢化合物(HC)、氮氧化物(NO_x)和颗粒物(PM)的总加权排放量,应不超出规定的限值。

船上应使用满足船用燃料油国家标准要求的内河船用燃料油。

船上应备有证明所使用燃料的书面证据供船舶检查人员核查。

从 2020 年 1 月 1 日起建造的 150 总吨以上的油船应配备并使用经认可的蒸气排放收集系统。

七、防止噪声污染

航行于京杭运河的船舶,防噪声污染应满足以下要求:

1. 应采取适当措施降低船舶航行时发出的噪声,特别是发动机的进、排气噪声。

2. 船舶穿越人口稠密地区的水域时,发出的噪声的声压级在距船侧横向距离 25 m 处应不超过 70 dB(A)。

航行于漓江的船舶,防噪声污染应满足以下要求:

各类游览船的乘客休息室内任意一点的噪声不应超过表 3-1 的要求。

表 3-1　游览船乘客休息室内噪声标准（最大值）

游览船类别	船长大于或等于 20 m，逆水航行时间为 4 h 及以上的船舶	船长小于 20 m，逆水航行时间为 4 h 及以上的船舶	船长大于或等于 Y 于 20 m，逆水航行时间为 4 h 以下的船舶	船长小于 20 m，逆水航行时间为 4 h 以下的船舶（含在两江四湖航行的船舶）
休息室噪声 dB（A）	70	72	74	76

八、控制船舶有害防污底系统对水域的污染

防污底系统系指用于船舶控制或防止不利生物附着的涂层、油漆、表面处理或表面装置。如船舶装有防污底系统，其防污底系统不应含有作为生物杀灭剂的有机锡化合物。防污底漆应持有证明其不含有作为生物杀灭剂的有机锡化合物的相关证书或证明文件。现有船舶如需要更换防污底漆，也应满足相关规定的要求。

第二节 ◉ 防止船舶油污染

一、船舶进行油类作业必须遵守下列规定

1.作业前，必须检查管路、阀门，做好准备工作，堵好甲板排水孔，关好有关通海阀。

2.检查油类作业的有关设备，使其处于良好状态。

3.对可能发生溢漏的地方，要设置集油容器。

4.供油、受油双方商定的联系信号，以受方为主，双方均应切实执行。供油、受油作业中的检查项目主要包括：

（1）输油管是否完好；

（2）输油管是否接妥，是否在接合处放置了集油容器；

（3）受油舱阀门是否已打开；

（4）主甲板的泄水孔是否已堵塞；

（5）双方约定的联系方式；

（6）双方是否安排了专人值班；

（7）双方是否商定好了操作程序；

（8）双方是否备妥了必要的吸油材料。

5.作业中，要有足够人员值班。当班人员要坚守岗位，严格执行操作规程，掌握作业进度，防止跑油、漏油。

6.停止作业时，必须关好阀门。

7.收解输油软管时,必须事先用盲板将软管封好,或采取其他有效措施,防止软管存油倒流入海。

8.正确记录油类记录簿。

二、内河船舶含油污水排放控制要求

表 3-2　船舶含油污水排放控制要求

污水类别	水域类别	船舶类别		排放控制要求
机器处所的油污水	内河	2021 年 1 月 1 日之前建造的船舶		自 2018 年 7 月 1 日起,经船检认可的处理设备处理后排放,排放在船舶航行中进行;或收集并排入接收设施
		2021 年 1 月 1 日及以后建造的船舶		收集并排入接收设施
	沿海	400 总吨及以上的船舶		自 2018 年 7 月 1 日起,经船检认可的处理设备处理后排放,排放在船舶航行中进行;或收集并排入接收设施
		400 总吨以下的船舶	非渔业船舶	自 2018 年 7 月 1 日起,经船检认可的处理设备处理后排放,排放在船舶航行中进行;或收集并排入接收设施
			渔业船舶	(1)自 2018 年 7 月 1 日起至 2020 年 12 月 31 日止,经船检认可的处理设备处理后排放,排放在船舶航行中进行; (2)自 2018 年 7 月 1 日起,经船检认可的处理设备处理后排放,排放在船舶航行中进行;或收集并排入接收设施
含货油残余物的油污水	内河	全部油船		自 2018 年 7 月 1 日起,收集并排入接收设施
	沿海	150 总吨及以上的油船		自 2018 年 7 月 1 日起,收集并排入接收设施,或在船舶航行中排放,并同时满足下列条件: (1)油船距最近陆地 50 n mile 以上; (2)排入海中的油污水含油量瞬间排放率不超过 30 L/n mile; (3)排入海中的油污水含油量不得超过货油总量的1/30 000; (4)排油监控系统运行正常
		150 总吨以下的油船		自 2018 年 7 月 1 日起,收集并排入接收设施

三、油类记录簿填写说明

凡 150 总吨及以上的油船和 400 总吨及以上的非油船,均应备有油类记录簿第 I 部分(机器处所的作业)。凡 150 总吨及以上的油船,还应备有油类记录簿第 II 部分(货油/压载的作业)。

(一)油类记录簿的记载内容

所有船舶机器处所油类记录簿的记载,应按下列记载细目一览表所规定的作业代号和细目数码填写。

油类记录簿有统一规定的格式,每当船舶进行下列任何一项作业时,均应详细记入油类记录簿。

1. 油类记录簿第Ⅰ部分——机器处所的作业

(1)150总吨及以上的油船和400总吨及以上的非油船,应备有油类记录簿第Ⅰ部分(机舱的作业记录)。

(2)船舶进行下列任何一项机器处所的作业,应逐项填入油类记录簿:

①燃油舱的压载和清洗。

②燃油舱污压载水或洗舱水的排放。

③残油(油泥)的收集和处理。

④机器处所内积存的舱底水向舷外排放或处理。

⑤添加燃油或散装润滑油。

⑥意外或其他特殊情况下的排放。

2. 油类记录簿第Ⅱ部分——货油/压载的作业

(1)凡150总吨及以上的油船,应备有油类记录簿第Ⅱ部分(货油/压载的作业)。这种油类记录簿不论是作为船上的正式航海日志的一部分还是作为其他文件,均应按本附则附录Ⅲ中所规定的格式。

(2)船舶进行下列任何一项货油/压载的作业时,应逐项填写油类记录簿第Ⅱ部分:

①货油的装载。

②航行中货油的内部转驳。

③货油的卸载。

④货油舱和清洁压载舱的压载。

⑤货油舱的清洗(包括原油洗舱)。

⑥压载水的排放,但从专用压载舱排放的除外。

⑦污油水舱的排放。

⑧污油水舱排放作业后,所使用的阀门或类似装置的关闭。

⑨污油水舱排放作业后,关闭清洁压载舱与货油管路和扫舱管路隔离所需阀门。

⑩残油的处理。

(3)对于150总吨以下的油船,应由主管机关制订适合的油类记录簿。

(二)油类记录簿格式

在油类记录簿首页说明之后,是机器处所的作业细目一览表,其具体内容如表3-3所示。

表 3-3　机器处所油类记载细目一览表

（A）燃油舱的压载或清洗

　1 压载燃油舱的编号。

　2 从上次装油后是否已清洗,如未清洗,说明上次所装的油类。

　3 清洗过程:

　　.1 清洗开始和结束的船位和时间;

　　.2 注明采用哪种方法清洗油舱(用化学品清洗、蒸汽清洗、水涮;使用的化学品种类和数量,以 m^3 计);

　　.3 注明洗舱水驳入的油舱编号。

　4 压载:

　　.1 压载开始和结束时的船位和时间;

　　.2 压载水的数量(如果油舱未予清洗)。

（B）从（A）项所述燃油舱排放污压载水或洗舱水

　5 燃油舱的编号。

　6 开始排放时的船位。

　7 终止排放时的船位。

　8 排放期间的船速。

　9 排放的方法:

　　.1 通过 15ppm 设备;

　　.2 排入接收设备。

　10 排放的数量。

（C）残油(油泥)的收集和处理

　11 残油的收集。

留存在船上的残油(油泥或其他油渣)的数量。这个数量应每周记录一次(编者注:仅指在 IOPP 证书附录格式 A 和格式 B 中第 3.1 项所列的油舱),系指这个数量必须每周记录一次,无论该航次持续时间是否超过一周。

　　.1 注明油舱的编号;

　　.2 油舱的舱容以 m^3 计;

　　.3 留存残油的总量以 m^3 计;

　　.4 通过人工方式收集残油的数量以 m^3 计。

　12 残油的处理方法。

注明处理的残油数量,同时注明从油舱中排出和留存在油舱中的数量,以 m^3 计:

　　.1 排入接收设备(注明港口)[①];

　　.2 驳入另一(或其他)油舱(注明油舱编号及油舱总容量);

　　.3 已焚烧(注明焚烧作业的全部时间);

　　.4 其他方法(具体说明)。

（D）机器处所积存的舱底水以非自动方式排出舷外或其他方法的处理

13 排放或处理的数量，以 m³ 计。

14 排放或处理的时间（开始和结束）。

15 排放或处理的方法：

　.1 通过 15ppm 设备（说明开始和结束时的船位）；

　.2 排入接收设备（注明港口）；

　.3 驳入污油水舱或储存柜（编者注：指在《防止油污证书》附录格式 A 和格式 B 中第 3.3 项所列的污水舱）：注明油舱编号；注明留存在舱柜内的总量，以 m³ 计。

（E）机器处所积存的舱底水以自动方式排出舷外或其他方法的处理

16 通过 15ppm 设备，将该系统定为自动向舷外排放方式时的时间和船位。

17 将该系统定为自动将舱底水输入储存柜（注明柜号）的作业方式时的时间。

18 将该系统定为手动作业方式时的时间。

（F）排油监控系统的状况

19 系统失效的时间。

20 系统已修复运转的时间。

21 故障原因。

（G）意外或其他异常的排油

22 发生的时间。

23 发生时船舶所在地点或船位。

24 油的种类和大概数量。

25 排放或溢漏的情况、原因和一般说明。

（H）加装燃油或散装润滑油

26 装油：

　.1 加油的地点；

　.2 加油的时间；

　.3 燃油的种类和数量以及油舱的编号（说明加油的数量和油舱的总存量，以 t 计）；

　.4 润滑油的种类和数量以及油舱的编号（说明加油的数量和油舱的总存量，以 t 计）。

（I）补充的作业程序和一般说明

注：①船长应从包括油驳和油槽车在内的接收设备的操作人员处得到一份收据或证明，详细记录驳运的油舱冲洗水、污压载水、残油或含油混合物的数量，以及驳运的时间和日期。该收据或证明，如附于油类记录簿，可有助于船长证明其船舶未涉及油污染事故。该收据或证明应与油类记录簿一同保存。

1. 填写格式

在油类记录簿的记载细目一览表之后，是每项作业的记载表，格式见表 3-4。

2. 注意事项

（1）应在油类记录簿指定的页面上描绘本船油水舱柜布置图，并填写各油水舱柜的容积（或直接粘贴舱柜布置图复印件），舱柜名称应按照防止油污证书中的格式记录。

（2）油类记录簿中每页的船名、登记号或呼号应认真填写，不得遗漏；非油船，应将每页之首的"货油/压载的作业（油船）"的字样划线删除。

（3）填写油类记录簿第二栏和第三栏应采用记载细目一览表中规定的项号和序号,即除第四栏用文字写明外,其余三栏均应为字母或数字。

（4）对残油的处理操作,无论是用焚烧炉烧掉还是排入接收设备都要详细记录,如排入岸上接收装置,要向残油接收单位索要残油接收证明。

（5）油类记录簿应逐行、逐页使用,不得留有空白间隔;所要求的记载细节,应按年、月、日顺序记入空栏内,日期应以"日-月-年"格式记录,例如,06-12-2019;所有操作应按在船执行的时间顺序记录。

表 3-4　油类记录簿填写范例

船名:

船舶编号或呼号:

~~货油/压载的作业（油船）~~ * /机器处所的作业（所有船舶）

日期	代号（字母）	细目（编号）	作业记录/主管高级船员的签名
06-12-2019	D	13	0.5 m³ 污水来自机舱污水井
		14	开始:0915　结束:1020
		15.3	驳入污水存储舱,总容量 30.05 m³,存 5.8 m³
			轮机长:袁成岗　　06-12-2019
08-12-2019	D	13	2.0 m³ 污水来自污水存储舱
		14	开始:0805　结束:1135
		15.1	通过 15ppm 设备处理装置处理入海
			开始船位:东经 121°55.9′,北纬 30°48.7′
			结束船位:东经 121°95.7′,北纬 30°49.5′
			污水存储舱,总容量 30.05 m³,存 3.8 m³
			轮机长:袁成岗　　08-12-2019
10-12-2019	D	13	3.0 m³ 污水来自污水存储舱
		14	开始:0815　结束:1045
		15.2	排入太仓港污水接收设施①
			污水存储舱,总容量 30.05 m³,存 0.8 m³
			轮机长:袁成岗　　10-12-2019
10-12-2019	H	26.1	太仓港
		26.2	开始:1300　结束:1715
		26.3	200 t,含硫量 0.5% 的 0 号柴油,分别加入
			1 舱加入 98 t,现存 120 t
			2 舱加入 102 t,现存 135 t
		26.4	1 000 L 主机润滑油加入滑油存储舱,总存量 1 500 L
			轮机长:袁成岗　　10-12-2019

＊不适用者划去。　　　　　　　　　　　船长签名：＿＿＿＿＿＿＿＿

①编者注：附港口的残油接收证明

（6）如果已在油类记录簿中错误记录，应立即通过在错误文字中间划单横线的方式删除，使错误记录仍然清晰可见。错误的记录应签名并注明日期，下文附新的修正记录。

（7）一旦遗漏了以前的操作项目，补记时按表3-5的格式进行。

表3-5　遗漏项目的补记

日期	代号 （字母）	细目 （编号）	作业记录/主管高级船员的签名
日-月-年（1）	I		前期遗漏操作记录补充记录
日-月-年（2）	D	13	0.5 m³ 污水来自机舱污水井
		14	开始：0915　　　结束：1020
		15.3	驳入污水存储舱，总容量30.05 m³，存5.8 m³
			签名（1）（主管高级船员，姓名 & 职务）日-月-年
			签名（2）（主管高级船员，姓名 & 职务）日-月-年

说明：日期（1）应为以前的实际操作日期；日期（2）应为当前时间，即补记日期。签名（1）由补记者签署，签名（2）由漏记者签署。

（8）所有项目由高级船员或与操作有关的主管高级船员填写和签字，每一页记录完毕应速交船长审阅、签字。

（三）法律效力

应及时将每项作业详细地记入油类记录簿的第Ⅰ部分或第Ⅱ部分。船舶事故造成任何油类和油性混合物的排放，不论是有意的还是意外的，均应记入油类记录簿，并说明排放情况和理由。每项记录应由该项作业的操作负责人签字，每记完一页由船长签字。记完最后一页应留船保存3年。

油类记录簿是船上重要的、享有法律效力的船舶防污文书。

国家海事主管部门可在其港口或附近装卸站对规定的任何船舶检查油类记录簿，并可将该记录簿中的任何记录制成副本，要求船长证明该副本是该项记录的正确副本。这样制成的副本，经船长证明为船上油类记录簿中某项记录的正确副本者，可在任何法律诉讼中作为该项记录中所述事实的证据。

四、船舶油污染事故等级标准

本标准（JT/T 458—2001）是依据《中华人民共和国海洋环境保护法》（2000年4月1日生效），并参照《中华人民共和国水上安全监督行政处罚规定》（1998年10月1日生效）对JT/T 2011—1991进行修订的。

本标准规定了船舶油污染事故等级的划分。

本标准作为各交通运输部门管理和统计船舶油污染事故的评定依据。

本标准适用于由油船和非油船所造成的水域油污染事故，但不适用于由各种原因引起的海损事故所造成的油污染事故。

（一）定义

1. 油类：任何类型的油及其炼制品。

2. 油船：专门装运散货油类的船舶。

3. 非油船：不是第 2 点所述的船舶。

4. 货油：油船中载运的原油或成品油。

5. 船用油：船舶自身所用油，包括燃料油、润滑油等。

6. 油性混合物：任何含有油分的混合物（包括含油压载水、洗舱水、机舱水及其他含油物）。

7. 入水量：油类流入水域的数量。

8. 经济损失：主要指船方因油污染事故所付出的罚款、清除费等。

（二）技术要求

1. 船舶油污染事故以入水量和经济损失两项指标称量，其等级划分如表 3-6 所示。

2. 当油污染事故入水量和经济损失在表中同属一个事故等级时，即按所属事故等级划分。

3. 当油污染事故入水量和经济损失在表中不属同一事故等级时，应以所属事故等级中较大的一级为评定依据。

表 3-6　船舶油污染事故等级划分表

事故等级	油船	油船和非油船	
	货油	船用油	油性混合物
重大事故	入水量>10 t 经济损失>30 万元	入水量>1 t 经济损失>10 万元	
大事故	5 t<入水量≤10 t 10 万元<经济损失≤30 万元	0.1 t<入水量≤1 t 5 万元<经济损失≤10 万元	经济损失>5 万元
一般事故	0.5 t<入水量≤5 t 3 万元<经济损失≤10 万元	0.01 t<入水量≤0.1 t 2 万元<经济损失≤5 万元	2 万元<经济损失≤5 万元
小事故	入水量≤0.5 t 经济损失≤3 万元	入水量≤0.01 t 经济损失≤2 万元	经济损失≤2 万元

第三节　内河船舶生活污水、船舶垃圾日常处理方法

一、内河船舶生活污水日常处理方法

（一）生活污水排放控制要求

自 2018 年 7 月 1 日起，400 总吨及以上的船舶，以及 400 总吨以下且经核定许可载运 15 人及以上的船舶，在不同水域船舶生活污水的排放控制分别按本节第一条和第二条要求执行。

第一条　在内河和距最近陆地 3 n mile 以内（含）的海域，船舶生活污水应采用下列方式

之一进行处理,不得直接排入环境水体:

①利用船载收集装置收集,排入接收设施;

②利用船载生活污水处理装置处理,达到第三条规定要求后在航行中排放。

第二条 在距最近陆地 3 n mile 以外海域,船舶生活污水污染物排放控制按表3-7的规定执行。

表3-7 距最近陆地 3 n mile 以外船舶生活污水污染物排放控制要求

水域	排放控制要求
3 n mile<与最近陆地间距离≤12 n mile 的海域	同时满足下列条件: (1)使用设备打碎固形物和消毒后排放; (2)船速不低于 4 kn,且生活污水排放速率不超过相应船速下的最大允许排放速率
与最近陆地间距离>12 n mile 的海域	船速不低于 4 kn,且生活污水排放速率不超过相应船速下的最大允许排放速率

第三条 在内河和距最近陆地 3 n mile 以内(含)的海域,根据船舶类别和安装(含更换)生活污水处理装置的时间,利用船载生活污水处理装置处理的船舶生活污水分别执行相应的污染物排放限值。

①在 2012 年 1 月 1 日以前安装(含更换)生活污水处理装置的船舶,向环境水体排放生活污水,其污染物排放控制按表3-8的规定执行。

表3-8 船舶生活污水污染物排放限值(一)

序号	污染物项目	限值	污染物排放监控位置
1	五日生化需氧量(BOD$_5$)(mg/L)	50	
2	悬浮物(SS)(mg/L)	150	生活污水处理装置出水口
3	耐热大肠菌群数(个/L)	2 500	

②在 2012 年 1 月 1 日以后安装(含更换)生活污水处理装置的船舶,向环境水体排放生活污水,其污染物排放控制按表3-9的规定执行,应执行第 3 点排放控制要求的船舶除外。

表3-9 船舶生活污水污染物排放限值(二)

序号	污染物项目	限值	污染物排放监控位置
1	五日生化需氧量(BOD$_5$)(mg/L)	25	
2	悬浮物(SS)(mg/L)	35	
3	耐热大肠菌群数(个/L)	1 000	生活污水处理装置出水口
4	化学需氧量(COD$_{Cr}$)(mg/L)	125	
5	pH 值(无量纲)	6~8.5	
6	总氯(总余氯)(mg/L)	<0.5	

③在 2021 年 1 月 1 日及以后安装(含更换)生活污水处理装置的客运船舶,向内河排放生

活污水,其污染物排放控制按表3-10的规定执行。

表 3-10　船舶生活污水污染物排放限值(三)

序号	污染物项目	限值	污染物排放监控位置
1	五日生化需氧量(BOD$_5$)(mg/L)	20	
2	悬浮物(SS)(mg/L)	20	
3	耐热大肠菌群数(个/L)	1 000	
4	化学需氧量(COD$_{Cr}$)(mg/L)	60	
5	pH 值(无量纲)	6~8.5	生活污水处理装置出水口
6	总氯(总余氯)(mg/L)	<0.5	
7	总氮(mg/L)	20	
8	氨氮(mg/L)	15	
9	总磷(mg/L)	1	

在饮用水水源保护区内,不得排放生活污水,并应按规定对控制措施进行记录。

(二)生活污水标准排放接头

为了使接收设备的管子能与船上生活污水的排放管路相连接,在这两组管路上应配有如图3-1所示的标准排放接头,标准排放接头应能快速方便地与接收设施相连。

1.标准接头的法兰应能接收最大内径不大于 100 mm 的管子;

2.标准接头应能承受 0.6 MPa 的压力;

3.法兰螺栓为 4×Φ16 mm。

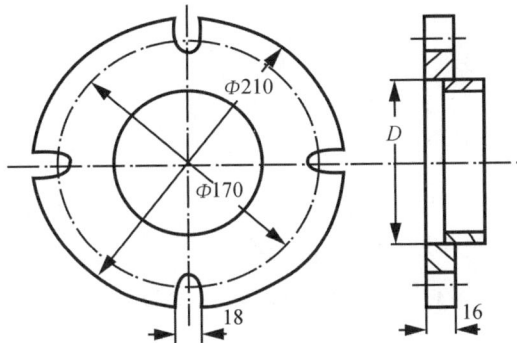

图 3-1　生活污水标准排放接头

二、船舶垃圾日常处理方法

1.定义

船舶垃圾收集装置系指用于盛放船舶垃圾的容器。

船舶垃圾压制装置系指用于减少船舶垃圾体积的装置。

接收设施系指用以接收船舶垃圾的设施。

2. 排放控制

内河禁止倾倒船舶垃圾。所有船舶垃圾应储存在垃圾收集装置中,定期由船/岸有关部门予以接收。

在允许排放垃圾的海域,根据船舶垃圾类别和海域性质,分别执行相应的排放控制要求。

在任何海域,应将塑料废弃物、废弃食用油、生活废弃物、焚烧炉灰渣、废弃渔具和电子垃圾收集并排入接收设施。

对于食品废弃物,在距最近陆地 3 n mile 以内(含)的海域,应收集并排入接收设施;在距最近陆地 3~12 n mile(含)的海域,粉碎或磨碎至直径不大于 25 mm 后方可排放;在距最近陆地 12 n mile 以外的海域可以排放。

对于货物残留物,在距最近陆地 12 n mile 以内(含)的海域,应收集并排入接收设施;在距最近陆地 12 n mile 以外的海域,不含危害海洋环境物质的货物残留物方可排放。

对于动物尸体,在距最近陆地 12 n mile 以内(含)的海域,应收集并排入接收设施;在距最近陆地 12 n mile 以外的海域可以排放。

在任何海域,对于货舱、甲板和外表面清洗水,其含有的清洁剂或添加剂不属于危害海洋环境物质的方可排放;其他操作废弃物应收集并排入接收设施。

在任何海域,对于不同类别船舶垃圾的混合垃圾的排放控制,应同时满足所含每一类船舶垃圾的排放控制要求。

3. 排放设施要求

内河船舶应当配备有盖、不渗漏、不外溢的垃圾储存容器,或者实行袋装,以满足航行过程中存储船舶垃圾的需要。

本船垃圾在船舶离港前应尽可能排放到港口接收设施或由垃圾接收单位接收处理,以减少船上垃圾的存量。

进行垃圾处理作业时按要求如实填写船舶垃圾记录簿。

全体船员应尽量少携带容易产生垃圾的物品上船。

船舶及其成员应尽量选用可重复使用的包装和容器,进行物品的包装或储存,以减少垃圾的产生量;尽可能选用可重复使用的盖布、垫板、衬板和填充材料。

4. 垃圾告示牌、垃圾管理计划和垃圾记录簿

垃圾告示牌、垃圾管理计划和垃圾记录簿样式及填写要求见本书的附录一。

第四节 ◉ 内河船舶噪声污染和大气污染

一、船舶噪声污染

噪声是指发声体做无规则振动时发出的声音。声音由物体的振动产生,以波的形式在一定的介质(如固体、液体、气体)中进行传播。通常所说的噪声污染是指人为造成的。从生理

学观点来看,凡是干扰人们休息、学习和工作以及对所要听的声音产生干扰的声音,即不需要的声音,统称为噪声。

当噪声对人及周围环境造成不良影响时,就形成噪声污染。产业革命以来,各种机械设备的创造和使用,给人类带来了繁荣和进步,但同时也产生了越来越多而且越来越强的噪声。噪声不但会对听力造成损伤,还能诱发多种致癌致命的疾病,也对人们的生活和工作有所干扰。

(一)生活中噪声的主要来源

1. 交通噪声包括机动车辆、船舶、地铁、火车、飞机等的噪声。由于机动车辆数目的迅速增加,交通噪声成为城市的主要噪声源。

2. 工业噪声指工厂的各种设备产生的噪声。工业噪声的声级一般较高,给工人及周围居民带来较大的影响。

3. 建筑噪声主要来源于建筑机械发出的噪声。建筑噪声的特点是强度较大,且多发生在人口密集地区,因此严重影响居民的休息与生活。

4. 社会噪声包括人们的社会活动和家用电器等发出的噪声。这些设备的噪声级虽然不高,但由于和人们的日常生活联系密切,使人们在休息时得不到安静,尤为让人烦恼,极易引起邻里纠纷。

(二)噪声声源的机械特点

气体扰动产生的噪声、固体振动产生的噪声、液体撞击产生的噪声以及电磁作用产生的电磁噪声。

(三)噪声的频率

按频率划分,噪声可分为以下三种:小于 400 Hz 的低频噪声、400~1 000 Hz 的中频噪声和大于 1 000 Hz 的高频噪声。

(四)控制方法

为降低噪声对四周环境和人类的影响,主要噪声控制方式为对噪声源、噪声的传播路径及接收者三者进行隔离或防护,对噪声的能量做阻绝或吸收。例如,对噪声源(马达)加装防振的弹簧或橡胶,吸收振动,或者包覆整个马达。传播的路径一般都是使用隔音墙阻绝噪声的传播。而针对接收者的防护,一般是隔音窗、耳塞等。

世界各国政府通常也有相应的法律或规定以管制过量的噪声。

(五)噪声的危害

噪声污染对人、动物、仪器仪表以及建筑物均可构成危害,其危害程度主要取决于噪声的频率、强度及暴露时间。

噪声危害主要包括:噪声对听力的损伤、噪声能诱发多种疾病、噪声对人们生活和工作的干扰、噪声对动物行为的影响和声致痉挛、噪声对动物听觉和视觉的影响、噪声引起动物的病变、噪声引起动物的死亡、特强噪声对仪器设备和建筑结构的危害等。

(六)噪声的防治

为了防止噪声,我国著名声学家马大猷教授在总结和研究了国内外现有各类噪声的危害和标准之后,提出了三条建议:

1. 为了保护人们的听力和身体健康，噪声的允许值为 75~90 dB。

2. 为了保障交谈和通信联络，环境噪声的允许值为 45~60 dB。

3. 在睡眠时间，建议为 35~50 dB。

在建筑物中，为了减小噪声而采取的措施主要是隔声和吸声。

（七）噪声控制的内容

1. 降低声源噪声。工业、交通运输业可以选用低噪声的生产设备和改进生产工艺，或者改变噪声源的运动方式（如用阻尼、隔振等措施降低固体发声体的振动）。

2. 在传音途径上降低噪声，控制噪声的传播。改变声源已经发出的噪声传播途径，如采用吸音、隔音、音屏障、隔振等措施等。

3. 受音者或受音器官的噪声防护。在声源和传播途径上无法采取措施，或采取的声学措施仍不能达到预期效果时，就需要对受音者或受音器官采取防护措施，如长期受职业性噪声暴露影响的工人可以戴耳塞、耳罩或头盔等护耳器。

（八）内河船舶防治噪声污染

航行于京杭运河的船舶，防噪声污染应满足以下要求：

应采取适当措施降低船舶航行时发出的噪声，特别是发动机的进、排气噪声。

船舶穿越人口稠密地区的水域时，船舶发出的噪声的声压级在距船侧横向距离 25 m 处应不超过 70 dB（A）。

航行于漓江的船舶，防噪声污染应满足表 3-1 的要求：

机舱内噪声不得大于 105 dB（A）。船员进入机舱应采取保护措施，机舱入口处应设置明显的告示牌"进入高噪声区，必须戴耳保护器"。

（九）相关法律及规定

1.《中华人民共和国环境噪声污染防治法》。

2.《船舶噪声控制设计规程》（JT/T 781—2010）。

二、船舶大气污染

由于现代工业不断发展，对大气的污染日益严重，使人类的生存环境日趋恶化。排气污染物对大气环境的影响主要表现在烟雾、酸雨、臭氧层减薄、温室效应等。随着人类环境保护意识的增强，各种环保法规陆续出台，对各种有害排放形成了有效控制。

船舶承担着 95% 以上的世界贸易运输量，消耗世界能源的 3%，其主要的动力装置——船舶柴油机的排放数量也是非常巨大的。据统计，船舶柴油机的 NO_x 排放量约占全球 NO_x 排放量的 7%，SO_x 排放量约占全球 SO_x 排放量的 4%，CO_2 排放量约占全球 CO_2 排放量的 2.7%。随着海上运输业的发展、船舶保有量的增加，船舶造成的大气污染也日益严重。目前，与陆上的排放法规相比，船舶排放法规相对比较宽松，这也导致了船舶有害排放相对值的增加。毋庸置疑，随着技术的发展，对船舶有害排放的控制也会更加严格。

（一）内河柴油机相关定义

柴油机系指以液体或双燃料运行的任何船用往复式内燃机，包括增压/复合系统（如适用）。此外，《中华人民共和国大气污染防治法》生效之日或以后建造的船舶上安装的气体燃料发动机,或在该日期或以后安装的新增气体燃料发动机,或非完全相同替代的气体燃料发动机,也视为船用柴油机。

第 1 类柴油机系指额定功率大于或等于 37 kW 并且单缸排量小于 5 L 的船用柴油机。

第 2 类柴油机系指单缸排量大于或等于 5 L 且小于 30 L 的船用柴油机。

第 3 类柴油机系指单缸排量大于或等于 30 L 的船用柴油机。

柴油机大修系指对船用柴油机或船用柴油机的一部分进行拆卸、检查和/或零部件替换,重新组装船用柴油机或船用柴油机系统,提高船用柴油机的寿命。

(二)柴油机有害排放物的种类和产生的原因

柴油机是以碳氢化合物为燃料的,当燃料完全燃烧时,如果不考虑燃料中的杂质,只会产生水蒸气(H_2O)和二氧化碳(CO_2)。水在地球上大量存在,柴油机排出的水分不会对地球水循环构成重大影响。二氧化碳过去并不被认为是一种污染物,但因为含碳化石燃料的大量使用,使地球的碳循环失衡,加剧了温室效应,引起了全人类的广泛关注。

根据柴油机燃烧原理可知,燃料在柴油机中的混合和燃烧是在极短时间内完成的。由于燃料与空气混合的不均匀程度比较严重,因此燃料无法完全燃烧,在柴油机的排气中会出现一些不完全燃烧产物。如在高温缺氧环境下燃油易发生裂解、脱氢生成碳烟粒子,发生不完全燃烧时生成一氧化碳(CO),在低温及混合气过稀的条件下易生成未燃碳氢化合物(HC)。而在高温环境下会使空气中的氮在高温下氧化生成各种氮氧化物,一般用 NO_x 表示。此外,燃油中含有的硫可使柴油机在燃烧过程中生成硫氧化物(SO_x)。

(三)柴油机排气污染物的主要成分

柴油机排出的废气是由燃烧产物与剩余空气组成的。主要包括水蒸气(H_2O)、过量氧气(O_2)、残余氮气(N_2)、二氧化碳(CO_2)、一氧化碳(CO)、氮氧化物(NO_x)、碳氢化合物(HC)、硫氧化物(SO_x)和颗粒等。其中水蒸气(H_2O)、过量氧气(O_2)、残余氮气(N_2)属无害成分,不会给人类及环境带来任何不良影响。二氧化碳(CO_2)虽然不会对人类和环境产生直接危害,但由于二氧化碳(CO_2)的大量聚积会形成温室效应,也需要加以控制。二氧化碳(CO_2)、水(H_2O)、氮气(N_2)、氧气(O_2)占排气体积总量的 99.8%。

对大气环境和人类健康影响很大且已被各国排放法规限制的柴油机排放物是一氧化碳(CO)、氮氧化物(NO_x)、碳氢化合物(HC)、硫氧化物(SO_x)和颗粒等,这些物质虽然只占排气体积总量的 0.2%,却能对环境和人体造成巨大的危害。我国有关标准把废气中有害成分及二氧化碳(CO_2)和炭烟等统称为排放物,简称排放。

(四)柴油机有害排放物造成的主要危害

1. 氮氧化物(NO_x)。柴油机排气中的氮氧化物绝大部分(90%以上)是 NO,少量是 NO_2,氮氧化物通常用 NO_x 表示。NO 是无色气体,本身毒性不大,通过光化学反应会破坏大气臭氧层,并且在大气中会缓慢氧化成 NO_2。NO_2 是一种棕红色的刺激性气体,其浓度为 100ppm ~ 120ppm 时,会有很强的毒性,如破坏人体的黏膜,引起肺癌,导致人体组织缺氧乃至窒息,若浓度达到 200ppm,会立刻致人死亡。

2. 碳氢化合物(HC)。HC 包括未燃和未完全燃烧的燃油、润滑油以及其裂解和部分氧化产物,如烷烃、烯烃、芳香烃、醛、酮、酸等数百种成分。烷烃基本上无味,对人体健康不产生直接影响。烯烃略带甜味,有麻醉作用,对黏膜有刺激。烯烃是与氮氧化物一起在太阳光的紫外线作用下形成有毒的光化学烟雾的罪魁祸首之一。芳香烃对血液和神经系统有害,特别是多环芳香烃(PAH)及其衍生物有致癌作用。醛类是刺激性物质,对眼、呼吸道、血液有毒害。

3. 颗粒(PM)。颗粒的主要组分是碳、凝结的碳氢化合物、硫酸盐和缔合水。柴油机排出的颗粒大多小于 $0.3~\mu m$,在人呼吸时,可被吸入肺部,并在肺里滑动,会对肺组织造成伤害。另外,颗粒碳核吸附的其他有毒物质被吸入人体,也会对人体造成损害。

4. 一氧化碳(CO)。CO 是无色、无味的有毒气体。CO 与血红蛋白的亲和力大约是氧气的 200 倍,吸入人体后能与血红蛋白结合成碳氧血红蛋白,导致人体组织缺氧,发生恶心、头晕等,严重时会使人窒息死亡。在柴油机的排气中 CO 含量较少,只在高负荷运转时排放量较高。

5. 硫氧化物(SO_x)。SO_x 是燃油中的硫分在燃烧中的产物,主要包括 SO_2 和 SO_3。排气中 SO_x 与燃油中的含硫量有关,如果燃油中的含硫量为 3.0%,燃烧每吨燃油大约可以产生 63.6 kg 的 SO_x。SO_2 具有刺激性,与水结合后生成亚硫酸,直接危害人的眼鼻和喉黏膜,引起呼吸器官炎症。另外,SO_2 进一步氧化的产物 SO_3 与水作用形成硫酸,SO_x 排入大气形成的酸雨对土壤和植物有害。

(五)相关法律法规解读

下文解读《船舶大气污染物排放控制区实施方案》(以下简称《实施方案》),并介绍《实施方案》的出台背景、工作目标、实施步骤等。

1.《实施方案》的出台背景及主要内容

推进船舶排放控制区实施适时提升控制区要求,是交通运输部实现空气质量持续改善、满足民众美好生活的期望、落实国家"打好污染防治攻坚战、打赢蓝天保卫战"总体要求的重要抓手,是展现我国负责任大国形象、积极参与全球环境治理体系建设的重要行动。近年来,国际海事组织大力推进船舶大气污染防治,2020 年船舶在全球水域将强制使用硫含量小于 0.5%m/m 的燃油以降低硫氧化物的排放,很多国家和地区正在逐步加强对氮氧化物排放的控制要求。我国现行方案,在地理范围上未完全覆盖重点大型港口和航行密集水域,因此,有必要进一步调整方案,以满足当前的国内污染控制需求与国际污染防治趋势。

新发布的《实施方案》提出了总体目标、调整原则、方案适用对象以及控制区地理范围等方面的重点内容,其中,提出了 17 条具体的控制要求,包括硫氧化物和颗粒物控制要求、氮氧化物控制要求、船舶靠港使用岸电要求和其他相关要求。此外,为了保证方案顺利实施,方案还要求加强组织领导、强化监督管理、注重政策引导、发挥科技支撑作用等一系列保障措施。

该《实施方案》在现行三个排放控制区的基础上进一步扩大了地理范围:一是为创造相对公平公正的航运环境,《实施方案》将沿海控制区扩展至全国沿海范围。《实施方案》在沿海控制区中专门划出了海南水域,并对海南水域提出了相对于其他沿海水域更为严格的控制要求。二是在内河控制区领域,《实施方案》将长江干线的云南水富至江苏浏河口段通航水域和西江干线的广西南宁至广东肇庆段通航水域划定为内河控制区。《实施方案》并未将长江上海段纳入其中,是因为考虑到上海港一直被视作海港实施管理,将其纳入内河排放控制区可能会导致同一水域管理标准的差异,同时,也因为浏河口界线比长江入海口界线更为清晰,更便于船舶换用超低硫燃油。

2.《实施方案》中硫氧化物的控制要求及实施时间

《实施方案》要求 2019 年 1 月 1 日起船舶进入沿海控制区均应使用硫含量不大于 0.5%m/m 的船用燃油。将原只在环渤海(京津冀)、长三角、珠三角水域规定使用硫含量不大于 0.5%m/m 的船用燃油标准扩大至全国沿海,只扩大了地理控制范围,不改变船舶排放燃油标准,这样,船舶在进入沿海水域后,只需按以前的船舶排放标准执行即可,不需要再进行燃油换用。

考虑到内河水域船舶大气污染防治的需求,以及船舶航行的安全性,《实施方案》提高了海船进江标准,要求 2020 年 1 月 1 日起进入内河排放控制区的海船应使用硫含量不大于 0.1%m/m 的船用燃料油。《实施方案》直接按照国务院文件提出了大型内河船舶和江海直达船舶用油应按照修订的《船用燃料油》标准执行,其他内河船舶应使用符合国家标准的柴油的要求。

《实施方案》对进入海南水域的船舶执行了更高、更严的控制标准,即自 2022 年 1 月 1 日起,进入海南水域的船舶,一是要使用 0.1%m/m 的超低硫油;二是新改建船舶要执行《国际防止船舶造成污染公约》第三阶段氮氧化物排放限值要求。

3.《实施方案》对船舶靠港使用岸电的要求

《实施方案》要求,2019 年 1 月 1 日及以后建造的中国籍公务船、内河船舶(液货船除外)和特定航线江海直达船舶,应具备船舶岸电系统船载装置。2020 年 1 月 1 日及以后建造的一定类型和尺度的中国籍沿海航行船舶应具备船舶岸电系统船载装置。2019 年 7 月 1 日起,要求具备船舶岸电系统船载装置的船舶在沿海控制区内具备岸电供应能力的码头泊位停泊超过 3 h,或者在内河控制区内具备岸电供应能力的码头泊位停泊超过 2 h,且不使用其他等效措施的,应强制使用岸电。

对于已具备船舶岸电系统船载装置的现有船舶(液货船除外),《实施方案》提出了强制使用岸电的要求。对于不具备船舶岸电系统船载装置的现有船舶,《实施方案》采用了选择性追溯的方式,即现有船舶必须满足船舶发动机氮氧化物控制要求或者具备船舶岸电系统船载装置,要求 2022 年 1 月 1 日起,船上最大单台发动机输出功率大于 130 kW,且不满足《国际防止船舶造成污染公约》第二阶段氮氧化物排放限值要求的一定类型和尺度的中国籍船舶,应具备船舶岸电系统船载装置,并按照有关规定使用岸电。

《实施方案》还提出,2021 年 1 月 1 日起要求邮轮率先使用岸电,2020 年年底前我国现有的 14 个邮轮泊位中将有 9 个具备提供岸电的能力,而目前以我国邮轮港口作为始发港常态化运营的邮轮共 16 艘,均未配备受电设施,且均为境外企业拥有的外国籍船舶。对此,《实施方案》提出强制使用岸电,以切实增强岸电使用的效果,有效减少船舶大气污染物的排放。

(六)排放控制

1.柴油机排气污染物

(1)新建船舶上第 1 类和第 2 类柴油机,其排气污染物中的一氧化碳(CO)、碳氢化合物(HC)、氮氧化物(NO$_x$)和颗粒物(PM)的总加权排放量,应不超出表 3-11 规定的限值。

(2)额定净功率 37 kW 以下的船用柴油机的排放应满足表 3-12 的要求。

表 3-11　船舶柴油机排气污染物第一阶段排放限值

发动机类型	单缸排量（SV）（L/缸）	额定功率（P）（kW）	CO（g/kW·h）	HC+NO$_x$（g/kW·h）	PM（g/kW·h）
第 1 类	SV<0.9	$P \geqslant 37$	5.0	7.5	0.40
	0.9≤SV<1.2		5.0	7.2	0.30
	1.2≤SV<5		5.0	7.2	0.20
第 2 类	5≤SV<15		5.0	7.8	0.27
	15≤SV<20	P<3 300	5.0	8.7	0.50
		$P \geqslant 3$ 300	5.0	9.8	0.50
	20≤SV<25		5.0	9.8	0.50
	25≤SV<30		5.0	11.0	0.50

表 3-12　船舶柴油机排气污染物排放限值（额定功率 37 kW 以下）

额定功率（P）（kW）	CO（g/kW·h）	HC+NO$_x$（g/kW·h）	PM（g/kW·h）
P<37	5.5	7.5	0.60

（3）第 3 类柴油机的 NO$_x$ 排放量（按总的 NO$_2$ 加权排放量计算）应在下列范围之内：

·14.4 g/kW·h，当 n<130 r/min 时；

·44×n（-0.23）g/kW·h，当 130 r/min≤n<2 000 r/min 时；

·7.7 g/kW·h，当 $n \geqslant 2$ 000 r/min 时。

其中 n 为柴油机额定转速（每分钟曲轴转速）。

（4）2022 年 1 月 1 日及以后建造或进行船用柴油发动机重大改装的、进入沿海控制区海南水域和内河控制区的中国籍国内航行船舶，所使用的第 3 类船用柴油机的 NO$_x$ 排放量（按总的 NO$_2$ 加权排放量计算）应在下列范围之内：

·3.4 g/kW·h，当 n<130 r/min 时；

·9.0×n（-0.2）g/kW·h，当 130 r/min≤n<2 000 r/min 时；

·2.0 g/kW·h，当 $n \geqslant 2$ 000 r/min 时。

其中 n 为柴油机额定转速（每分钟曲轴转速）。

（5）船舶发动机进行大修、更换船舶发动机或新增安装船舶发动机应满足以下要求：

①当对船舶发动机进行大修时，大修过的发动机排放水平应不低于大修前型式检验的排放水平；

②当船舶更换额定功率在 37 kW 及以上且单缸排量在 30 L 以下的非完全相同的柴油机时，应更换符合本法规当时阶段排放要求的发动机；

③当船舶新增安装发动机时，应安装符合本法规当时阶段排放要求的发动机。

（6）不适用于船舶装用的应急发动机、安装在救生艇上或只在应急情况下使用的任何设备或装置上的发动机。

2. 硫氧化物（SO$_x$）

船上应使用满足船用燃料油国家标准要求的内河船用燃料油。

船上应备有证明所使用燃料的书面证据供船舶检查人员核查。

3. 排放控制区

长三角水域船舶排放控制区工作将分步实施。2016 年 4 月 1 日起,船舶在排放控制区内的核心港口区域靠岸停泊期间使用硫含量不超过 0.5% 的燃油;2018 年 1 月 1 日起,船舶在排放控制区内所有港口靠岸停泊期间使用硫含量不超过 0.5% 的燃油;2019 年 1 月 1 日起,船舶进入排放控制区使用硫含量不超过 0.5% 的燃油。国际船舶和国内沿海船舶使用符合国际公约和实施方案要求的船用燃料;内河船和江海直达船使用符合标准的普通柴油。2017 年 1 月 1 日起,公务船和长江南通、苏州段渡船以及港作船使用的柴油的硫含量,应不高于国Ⅳ标准车用柴油。

长三角水域江苏省船舶排放控制区包括海域和内河水域,其中海域范围为江苏与上海大陆岸线交界点以北、南通与盐城大陆岸线交界点以南的沿海海域,内河水域范围为南京、镇江、扬州、泰州、南通、常州、无锡、苏州 8 个城市行政管辖区域内的内河通航水域。核心港口区域为苏州、南通港的沿海沿江港区。适用对象为在排放控制区内航行、停泊、作业的船舶,军用船舶、体育运动船艇和渔业船舶除外。

根据交通运输部消息,2019 年 1 月 1 日起,新版《实施方案》正式实施,海船进入排放控制区,应使用硫含量不大于 0.5%m/m 的船用燃油;2020 年 1 月 1 日起,海船进入内河控制区,应使用硫含量不大于 0.1%m/m 的船用燃油。船舶不得装载使用不合规燃油。此外,自 2022 年 1 月 1 日起,海船进入沿海控制区海南水域,应使用硫含量不大于 0.1%m/m 的船用燃油。《实施方案》要求,靠港船舶强制使用岸电,并允许船舶可使用清洁能源、新能源、船载蓄电池装置或尾气后处理等替代措施满足排放控制要求。

第五节 ◉ 案例分析与责任划分

【案例一】北海"5·16""捷安达 2"轮侧翻事故调查

一、事故概要

2014 年 5 月 16 日约 1100 时,北海籍滚装船"捷安达 2"轮载运 29 台车辆在北海涠洲岛西角客货码头卸车时发生侧翻。事故造成 3 人死亡(1 名船员,2 名司机),2 人受伤,20 辆货车随船沉入海里,有少量油污,直接经济损失约 905.7 万元,构成重大水上交通事故。

二、事故船舶、船员概况

(一)船舶概况

船名:捷安达 2 　　　　船籍港:广西北海

船舶种类:滚装船 　　　曾用名:永华

总吨:2 093 t 　　　　　净吨:1 452 t

（二）船员情况

根据船舶最低配员要求，当航行时间不超过 8 h 时，该船需配备：船长 1 名，大副 1 名，水手 2 名，轮机长 1 名，大管轮 1 名，机工 2 名，1 名专职或 2 名兼职 GMDSS 通用操作员。本航次该船缺 1 名大管轮、1 名专职 GMDSS 通用操作员，不满足船舶最低配员要求。

三、气象情况

综合分析，对事故当时的气象认定为：多云，东北风 2 到 3 级，轻浪，能见度良好。

四、事故经过

"捷安达 2"轮于 2014 年 5 月 16 日 0116 时离开码头开往涠洲岛，船长、大副均未对船舶吃水进行查看。船长及公司管理人员没有按规定事先到海事部门办理船舶出港签证。当时船上船员 12 人，随船司机 21 人，随船司机人数超过该船《海上货船适航证书》标明的准载车辆押运人员 10 人的限额，超员达 110%。

0833 时，船舶抵达涠洲岛西角客货码头附近抛锚。

1045 时，该船船头靠上涠洲岛西角客货码头滚装泊位，开始卸车作业。卸车由大副及 1 名水手指挥，其余水手在车辆舱松开车辆系固尼龙绳，船长在驾驶台。大副在现场指挥，先卸中间两个车道的车辆，从"捷安达 2"轮倾覆前的监控录像看，自第 7 辆货车卸车时开始出现明显的右倾并缓慢横摇。

1059 时，当卸下第 9 辆车时，横倾角进一步加大。此时，船上开始紧急启动中间第二车道的第 10 台重型自卸货车向左前方移动，试图调整船舶状态，这时船舶开始向左舷横倾。在驶出到船首附近时，车轮发生打滑，车尾出现向左侧摆动现象，随即船舶迅速向左发生倾斜，其他车辆因已松开系固尼龙绳，均向左舷滑移，船舶加速横倾。数秒后，船舶向左侧翻 90°坐沉，未能卸上岸的 20 台车辆随船沉入水中，船舶及车辆均未载有危险品及海洋污染物，大部分船员及汽车驾驶员通过自行脱险获救。

五、事故原因分析及责任认定

（一）事故原因分析

1. 直接原因："捷安达 2"轮完整稳性丧失

（1）通过船员笔录得知，船员在调整船舶压载水时，未按照《船舶稳性计算书》进行压载，也未对船舶压载后的完整稳性进行计算，仅将压载水调整到船舶平衡即停止。在满载状态下未将第 3 号、5 号、6 号压载水舱压满水，且航行过程中有排放压载水情况，船舶有横倾现象。

（2）从现场视频看，"捷安达 2"轮卸载车辆时，左右重量稍有不均，船舶立即偏向较重的一侧。当船舶横倾角达到一定数值（约 15°）时，引起其他车辆的滑移，车辆移动力矩进一步加大，打破船舶随遇平衡，造成了船舶不可逆转的侧翻。

2. 间接原因：车辆超重

根据资料，钢板与橡胶轮胎之间的静摩擦角约为 15°，而在钢板潮湿或钢板与轮胎之间有沙石类物质时,这个角度还将变小。在船舶靠泊卸车时,所有车辆都松开了系固,一旦船舶有横倾,容易使车辆倾侧或滑移,船舶的横倾角将会进一步加大,加上船舶压载不足,丧失了稳性,最终导致船舶侧翻。

3. 管理原因

(1)北海市捷安达物流有限公司未履行安全管理主体责任,在"捷安达2"轮开航时未配齐足额适任的船员、船舶出港未办理出港签证、船舶未备有《装载手册》、未编制《系固手册》、未取得《燃油污染损害民事责任保险或其他财务保证证书》的情况下指令船舶开航,属违规运营。

(2)北部湾港股份有限公司作为北海港海角作业区滚装码头的经营单位,在"捷安达2"轮于2014年5月15日靠泊北海港海角作业区滚装码头时,未向海事部门报告码头靠泊计划。按照港口安全作业规则,存在对滚装码头安全生产管理不到位的情况。

(3)北海新奥航务有限公司作为涠洲岛西角客运码头的经营单位,在"捷安达2"轮于2014年5月16日靠泊涠洲岛西角客货码头时,未向海事部门报告码头靠泊计划。按照港口安全作业规则,存在对滚装码头安全生产管理不到位的情况。

(4)北海市海事局作为海上交通安全监督主管机关,对辖区未正式运营的船舶实施全天候、全方位监管的力度不足,未能时刻掌握该船的船舶动态。

(5)北海市航务管理处未严格履行日常监督检查工作,未对该船管理公司经营资质的有效维持情况进行监督。

(6)北海市港务管理局作为港口行政管理部门,对涠洲岛西角客货码头、北海港海角作业区滚装码头管理松散问题未能及时发现并督促整改;对旅客集中、货物装卸量较大或者特殊用途的码头未能实施有效监督检查。

(7)涠洲岛旅游区管理委员会对船舶载运大宗建筑材料运输上岛没有通报相关部门,监控不到位。

(二)事故性质及责任认定

综上所述,本起事故系因船员不熟悉本船稳性情况,操作不当导致稳性丧失并侧翻的单方责任事故。

(三)违法事实认定

1. 船舶证书不全。"捷安达2"轮未办理《燃油污染损害民事责任保险或其他财务保证证书》。[《中华人民共和国船舶油污损害民事责任保险实施办法》第十三条第(四)项规定1 000总吨以上载运非油类货物船舶须持有。]

2. 未办理进出港签证。"捷安达2"轮未办理进出港签证,擅自开航。[《中华人民共和国船舶签证管理规则》第五条第(一)项、第(二)项,船舶由港内驶出港外或由港外驶进港内均需办理船舶进出港签证。]

3. 船舶配员不足。按照该船《船舶最低安全配员证书》的要求,该船缺少1名大管轮、1名专职GMDSS通用操作员。(《中华人民共和国海上交通安全法》第六条、《中华人民共和国船舶最低安全配员规则》第十五条的规定。)

4. 船员不了解该船稳性要求,根本不知道3号、5号、6号压载舱为固定压载舱,投入营运时必须压满,盲目开船、盲目压水、盲目排水。

5. 船舶经营人对船舶安全管理不到位。船舶经营人在该船开航时未配齐足额适任的船员、船舶出港未办理出港签证、船舶未取得《燃油污染损害民事责任保险或其他财务保证证书》，违规运营；指示船舶逃避海事监管，违规开航；发生事故未及时向主管部门报告；未对船员进行安全操作培训。（《中华人民共和国海上交通安全法》第六条、《中华人民共和国船舶油污损害民事责任保险实施办法》第十三条的规定。）

【案例二】上海港提前实施在航船舶排放控制措施后船舶硫含量超标案例

一、引言

自 2015 年年底交通运输部印发通知确定三个船舶排放控制区域后，关于船舶使用燃油的硫含量得到了进一步的明确。为了贯彻绿色发展理念，打赢蓝天保卫战，在长三角区域核心港口（包括上海港、宁波舟山港、苏州港、南通港）船舶靠泊停泊期间实施排放控制措施的基础上，上海海事局、上海市地方海事局于 8 月 27 日联合发布了《上海海事局、上海市地方海事局关于上海港提前实施在航船舶排放控制措施的通告》，即上海港自 2018 年 10 月 1 日起，较原定方案（2019 年 1 月 1 日起，海船进入排放控制区，应使用硫含量不大于 0.5%m/m 的船用燃油）提前 3 个月实施在航船舶的排放控制措施，国际航行船舶和国内沿海航行船舶在上海港内行驶及靠岸停泊期间，使用的燃油也应符合硫含量不大于 0.5%m/m 的标准，内河船舶和江海直达船舶应当使用符合标准的柴油。

然而该措施实施后并未得到全面贯彻，船方、船公司等采取了如继续使用高硫油、加装燃油均为高硫油、不配合检测、靠港前换油等多种手段逃避海事监管，存在侥幸心理和博弈行为，为该措施的推行带来了不便。为有效推进船舶排放控制措施，海事部门在执法过程中配备了燃油含硫量快速检测仪，该检测仪可以在两分钟内迅速检测燃油含硫量。2018 年 11 月 14 日，笔者在海事现场监督检查过程中借助燃油含硫量快速检测仪查获一起沿海船舶在上海港航行期间使用超标含硫量燃油的案件，具体如下。

二、案件分析

2018 年 11 月 14 日，洋山港海事局执法人员对辖区某泊位一艘沿海航行船舶进行排放控制检查，在查看轮机日志换油记录时发现，该船 11 月 13 日 2205 时在航行中对主机进行了换油操作（将 4 号燃料油转换为含硫量较低的轻柴油），2240 时锚泊后完车。执法人员对直通主机燃油泵的 4 号燃料油日用油柜进行取样并检测含硫量，检测发现该油样含硫量为 1.3%，随即对船舶航海日志、洋山 VTS 系统和船讯网三者进行比对和轨迹回放后，发现该船 11 月 13 日 2205 时已经进入上海港排放控制区，违反了排放控制相关规定。在调查取证过程中，通过查看该船油类记录簿和加油单证，发现该船持有的 4 号燃料油油品检测报告显示含硫量为 0.35%，与现场检测数据有较大差距。执法人员按照检查程序进行油样取样并送专业检查机构检验，经检验后发现该油样实际含硫量为 1.56%。根据检测结果，海事执法人员对该船进行了后续调查。

在后续调查取证和询问责任船员时，该船负责人承认了海事部门送检结果，表示该船加装燃油时未进行含硫量检测，以加油方提供的含硫量数据为依据，不清楚是否超标，现已对船上留存的燃油进行送检。

三、原因分析

经现场检查及后续调查可得出,导致燃油含硫量检测超标的几个突出原因集中于以下几个方面:

1. 船舶加装燃油不符合标准

众所周知,高硫燃油与低硫燃油价格差距较大,我国船舶用油普遍质量不高,具有加装高质量燃油资质的公司较少,低硫燃油对船舶营运成本的提升会促使一部分船东和船公司用高硫燃油代替低硫燃油,此类以生态效益换经济效益的做法并不可取。

2. 船员未按规定进行燃油转换

船方未按规定进行燃油转换,存有于靠港前换好燃油便不会被发现的投机想法,然而经燃油转换记录信息、船位变化、日志数据计算等可得出是否符合排放控制区的换油要求,未按照规程操作必有漏洞。随着排放要求逐步提高,含硫量检测设备的发展将更加多样化,更加适应不同环境,同时也会一步步提高准确性,对此类漏洞终会打好"补丁"。

3. 船员对上海港提前实施在航船舶排放控制措施涉及的港区水域范围理解模糊

该范围包括金丝娘桥—金山深漕—大戢山灯塔—长江口灯船—鸡骨礁灯桩—佘山灯塔—崇明北支河口中间点顺崇明北支河中线向东南方向延伸与鸡骨礁和佘山灯塔延长线相交处所连成的主体范围,以及洋山港区和几个锚地。对于偶尔进入上海港的船舶,其船员未主动搜寻最新规定文件,也未被动接受宣传,对排放控制措施涉及的港区水域范围模糊,给换油程序带来了很大影响。此问题也提醒海事部门需进一步强化宣传效果,在现场执法和船员可接触到的信息流通渠道上保障重要信息全面覆盖。

四、建议

对于国内航行海船,尤其是中小型船舶,更易发生燃油含硫量超标问题,在船舶排放控制要求越来越严格的形势下,需要监管部门、船东、燃油供应公司等共同努力来达到绿色航运的愿景。

1. 关于海事部门

一是进一步加强船舶排放控制监管,对靠港及在航船舶的含硫量检测加大检查频率,以高频率检查减少违法基数,形成震慑效果,且重点监测中小型船舶含硫量数据。二是对于有违法嫌疑的船舶,应全面核实各类数据,以导助航系统、船讯网等明确其航行轨迹和重要时间点,利用船舶回放功能,跟踪进线前后换油情况。三是适当加大处罚力度,建议单独形成一项监督等级的评估项目,在查处到含硫量超标船舶后,将其风险评估等级提高,增加加装低硫油的违法成本。四是加强宣传,尽量减少甚至杜绝船员、船公司对新法律法规、规定等文件的不知晓情况,注重现场执法人员讲解和船舶办理港建费时政务中心工作人员宣传,在船员可能接触到的地方设置宣传点,避免因不知晓具体范围而导致未及时换油的可规避行为再次发生。

2. 关于船东、船公司及供油单位

在当前大环境下,污染物排放控制会愈加接近国际标准,船舶含硫量控制势必越来越严。

一是燃料供给单位提供的低硫燃油质量问题对公司信誉影响较大，从减少污染和企业发展方面考虑，需要公司严格把控低硫油品质，且低硫趋势会反向推动船方选择资质更好的燃油供应公司，机遇和挑战并存。二是船东要顺应大趋势的发展，投机取巧、在广泛使用低硫油的局面中做逆行者的做法不可取，保护环境是我们共同的责任。三是对于主动加装低硫油的船舶，也应定期对本船加装燃油进行取样送检，避免发现问题的时间延后，而带来更多次生问题。

3. 其他方面

一是市场监管部门对于燃油含硫量的控制应再精细，确保市场中低硫油的高品质保证，从输出源头把控质量。二是不止现有的含硫量检测仪需要进一步优化，检测设备也应与时俱进，如借鉴欧洲地区丹麦海事部门的管理经验，引进固定式遥感检测设备，再补充移动式的红外感应设备，如无人机携带尾气监测设备等，从多方面监测燃油及排放超标问题。

第四章

法律法规

2019 年 6 月 26 日，《2018 中国船员发展报告》正式发布，我国是海洋大国、航运大国，也是船员大国，船员在促进航运和经济社会发展中发挥着重要作用。尤其在国家深入推进"一带一路"建设、长江经济带等重大战略实施的今天，船员在建设海洋强国、海运强国中的作用进一步凸显。近年来，我国船员队伍保持稳定增长，截至 2018 年年底，我国共有注册船员 1 575 234 人，同比增长 6.2%，其中女性船员 239 456 人。注册海船船员 737 657 人，同比增长 4.0%，其中女性船员 40 211 人；注册内河船舶船员 837 577 人，同比增长 8.2%，其中女性船员 199 245 人。持有有效海员证船员 388 372 人。内河船员数量占比超过半数，达到 53.2%。为进一步规范内河航运有序发展，规范内河船员的适任培训、考试、评估和发证，国家相关的职能机构制定了一系列相关的法律、法规，为保证行业中船舶营运及其监督部门工作的有效运行，指导船舶管理人员的具体工作，明确船员的职责及权限和相关的法律责任，提供了必需的法律依据。

第一节 ◉ 《中华人民共和国船员条例》主要内容

为了加强船员管理，提高船员素质，维护船员的合法权益，保障水上交通安全，保护水域环境,国务院制定了《中华人民共和国船员条例》(以下简称"条例"),经 2007 年 4 月 14 日国务院令第 494 号公布;2013 年 7 月 18 日国务院令第 638 号第一次修订;2013 年 12 月 7 日国务院令第 645 号第二次修订;2014 年 7 月 9 日国务院令第 653 号第三次修订;2017 年 3 月 1 日国务院令第 676 号第四次修订;2019 年 3 月 2 日国务院令第 709 号第五次修订;2020 年 3 月 27 日国务院令第 726 号第六次修订。主要内容摘录如下:

一、适用范围及主管机关

1. 适用范围

中华人民共和国境内的船员注册、任职、培训、职业保障以及提供船员服务等活动,适用本条例。

2. 主管机关

国务院交通主管部门主管全国船员管理工作。国家海事管理机构依照本条例负责统一实施船员管理工作。负责管理中央管辖水域的海事管理机构和负责管理其他水域的地方海事管理机构(以下统称海事管理机构),依照各自职责具体负责船员管理工作。

二、船员注册和任职资格

1. 船员的定义

船员:依照本条例的规定取得船员适任证书的人员,包括船长、高级船员、普通船员。

船长:依照本条例的规定取得船长任职资格,负责管理和指挥船舶的人员。

高级船员:依照本条例的规定取得相应任职资格的大副、二副、三副、轮机长、大管轮、二管轮、三管轮、通信人员以及其他在船舶上任职的高级技术或者管理人员。

普通船员:除船长、高级船员外的其他船员。

2. 船员适任证书的申请

1)申请船员适任证书,应当具备下列条件:

(1)年满 18 周岁(在船实习、见习人员年满 16 周岁)且初次申请不超过 60 周岁;

(2)符合船员任职岗位健康要求;

(3)经过船员基本安全培训。

参加航行和轮机值班的船员还应当经过相应的船员适任培训、特殊培训,具备相应的船员任职资历,并且任职表现和安全记录良好。国际航行船舶的船员申请适任证书的,还应当通过船员专业外语考试。

2)申请船员适任证书的程序:

(1)申请船员适任证书,可以向任何有相应船员适任证书签发权限的海事管理机构提出书面申请,并附送申请人符合申请条件的证明材料。

(2)对符合规定条件并通过国家海事管理机构组织的船员任职考试的,海事管理机构应当发给相应的船员适任证书及船员服务簿。

(3)船员适任证书应当注明船员适任的航区(线)、船舶类别和等级、职务以及有效期限等事项。参加航行和轮机值班的船员适任证书的有效期不超过 5 年。

（4）船员服务簿应当载明船员的姓名、住所、联系人、联系方式、履职情况以及其他有关事项。船员服务簿记载的事项发生变更的,船员应当向海事管理机构办理变更手续。

三、船员职责

1. 船员在船工作期间，应当符合下列要求

（1）携带本条例规定的有效证件；

（2）掌握船舶的适航状况和航线的通航保障情况,以及有关航区气象、海况等必要的信息；

（3）遵守船舶的管理制度和值班规定,按照水上交通安全和防治船舶污染的操作规则操纵、控制和管理船舶,如实填写有关船舶法定文书,不得隐匿、篡改或者销毁有关船舶法定证书、文书；

（4）参加船舶应急训练、演习,按照船舶应急部署的要求,落实各项应急预防措施；

（5）遵守船舶报告制度,发现或者发生险情、事故、保安事件或者影响航行安全的情况,应当及时报告；

（6）在不严重危及自身安全的情况下,尽力救助遇险人员；

（7）不得利用船舶私载旅客、货物,不得携带违禁物品。

2. 船长的职权

（1）船长在其职权范围内发布的命令,船舶上所有人员必须执行。

高级船员应当组织下属船员执行船长命令,督促下属船员履行职责。

（2）船长管理和指挥船舶时,应当符合下列要求：

①保证船舶和船员携带符合法定要求的证书、文书以及有关航行资料；

②制订船舶应急计划并保证其有效实施；

③保证船舶和船员在开航时处于适航、适任状态,按照规定保障船舶的最低安全配员,保证船舶的正常值班；

④执行海事管理机构有关水上交通安全和防治船舶污染的指令,船舶发生水上交通事故或者污染事故的,向海事管理机构提交事故报告；

⑤对本船船员进行日常训练和考核,在本船船员的船员服务簿内如实记载船员的服务资历和任职表现；

⑥船舶进港、出港、靠泊、离泊,通过交通密集区、危险航区等区域,或者遇有恶劣天气和海况,或者发生水上交通事故、船舶污染事故、船舶保安事件以及其他紧急情况时,应当在驾驶台值班,必要时应当直接指挥船舶；

⑦保障船舶上人员和临时上船人员的安全；

⑧船舶发生事故,危及船舶上人员和财产安全时,应当组织船员和船舶上其他人员尽力施救；

⑨弃船时,应当采取一切措施,首先组织旅客安全离船,然后安排船员离船,船长应当最后离船,在离船前,船长应当指挥船员尽力抢救航海日志、机舱日志、油类记录簿、无线电台日志、本航次使用过的航行图和文件,以及贵重物品、邮件和现金。

（3）船长、高级船员在航次中，不得擅自辞职、离职或者中止职务。

（4）船长在保障水上人身与财产安全、船舶保安、防治船舶污染水域方面，具有独立决定权，并负有最终责任。

船长为履行职责，可以行使下列权力：

①决定船舶的航次计划，对不具备船舶安全航行条件的，可以拒绝开航或者续航；

②对船员用人单位或者船舶所有人下达的违法指令，或者可能危及有关人员、财产和船舶安全或者可能造成水域环境污染的指令，可以拒绝执行；

③发现引航员的操纵指令可能对船舶航行安全构成威胁或者可能造成水域环境污染时，应当及时纠正、制止，必要时可以要求更换引航员；

④当船舶遇险并严重危及船舶上人员的生命安全时，船长可以决定撤离船舶；

⑤在船舶的沉没、毁灭不可避免的情况下，船长可以决定弃船，但是，除紧急情况外，应当报经船舶所有人同意；

⑥对不称职的船员，可以责令其离岗。

船舶在海上航行时，船长为保障船舶上人员和船舶的安全，可以依照法律的规定对在船舶上进行违法、犯罪活动的人采取禁闭或者其他必要措施。

四、船员职业保障

1. 保险及劳动保护

（1）船员用人单位和船员应当按照国家有关规定参加工伤保险、医疗保险、养老保险、失业保险以及其他社会保险，并依法按时足额缴纳各项保险费用。

船员用人单位应当为在驶往或者驶经战区、疫区或者运输有毒、有害物质的船舶上工作的船员，办理专门的人身、健康保险，并提供相应的防护措施。

（2）船舶上船员生活和工作的场所，应当符合国家船舶检验规范中有关船员生活环境、作业安全和防护的要求。

船员用人单位应当为船员提供必要的生活用品、防护用品、医疗用品，建立船员健康档案，并为船员定期进行健康检查，防治职业疾病。

船员在船工作期间患病或者受伤的，船员用人单位应当及时给予救治；船员失踪或者死亡的，船员用人单位应当及时做好相应的善后工作。

2. 劳动合同及报酬

（1）船员用人单位应当依照有关劳动合同的法律、法规和中华人民共和国缔结或者加入的有关船员劳动与社会保障国际条约的规定，与船员订立劳动合同。

船员用人单位不得招用未取得本条例规定证件的人员上船工作。

（2）船员工会组织应当加强对船员合法权益的保护，指导、帮助船员与船员用人单位订立劳动合同。

（3）船员用人单位应当根据船员职业的风险性、艰苦性、流动性等因素，向船员支付合理的工资，并按时足额发放给船员。任何单位和个人不得克扣船员的工资。

船员用人单位应当向在劳动合同有效期内的待派船员，支付不低于船员用人单位所在地人民政府公布的最低工资。

（4）船员在船工作时间应当符合国务院交通主管部门规定的标准，不得疲劳值班。

船员除享有国家法定节假日的假期外，还享有在船舶上每工作2个月不少于5日的年休假。

船员用人单位应当在船员年休假期间，向其支付不低于该船员在船工作期间平均工资的报酬。

3. 关于船员的遣返

（1）船员在船工作期间，有下列情形之一的，可以要求遣返：

①船员的劳动合同终止或者依法解除的；

②船员不具备履行船上岗位职责能力的；

③船舶灭失的；

④未经船员同意，船舶驶往战区、疫区的；

⑤由于破产、变卖船舶、改变船舶登记或者其他原因，船员用人单位、船舶所有人不能继续履行对船员的法定或者约定义务的。

（2）船员可以从下列地点中选择遣返地点：

①船员接受招用的地点或者上船任职的地点；

②船员的居住地、户籍所在地或者船籍登记国；

③船员与船员用人单位或者船舶所有人约定的地点。

（3）船员的遣返费用由船员用人单位支付。遣返费用包括船员乘坐交通工具的费用、旅途中合理的食宿及医疗费用和30公斤行李的运输费用。

（4）船员的遣返权利受到侵害的，船员当时所在地民政部门或者中华人民共和国驻境外领事机构，应当向船员提供援助；必要时，可以直接安排船员遣返。民政部门或者中华人民共和国驻境外领事机构为船员遣返所垫付的费用，船员用人单位应当及时返还。

五、船员培训和船员服务

申请在船舶上工作的船员，应当按照国务院交通主管部门的规定，完成相应的船员基本安全培训、船员适任培训。在危险品船、客船等特殊船舶上工作的船员，还应当完成相应的特殊培训。

1. 申办培训机构

（1）依法设立的培训机构从事船员培训，应当符合下列条件：

①有符合船员培训要求的场地、设施和设备；

②有与船员培训相适应的教学人员、管理人员；

③有健全的船员培训管理制度、安全防护制度；

④有符合国务院交通主管部门规定的船员培训质量控制体系。

（2）依法设立的培训机构从事船员培训业务，应当向国家海事管理机构提出申请，并附送符合本条例第三十六条规定条件的证明材料。

国家海事管理机构应当自受理申请之日起30日内，做出批准或者不予批准的决定。予以批准的，发给船员培训许可证；不予批准的，书面通知申请人并说明理由。

（3）从事船员培训业务的机构，应当按照国务院交通主管部门规定的船员培训大纲和水上交通安全、防治船舶污染、船舶保安等要求,在核定的范围内开展船员培训,确保船员培训质量。

2. 申办代理、服务机构

（1）从事代理船员办理申请培训、考试、申领证书（包括外国海洋船舶船员证书）等有关手续,代理船员用人单位管理船员事务,提供船舶配员等船员服务业务的机构（以下简称船员服务机构）应当建立船员档案,加强船舶配员管理,掌握船员的培训、任职资历、安全记录、健康状况等情况并将上述情况定期报监管机构备案。关于船员劳务派遣业务的信息报劳动保障行政部门备案,关于其他业务的信息报海事管理机构备案。

（2）船员用人单位直接招用船员的,应当遵守前款的规定。

（3）船员服务机构应当向社会公布服务项目和收费标准。船员服务机构为船员提供服务,应当诚实守信,不得提供虚假信息,不得损害船员的合法权益。

（4）船员服务机构为船员用人单位提供船舶配员服务,应当按照相关法律、行政法规的规定订立合同。

船员服务机构为船员用人单位提供的船员失踪或者死亡的,船员服务机构应当配合船员用人单位做好善后工作。

六、监督检查

1.海事管理机构应当建立健全船员管理的监督检查制度,重点加强对船员注册、任职资格、履行职责、安全记录,船员培训机构培训质量,船员服务机构诚实守信以及船员用人单位保护船员合法权益等情况的监督检查,督促船员用人单位、船舶所有人以及相关的机构建立健全船员在船舶上的人身安全、卫生、健康和劳动安全保障制度,落实相应的保障措施。

2.海事管理机构对船员实施监督检查时,应当查验船员必须携带的证件的有效性,检查船员履行职责的情况,必要时可以进行现场考核。

3.依照本条例的规定,取得船员服务簿、船员适任证书、中华人民共和国海员证的船员以及取得从事船员培训业务许可、船员服务业务许可的机构,不再具备规定条件的,由海事管理机构责令限期改正;拒不改正或者无法改正的,海事管理机构应当撤销相应的行政许可决定,并依法办理有关行政许可的注销手续。

4.海事管理机构对有违反水上交通安全和防治船舶污染水域法律、行政法规行为的船员,除依法给予行政处罚外,实行累计记分制度。海事管理机构对累计记分达到规定分值的船员,应当扣留船员适任证书,责令其参加水上交通安全、防治船舶污染等有关法律、行政法规的培训并进行相应的考试;考试合格的,发还其船员适任证书。

5.船舶违反本条例和有关法律、行政法规规定的,海事管理机构应当责令限期改正;在规定期限内未能改正的,海事管理机构可以禁止船舶离港或者限制船舶航行、停泊、作业。

6.海事管理机构实施监督检查时,应当有2名以上执法人员参加,并出示有效的执法证件。

海事管理机构实施监督检查,可以询问当事人,向有关单位或者个人了解情况,查阅、复制有关资料,并保守被调查单位或者个人的商业秘密。

接受海事管理机构监督检查的有关单位或者个人,应当如实提供有关资料或者情况。

7. 海事管理机构应当公开管理事项、办事程序、举报电话号码、通信地址、电子邮件信箱等信息，自觉接受社会的监督。

8. 劳动保障行政部门应当加强对船员用人单位遵守劳动和社会保障的法律、法规和国家其他有关规定情况的监督检查。

七、法律责任

1. 违反本条例的规定，以欺骗、贿赂等不正当手段取得船员服务簿、船员适任证书、船员培训合格证书、中华人民共和国海员证的，由海事管理机构吊销有关证件，并处 2 000 元以上 2 万元以下罚款。

2. 违反本条例的规定，伪造、变造或者买卖船员服务簿、船员适任证书、船员培训合格证书、中华人民共和国海员证的，由海事管理机构收缴有关证件，处 2 万元以上 10 万元以下罚款，有违法所得的，还应当没收违法所得。

3. 违反本条例的规定，船员服务簿记载的事项发生变更，船员未办理变更手续的，由海事管理机构责令改正，可以处 1 000 元以下罚款。

4. 违反本条例的规定，船员在船工作期间未携带本条例规定的有效证件的，由海事管理机构责令改正，可以处 2 000 元以下罚款。

5. 违反本条例的规定，船员有下列情形之一的，由海事管理机构处 1 000 元以上 1 万元以下罚款；情节严重的，并给予暂扣船员服务簿、船员适任证书 6 个月以上 2 年以下直至吊销船员服务簿、船员适任证书的处罚：

（1）未遵守值班规定擅自离开工作岗位的；

（2）未按照水上交通安全和防治船舶污染操作规则操纵、控制和管理船舶的；

（3）发现或者发生险情、事故、保安事件或者影响航行安全的情况未及时报告的；

（4）未如实填写或者记载有关船舶法定文书的；

（5）隐匿、篡改或者销毁有关船舶法定证书、文书的；

（6）不依法履行救助义务或者肇事逃逸的；

（7）利用船舶私载旅客、货物或者携带违禁物品的。

6. 违反本条例的规定，船长有下列情形之一的，由海事管理机构处 2 000 元以上 2 万元以下罚款；情节严重的，并给予暂扣船员适任证书 6 个月以上 2 年以下直至吊销船员适任证书的处罚：

（1）未保证船舶和船员携带符合法定要求的证书、文书以及有关航行资料的；

（2）未保证船舶和船员在开航时处于适航、适任状态，或者未按照规定保障船舶的最低安全配员，或者未保证船舶的正常值班的；

（3）未在船员服务簿内如实记载船员的服务资历和任职表现的；

（4）船舶进港、出港、靠泊、离泊，通过交通密集区、危险航区等区域，或者遇有恶劣天气和海况，或者发生水上交通事故、船舶污染事故、船舶保安事件以及其他紧急情况时，未在驾驶台值班的；

（5）在弃船或者撤离船舶时未最后离船的。

7. 船员适任证书被吊销的，自被吊销之日起 2 年内，不得申请船员适任证书。

8. 违反本条例的规定,船员用人单位、船舶所有人有下列行为之一的,由海事管理机构责令改正,处 3 万元以上 15 万元以下罚款:

（1）招用未依照本条例规定取得相应有效证件的人员上船工作的;

（2）中国籍船舶擅自招用外国籍船员担任船长的;

（3）船员在船舶上生活和工作的场所不符合国家船舶检验规范中有关船员生活环境、作业安全和防护要求的;

（4）不履行遣返义务的;

（5）船员在船工作期间患病或者受伤,未及时给予救治的。

9. 违反本条例的规定,未取得船员培训许可证擅自从事船员培训的,由海事管理机构责令改正,处 5 万元以上 25 万元以下罚款,有违法所得的,还应当没收违法所得。

10. 违反本条例的规定,船员培训机构不按照国务院交通主管部门规定的培训大纲和水上交通安全、防治船舶污染等要求,进行培训的,由海事管理机构责令改正,可以处 2 万元以上 10 万元以下罚款;情节严重的,给予暂扣船员培训许可证 6 个月以上 2 年以下直至吊销船员培训许可证的处罚。

11. 违反本条例的规定,未经批准擅自从事船员服务的,由海事管理机构责令改正,处 5 万元以上 25 万元以下罚款,有违法所得的,还应当没收违法所得。

12. 违反本条例的规定,船员服务机构和船员用人单位未将其招用或者管理的船员的有关情况定期报海事管理机构备案的,由海事管理机构责令改正,处 5 000 元以上 2 万元以下罚款。

13. 违反本条例的规定,船员服务机构在提供船员服务时,提供虚假信息,欺诈船员的,由海事管理机构责令改正,处 3 万元以上 15 万元以下罚款;情节严重的,并给予暂停船员服务 6 个月以上 2 年以下直至吊销船员服务许可的处罚。

14. 违反本条例的规定,船员服务机构在船员用人单位未与船员订立劳动合同的情况下,向船员用人单位提供船员的,由海事管理机构责令改正,处 5 万元以上 25 万元以下罚款;情节严重的,给予暂停船员服务 6 个月以上 2 年以下直至吊销船员服务许可的处罚。

15. 海事管理机构工作人员有下列情形之一的,依法给予处分:

（1）违反规定签发船员适任证书、中华人民共和国海员证,或者违反规定批准船员培训机构从事相关活动的;

（2）不依法履行监督检查职责的;

（3）不依法实施行政强制或者行政处罚的;

（4）滥用职权、玩忽职守的其他行为。

16. 违反本条例的规定,情节严重,构成犯罪的,依法追究刑事责任。

第二节 《中华人民共和国内河交通安全管理条例》主要内容

2002 年 6 月 28 日中华人民共和国国务院令第 355 号公布《中华人民共和国内河交通安全管理条例》,根据 2011 年 1 月 8 日《国务院关于废止和修改部分行政法规的决定》第一次修订,根据 2017 年 3 月 1 日《国务院关于修改和废止部分行政法规的决定》第二次修订,根据 2019 年 3 月 2 日《国务院关于修改部分行政法规的决定》第三次修订。主要内容摘录如下:

一、适用范围及原则

在中华人民共和国内河通航水域从事航行、停泊和作业以及与内河交通安全有关的活动,必须遵守本条例。内河交通安全管理遵循安全第一、预防为主、方便群众、依法管理的原则,保障内河交通安全、有序、畅通。

二、主管机关

国务院交通主管部门主管全国内河交通安全管理工作。国家海事管理机构在国务院交通主管部门的领导下,负责全国内河交通安全监督管理工作。

国务院交通主管部门在中央管理水域设立的海事管理机构和省、自治区、直辖市人民政府在中央管理水域以外的其他水域设立的海事管理机构(以下统称海事管理机构)依据各自的职责权限,对所辖内河通航水域实施水上交通安全监督管理。

三、主要内容

1. 船员经水上交通安全专业培训,其中客船和载运危险货物船舶的船员还应当经相应的特殊培训,并经海事管理机构考试合格,取得相应的适任证书或者其他适任证件,方可担任船员职务。严禁未取得适任证书或者其他适任证件的船员上岗。

船员应当遵守职业道德,提高业务素质,严格依法履行职责。

2. 船舶具备下列条件,方可航行:

(1)经海事管理机构认可的船舶检验机构依法检验并持有合格的船舶检验证书;

(2)经海事管理机构依法登记并持有船舶登记证书;

(3)配备符合国务院交通主管部门规定的船员;

(4)配备必要的航行资料。

船舶、浮动设施的所有人或者经营人,应当加强对船舶、浮动设施的安全管理,建立、健全相应的交通安全管理制度,并对船舶、浮动设施的交通安全负责;不得聘用无适任证书或者其他适任证件的人员担任船员;不得指使、强令船员违章操作。

3. 禁止伪造、变造、买卖、租借、冒用船舶检验证书、船舶登记证书、船员适任证书或者其他适任证件。

4. 船舶在内河航行,应当悬挂国旗,标明船名、船籍港、载重线。按照国家规定应当报废的船舶、浮动设施,不得航行或者作业。

5. 载运危险货物的船舶,在航行、装卸或者停泊时,应当按照规定显示信号;其他船舶应当避让。

6. 渡口工作人员应当经培训、考试合格,并取得渡口所在地县级人民政府指定的部门颁发的合格证书。

7. 渡口载客船舶应当有符合国家规定的识别标志,并在明显位置标明载客定额、安全注意事项。

渡口船舶应当按照渡口所在地的县级人民政府核定的路线渡运,并不得超载;渡运时,应当注意避让过往船舶,不得抢航或者强行横越。

遇有洪水或者大风、大雾、大雪等恶劣天气,渡口应当停止渡运。

8. 船舶、浮动设施遇险,应当采取一切有效措施进行自救。

船舶、浮动设施发生碰撞等事故,任何一方应当在不危及自身安全的情况下,积极救助遇险的他方,不得逃逸。

船舶、浮动设施遇险,必须迅速将遇险的时间、地点、遇险状况、遇险原因、救助要求,向遇险地海事管理机构以及船舶、浮动设施所有人、经营人报告。

9. 船员、浮动设施上的工作人员或者其他人员发现其他船舶、浮动设施遇险,或者收到求救信号后,必须尽力救助遇险人员,并将有关情况及时向遇险地海事管理机构报告。

10. 船舶、浮动设施遇险时,有关部门和人员必须积极协助海事管理机构做好救助工作。

遇险现场和附近的船舶、人员,必须服从海事管理机构的统一调度和指挥。

11. 船舶、浮动设施发生交通事故,其所有人或者经营人必须立即向交通事故发生地海事管理机构报告,并做好现场保护工作。

12. 接受海事管理机构调查、取证的有关人员,应当如实提供有关情况和证据,不得谎报或者隐匿、毁灭证据。

13. 违反本条例的规定,船舶未按照国务院交通主管部门的规定配备船员擅自航行,或者浮动设施未按照国务院交通主管部门的规定配备掌握水上交通安全技能的船员擅自作业的,由海事管理机构责令限期改正,对船舶、浮动设施所有人或者经营人处 1 万元以上 10 万元以下的罚款;逾期不改正的,责令停航或者停止作业。

14. 违反本条例的规定,未经考试合格并取得适任证书或者其他适任证件的人员擅自从事船舶航行的,由海事管理机构责令其立即离岗,对直接责任人员处 2 000 元以上 2 万元以下的罚款,并对聘用单位处 1 万元以上 10 万元以下的罚款。

15. 违反本条例的规定,伪造、变造、买卖、转借、冒用船舶检验证书、船舶登记证书、船员适任证书或者其他适任证件的,由海事管理机构没收有关的证书或者证件;有违法所得的,没收违法所得,并处违法所得 2 倍以上 5 倍以下的罚款;没有违法所得或者违法所得不足 2 万元的,处 1 万元以上 5 万元以下的罚款;触犯刑律的,依照刑法关于伪造、变造、买卖国家机关公文、证件罪或者其他罪的规定,依法追究刑事责任。

16. 违反本条例的规定,船舶、浮动设施的所有人或者经营人指使、强令船员违章操作的,由海事管理机构给予警告,处 1 万元以上 5 万元以下的罚款,并可以责令停航或者停止作业;造成重大伤亡事故或者严重后果的,依照刑法关于重大责任事故罪或者其他罪的规定,依法追究刑事责任。

17. 违反本条例的规定,阻碍、妨碍内河交通事故调查取证,或者谎报、隐匿、毁灭证据的,由海事管理机构给予警告,并对直接责任人员处 1 000 元以上 1 万元以下的罚款;属于船员的,并给予暂扣适任证书或者其他适任证件 12 个月以上直至吊销适任证书或者其他适任证件的处罚;以暴力、威胁方法阻碍内河交通事故调查取证的,依照刑法关于妨害公务罪的规定,依法追究刑事责任。

第三节 ● 《中华人民共和国内河交通事故调查处理规定》主要内容

为加强内河交通安全管理,规范内河交通事故调查处理行为,根据《中华人民共和国内河交通安全管理条例》,交通部以部令 2006 年第 12 号令颁发《中华人民共和国内河交通事故调查处理规定》,自 2007 年 1 月 1 日起施行,根据 2012 年 3 月 14 日交通运输部《关于修改〈内河交通事故调查处理规定〉的决定》修正。规则共六章三十九条。主要内容摘录如下:

一、总则

1. 本规定适用于船舶、浮动设施在中华人民共和国内河通航水域内发生的交通事故的调查处理。但是渔船之间、军事船舶之间发生的交通事故以及渔船、军事船舶单方交通事故的调查处理不适用本规定。

2. 本规定所称内河交通事故是指船舶、浮动设施在内河通航水域内航行、停泊、作业过程中发生的下列事件:

(1)碰撞、触碰或者浪损;

(2)触礁或者搁浅;

(3)火灾或者爆炸;

(4)沉没(包括自沉);

(5)影响适航性能的机件或者重要属具的损坏或者灭失;

(6)其他引起财产损失或者人身伤亡的交通事件。

3. 内河交通事故的调查处理由各级海事管理机构负责实施。

4. 内河交通事故按照人员伤亡和直接经济损失情况,分为小事故、一般事故、大事故、重大事故和特大事故。小事故、一般事故、大事故、重大事故的具体标准按照交通部颁布的《水上交通事故统计办法》的有关规定执行。

二、报告

1. 船舶、浮动设施发生内河交通事故,必须立即采取一切有效手段向事故发生地的海事管理机构报告。报告的主要内容包括:船舶、浮动设施的名称,事故发生的时间和地点,事故发生时水域的水文、气象、通航环境情况,船舶、浮动设施的损害情况,船员、旅客的伤亡情况,水域环境的污染情况以及事故简要经过等内容。

海事管理机构接到事故报告后,应当做好记录。接到事故报告的海事管理机构不是事故发生地的,应当及时通知事故发生地的海事管理机构,并告知当事人。

2. 船舶、浮动设施发生内河交通事故,除应当按第七条规定进行报告外,还必须在事故发生后 24 小时内向事故发生地的海事管理机构提交《内河交通事故报告书》和必要的证书、文书资料。

引航员在引领船舶的过程中发生内河交通事故的,引航员也必须按前款规定提交有关材料。

特殊情况下,不能按上述规定的时间提交材料的,经海事管理机构同意,可以适当延迟。

3.《内河交通事故报告书》应当包括下列内容:

(1)船舶、浮动设施概况(包括其名称、主要技术数据、证书、船员及所载旅客、货物等);

(2)船舶、浮动设施所属公司情况(包括其所有人、经营人或者管理人的名称、地址、联系电话等);

(3)事故发生的时间和地点;

(4)事故发生时水域的水文、气象、通航环境情况;

(5)船舶、浮动设施的损害情况;

(6)船员、旅客的伤亡情况;

(7)水域环境的污染情况;

(8)事故发生的详细经过(碰撞事故应当附相对运动示意图);

(9)船舶、浮动设施沉没的,其沉没概位;

(10)与事故有关的其他情况。

三、管辖

1.内河交通事故由事故发生地的海事管理机构负责调查处理。

船舶、浮动设施发生事故后驶往事故发生地以外水域的,该水域海事管理机构应当协助事故发生地海事管理机构进行调查处理。

不影响船舶适航性能的小事故,经事故发生地的海事管理机构同意,可由船舶第一到达地的海事管理机构进行调查处理。

2.内河交通事故管辖权限不明的,由最先接到事故报告的海事管理机构负责调查处理,并在管辖权限确定后向有管辖权的海事管理机构移送,同时通知当事人。对内河交通事故管辖权有争议的,由各方共同的上级海事管理机构指定管辖。

3.一次死亡和失踪10人及以上的内河交通事故由中华人民共和国海事局负责组织调查处理。其他内河交通事故的调查权限由各直属海事管理机构或者省级地方海事管理机构确定,报中华人民共和国海事局备案。

四、调查

1.船舶、浮动设施发生内河交通事故,有关船舶、浮动设施、单位和人员必须严格保护事故现场。除因抢险等紧急原因外,未经海事管理机构调查人员的现场勘查,任何人不得移动现场物件。

2.海事管理机构接到内河交通事故报告后,应当立即派员前往现场调查、取证,并对事故进行审查,认为确属内河交通事故的,应当立案。对于经审查尚不能确定是否属于内河交通事故的,海事管理机构应当先予立案调查。经调查确认不属于内河交通事故的,应当予以撤销。

3.调查人员执行调查任务时,应当出示证明其身份的行政执法证件。执行调查任务的人员不得少于两人。

4.发生内河交通事故的船舶、浮动设施及相关单位和人员应当接受和配合海事管理机构的调查、取证。有关人员应当如实陈述事故的有关情况和提供有关证据,不得谎报情况或者隐匿、毁灭证据。

其他知道事故情况的人也应当主动向海事管理机构提供有关情况和证据。

调查和取证工作需要其他海事管理机构协助、配合的,有关海事管理机构应当予以协助、配合。

5. 根据事故调查的需要,海事管理机构可以责令事故所涉及的船舶到指定地点接受调查。当事船舶在不危及自身安全的情况下,未经海事管理机构批准,不得驶离指定地点。

海事管理机构应当尽量避免对船舶造成不适当延误。船舶到指定地点接受调查的期限自船舶到达指定地点后起算,不得超过 72 小时;因特殊情况,期限届满不能结束调查的,经上一级海事管理机构批准可以适当延期,但延期不得超过 72 小时。

6. 根据调查工作的需要,海事管理机构可以行使下列权力:

(1)勘查事故现场,搜集有关证据;

(2)询问当事人及其他有关人员并要求其提供书面材料和证明;

(3)要求当事人提供各种原始文书、航行资料、技术资料或者其影印件;

(4)检查船舶、浮动设施及有关设备、人员的证书,核实事故发生前船舶的适航状况、浮动设施及有关设备的技术状态、船舶的配员情况以及船员的适任状况等;

(5)对事故当事船舶、浮动设施、有关设备以及人员的各类证书、文书、日志、记录簿等相关违法证据可以依法先行登记保存;

(6)核查事故所导致的财产损失和人身伤亡情况。

海事管理机构在进行调查取证时,可以采用录音、录像、照相等法律、法规允许的调查手段。

7. 调查人员勘查事故现场,应当制作现场勘查笔录。勘查笔录制作完毕,应当由当事人在勘查笔录上签名。当事人不在现场或者无能力签名的,应当由见证人签名。无见证人或者当事人、见证人拒绝签名的,调查人员应当在勘查笔录上注明。

8. 调查人员进行询问调查时,应当如实记录询问人的问话和被询问人的陈述。询问笔录上所列项目,应当按规定填写齐全。询问笔录制作完毕,应当由被询问人核对或者向其宣读,如记录有差错或者遗漏,应当允许被询问人更正或者补充。询问笔录经被询问人核对无误后,应当由其签名,拒绝签名的,调查人员应当在询问笔录上注明。调查人员、翻译人员应当在询问笔录上签名。

9. 海事管理机构应当在立案之日起 3 个月内完成事故调查、取证;期限届满不能完成的,经上一级海事管理机构批准可以延长 3 个月。事故调查必须经过沉船、沉物打捞、探摸,或者需要等待有关当事人员核实情况的,应当从有关工作完成之日起 3 个月内完成事故调查、取证。

10. 事故调查、取证结束后,海事管理机构应当制作《内河交通事故调查报告》。

《内河交通事故调查报告》应当包括下列内容:

(1)船舶、浮动设施概况(包括其名称、主要技术数据、证书、船员及所载旅客、货物等);

(2)船舶、浮动设施所属公司情况(包括其所有人、经营人或者管理人的名称、地址等);

(3)事故发生的时间和地点;

(4)事故发生时水域的水文、气象、通航环境情况;

（5）事故搜救情况；

（6）事故损失情况；

（7）事故经过；

（8）事故原因分析；

（9）事故当事人责任认定；

（10）安全管理建议；

（11）其他有关情况。

经海事管理机构认定的案情简单、事实清楚、因果关系明确的小事故,海事管理机构可以简化调查程序。简化调查程序的具体规定由中华人民共和国海事局另行制定。

五、处理

1. 海事管理机构应当在内河交通事故调查、取证结束后 30 日内做出《事故调查结论》,并书面告知当事船舶、浮动设施的所有人或者经营人。

2. 《事故调查结论》应当包括以下内容:

（1）事故概况（包括事故简要经过、损失情况等）；

（2）事故原因（事实与分析）；

（3）事故当事人责任认定；

（4）安全管理建议；

（5）其他有关情况。

3. 对内河交通事故发生负有责任的单位和人员,有关主管机关应当依据有关法律、法规和规章给予行政处罚。涉嫌构成犯罪的,移送司法机关处理。行政处罚涉及外国籍船员的,应当将其违法行为通报外国有关主管机关。

4. 根据内河交通事故发生的原因,海事管理机构可责令有关船舶、浮动设施的所有人、经营人或者管理人对其所属船舶、浮动设施加强安全管理。有关船舶、浮动设施的所有人、经营人或者管理人应当积极配合,认真落实。对拒不加强管理或者在期限内达不到安全要求的,海事管理机构有权采取责令其停航、停止作业等强制措施。

第四节 ◉ 《内河船舶最低安全配员标准》主要内容

《中华人民共和国船舶最低安全配员规则》于 2004 年 6 月 30 日由交通部发布,并先后于 2014 年 9 月 5 日和 2018 年 11 月 28 日进行了两次修正。《中华人民共和国船舶最低安全配员规则》附录 3 部分为《内河船舶最低安全配员标准》（简称《标准》）,交通运输部于 2018 年 3 月 9 日对《标准》进行了修订,并于 2018 年 7 月 1 日开始实施。

《内河船舶最低安全配员标准》及《中华人民共和国内河船舶最低安全配员证书》格式见附录三。

一、适用范围签注类型

1. 船舶按照附录三"内河船舶最低安全配员一般标准"(以下简称《一般标准》)申请的最低安全配员证书,其适用范围签注为"全国内河通航水域(J级航段及长江葛洲坝以上水域和《辖区标准》高于《一般标准》的水域除外)";

2. 船舶按照附录三"J级航段及长江葛洲坝以上水域船舶最低安全配员标准"申请的最低安全配员证书,其适用范围签注为"全国内河通航水域(《辖区标准》高于《J级航段及长江葛洲坝以上水域内河船舶最低安全配员标准》的水域除外)";

3. 船舶按照附录三"相关省级地方海事局、直属海事局辖区内河船舶最低安全配员标准"申请的最低安全配员证书,其适用范围签注为"仅限于××省(市、自治区)地方海事局(或者直属海事局或新疆生产建设兵团海事局)辖区××通航水域";

4. 如申请定线航行不超过100公里的一般船舶和短途运输的港内作业船舶、客渡船、车客渡船最低安全配员证书,其适用范围签注为"××至××""××港内""××港至××港"。

二、附加规定或特别要求说明

《一般标准》附加了根据船舶连续航行作业时间,增加或减少配员的规定,解决船员因疲劳驾驶引发安全事故的难题。这些按照航行时间或者配员标准的要求增加或减免船舶配员的,应在内河船舶最低安全配员证书"附加规定或特别要求说明"栏内说明。

第五节 ◉ 《中华人民共和国内河船舶船员适任考试和发证规则》主要内容

《中华人民共和国内河船舶船员适任考试和发证规则》经2015年11月3日交通运输部第20次部务会议通过,2015年11月11日中华人民共和国交通运输部令2015年第21号公布。该规则分为总则,《内河船舶船员适任证书》申请、签发,适任考试,附则四章三十三条,自2016年5月1日起施行,根据2020年7月6日交通运输部《关于修改〈中华人民共和国内河船舶船员适任考试和发证规则〉的决定》修正。主要内容摘录如下:

一、目的、适用及主管机关

1. 为规范内河船舶船员适任考试和发证管理,提高内河船舶船员素质,保障内河交通安全,根据《中华人民共和国船员条例》和《中华人民共和国内河交通安全管理条例》,制定本规则。

2. 本规则适用于内河船舶船员的适任考试和《内河船舶船员适任证书》(以下简称《适任证书》)的签发。

3. 交通运输部主管全国内河船舶船员适任考试和发证工作。

交通运输部海事局统一管理全国内河船舶船员适任考试和发证工作。

各级海事管理机构按照职责负责具体实施内河船舶船员适任考试和发证工作。

二、《适任证书》的申请、签发

1. 内河船舶船员应当取得与职务要求、任职船舶吨位、主机功率、航区（线）相对应的《适任证书》。

持证人任职不得高于《适任证书》所记载的类别和职务资格，也不得超出《适任证书》所记载的航区（线）。

2.《适任证书》包含以下基本内容：

（1）持证人姓名、性别、出生日期；

（2）证书类别、编号；

（3）持证人职务资格、适任的航区（线）；

（4）证书签发日期和有效期截止日期；

（5）发证机构；

（6）其他需要规定的内容。

《适任证书》由交通运输部海事局统一印制。

3. 在内河船舶担任船长和驾驶部职务船员的《适任证书》类别按照船舶总吨位确定，其中在拖船担任船长和驾驶部职务船员的《适任证书》类别按照拖船的主推进动力装置总功率确定，分为以下类别：

（1）一类《适任证书》：1 000 总吨及以上的内河船舶以及 500 千瓦及以上的内河拖船；

（2）二类《适任证书》：300 总吨及以上至 1 000 总吨的内河船舶以及 150 千瓦及以上至 500 千瓦的内河拖船；

（3）三类《适任证书》：300 总吨以下的内河船舶以及 150 千瓦以下的内河拖船。

4. 担任轮机部职务船员的《适任证书》按照船舶主推进动力装置总功率确定，分为以下类别：

（1）一类《适任证书》：适用于 500 千瓦及以上的内河船舶；

（2）二类《适任证书》：适用于 150 千瓦及以上至 500 千瓦的内河船舶；

（3）三类《适任证书》：适用于 150 千瓦以下的内河船舶。

5.《适任证书》按照船员职务资格分为以下类别：

（1）一类《适任证书》：船长、大副、二副、三副；轮机长、大管轮、二管轮、三管轮；

（2）二类和三类《适任证书》：船长、驾驶员；轮机长、轮机员。

6. 取得《适任证书》，应当具备下列条件：

（1）年满 18 周岁（在船实习、见习人员年满 16 周岁）且初次申请不超过 60 周岁；

（2）符合船员任职岗位健康要求；

（3）经过船员基本安全培训；

（4）通过交通运输部海事局规定科目的内河船舶船员适任考试。

参加航行和轮机值班的船员还应当经过相应的船员适任培训、特殊培训，具备相应的船员任职资历（见附件《内河船舶船员水上服务资历要求》），并且任职表现和安全记录良好。

7. 曾经在海船、军事船舶或者渔业船舶上任职的人员具备下列条件的，可以申请相应的

《适任证书》：

(1)符合交通运输部海事局规定的内河船舶船员适任岗位健康标准；

(2)在海船、军事船舶或者渔业船舶上的水上服务资历能够与本规则规定的水上服务资历相对应，且任职表现和安全记录良好；

(3)通过交通运输部海事局规定科目的内河船舶船员适任考试。

8.在内河危险品船、客船等特殊船舶上任职的船员，除应当具备上述第6点或者第7点规定的条件外，还应当完成相应的特殊培训并取得培训合格证明。

9.在1 000总吨及以上至3 000总吨内河船舶任职的船长、驾驶部职务船员，满足以下条件后，才能在3 000总吨及以上内河船舶上任职：

(1)在1 000总吨及以上至3 000总吨内河船舶实际担任相应职务不少于12个月；

(2)通过相应的实际操作考试。

10.已经取得《适任证书》，申请延伸航区(线)的，应当通过所申请航区(线)的适任考试。

11.参加航行和轮机值班的船员《适任证书》有效期不超过5年。不参加航行和轮机值班的船员《适任证书》长期有效。

持证人在《适任证书》有效期届满前1年内向具有原《适任证书》发证权限的发证机构申请《适任证书》重新签发的，除应当符合内河船舶船员适任岗位健康标准且任职表现和安全记录良好外，在《适任证书》有效期内的水上服务资历还应当符合下列情形之一：

(1)任职与其《适任证书》所载类别、职务资格相对应，累计不少于12个月；

(2)任职与其《适任证书》所载类别、职务资格相对应，自申请之日起向前计算6个月内累计不少于3个月；

(3)《适任证书》持证人的任职与其《适任证书》所载类别相对应，但职务低一级，或者与其《适任证书》所载职务资格相对应，但类别低一级，累计不少于12个月。

12.有下列情形之一，持证人向具有原《适任证书》发证权限的发证机构申请《适任证书》重新签发的，除应当符合内河船舶船员适任岗位健康标准外，还应当通过交通运输部海事局规定的同类别同职务资格的内河船舶船员实际操作考试：

(1)持证人在《适任证书》有效期届满后5年内申请重新签发；

(2)持证人在《适任证书》有效期届满前1年内申请重新签发，但不具有规定的水上服务资历。

持证人在《适任证书》有效期届满5年后向具有原《适任证书》发证权限的发证机构申请《适任证书》重新签发，除应当符合内河船舶船员适任岗位健康标准外，还应当通过交通运输部海事局规定的同类别同职务资格的内河船舶船员适任考试。

13.《适任证书》损坏、遗失需补发的，持证人应当向原发证机构申请。《适任证书》被依法扣留期间，持证人不得申请补发《适任证书》。

14.不参加航行和轮机值班的内河船舶船员申请《适任证书》的，应当向具有相应发证权限的发证机构提出申请，并提交下列材料：

(1)内河船舶船员适任证书申请表；

(2)申请人身份证明；

(3)最近2年内的符合内河船舶船员适任岗位健康标准的体检证明；

(4)符合要求规格和数量的照片；

（5）基本安全培训合格证。

15. 申请参加航行和轮机值班的内河船舶船员，应当先取得本规则第十九条规定的《适任证书》，并向具有相应发证权限的发证机构提交下列材料：

（1）内河船舶船员适任证书申请表；

（2）申请人身份证明；

（3）最近 2 年内的符合内河船舶船员适任岗位健康标准的体检证明；

（4）符合要求规格和数量的照片；

（5）岗位适任培训证明；

（6）内河船舶船员适任考试成绩证明；

（7）船员服务簿；

（8）现持有的《适任证书》。

16. 参加航行和轮机值班的内河船舶船员申请改变《适任证书》所载类别、职务资格的，应当向具有相应发证权限的发证机构提交第 15 点规定的材料。

参加航行和轮机值班的内河船舶船员申请适任航区（线）扩大或者延伸的，应当向负责相应航区（线）发证工作的发证机构提交第 15 点第（1）、（2）、（6）、（8）项规定的材料。

按照上文第 7 点规定申请《适任证书》的，应当向具有相应发证权限的发证机构提交本规则第二十条第（1）、（2）、（3）、（4）、（6）项规定的材料以及相应的资历证明。

17. 对于经审核符合本规则规定条件的申请，海事管理机构应当按照《行政许可法》《交通行政许可实施程序规定》的要求签发相应的《适任证书》。

对初次申请《适任证书》的船员，海事管理机构应当同时配发船员服务簿。

18. 申请《适任证书》重新签发的，应当提交第 15 点第（1）、（2）、（3）、（4）、（7）、（8）项规定的材料；需要通过内河船舶船员适任考试的，还应当提交相应的考试成绩证明。

19. 申请《适任证书》补发的，应当向原发证机构提交下列材料：

（1）内河船舶船员适任证书申请表；

（2）申请人身份证明；

（3）《适任证书》遗失申请补发的，应提交《适任证书》遗失情况说明；

（4）《适任证书》损坏申请补发的，应提交《适任证书》原件。

20. 隐瞒有关情况或者提供虚假材料申请《适任证书》的，发证机构不予受理或者不予签发《适任证书》，并给予警告，申请人在 1 年内不得再次申请与前次申请类别、职务资格相同的《适任证书》。

被海事管理机构依法吊销《适任证书》的，自被吊销之日起 2 年内，不得申请《适任证书》。

三、适任考试

1. 内河船舶船员的适任考试分为理论考试和实际操作考试。

理论考试应当以理论知识为主要考试内容，重点对内河船舶船员专业知识的掌握和理解程度进行测试。

实际操作考试应当通过对相应船舶、模拟器或者其他设备的操作等方式，对内河船舶船员专业知识综合运用、操作及应急等能力进行技能测评。

2. 申请参加适任考试的人员应当向具有相应考试权限的考试机构提交下列材料：

（1）适任考试报名表：主要包括考生基本情况、报考《适任证书》类别、职务资格、航区（线）、任职资历等内容；

（2）申请人身份证明；

（3）符合要求规格和数量的照片。

申请参加航行和轮机值班船员适任考试的，还应当提交船员服务簿。

3. 考试机构应当于适任考试开始 5 日前向报名参加适任考试的人员发放考试通知书，告知考试的时间、地点以及查询考试成绩的途径等事项。

4. 适任考试任一科目不合格的，可以自初次适任考试通知书签发之日起 3 年内申请补考；逾期不能通过全部科目理论考试和实际操作考试的，所有科目理论考试和实际操作考试成绩失效。

5. 考试机构应当在理论考试或者实际操作考试结束后 30 日内公布考试成绩。合格的适任考试成绩自初次适任考试通知书签发之日起 5 年内有效。

第六节 《中华人民共和国船员违法记分办法》主要内容

为增强船员遵守法律意识，减少人为因素对水上交通安全的影响和防治船舶污染水域，进一步规范船员违法记分工作，根据《中华人民共和国船员条例》等有关法律和法规，国家海事局印发了《中华人民共和国船员违法记分办法》。本办法正文分为五章及一个附表，正文部分按总则、周期和分值、实施、培训和考试、附则制定了十六条规定，附表《船员违法记分分值标准》按海船船员水上交通安全类违法记分分值标准、海船船员防治船舶污染类违法记分分值标准、内河船舶船员水上交通安全类违法记分分值标准、内河船舶船员防治船舶污染类违法记分分值标准四类情况列明了 110 条违法行为。本办法于 2016 年 1 月 1 日起生效。现对记分办法的适用范围、记分管理、培训报名、培训及考试收费等做如下说明：

一、适用范围

本办法适用于所有经注册取得服务簿的船员、引航员及游艇操作人员。

二、记分管理

涉及违法记分的船员违法行为分为两类：

第一类：依照规定应当给予海事行政处罚同时又应当实施违法记分的船员违法行为。

第二类：依照规定仅实施违法记分的船员违法行为，即本办法附件《船员违法记分分值标准》中代码为 11003、11020、11036、21003、21017、21028 等六项违法行为。

实施船员违法记分，海事执法人员在责任船员的船员服务簿记分页上记载，同时按下列要求在信息系统中记载：

对于使用海事法制管理系统实施行政处罚的海事管理机构，由系统自动在船员管理系统中对第一类船员违法行为的违法记分进行记载；对于不使用海事法制管理系统实施行政处罚的海事管理机构或对第二类船员违法行为实施违法记分的，海事执法人员应在完成记分后将记分信息录入船员管理系统。

三、培训报名

符合《船员违法记分办法》第九条、第十条规定的情形，应当扣留船员适任证书，并责令参加相关培训和考试的，由最后实施船员违法记分的海事管理机构执法人员扣留证书，制作参加培训通知书，交船员本人。

船员需参加法规培训的，可向最后被实施船员违法记分地、船员注册地或船员适任证书签发地的海事管理机构报名。海事管理机构收到报名后，对符合规定的应在15个工作日内组织培训。考试合格的，应在船员服务簿记分页中记载，并加盖海事管理机构印章，同时按要求将结果录入船员管理系统，系统将自动清零，并重新计算记分分值。考试不合格的，应要求当事船员重新参加法规培训及考试。重新参加考试和培训的间隔时间不得少于2个月。

四、培训及考试收费

取消了船员参加的相应强制培训和考试应缴纳费用的规定，明确了记分办法中提及的法规培训及考试，不收取费用。

五、船员违法记分摘录

此处主要针对涉及船员适任考试及船员证书管理相关违法行为的扣分情况进行摘录。

1. 替考

在船员岗位适任考试、基本安全考试、特殊培训考试以及其他船员考试时，有他人代替参加考试，代替者和被代替者都记15分。

违法记分代码21003：由他人代替参加考试或者代替他人参加考试的，扣除当事船员15分。

2. 考试作弊

考场作弊行为如下：

（1）考生有下列行为之一，监考人员对其第一次行为进行口头警告，如再次发生，责令其退出考场，并宣布其本科目考试成绩作废的：

①在考场内吸烟、喧闹；

②在桌椅上涂写任何文字或标记；

③在答题卡或答题卷上做与答题无关的标记；

④在答卷的密封线外填写姓名、准考证号；

⑤在考场内交头接耳、示意、对答案；

⑥在考试开始信号发出前答卷，或考试结束信号发出后继续答卷；

⑦有与计算机考试无关的软硬件操作。

（2）考生有下列行为之一，监考人员责令其退出考场，并宣布其本科目考试成绩作废的：

①随意挪动考场内的考试桌,随意调换座位;

②夹带纸条、资料等;

③携带通信工具进考场未放置在指定位置,但信息内容与考试无关;

④未经监考人员同意传、接物品;

⑤未经监考人员同意在考试过程中擅自离开考场;

⑥故意损坏试卷、答题卷、答题卡,或将试卷、答题卷、答题卡及其他考试用纸张带出考场。

(3)考生有下列行为之一,取消考生当期所有的考试科目成绩的:

①与他人交换试卷、答题卷、答题卡;

②抄袭或者协助他人抄袭。

(4)考生有下列行为之一,取消考生申考该职务下所有各科考试、评估成绩,并在一年内不得再次参加相应的船员适任考试的:

①伪造、涂改证件、证明,或以其他不正当手段获取考试资格;

②使用手机及电子作弊工具;

③由他人代替参加考试或代替他人参加考试;

④故意损坏计算机考试的软硬件设备;

⑤威胁、诽谤、诬陷考试工作人员或其他考生。

以上行为,都按照"考场作弊"进行违法记分。

违法记分代码21017:船员考试考场作弊的,扣除当事船员8分。

3. 租借证书

租借证书包括更改个人资料,将船员适任证书转让他人;将船员证书买卖或租借给他人或船舶使用,而本人没有实际在船服务。

违法记分代码21005:转让、买卖或租借船员适任证书的,扣除当事船员15分。

4. 在船服务期间未持有有效证件

船员在船服务期间,需携带有效的船员服务簿、健康证件、岗位适任证书、船员培训合格证以及要求的其他个人证件,证件必须在有效期内。

违法记分代码21031:在船工作期间未携带规定的有效证件的,扣除当事船员2分。

5. 不遵守值班规定

船舶在航行、锚泊、靠港以及装卸货物、添加燃油物料时,应遵守值班规定,不得擅自离开工作岗位。

违法记分代码21016:未遵守值班规定,擅自离开工作岗位的,扣除当事船员8分。

6. 故意涂改法定文书

航海日志、轮机日志、油类记录簿、垃圾记录簿等文书文件,应严格按照相应要求如实填写,记录错误时,应备注修订,不得隐匿、谎报、篡改或者销毁。

违法记分代码21029:故意涂改航海日志等法定文书、文件的,扣除当事船员4分。

7. 擅自离职

船员的遣返应该与船长、用人单位协调处理,综合考虑劳动合同、船舶营运、地点以及人员等因素,妥善安排。船长、高级船员在航次中,不得擅自辞职、离职或者中止职务,有义务确保船舶正常营运。

违法记分代码21028：船员在航次中，擅自辞职、离职或者中止职务的，扣除当事船员4分。

违法记分代码21021：船员利用船舶私载旅客、货物或者携带违禁物品的，扣除责任船员4分。

违法记分代码21001：在船在岗期间饮酒，体内酒精含量超过规定标准的；在船在岗期间，服用国家管制的麻醉药品或者精神药品的，扣除当事船员15分。

表4-1　内河船舶船员水上交通安全类违法记分分值标准（轮机部分）

代码	行为名称	对象	分值	法律依据
21001	在船在岗期间饮酒，体内酒精含量超过规定标准的；在船在岗期间，服用国家管制的麻醉药品或者精神药品的	饮酒者食药者	15	《船员条例》第二十条
21003	由他人代替参加考试或者代替他人参加考试的	当事船员	15	《内河交通安全管理条例》第九条
21005	转让、买卖或租借船员适任证书的	当事船员	15	《内河交通安全管理条例》第十三条
21016	船员未遵守值班规定，擅自离开工作岗位的	当事船员	8	《船员条例》第二十条
21017	船员考试作弊的	作弊船员	8	《内河交通安全管理条例》第九条
21021	船员利用船舶私载旅客、货物或者携带违禁物品的	责任船员	4	《船员条例》第二十条第（七）项
21028	船长、高级船员在航次中，擅自辞职、离职或者中止职务的	当事船员	4	《船员条例》第二十三条
21029	故意涂改航海日志等法定文书、文件的	当事船员	4	《内河交通安全管理条例》第五十二条
21031	船员在船工作期间未携带规定的有效证件的	未带证船员	2	《船员条例》第二十条第（一）项

表4-2　内河船舶船员防治船舶污染类违法记分分值标准（轮机部分）

代码	行为名称	对象	分值	法律依据
22002	向水体倾倒船舶垃圾或者排放船舶的残油、废油的	大副或轮机长，及责任船员	15	《水污染防治法》第五十二条
22004	船舶排放含油污水、生活污水，不符合船舶污染物排放标准的	船长、大副或轮机长，及责任船员	8	《水污染防治法》第五十二条第一款
22005	船舶未持有有效的防污证书、防污文书，或者不按照规定记录操作情况的	船长、轮机长，以及责任船员	4	《水污染防治法》第五十三条

注:船舶未配备某一职务船员或该职务船员的职责与通常职责不符的,对实际履行该职务职责的船员实施记分。船员在船职务职责未明确的,对船长实施记分。

第七节 ◉ 《中华人民共和国船舶安全监督规则》主要内容

《中华人民共和国船舶安全监督规则》经 2017 年 5 月 17 日交通运输部第 8 次部务会议通过, 2017 年 5 月 23 日中华人民共和国交通运输部令 2017 年第 14 号公布。该规则分为总则、船舶进出港报告、船舶综合质量管理、船舶安全监督、船舶安全责任、法律责任、附则,共七章五十七条,自 2017 年 7 月 1 日起施行,根据 2020 年 3 月 16 日《交通运输部关于修改〈中华人民共和国船舶安全监督规则〉的决定》第一次修订。主要内容摘录如下:

一、目的、适用及主管机关

为了保障水上人命、财产安全,防止船舶造成水域污染,规范船舶安全监督工作,根据《中华人民共和国海上交通安全法》《中华人民共和国海洋环境保护法》《中华人民共和国港口法》《中华人民共和国内河交通安全管理条例》《中华人民共和国船员条例》等法律法规和我国缔结或者加入的有关国际公约的规定,制定本规则。

本规则适用于对中国籍船舶和水上设施以及航行、停泊、作业于我国管辖水域的外国籍船舶实施的安全监督工作。

本规则不适用于军事船舶、渔业船舶和体育运动船艇。

交通运输部主管全国船舶安全监督工作。

国家海事管理机构统一负责全国船舶安全监督工作。

各级海事管理机构按照职责和授权开展船舶安全监督工作。

二、主要内容

1. 船舶进出港报告

(1)中国籍船舶在我国管辖水域内航行应当按照规定实施船舶进出港报告。

(2)船舶应当在预计离港或者抵港 4 小时前向将要离泊或者抵达港口的海事管理机构报告进出港信息。航程不足 4 小时的,在驶离上一港口时报告。

船舶在固定航线航行且单次航程不超过 2 小时的,可以每天至少报告一次进出港信息。

船舶应当对报告的完整性和真实性负责。

(3)船舶报告的进出港信息应当包括航次动态、在船人员信息、客货载运信息、拟抵港离港时间和地点等。

(4)船舶可以通过互联网、传真、短信等方式报告船舶进出港信息,并在船舶航海或者航行日志内做相应的记载。

(5)海事管理机构与水路运输管理部门应当建立信息平台,共享船舶进出港信息。

2. 船舶综合质量管理

海事管理机构应当建立统一的船舶综合质量管理信息平台,收集、处理船舶相关信息,建立船舶综合质量档案。船舶综合质量管理信息平台应当包括下列信息:

（1）船舶基本信息;

（2）船舶安全与防污染管理相关规定落实情况;

（3）水上交通事故情况和污染事故情况;

（4）水上交通安全违法行为被海事管理机构行政处罚情况;

（5）船舶接受安全监督的情况;

（6）航运公司和船舶的安全诚信情况;

（7）船舶进出港报告或者办理进出港手续情况;

（8）按照相关规定缴纳相关费税情况;

（9）船舶检验技术状况。

3. 船舶安全监督

1）安全监督目标船舶的选择

海事管理机构对船舶实施安全监督,应当减少对船舶正常生产作业造成的不必要影响。国家海事管理机构应当制定安全监督目标船舶选择标准,选择船舶实施船舶安全监督。按照目标船舶选择标准未列入选船目标的船舶,海事管理机构原则上不登轮实施船舶安全监督。

国家重要节假日、重大活动期间,或者针对特定水域、特定安全事项、特定船舶需要进行检查的,海事管理机构可以综合运用船舶安全检查和船舶现场监督等形式,开展专项检查。

2）船舶安全监督

（1）船舶现场监督的内容包括:

①中国籍船舶自查情况;

②法定证书文书配备及记录情况;

③船员配备情况;

④客货载运及货物系固绑扎情况;

⑤船舶防污染措施落实情况;

⑥船舶航行、停泊、作业情况;

⑦船舶进出港报告或者办理进出港手续情况;

⑧按照相关规定缴纳相关费税情况。

（2）船舶安全检查的内容包括:

①船舶配员情况;

②船舶、船员配备和持有有关法定证书文书及相关资料情况;

③船舶结构、设施和设备情况;

④客货载运及货物系固绑扎情况;

⑤船舶保安相关情况;

⑥船员履行其岗位职责的情况,包括对其岗位职责相关的设施、设备的维护保养和实际操作能力等;

⑦海事劳工条件;

⑧船舶安全管理体系运行情况；

⑨法律、法规、规章以及我国缔结、加入的有关国际公约要求的其他检查内容。

（3）海事管理机构完成船舶安全监督后应当签发相应的《船舶现场监督报告》，由船长或者履行船长职责的船员签名。《船舶现场监督报告》一式两份，一份由海事管理机构存档，一份留船备查。

（4）船舶现场监督中发现船舶存在危及航行安全、船员健康、水域环境的缺陷或者水上交通安全违法行为的，应当按照规定进行处置。

发现存在需要进一步进行安全检查的船舶安全缺陷的，应当启动船舶安全检查程序。

3）船舶安全缺陷处理

（1）海事行政执法人员在船舶安全监督过程中发现船舶存在缺陷的，应当按照相关法律、法规、规章和公约的规定，提出下列处理意见：

①警示教育；

②开航前纠正缺陷；

③在开航后限定的期限内纠正缺陷；

④滞留；

⑤禁止船舶进港；

⑥限制船舶操作；

⑦责令船舶驶向指定区域；

⑧责令船舶离港。

（2）安全检查发现的船舶缺陷不能在检查港纠正时，海事管理机构可以允许该船驶往最近的可以修理的港口，并及时通知修理港口的海事管理机构。修理港口海事管理机构在收到跟踪检查通知后，应当对船舶缺陷的纠正情况进行验证，并及时将验证结果反馈至发出通知的海事管理机构。

（3）船舶有权对海事行政执法人员提出的缺陷和处理意见进行陈述和申辩。船舶对于缺陷和处理意见有异议的，海事行政执法人员应当告知船舶申诉的途径和程序。

（4）海事管理机构在实施船舶安全监督中，发现航运公司安全管理存在问题的，应当要求航运公司改正，并将相关情况通报航运公司注册地海事管理机构。

（5）海事管理机构应当将影响安全的重大船舶缺陷以及导致船舶被滞留的缺陷，通知航运公司、相关船舶检验机构或者组织。船舶存在缺陷或者隐患，以及船舶安全管理存在较为严重问题，可能影响其运输资质条件的，海事管理机构应当将有关情况通知相关水路运输管理部门，水路运输管理部门应当将处理情况反馈给相应的海事管理机构。

（6）船舶以及相关人员，应当按照海事管理机构签发的《船舶现场监督报告》的要求，对存在的缺陷进行纠正。航运公司应当督促船舶按时纠正缺陷，并将纠正情况及时反馈给实施检查的海事管理机构。船舶检验机构应当核实有关缺陷纠正情况，需要进行临时检验的，应当将检验报告及时反馈给实施检查的海事管理机构。

（7）船长应当对缺陷纠正情况进行检查，并在航行或者航海日志中进行记录。

（8）船舶应当妥善保管《船舶现场监督报告》，在船上保存至少 2 年。

4. 船舶安全责任

（1）航运公司应当履行安全管理与防止污染的主体责任，建立、健全船舶安全与防污染制度,对船舶及其设备进行有效维护和保养,确保船舶处于良好状态,保障船舶安全,防止船舶污染环境,为船舶配备满足最低安全配员要求的适任船员。

（2）船舶应当建立开航前自查制度。船舶在离泊前应当对船舶安全技术状况和货物装载情况进行自查,按照国家海事管理机构规定的格式填写《船舶开航前安全自查清单》,并在开航前由船长签字确认。

船舶在固定航线航行且单次航程不超过2小时的,无须每次开航前均进行自查,但一天内应当至少自查一次。《船舶开航前安全自查清单》应当在船上保存至少2年。

（3）船长应当妥善安排船舶值班,遵守船舶航行、停泊、作业的安全规定。

（4）船舶应当遵守港口所在地有关管理机构关于恶劣天气限制开航的规定。

（5）航行于内河水域的船舶应当遵守海事管理机构发布的关于枯水季节通航限制的通告。

（6）船舶检验机构应当确保检验的全面性、客观性、准确性和有效性,保证检验合格的船舶具备安全航行、安全作业的技术条件,并对出具的检验证书负责。

（7）配备自动识别系统等通信、导助航设备的船舶应当始终保持相关设备处于正常工作状态,准确完整显示本船信息,并及时更新抵离港名称和时间等相关信息。相关设备发生故障的,应当及时向抵达港海事管理机构报告。

（8）任何单位和个人不得阻挠、妨碍海事行政执法人员对船舶进行船舶安全监督。

（9）海事行政执法人员在开展船舶安全监督时,船长应当指派人员配合。指派的配合人员应当如实回答询问,并按照要求测试和操纵船舶设施、设备。

（10）海事管理机构通过抽查实施船舶安全监督,不能代替或者免除航运公司、船舶、船员、船舶检验机构及其他相关单位和个人在船舶安全、防污染、海事劳工条件和保安等方面应当履行的法律责任和义务。

三、法律责任

1. 违反本规则,有下列行为之一的,由海事管理机构对违法船舶所有人或者船舶经营人处1 000元以上1万元以下罚款;情节严重的,处1万元以上3万元以下罚款。对船长或者其他责任人员处100元以上1 000元以下罚款;情节严重的,处1 000元以上3 000元以下罚款,并可扣留船员适任证书6个月至12个月:

（1）拒绝或者阻挠船舶安全监督的;

（2）弄虚作假欺骗海事行政执法人员的;

（3）未按照《船舶现场监督报告》《船旗国监督检查报告》《港口国监督检查报告》的处理意见纠正缺陷或者采取措施的;

（4）按照第三十条第一款规定应当申请复查而未申请的;

（5）涂改、故意损毁、伪造、变造、租借、骗取和冒用《船舶现场监督报告》《船旗国监督检查报告》《港口国监督检查报告》的。

2. 船舶未按照规定开展自查或者未随船保存船舶自查记录的,对船舶所有人或者船舶经营人处1 000元以上1万元以下罚款。

3. 船舶未按照规定随船携带或者保存《船舶现场监督报告》《船旗国监督检查报告》《港口

国监督检查报告》的，海事管理机构应当责令其改正，并对违法船舶所有人或者船舶经营人处1 000元以上1万元以下罚款。

4.船舶进出内河港口，未按照规定向海事管理机构报告船舶进出港信息的，对船舶所有人或者船舶经营人处5 000元以上5万元以下罚款。

船舶进出沿海港口，未按照规定向海事管理机构报告船舶进出港信息的，对船舶所有人或者船舶经营人处5 000元以上3万元以下罚款。

5.实施船舶安全检查中发现船舶存在的缺陷与船舶检验机构有关的，海事管理机构应当按照相关规定进行处罚。

因船舶检验机构人员滥用职权、徇私舞弊、玩忽职守、严重失职，造成已签发检验证书的船舶存在严重缺陷或者发生重大事故的，海事管理机构应当撤销其检验资格。

6.海事管理机构工作人员不依法履行职责进行监督检查，有滥用职权、徇私舞弊、玩忽职守等行为的，由其所在机构或者上级机构依法给予行政处分；构成犯罪的，由司法机关依法追究刑事责任。

第八节 《中华人民共和国内河船舶船员值班规则》主要内容

《中华人民共和国内河船舶船员值班规则》经2015年11月3日交通运输部第20次部务会议通过，2015年11月11日中华人民共和国交通运输部令2015年第20号公布。该规则分为总则，一般要求，驾驶值班，轮机值班，驾驶、轮机联系制度，法律责任，附则，共七章九十三条，自2016年5月1日起施行，根据2020年7月6日交通运输部《关于修改〈中华人民共和国内河船舶船员值班规则〉的决定》修正。主要内容摘录如下：

一、目的、适用及主管机关

为加强内河船舶船员值班管理，规范船员值班行为，保障内河交通安全，保护内河水域环境，根据《中华人民共和国内河交通安全管理条例》《中华人民共和国船员条例》等有关法律、行政法规，制定本规则。

100总吨及以上中国籍内河船舶的船员值班适用本规则。

军事船舶、渔业船舶、农用船舶、非营业性游艇、体育运动船艇和非机动船舶的船员值班除外。

交通运输部主管全国内河船舶船员值班工作。

交通运输部海事局统一管理内河船舶船员值班工作。

各级海事管理机构按照职责具体负责内河船舶船员值班监督管理工作。

二、一般要求

1.船舶所有人、船舶经营人、船舶管理人和船长应当编制船舶值班制度，公示在船舶的显著位置，并要求全体船员遵守执行。

船长应当安排合格船员值班，明确值班船员职责。值班安排应当符合保证船舶、货物、人员安全及保护水域环境的要求，考虑值班船员资格和经验，根据情况合理安排值班船员，并保证值班船员得到充分休息，防止疲劳值班。

2. 内河货船在航行中的驾驶值班安排应当符合以下要求：

（1）3 000 总吨及以上内河货船，驾驶值班每班至少 2 人，其中至少 1 人是船长或者是大副、二副、三副；

（2）1 000 总吨至 3 000 总吨内河货船，驾驶值班每班 1 人须是船长或者是大副、二副、三副。夜间及能见度不良时，需增配 1 名普通船员；

（3）未满 1 000 总吨内河货船，驾驶值班每班至少 1 名船长或者驾驶员。

内河货船在航行中的轮机值班安排应当符合以下要求：

（1）500 千瓦及以上内河货船，轮机值班每班至少 1 人须是轮机长或者大管轮、二管轮、三管轮；

（2）未满 500 千瓦内河货船，轮机值班每班至少 1 名值班船员。

3. 内河客、渡船在航行中的驾驶值班安排应当符合以下要求：

（1）1 000 总吨及以上内河客、渡船，驾驶值班每班至少 2 人，其中至少 1 人是船长或者是大副、二副、三副；

（2）300 总吨至 1 000 总吨内河客、渡船，驾驶值班每班至少 1 名船长或者驾驶员，夜间及能见度不良时，需增配 1 名普通船员；

（3）未满 300 总吨内河客、渡船，驾驶值班每班至少 1 名船长或者驾驶员。

内河客、渡船在航行中的轮机值班安排应当符合以下要求：

（1）500 千瓦及以上内河客、渡船，轮机值班每班至少 1 人须是轮机长或者大管轮、二管轮、三管轮；

（2）未满 500 千瓦内河客、渡船，轮机值班每班至少 1 名轮机长或者轮机员。

4. 船舶停泊时应当留有足以保证船舶安全的船员值班，确保满足应对可能发生的紧急情况的需要。其中，1 000 总吨及以上货船和 300 总吨及以上客船停泊时应当留有一个航行班的驾驶和轮机人员值班。

5. 值班船员对船舶安全负责，但不免除船长的安全责任。船员在值班期间不得被安排影响其值班的其他工作。

6. 值班船员应当遵守下列驾驶台和机舱资源管理要求：

（1）值班船员应当正确接收和处置气象、水文、周围船舶动态等与航行安全有关的信息；

（2）值班船员应当保持通信沟通联络有效畅通；

（3）值班船员对值班安全产生怀疑时，应当立即告知船长、轮机长、负责值班的高级船员；

（4）值班船员应当按照要求记录值班期间发生的重要事项。

7. 船长应当根据航次任务做好开航准备工作，包括备好本航次所需的燃料、备品等。

3 000 总吨及以上内河货船和 300 总吨及以上内河客船应当制订航行计划。航行计划至少应当包括和考虑出发港、目的港、航程、连续航行时间限制、航经水道、重要桥梁、交通管制区、天气情况等事项和要素。

船长应当对值班情况进行监督检查，及时发现并纠正船员的不良操作行为。

在遇到能见度不良、恶劣天气、航行条件复杂等可能影响船舶安全的情形时，船长应当亲自操纵船舶或者监督航行。

8.值班船员应当按规定升降国旗,正确显示号灯、号型和旗号,不得擅离岗位,不得从事与值班无关的事项。

值班船员应当按规定记载航行日志、轮机日志等法定文书。船长、轮机长应当按规定进行审核并签名。

船舶航行和作业期间,舱面人员进行临水作业时应当规范穿着救生衣。

9.严禁船员酗酒,值班船员在值班前4小时内及值班期间禁止饮酒,且值班期间血液中的酒精浓度不得超过0.05%或者呼吸中酒精浓度不高于0.25 mg/L。

严禁值班船员服用可能导致不能安全值班的药物。严禁船员有吸毒行为。

三、轮机值班

(一)值班安排

1.轮机值班安排应当适应机舱的自动化程度、当时的环境和条件,确保所有机电设备均能安全运行。

2.确定轮机值班船员组成时,应当考虑下列因素:

(1)保持船舶的正常运行;

(2)船舶、机电设备的类型和状况;

(3)对与船舶安全运行关系重大的机电设备进行重点监控的值班需求;

(4)天气、水流、航行环境、浅水水域、各种紧急情况、船损控制或者污染处置等情况的变化而采用的特殊操作方式;

(5)值班船员的资格和经验;

(6)人命、船舶、货物和港口的安全及环境保护的要求。

(二)航行值班

1.轮机值班船员负责对船舶机电设备进行安全有效的操作、检查、测试和保养,维持既定的正常值班安排,保证安全值班。

2.参与轮机值班的所有船员应当熟悉被指派的值班职责,并掌握本船下列情况:

(1)内部通信系统;

(2)机舱逃生通道;

(3)机舱报警系统;

(4)机舱的消防设备和破损控制装置的数量、位置、种类和使用方法,及应当遵守的各种安全预防措施。

3.轮机值班开始时,应当对所有机电设备的工作情况、工况参数进行检查,以保持在正常范围。

4.轮机长应当每天对重要机电设备、轮机值班情况检查一次,检查结果记入轮机日志。遇下列情况应当到机舱指挥:

(1)进、出港口;

(2)通过桥区水域、弯窄浅险航段;

（3）机电设备发生危及安全的故障；

（4）遇恶劣天气或者船舶应急反应时；

（5）船长指令或者值班船员有需求时。

5. 轮机值班船员应当严格按照机电设备的操作规程进行操作，确保各项设备技术状况良好、运转正常。

轮机值班船员应当准确、及时地执行驾驶台有关变速、换向的指令。

6. 轮机值班船员每班应当对机舱运行的设备和舵机至少检查 2 次，对机电设备运转异常情况及时采取措施，并详细记录。

7. 机舱无人值守的，轮机值班船员在获知报警、呼叫时，应当立即到达机舱。

主机状态由机舱人工操控时，轮机值班船员应当在操纵台值守。

8. 轮机值班船员应当严格按照防污染规定进行操作，并在油类记录簿或者轮机日志上记录相关作业情况。

9. 轮机值班船员应当及时做好油、水、汽、气、电的供应以及油、水的调驳等工作，并做好相应记录。

10. 在保证安全值班的前提下，轮机值班船员在配合日常维修人员进行设备的修理、测试、转换使用时，应当做好下列工作：

（1）对要进行处理的机电设备采取安全防护措施；

（2）在维修期间，将其他的设备调节至充分和安全地发挥功能的状态；

（3）在轮机日志或者其他适当的文件上详细记录已维修保养的设备、测试结果、使用时间以及采取的安全措施。

11. 机电设备出现故障危及船舶航行安全的，轮机值班船员应当果断采取有效措施予以排除。需要减速或者停车的，应当先征得值班驾驶人员同意，但发生危及人身、机电设备安全的紧急情况的，可先行停车，并立即报告值班驾驶人员和轮机长。

12. 机舱发生火灾、进水、爆炸等紧急情况的，轮机值班船员应当立即报警，同时报告轮机长和值班驾驶人员，并及时采取有效措施防止损害扩大。

13. 发生下列情形的，轮机值班船员应当立即通知轮机长到机舱，并根据情况采取措施：

（1）机电设备情况异常可能危及安全运转；

（2）值班工作有疑难无法自行解决；

（3）发生机舱进水、机损、火警、失电以及人身伤亡等紧急情况。

14. 轮机值班船员应当严格遵守各项值班规定和操作规程，保持主、辅机安全和正常运行。

（三）停泊（系泊、锚泊）值班

1. 轮机值班船员应当经常巡回检查机电设备运转状况，确保所需的油、水、汽、气、电等供应。在机电设备出现异常时应当立即采取紧急措施并报告轮机长，在轮机日志上做好相应记录。

2. 轮机值班船员应当严格遵守防污染规定，防止机舱油污水、生活污水、垃圾等污染水域。

3. 轮机值班船员应当严格遵守电、气焊等明火作业规定，并协助日常检修项目负责人落实各项安全措施。

4. 机舱发生火灾、抢险等紧急情况的，轮机值班船员应当在驾驶台的统一指挥下实施自救。

5. 轮机值班船员应当根据船长或者值班驾驶人员的通知,及时做好移泊各项准备。

6. 轮机值班船员应当对机舱保持有效监控,每天全面巡视检查机舱内各项机电设备至少一次,并记入轮机日志。

7. 船舶进厂修理期间,轮机值班船员应当配合厂方做好机舱防火、防盗、防进水、防冻、防机件损坏和人身伤亡等安全工作,并做好记录。

(四)交接班

1. 接班人员应当提前 15 分钟到达机舱巡视检查,做好接班前的准备。

2. 航行中轮机交接班应当交接清楚下列事项:

(1)驾驶台和轮机长的指令;

(2)机电设备的运转情况;

(3)本班发生的问题及处理情况;

(4)下一班应当继续完成的工作和注意事项。

3. 航行中轮机接班船员接班后应当对运转中的机电设备进行全面的检查。检查主要事项包括:

(1)主、辅机的运转和润滑情况,温度、压力等参数是否正常;

(2)轴系的运转和润滑情况;

(3)舵机运转、使用情况及应急舵备用状态;

(4)配电板、充电机、蓄电池等电气设备的仪表读数和各开关的使用情况;

(5)锅炉燃烧、汽压、水位是否正常;

(6)日用燃润油柜的油位显示、油量储存、残水排放及阀门启、闭情况,各类管系有无阻塞和泄漏现象;

(7)舱底水位情况;

(8)轮机日志的记载情况。

4. 停泊中交接班时,轮机交接班船员应当交接清楚下列事项:

(1)正在使用的机电设备运转情况;

(2)本班发生的问题和处理情况;

(3)下一班应当继续完成的工作和注意事项;

(4)驾驶台和轮机长的指令;

(5)其他需要交接的事项。

5. 发生下列情形的,暂不进行交接:

(1)机电设备发生严重故障或者正处于紧急操作状态;

(2)接班船员对交接事项不明或者有疑虑;

(3)交接班时间已到但无人接班;

(4)交班船员认为接班船员状态不适合接班。

发生前款第(3)、(4)项情形的,交班船员应当报告轮机长。

6. 交接班过程中的安全责任由交班船员负责。交接清楚后,双方在轮机日志上签字。交接过程如有争议,由轮机长协调解决。

四、驾驶、轮机联系制度

（一）开航前

1. 船长应当提前将预计开航时间通知轮机长，轮机长应当向船长报告主要机电设备情况、燃润油料存量。

2. 开航前，值班驾驶人员应当会同轮机值班船员核对船钟、车钟、舵等，并将核对情况记入航行日志、轮机日志。

3. 主机冲车、试车前，轮机值班船员应当征得值班驾驶人员同意。主机备妥后，机舱应当及时通知驾驶台。

（二）航行中

1. 驾驶台和机舱应当每日定时校对时钟并互换船舶位置、存油存水量等信息。

2. 船舶需要备车航行时，驾驶台应当提前通知机舱准备。如遇恶劣天气等突发情况，轮机值班船员接到通知后应当尽快备妥。

3. 因机电设备故障不能执行航行命令的，轮机值班船员应当立即通知驾驶台，轮机长应当立即报告船长，并组织抢修。故障发生和排除情况应当记入航行日志和轮机日志。

4. 轮机值班如需调换发电机、并车供电等需要暂时停电的，应当事先征得驾驶台同意。

5. 轮机值班船员应当立即执行驾驶台发出的紧急指令。

6. 抵港前，轮机长应当将本船存油情况报告船长。

（三）停泊中

1. 抵港后，船长应当告知轮机长本船的预计动态，动态如有变化应当及时通知。机舱检修影响动车的设备，轮机长应当事先将工作内容和所需时间报告船长，取得同意后方可进行。

2. 值班驾驶人员应当将装卸货情况适时通报轮机值班船员。在装卸重大件、包装危险品或者使用重吊之前，值班驾驶人员应当通知轮机长派人检查起货机等设备，必要时还应当派人值守。

3. 因装卸作业造成船舶过度倾斜，影响机舱设备正常运行的，轮机值班船员应当通知值班驾驶人员采取措施予以纠正。

4. 对船舶压载的调整以及可能涉及水域污染的任何操作，驾驶部和轮机部之间应当建立起有效的联系制度，包括书面通知和相应的记录。

5. 加装燃油前，轮机长应当将本船的存油情况和加装计划告知值班驾驶人员，以便计算稳性、水尺和调整吃水差。

五、法律责任

1. 船员有下列行为之一的，依据《中华人民共和国船员条例》第五十二条，由海事管理机构处以 1 000 元以上 1 万元以下罚款；情节严重的，并给予暂扣船员服务簿、船员适任证书 6 个月以上 24 个月以下直至吊销船员服务簿、船员适任证书的处罚：

（1）未保持正规瞭望；

（2）未正确履行值班职责；

（3）未按照要求值班交接；

（4）不采用安全航速；

（5）不按照规定守听航行通信；

（6）不按照规定测试、检修船舶设备；

（7）发现或者发生险情、事故、保安事件或者影响航行安全的情况未及时报告；

（8）未按照规定填写或者记载有关船舶法定文书。

2. 船长有下列情形之一的，依据《中华人民共和国船员条例》第五十三条，由海事管理机构处以2 000元以上2万元以下罚款；情节严重的，并给予暂扣船员适任证书6个月以上24个月以下直至吊销船员适任证书的处罚：

（1）航行条件复杂和情况紧急时未亲自操纵船舶或者监航；

（2）未根据航次任务落实好开航前的各项准备工作；

（3）未按规定保障船员充分休息；

（4）安排船员值班期间承担影响其值班的其他工作。

第九节 ◉ 其他相关法律法规

一、《中华人民共和国船员注册管理办法》主要内容

为规范船员注册管理，根据《中华人民共和国船员条例》，交通运输部制定了《中华人民共和国船员注册管理办法》，于2008年5月4日交通运输部令2008年第1号公布，并于2008年7月1日起实施。2018年8月28日交通运输部第14次部务会议通过，对《船员注册管理办法》进行了修改，自2018年9月1日起施行。主要内容摘录如下：

1. 目的、适用及主管机关

中华人民共和国境内的船员注册以及相关管理活动，适用本办法。

本办法所称船员注册，是指海事管理机构根据申请人的申请，经依法审查，对符合船员注册条件的予以登记，签发船员服务簿，准许申请人从事船员职业的行为。

交通运输部主管全国船员注册管理工作。

中华人民共和国海事局负责统一实施全国船员注册管理工作。

负责管理中央管辖水域的海事管理机构和负责管理其他水域的地方海事管理机构（以下统称海事管理机构），依照各自职责具体负责船员注册以及相关管理工作。

2. 船员注册的申请和受理

（1）船员注册申请可以向任何海事管理机构提出。

船员注册申请可以由申请人本人提出，也可以由船员服务机构、船员用人单位代为提出。

（2）申请船员注册，应当具备下列条件：

①年满18周岁（在船实习、见习人员年满16周岁）但不超过60周岁；

②符合船员健康要求;

③经过海船船员、内河船舶船员基本安全培训,并经海事管理机构考试合格。

申请注册国际航行船舶船员的,还应当通过海事管理机构组织的船员专业外语考试。

(3)申请船员注册,应当提交下列材料:

①船员注册申请;

②居民身份证、港澳台居民居住证、港澳居民来往内地通行证、台湾居民来往大陆通行证复印件之一;

③船员体格检查表;

④近期直边正面5厘米免冠白底彩色照片2张;

⑤海船船员、内河船舶船员基本安全培训合格证明复印件。

申请注册国际航线船舶船员的,还应当提交船员专业外语考试合格证明复印件。

申请人在提交居民身份证、海船船员基本安全培训合格证明、内河船舶船员基本安全培训合格证明以及船员专业外语考试合格证明等复印件时,应当同时向海事管理机构出示原件。

(4)海事管理机构应当对船员赋予唯一的注册编号。

业经注册的船员不得重复申请船员注册。

3. 船员注册的变更和注销

(1)有下列情形之一的,船员应当在6个月内向管理本人注册档案的海事管理机构申请办理船员注册变更手续:

①船员服务簿中记载的事项发生变化;

②相貌发生显著变化。

海事管理机构应当将变更情况在船员服务簿中做相应记载或者换发新船员服务簿。

(2)船员有下列情形之一的,海事管理机构应当注销船员注册,并予以公告:

①死亡或者被宣告失踪的;

②丧失民事行为能力的;

③依法被吊销船员服务簿的;

④本人申请注销注册的。

(3)申请人被依法吊销船员服务簿的,自被吊销之日起5年内不予重新注册。

4. 船员服务簿管理

(1)船员服务簿是船员的职业身份证件,任何单位或者个人不得冒用、出租、出借、伪造、变造或者买卖。

船员在船工作期间应当携带船员服务簿。

(2)船员服务簿应当载明船员的姓名、性别、国籍、出生日期、住所、联系人、联系方式以及其他有关事项。

海事管理机构应当在船员服务簿中记载船员的安全记录、累计记分情况和违法情况。

(3)船员上船任职后和离船解职前,应当主动将船员服务簿提交船长办理船员任职、解职签注。

船长应当为本船船员办理船员任职、解职签注,并在船员服务簿中及时、如实记载其服务资历和任职表现。

（4）船员服务簿记载页满或者损坏的,应当到管理本人注册档案的海事管理机构办理换发事宜,并提交下列材料:

①船员服务簿换发申请;

②近期直边正面5厘米免冠白底彩色照片2张;

③记载页满或者损坏的船员服务簿。

（5）船员服务簿遗失的,应当到管理本人注册档案的海事管理机构办理补发事宜,并提交下列材料:

①船员服务簿补发申请;

②相应证明文件;

③近期直边正面5厘米免冠白底彩色照片2张。

5. 监督检查

（1）海事管理机构应当建立船员注册数据库和设立船员注册记录簿,记载船员的基本信息。

（2）海事管理机构对船员进行监督检查时,应当对下列情况进行核查:

①持有并携带船员服务簿;

②船员服务簿的真实性和符合性;

③船长为在船船员进行签注的情况。

6. 法律责任

（1）违反本办法的规定,以欺骗、贿赂等不正当手段进行注册并取得船员服务簿的,由海事管理机构吊销船员服务簿,并处2 000元以上2万元以下罚款。

（2）违反本办法的规定,伪造、变造或者买卖船员服务簿的,由海事管理机构收缴船员服务簿,并对违法个人处2万元以上5万元以下罚款,对违法单位处5万元以上10万元以下罚款,有违法所得的,还应当没收违法所得。

（3）违反本办法的规定,船员服务簿记载的事项发生变更,船员未办理变更手续的,由海事管理机构责令改正,并可以处1 000元以下罚款。

（4）违反本办法的规定,未进行船员注册而上船工作的,由海事管理机构责令其离岗。

（5）违反本办法的规定,船员在船工作期间未携带船员服务簿的,由海事管理机构责令改正,并可以处2 000元以下罚款。

（6）违反本办法的规定,船长未在船员服务簿内及时、如实记载船员服务资历和任职表现的,由海事管理机构处2 000元以上2万元以下罚款;情节严重的,并给予暂扣船员适任证书6个月以上2年以下直至吊销船员适任证书的处罚。

（7）违反本办法的规定,船员用人单位招用未经注册的人员上船工作的,由海事管理机构责令改正,处3万元以上15万元以下罚款。

7. 附则

（1）船员服务簿由中华人民共和国海事局统一印制。

（2）船员体格检查按照交通运输部制定的船员体检标准执行。

（3）本办法自2008年7月1日起施行。

二、《中华人民共和国内河海事行政处罚规定》主要内容

《中华人民共和国内河海事行政处罚规定》已于 2014 年 11 月 20 日经第 13 次部务会议通过，自 2015 年 7 月 1 日起施行，根据 2017 年 5 月 23 日交通运输部《关于修改〈中华人民共和国内河海事行政处罚规定〉的决定》第一次修正，根据 2019 年 4 月 12 日交通运输部《关于修改〈中华人民共和国内河海事行政处罚规定〉的决定》第二次修正。主要内容摘录如下：

1. 目的、适用范围及管理

为规范海事行政处罚行为，保护当事人的合法权益，保障和监督水上海事行政管理，维护水上交通秩序，防止船舶污染水域，根据《内河交通安全管理条例》《行政处罚法》及其他有关法律、行政法规而制定。

对在中华人民共和国内河水域及相关陆域发生的违反海事行政管理秩序的行为实施海事行政处罚，适用本规定。

海事行政处罚，由海事管理机构依法实施。

2. 海事违法行为和行政处罚

（1）违反《内河交通安全管理条例》第九条的规定，未经考试合格并取得适任证书或者其他适任证件的人员擅自从事船舶航行或者操作的，依照《内河交通安全管理条例》第六十六条和《船员条例》第六十条的规定，责令其立即离岗，对直接责任人员处以 2 000 元以上 2 万元以下罚款，并对聘用单位处以 3 万元以上 15 万元以下罚款。

本条前款所称未经考试合格并取得适任证书或者其他适任证件，包括下列情形：

①未经水上交通安全培训并取得相应合格证明；

②未持有船员适任证书或者其他适任证件；

③持采取弄虚作假的方式取得的船员职务证书；

④持伪造、变造的船员职务证书；

⑤持转让、买卖或租借的船员职务证书；

⑥所服务的船舶的航区、种类和等级或者所任职务超越所持船员职务证书限定的范围；

⑦持已经超过有效期限的船员职务证书；

⑧未按照规定持有船员服务簿。

（2）违反《船员条例》第二十条的规定，船员有下列情形之一的，依照《船员条例》第五十七条的规定，处以 1 000 元以上 1 万元以下罚款；情节严重的，并给予扣留船员服务簿、船员适任证书 6 个月至 24 个月直至吊销船员服务簿、船员适任证书的处罚：

①在船在岗期间饮酒，体内酒精含量超过规定标准；

②在船在岗期间，服用国家管制的麻醉药品或者精神药品。

（3）违反《内河交通安全管理条例》第十四条、第十八条、第十九条、第二十条、第二十二条的规定，船舶在内河航行有下列行为之一的，依照《内河交通安全管理条例》第六十八条的规定，责令改正，处以 5 000 元以上 5 万元以下罚款；情节严重的，禁止船舶进出港口或者责令停航，并可以对责任船员给予扣留船员适任证书或者其他适任证件 3 个月至 6 个月的处罚：

①未按照规定悬挂国旗；

②未按照规定标明船名、船籍港、载重线，或者遮挡船名、船籍港、载重线；

③国内航行船舶进出港口未按照规定办理进出港签证,国际航行船舶未按照规定办理进出口岸手续;

④未按照规定申请引航;

⑤船舶进出港口和通过交通管制区、通航密集区、航行条件受到限制区域,未遵守海事管理机构发布的特别规定;

⑥船舶无正当理由进入或者穿越禁航区;

⑦载运或者拖带超重、超长、超高、超宽、半潜的物体,未申请核定航路、航行时间或者未按照核定的航路、时间航行。

(4)违反《内河交通安全管理条例》的有关规定,船舶在内河航行、停泊或者作业,不遵守航行、避让和信号显示规则,依照《内河交通安全管理条例》第八十一条的规定,处以1 000元以上1万元以下罚款;情节严重的,还应当对责任船员给予扣留船员适任证书或者其他适任证件3个月至6个月直至吊销船员适任证书或者其他适任证件的处罚。

本条前款所称不遵守航行、避让和信号显示规则,包括以下情形:

①未采用安全航速航行;

②未按照要求保持正规瞭望;

③未按照规定的航路或者航行规则航行;

④未按照规定倒车、调头、追越;

⑤未按照规定显示号灯、号型或者鸣放声号;

⑥未按照规定擅自夜航;

⑦在规定必须报告船位的地点,未报告船位;

⑧在禁止横穿航道的航段,穿越航道;

⑨在限制航速的区域和汛期高水位期间未按照海事管理机构规定的航速航行;

⑩不遵守海事管理机构发布的在能见度不良时的航行规定;

⑪不遵守海事管理机构发布的有关航行、避让和信号规则规定;

⑫不遵守海事管理机构发布的航行通告、航行警告规定;

⑬船舶装卸、载运危险货物或者空舱内有可燃气体时,未按照规定悬挂或者显示信号;

⑭不按照规定保持船舶自动识别系统处于正常工作状态,或者不按照规定在船舶自动识别设备中输入准确信息,或者船舶自动识别系统发生故障未及时向海事机构报告;

⑮未在规定的甚高频通信频道上守听;

⑯未按照规定进行无线电遇险设备测试;

⑰船舶停泊未按照规定留足值班人员;

⑱未按照规定采取保障人员上、下船舶、设施安全的措施;

⑲不遵守航行、避让和信号显示规则的其他情形。

(5)违反《内河交通安全管理条例》第八条、第二十一条的规定,船舶不具备安全技术条件从事货物、旅客运输,或者超载运输货物、超定额运输旅客,依照《内河交通安全管理条例》第八十二条的规定,责令改正,处以2万元以上10万元以下罚款,并可以对责任船员给予扣留船员适任证书或者其他适任证件6个月以上直至吊销船员适任证书或者其他适任证件的处罚,并对超载运输的船舶强制卸载,因卸载而发生的卸货费、存货费、旅客安置费和船舶监管费由船舶所有人或者经营人承担。

本条前款所称船舶不具备安全技术条件从事货物、旅客运输，包括以下情形：

①不遵守船舶、设施的配载和系固安全技术规范；

②不按照规定载运易流态化货物，或者不按照规定向海事管理机构备案；

③遇有不符合安全开航条件的情况而冒险开航；

④超过核定航区航行；

⑤船舶违规使用低闪点燃油；

⑥未按照规定拖带或者非拖船从事拖带作业；

⑦未经核准从事大型设施或者移动式平台的水上拖带；

⑧未持有《乘客定额证书》；

⑨未按照规定配备救生设施；

⑩船舶不具备安全技术条件从事货物、旅客运输的其他情形。

本条第一款所称超载运输货物、超定额运输旅客，包括以下情形：

①超核定载重线载运货物；

②集装箱船装载超过核定箱数；

③集装箱载运货物超过集装箱装载限额；

④滚装船装载超出检验证书核定的车辆数量；

⑤未经核准乘客定额载客航行；

⑥超乘客定额载运旅客。

（6）违反《内河交通安全管理条例》的有关规定，船舶、浮动设施造成内河交通事故的，除依法承担相应的法律责任外，依照《内河交通安全管理条例》第七十七条的规定，对责任船员给予下列处罚：

①造成特别重大事故的，对负有全部责任、主要责任的船员吊销船员适任证书或者其他适任证件，对负有次要责任的船员扣留船员适任证书或者其他适任证件12个月直至吊销船员适任证书或者其他适任证件；责任相当的，对责任船员扣留船员适任证书或者其他适任证件24个月或者吊销船员适任证书或者其他适任证件。

②造成重大事故的，对负有全部责任、主要责任的船员吊销船员适任证书或者其他适任证件；对负有次要责任的船员扣留船员适任证书或者其他适任证件12个月至24个月；责任相当的，对责任船员扣留船员适任证书或者其他适任证件18个月或者吊销船员适任证书或者其他适任证件。

③造成较大事故的，对负有全部责任、主要责任的船员扣留船员适任证书或者其他适任证件12个月至24个月或者吊销船员适任证书或者其他适任证件，对负有次要责任的船员扣留船员适任证书或者其他适任证件6个月；责任相当的，对责任船员扣留船员适任证书或者其他适任证件12个月。

④造成一般事故的，对负有全部责任、主要责任的船员扣留船员适任证书或者其他适任证件9个月至12个月，对负有次要责任的船员扣留船员适任证书或者其他适任证件6个月至9个月；责任相当的，对责任船员扣留船员适任证书或者其他适任证件9个月。

三、《中华人民共和国内河船舶船员适任考试和发证规则》实施办法主要内容

为贯彻实施《中华人民共和国内河船舶船员适任考试和发证规则》（交通运输部 2015 年第 21 号令，简称《15 规则》），交通运输部海事局制定了《〈中华人民共和国内河船舶船员适任考试和发证规则〉实施办法》，本办法适用于《15 规则》规定的内河船舶船员适任考试和签发《中华人民共和国内河船舶船员适任证书》（以下简称《适任证书》）的管理。

1. 中华人民共和国海事局负责全国一类《适任证书》考试发证机构的资质核验，并向社会公布。各省、自治区、直辖市地方海事局和直属海事局（以下简称各省级海事局）负责本辖区其他《适任证书》考试发证机构的资质核验，并向社会公布。

2. 各省级海事局可针对仅在本辖区航行的 100 总吨以下内河船舶的特点，制定 100 总吨以下内河船舶船员适任大纲，报中华人民共和国海事局备案。对按照本条第一款适任大纲参加考试的船员，应在其相应的《适任证书》适用限制栏中签注："非全国统考，适用于××区域，××吨位以下船舶"。

3. 在 2016 年 5 月 1 日前，已经按照 2010 年颁布的《中华人民共和国内河船舶船员适任考试和发证规则》（交通运输部令 2010 年第 1 号）（以下简称《10 规则》）的要求通过相应的适任考试（包括理论考试和实际操作考试），并满足相应《适任证书》签发条件的，视为已取得相应《适任证书》，可申请签发《15 规则》的《适任证书》。

4. 对于 2016 年 5 月 1 日前仍有部分科目没有通过相应适任考试的，按照《15 规则》第二十九条的规定申请补考；通过所有科目考试，并满足《15 规则》相应《适任证书》签发条件的，可直接申请签发相应类别职务的《15 规则》适任证书。

至 2016 年 5 月 1 日，未通过《轮机基础》科目考试的，可免于该科目的补考。

5. 自《15 规则》施行之日起，不再签发《10 规则》适任证书。

《10 规则》适任证书遗失或污损补发，申请人应按照《15 规则》第二十一条的要求提供材料，发证机构应使用《15 规则》空白证书进行补发，补发证书的内容应与原证书一致。

6. 船员水上服务资历不满足《15 规则》第十六条证书重新签发条件的，可申请与其水上服务资历相对应的低类别或低职务的《适任证书》。

7. 除另有规定外，船员应在参加适任培训的内河培训机构所在省（直辖市或辖区）范围内，向具有权限的考试机构申请适任考试初考。

参加《适任证书》全国统考的船员可任意选择有权限的考试机构申请理论考试补考。

8. 船员申请考试，可由本人提出申请，或由培训机构、服务机构代理申请；船员不得同时向多个考试机构申请或同时向一个考试机构重复申请；通过网上申请考试者，可免于提交纸质的《内河船舶船员适任考试报名表》。

9. 理论考试以纸面或计算机方式进行。各科目理论考试成绩以 100 分为满分，《避碰与信号》科目及格分数为 80 分，其他科目及格分数为 60 分；实际操作考试成绩分为合格与不合格。

10. 60 周岁（女性 55 周岁）以上的船员，其《适任证书》截止日期签发至该船员满 65 周岁（女性 60 周岁）之日为止。

65 周岁（女性 60 周岁）以上的船员，满足以下条件的，可向原发证机构申请换发有效期为 1 年的《适任证书》：

（1）在《适任证书》截止日期前3个月内提出申请；

（2）自申请之日起向前计算1年内，累计具有相应类别、职务的水上服务资历不少于3个月；

（3）具有最近1年内的符合内河船舶船员任职岗位健康标准的《内河船舶船员体检证明》。

11. 按照《10规则》考试大纲开展培训考试的三类适任证书，可直接换发相应的《15规则》全国统考适任证书。

对于不符合本条第一款情况的，由各省级海事局根据本辖区情况明确相关换发要求。

12. 适用限制栏内签注"非全国统考"的《15规则》适任证书以及备注栏内签注"非长江统考"的《10规则》适任证书，均不能在航行长江干线、珠江水系和黑龙江水系的船舶上使用。

13. "非长江统考"《适任证书》的持证人，具有与其《适任证书》所载类别、职务资格相对应水上服务资历1年及以上，并通过同类别、同职务证书统考的，可申请相应的全国统考《适任证书》，原有"非长江统考"《适任证书》的航区（线）证书继续有效。取得全国统考《适任证书》前的水上服务资历不能用于全国统考《适任证书》晋升。

14. 自《15规则》生效之日起，船员申请适任考试发证的技术档案由相应海事管理机构按照相关规定管理，船员技术档案不再进行转移。

15. 在内河非机动船上从事本船管理和作业的工作人员应通过内河船舶船员基本安全培训合格，经注册取得船员服务簿；在装载危险品驳船、客驳以及油趸上工作的船员，还须持有相应的《内河船舶船员特殊培训合格证》。

16. 本办法自《15规则》生效之日起实施。原2010年颁布的《〈中华人民共和国内河船舶船员适任考试和发证规则〉实施办法》（海船员〔2010〕347号）、《〈中华人民共和国内河船舶船员适任考试和发证规则〉过渡办法》（海船员〔2010〕348号）以及《关于实施〈中华人民共和国内河船舶船员适任考试和发证规则〉有关事项的通知》（海船员〔2010〕349号）同时废止。

四、《2006年海事劳工公约》主要内容

1. 2006年2月7日至23日，国际劳工组织（ILO）在日内瓦举行的第94届劳工大会暨第10届海事大会，通过了《2006年海事劳工公约》（以下简称《公约》），《公约》与STCW公约、SOLAS公约和MARPOL公约一起被称为国际航运业的"四大支柱"和海上劳动者的"权利法案"。

2. 2015年8月29日，经第十二届全国人大常委会第十六次会议审议通过，中国正式批准加入《公约》。2015年11月12日，我国驻联合国日内瓦代表团大使代表中国政府正式向ILO提交了批准文书，标志着我国正式批准加入《公约》。根据《公约》的规定，《公约》将于2016年11月12日对我国正式生效。在中华人民共和国政府另行通知前，《公约》暂不适用于中华人民共和国香港特别行政区和澳门特别行政区。

3. 根据《公约》标准A4.5第十款规定，中华人民共和国适用的社会保险类别为：养老保险、医疗保险、工伤保险、失业保险和生育保险。

4.《公约》内容构成比较广泛，综合了68个原有的海事劳工文件，其中修订了37项公约和31项建议书。《公约》文本由三部分构成：条款、规则和守则。条款和规则主要规定了核心

权利、原则以及批准《公约》的成员国的基本义务。守则包含了规则的实施细节,其中 A 部分为强制性标准、B 部分为非强制性守则。概括来讲,《公约》主要内容有以下几个方面:

(1)在海员任职资格方面与国际海事组织经修正的《1978 年海员培训、发证和值班标准国际公约》(简称 STCW 公约)保持了协调一致。《公约》规定了海员上船工作的最低要求,如最低年龄、体检证书、培训和资格,在 STCW 公约中也有类似规定,在任职资格方面两个公约保持了协调一致。

(2)规范了海员招募和安置机构的经营管理活动。《公约》要求成员国主管当局对在其领土内运营的海员招募和安置机构进行严格监管,采取经营许可或类似管理措施,并定期实施审核,也规定了海员招募或安置机构在为海员提供就业时不能把需招募或安置机构应承担的费用直接或间接、全部或部分地转嫁给海员。为此,《公约》还要求海员招募和安置机构要编制一份完整海员信息登记册,履行告知义务,保障船员对就业协议的知情权,使其在签字前对就业协议条款进行核阅。

(3)对海员就业条件进行了规范。为了保证海员体面工作,《公约》规定了海员的就业条款和工作条件应符合国家的法律法规,在签署就业协议前海员应有机会对协议条款进行审阅和了解。

(4)《公约》规定了海员定期获得全额工作报酬,享有规范的工作时间与休息时间以及带薪年休假和短期上岸休息的权利。在确定船舶配员水平时,《公约》除了从船舶安全高效操作的角度考虑外,从保护海员权益的角度额外增加了两个因素:避免或最大限度减少过度超时工作以防止疲劳,满足船员健康需要的食品和膳食服务。

(5)《公约》同时也规定了海员有权得到遣返的情形和条件,并对遣返费用的承担做出了明确的规定。除非海员出现严重失职而被遣返,禁止船东要求海员预付遣返费用或从海员工资中扣回。承担船员遣返的第一责任人是船东,当船东未能履行责任时,则海员所在船舶的船旗国是第二责任人,海员遣返的启程国或海员国籍所在国是第三责任人。

(6)对海员在船上的工作和生活条件进行了规定。对生活条件的规定主要体现在:起居舱室、娱乐设施、食品和膳食服务。船上应定期开展有记录的经常性检查。《公约》要求成员国制定最低膳食标准,对船上厨师的任职资格提出了要求。

(7)《公约》要求成员国制定职业安全和健康管理的国家导则,对职业安全和健康事故进行报告、统计、分析和评估,并要在船上建立安全委员会。

(8)对船东应对海员承担的责任进行了规定。《公约》规定了海员在船工作的健康保护、医护、福利和社会保障条款,要求船东提供财务担保,承担相应的责任。赋予船员在由于船舶灭失或沉没时造成人身伤害、财产损失或失业时得到赔偿的权利,确保海员在因就业而产生的疾病、受伤、死亡导致的经济后果方面能够得到保护,也明确船员应获得船上职业安全与健康保障,应得到不低于岸基工人的社会保障以及使用岸基福利设施的权益。

(9)对成员国应履行的责任进行了规定。《公约》从船旗国、港口国、海员提供国三个方面确定了各成员国充分实施和执行《公约》的义务。船旗国应建立一个有效的海事劳工条件检查和发证系统,并对 500 总吨及以上国际航行或在外国港口之间航行的船舶签发海事劳工证书和海事劳工符合声明,还应要求悬挂其旗帜的船舶建立公平有效的船上投诉程序。港口国应在有效的港口国检查和监督机制的基础上对挂靠本国港口的船舶进行检查,以核查该船符合《公约》有关海员工作和生活条件、海员权利的要求,应建立海员投诉的岸上处理程序,以确保对在本国港口挂靠船舶上的投诉采取迅速而实际的解决方式。海员提供国应对本国设立的海员招募安置服务机构进行有效的监督检查,同时对本国海员提供社会保障。

5. 我国由交通运输部与人力资源和社会保障部共同承担履约义务。我国履行《公约》的制度和机制安排:

（1）国内立法。我国涉及履约的法规体系主要由两方面的法规构成,一方面是船员法规体系,由《海上安全交通法》和国务院颁布的《中华人民共和国船员条例》,以及交通运输部颁布的《船员注册管理办法》《船员培训管理规则》《海船船员适任考试和发证规则》《船员服务机构管理规定》《海员外派管理规定》《海员船上工作和生活条件管理办法》等构成了较为完善的海员管理的法规体系。《船员条例》及相关规章明确了船员六项权利,包括社会保障权、健康权、签订劳动合同的权利、获得报酬权、休假权、遣返权,这是与《公约》接轨的。

另一方面是以劳动法为核心的劳动法律体系。我国劳动法的体系由《劳动法》及劳动力市场与就业法律制度、劳动合同和集体合同制度、劳动报酬与福利制度、工作时间与休假制度、劳动安全与劳动保护制度、社会保险和福利制度、特殊人群保护、劳动法的执行与劳动争议处理制度等构成。

（2）行政执法制度。我国建立了较为完善的劳动保障监察执法制度和劳动保障监察组织制度。另外,我国海事行政执法队伍,一直履行我国船员管理以及国际海事组织有关港口国、船旗国履约职能,为履行《公约》要求的港口国、船旗国检查奠定了良好的基础。

（3）仲裁、司法制度。我国劳动争议调解仲裁制度和司法制度为处理海员与航运公司利益纠纷、维护海员权益提供了仲裁和司法途径。

（4）三方协商机制。2009年年底,我国建立了由交通运输部、中国船东协会和中国海员建设工会组成的全国海上劳动关系三方协调机制。中国船东协会与中国海员建设工会已签订了中国船员集体协议。这些机制和协议有助于在我国开展三方协商,履行《公约》有关具体要求。

（5）检查发证制度。交通运输部与人力资源社会保障部已形成一致意见,联合作为主管机关,按照"共同管理,两部监管,一家发证"的原则,根据各自法定职责,分别负责有关事项的管理,海事局具体负责海事劳工证书的发放工作。港口国检查主要由交通运输部门负责,人力资源社会保障部门予以配合。通过这些制度和机制,可以保障《公约》的顺利实施。

五、《中华人民共和国海洋环境保护法》主要内容

《中华人民共和国海洋环境保护法》是为了保护和改善海洋环境,保护海洋资源,防治污染损害,维护生态平衡等而制定的。1982年8月23日第五届全国人民代表大会常务委员会第二十四次会议通过,根据2017年11月4日第十二届全国人民代表大会常务委员会第三十次会议《关于修改〈中华人民共和国会计法〉等十一部法律的决定》第三次修正。最新《海洋环境保护法》全文包括总则、海洋环境监督管理、海洋生态保护、防治陆源污染物对海洋环境的污染损坏、防治海岸工程建设项目对海洋环境的污染损害、防治海洋工程建设项目对海洋环境的污染损害、防治倾倒废弃物对海洋环境的污染损害、防治船舶及有关作业活动对海洋环境的污染损害、法律责任、附则,共十章九十七条。主要内容摘录如下:

1. 本法适用于中华人民共和国内水、领海、毗连区、专属经济区、大陆架以及中华人民共和

国管辖的其他海域。在中华人民共和国管辖海域内从事航行、勘探、开发、生产、旅游、科学研究及其他活动,或者在沿海陆域内从事影响海洋环境活动的任何单位和个人,都必须遵守本法。

2. 一切单位和个人都有保护海洋环境的义务,并有权对污染损害海洋环境的单位和个人,以及海洋环境监督管理人员的违法失职行为进行监督和检举。

3. 国务院环境保护行政主管部门作为对全国环境保护工作统一监督管理的部门,对全国海洋环境保护工作实施指导、协调和监督,并负责全国防治陆源污染物和海岸工程建设项目对海洋污染损害的环境保护工作。国家海洋行政主管部门负责海洋环境的监督管理,组织海洋环境的调查、监测、监视、评价和科学研究,负责全国防治海洋工程建设项目和海洋倾倒废弃物对海洋污染损害的环境保护工作。国家海事行政主管部门负责所辖港区水域内非军事船舶和港区水域外非渔业、非军事船舶污染海洋环境的监督管理,并负责污染事故的调查处理;对在中华人民共和国管辖海域航行、停泊和作业的外国籍船舶造成的污染事故登轮检查处理。

4. 国家和地方水污染物排放标准的制定,应当将国家和地方海洋环境质量标准作为重要依据之一。排污单位在执行国家和地方水污染物排放标准的同时,应当遵守分解落实到本单位的主要污染物排海总量控制指标。对超过主要污染物排海总量控制指标的重点海域和未完成海洋环境保护目标、任务的海域,省级以上人民政府环境保护行政主管部门、海洋行政主管部门,根据职责分工暂停审批新增相应种类污染物排放总量的建设项目环境影响报告书(表)。

5. 直接向海洋排放污染物的单位和个人,必须按照国家规定缴纳排污费。依照法律规定缴纳环境保护税的,不再缴纳排污费。向海洋倾倒废弃物,必须按照国家规定缴纳倾倒费。

6. 因发生事故或者其他突发性事件,造成或者可能造成海洋环境污染事故的单位和个人,必须立即采取有效措施,及时向可能受到危害者通报,并向依照本法规定行使海洋环境监督管理权的部门报告,接受调查处理。

7. 国家根据防止海洋环境污染的需要,制定国家重大海上污染事故应急计划。国家海洋行政主管部门负责制定全国海洋石油勘探开发重大海上溢油应急计划,报国务院环境保护行政主管部门备案。国家海事行政主管部门负责制定全国船舶重大海上溢油污染事故应急计划,报国务院环境保护行政主管部门备案。

8. 向海域排放陆源污染物,必须严格执行国家或者地方规定的标准和有关规定。

9. 禁止向海域排放油类、酸液、碱液、剧毒废液和高、中水平放射性废水。严格限制向海域排放低水平放射性废水;确需排放的,必须严格执行国家辐射防护规定。严格控制向海域排放含有不易降解的有机物和重金属的废水。

10. 含有机物和营养物质的工业废水、生活污水,应当严格控制向海湾、半封闭海及其他自净能力较差的海域排放。

11. 向海域排放含热废水,必须采取有效措施,保证邻近渔业水域的水温符合国家海洋环境质量标准,避免热污染对水产资源的危害。

12. 禁止经中华人民共和国内水、领海转移危险废物。经中华人民共和国管辖的其他海域转移危险废物的,必须事先取得国务院环境保护行政主管部门的书面同意。

13. 任何单位未经国家海洋行政主管部门批准,不得向中华人民共和国管辖海域倾倒任何废弃物。需要倾倒废弃物的单位,必须向国家海洋行政主管部门提出书面申请,经国家海洋行政主管部门审查批准,发给许可证后,方可倾倒。禁止中华人民共和国境外的废弃物在中华人民共和国管辖海域倾倒。获准倾倒废弃物的单位,应当详细记录倾倒的情况,并在倾倒后向批准部门做出书面报告。倾倒废弃物的船舶必须向驶出港的海事行政主管部门做出书面报告。禁止在海上焚烧废弃物。禁止在海上处置放射性废弃物或者其他放射性物质。废弃物中的放射性物质的豁免浓度由国务院制定。

14. 在中华人民共和国管辖海域,任何船舶及相关作业不得违反本法规定向海洋排放污染物、废弃物和压载水、船舶垃圾及其他有害物质。从事船舶污染物、废弃物、船舶垃圾接收、船舶清舱、洗舱作业活动的,必须具备相应的接收处理能力。

15. 船舶必须按照有关规定持有防止海洋环境污染的证书与文书,在进行涉及污染物排放及操作时,应当如实记录。船舶必须配置相应的防污设备和器材。载运具有污染危害性货物的船舶,其结构与设备应当能够防止或者减轻所载货物对海洋环境的污染。船舶应当遵守海上交通安全法律、法规的规定,防止因碰撞、触礁、搁浅、火灾或者爆炸等引起的海难事故,造成海洋环境的污染。

16. 载运具有污染危害性货物进出港口的船舶,其承运人、货物所有人或者代理人,必须事先向海事行政主管部门申报。经批准后,方可进出港口、过境停留或者装卸作业。

17. 交付船舶装运污染危害性货物的单证、包装、标志、数量限制等,必须符合对所装货物的有关规定。需要船舶装运污染危害性不明的货物,应当按照有关规定事先进行评估。装卸油类及有毒有害货物的作业,船岸双方必须遵守安全防污操作规程。

18. 船舶及有关作业活动应当遵守有关法律法规和标准,采取有效措施,防止造成海洋环境污染。海事行政主管部门等有关部门应当加强对船舶及有关作业活动的监督管理。船舶进行散装液体污染危害性货物的过驳作业,应当事先按照有关规定报经海事行政主管部门批准。

19. 船舶发生海难事故,造成或者可能造成海洋环境重大污染损害的,国家海事行政主管部门有权强制采取避免或者减少污染损害的措施。对在公海上因发生海难事故,造成中华人民共和国管辖海域重大污染损害后果或者具有污染威胁的船舶、海上设施,国家海事行政主管部门有权采取与实际的或者可能发生的损害相称的必要措施。

20. 所有船舶均有监视海上污染的义务,在发现海上污染事故或者违反本法规定的行为时,必须立即向就近的依照本法规定行使海洋环境监督管理权的部门报告。民用航空器发现海上排污或者污染事件,必须及时向就近的民用航空空中交通管制单位报告。接到报告的单位,应当立即向依照本法规定行使海洋环境监督管理权的部门通报。

六、《防治船舶污染海洋环境管理条例》主要内容

《防治船舶污染海洋环境管理条例》经 2009 年 9 月 9 日中华人民共和国国务院令第 561 号公布;依据 2018 年 3 月 19 日《国务院关于修改和废止部分行政法规的决定》(国务院令第 698 号)第六次修订。最新《防治船舶污染海洋环境管理条例》全文包括总则、防治船舶及其有关作业活动污染海洋环境的一般规定、船舶污染物的排放和接收、船舶有关作业活动的污染防治、船舶污染事故应急处置、船舶污染事故调查处理、船舶污染事故损害赔偿、法律责任和附则,共九章七十六条。主要内容摘录如下:

1. 为了防治船舶及其有关作业活动污染海洋环境,根据《中华人民共和国海洋环境保护

法》,制定本条例。防治船舶及其有关作业活动污染中华人民共和国管辖海域适用本条例。海事管理机构依照本条例规定具体负责防治船舶及其有关作业活动污染海洋环境的监督管理。

2.任何单位和个人发现船舶及其有关作业活动造成或者可能造成海洋环境污染的,应当立即就近向海事管理机构报告。

3.防治船舶及其有关作业活动污染海洋环境的一般规定。

(1)船舶的结构、设备、器材应当符合国家有关防治船舶污染海洋环境的技术规范以及中华人民共和国缔结或者参加的国际条约的要求。

(2)船舶应当依照法律、行政法规、国务院交通运输主管部门的规定以及中华人民共和国缔结或者参加的国际条约的要求,取得并随船携带相应的防治船舶污染海洋环境的证书、文书。

(3)中国籍船舶的所有人、经营人或者管理人应当按照国务院交通运输主管部门的规定,建立健全安全营运和防治船舶污染管理体系。

(4)海事管理机构应当对安全营运和防治船舶污染管理体系进行审核,审核合格的,发给符合证明和相应的船舶安全管理证书。

(5)船舶所有人、经营人或者管理人应当制定防治船舶及其有关作业活动污染海洋环境的应急预案,并报海事管理机构备案。

(6)船舶、港口、码头、装卸站以及其他有关作业单位应当按照应急预案,定期组织演练,并做好相应记录。

4.船舶污染物的排放和接收。

(1)船舶在中华人民共和国管辖海域向海洋排放的船舶垃圾、生活污水、含油污水、含有毒有害物质污水、废气等污染物以及压载水,应当符合法律、行政法规、中华人民共和国缔结或者参加的国际条约以及相关标准的要求。

(2)船舶应当将不符合前款规定的排放要求的污染物排入港口接收设施或者由船舶污染物接收单位接收。

(3)船舶不得向依法划定的海洋自然保护区、海滨风景名胜区、重要渔业水域以及其他需要特别保护的海域排放船舶污染物。

(4)船舶处置污染物,应当在相应的记录簿内如实记录。

(5)船舶应当将使用完毕的船舶垃圾记录簿在船舶上保留2年;将使用完毕的含油污水、含有毒有害物质污水记录簿在船舶上保留3年。

(6)船舶污染物接收单位从事船舶垃圾、残油、含油污水、含有毒有害物质污水接收作业,应当编制作业方案,遵守相关操作规程,并采取必要的防污染措施。船舶污染物接收单位应当将船舶污染物接收情况按照规定向海事管理机构报告。

(7)船舶污染物接收单位接收船舶污染物,应当向船舶出具污染物接收单证,经双方签字确认并留存至少2年。污染物接收单证应当注明作业双方名称,作业开始和结束的时间、地点,以及污染物种类、数量等内容。船舶应当将污染物接收单证保存在相应的记录簿中。

(8)船舶污染物接收单位应当按照国家有关污染物处理的规定处理接收的船舶污染物,并每月将船舶污染物的接收和处理情况报海事管理机构备案。

5.船舶有关作业活动的污染防治。

（1）从事船舶清舱、洗舱、油料供受、装卸、过驳、修造、打捞、拆解、污染危害性货物装箱、充罐、污染清除作业以及利用船舶进行水上水下施工等作业活动的，应当遵守相关操作规程，并采取必要的安全和防治污染的措施。

（2）从事前款规定的作业活动的人员，应当具备相关安全和防治污染的专业知识和技能。

（3）船舶不符合污染危害性货物适载要求的，不得载运污染危害性货物，码头、装卸站不得为其进行装载作业。

（4）污染危害性货物的名录由国家海事管理机构公布。

（5）载运污染危害性货物进出港口的船舶，其承运人、货物所有人或者代理人，应当向海事管理机构提出申请，经批准方可进出港口或者过境停留。

（6）载运污染危害性货物的船舶，应当在海事管理机构公布的具有相应安全装卸和污染物处理能力的码头、装卸站进行装卸作业。

（7）货物所有人或者代理人交付船舶载运污染危害性货物，应当确保货物的包装与标志等符合有关安全和防治污染的规定，并在运输单证上准确注明货物的技术名称、编号、类别（性质）、数量、注意事项和应急措施等内容。

（8）货物所有人或者代理人交付船舶载运污染危害性不明的货物，应当委托有关技术机构进行危害性评估，明确货物的危害性质以及有关安全和防治污染要求，方可交付船舶载运。

（9）海事管理机构认为交付船舶载运的污染危害性货物应当申报而未申报，或者申报的内容不符合实际情况的，可以按照国务院交通运输主管部门的规定采取开箱等方式查验。海事管理机构查验污染危害性货物，货物所有人或者代理人应当到场，并负责搬移货物，开拆和重封货物的包装。海事管理机构认为必要的，可以径行查验、复验或者提取货样，有关单位和个人应当配合。

（10）进行散装液体污染危害性货物过驳作业的船舶，其承运人、货物所有人或者代理人应当向海事管理机构提出申请，告知作业地点，并附送过驳作业方案、作业程序、防治污染措施等材料。海事管理机构应当自受理申请之日起2个工作日内做出许可或者不予许可的决定。2个工作日内无法做出决定的，经海事管理机构负责人批准，可以延长5个工作日。

（11）依法获得船舶油料供受作业资质的单位，应当向海事管理机构备案。海事管理机构应当对船舶油料供受作业进行监督检查，发现不符合安全和防治污染要求的，应当予以制止。

（12）船舶燃油供给单位应当如实填写燃油供受单证，并向船舶提供船舶燃油供受单证和燃油样品。船舶和船舶燃油供给单位应当将燃油供受单证保存3年，并将燃油样品妥善保存1年。

（13）船舶修造、水上拆解的地点应当符合环境功能区划和海洋功能区划。

（14）从事船舶拆解的单位在船舶拆解作业前，应当对船舶上的残余物和废弃物进行处置，将油舱（柜）中的存油驳出，进行船舶清舱、洗舱、测爆等工作。从事船舶拆解的单位应当及时清理船舶拆解现场，并按照国家有关规定处理船舶拆解产生的污染物。禁止采取冲滩方式进行船舶拆解作业。

（15）禁止船舶经过中华人民共和国内水、领海转移危险废物。经过中华人民共和国管辖的其他海域转移危险废物的，应当事先取得国务院环境保护主管部门的书面同意，并按照海事管理机构指定的航线航行，定时报告船舶所处的位置。

（16）船舶向海洋倾倒废弃物，应当如实记录倾倒情况。返港后，应当向驶出港所在地的海事管理机构提交书面报告。

（17）载运散装液体污染危害性货物的船舶和 1 万总吨以上的其他船舶，其经营人应当在作业前或者进出港口前与符合国家有关技术规范的污染清除作业单位签订污染清除作业协议，明确双方在发生船舶污染事故后污染清除的权利和义务。与船舶经营人签订污染清除作业协议的污染清除作业单位应当在发生船舶污染事故后，按照污染清除作业协议及时进行污染清除作业。

6. 船舶污染事故应急处置。

（1）本条例所称船舶污染事故，是指船舶及其有关作业活动发生油类、油性混合物和其他有毒有害物质泄漏造成的海洋环境污染事故。

（2）船舶污染事故分为以下等级：

①特别重大船舶污染事故，是指船舶溢油 1 000 吨以上，或者造成直接经济损失 2 亿元以上的船舶污染事故；

②重大船舶污染事故，是指船舶溢油 500 吨以上不足 1 000 吨，或者造成直接经济损失 1 亿元以上不足 2 亿元的船舶污染事故；

③较大船舶污染事故，是指船舶溢油 100 吨以上不足 500 吨，或者造成直接经济损失 5 000 万元以上不足 1 亿元的船舶污染事故；

④一般船舶污染事故，是指船舶溢油不足 100 吨，或者造成直接经济损失不足 5 000 万元的船舶污染事故。

（3）船舶在中华人民共和国管辖海域发生污染事故，或者在中华人民共和国管辖海域外发生污染事故，造成或者可能造成中华人民共和国管辖海域污染的，应当立即启动相应的应急预案，采取措施控制和消除污染，并就近向有关海事管理机构报告。

发现船舶及其有关作业活动可能对海洋环境造成污染的，船舶、码头、装卸站应当立即采取相应的应急处置措施，并就近向有关海事管理机构报告。

接到报告的海事管理机构应当立即核实有关情况，并向上级海事管理机构或者国务院交通运输主管部门报告，同时报告有关沿海设区的市级以上地方人民政府。

（4）船舶污染事故报告应当包括下列内容：

①船舶的名称、国籍、呼号或者编号；

②船舶所有人、经营人或者管理人的名称、地址；

③发生事故的时间、地点以及相关气象和水文情况；

④事故原因或者事故原因的初步判断；

⑤船舶上污染物的种类、数量、装载位置等概况；

⑥污染程度；

⑦已经采取或者准备采取的污染控制、清除措施和污染控制情况以及救助要求；

⑧国务院交通运输主管部门规定应当报告的其他事项。做出船舶污染事故报告后出现新情况的，船舶、有关单位应当及时补报。

（5）发生特别重大船舶污染事故，国务院或者国务院授权国务院交通运输主管部门成立事故应急指挥机构。

发生重大船舶污染事故，有关省、自治区、直辖市人民政府应当会同海事管理机构成立事故应急指挥机构。

发生较大船舶污染事故和一般船舶污染事故,有关设区的市级人民政府应当会同海事管理机构成立事故应急指挥机构。

有关部门、单位应当在事故应急指挥机构的统一组织和指挥下,按照应急预案的分工,开展相应的应急处置工作。

（6）船舶发生事故有沉没危险,船员离船前,应当尽可能关闭所有货舱（柜）、油舱（柜）管系的阀门,堵塞货舱（柜）、油舱（柜）通气孔。

船舶沉没的,船舶所有人、经营人或者管理人应当及时向海事管理机构报告船舶燃油、污染危害性货物以及其他污染物的性质、数量、种类、装载位置等情况,并及时采取措施予以清除。

（7）发生船舶污染事故或者船舶沉没,可能造成中华人民共和国管辖海域污染的,有关沿海设区的市级以上地方人民政府、海事管理机构根据应急处置的需要,可以征用有关单位或者个人的船舶和防治污染设施、设备、器材以及其他物资,有关单位和个人应当予以配合。

被征用的船舶和防治污染设施、设备、器材以及其他物资使用完毕或者应急处置工作结束,应当及时返还。船舶和防治污染设施、设备、器材以及其他物资被征用或者征用后毁损、灭失的,应当给予补偿。

（8）发生船舶污染事故,海事管理机构可以采取清除、打捞、拖航、引航、过驳等必要措施,减轻污染损害。相关费用由造成海洋环境污染的船舶、有关作业单位承担。

需要承担前款规定费用的船舶,应当在开航前缴清相关费用或者提供相应的财务担保。

（9）处置船舶污染事故使用的消油剂,应当符合国家有关标准。

第十节 ◉ 最新内河相关法规查询方法

海事法规属于行政法规,其行政主体为中华人民共和国交通运输部。交通运输部直属的中华人民共和国海事局负责行使国家水上安全监督和防止船舶污染、船舶及海上设施检验、航海保障管理和行政执法,并履行交通运输部安全生产等管理职能,是海事法规的颁布和组织实施的国家行政机关。

在查询和使用各类海事法规时要保证法规的适用性和时效性,建议采取以下方法获得:

1. 查阅中华人民共和国海事局编制的《海事法规汇编》。

2. 登录交通运输部或中华人民共和国海事局网站查询。

3. 参考相应的图书等技术资料,例如中华人民共和国海事局组织编写的《船员职业实用法规汇编（内河篇）》。

第五章 机械识图

第一节 ● 视图

机械制图是专门研究如何绘制和阅读工程图样的学科。工程图样是产品设计、制造、安装、检测等过程中的重要技术资料，它是工程技术人员借以表达和交流技术思想的重要工具，是工程技术部门的一项重要技术文件。设计者通过图样表达设计的对象，制造者根据图样指导生产、制造产品，技术管理者根据图样了解构造、原理，从而为维护保养提供依据。因此，工程图样是工程界表达和交流技术思想必不可少的技术文件，是工程界的"共同语言"。

一、图样要素

图样应具有通识性。所谓通识就是图样应该按照事先规定的要求绘图，这就需要对图样上出现的格式、图线、尺寸、字体等都有一个统一的规定，需要了解国家标准的若干规定。

机械制图国家标准对机械图样的画法、图线、尺寸标注和字体的书写都做了统一规定。每个从事工程技术的人员都必须建立标准意识并遵守国家标准。国家标准简称国标，其代号为"GB"。

（一）比例

比例是指图样中图形与其实物相应要素的线性尺寸之比。绘图时，比例应从表 5-1 中选取。

绘图时应优先采用原值比例。若机件太大或太小，可采用缩小或放大比例绘制。必须注意，无论采用何种比例绘制，标注尺寸时，均按机件的实际尺寸大小注出。

表 5-1　常用的比例

种类	比例
原值比例	1 : 1
放大比例	2 : 1　　2.5 : 1　　4 : 1　　　5 : 1　　　10 : 1
缩小比例	1 : 1.5　　　1 : 2　　　1 : 2.5　　　1 : 3　　　1 : 4　　　1 : 5

（二）图线

绘图时应采用国家标准规定的图线形式和画法。国家标准规定的机械制图中常用的图线有 9 种,表 5-2 列出了其中 6 种。

表 5-2　常用图线

图线名称	图线形式	宽度	应用及说明
粗实线	——————	d =0.25~2	可见轮廓线
细实线	——————		尺寸线、尺寸界线、剖面线
虚线	- - - - - -		不可见轮廓线
波浪线	〜〜〜	约为$d/2$	断裂处的边界线
点画线	— · — · —		中心线、对称轴线
双点画线	— · · — · · —		假想投影轮廓线

图线的宽度分为粗、细两种。粗线的宽度 d 应按图样的大小和复杂程度在 0.25~2 mm 之内选取,优先选用 0.7 mm,细线的宽度约为 $d/2$。

图线的应用如图 5-1 所示。图线在应用中还有以下几条规定:

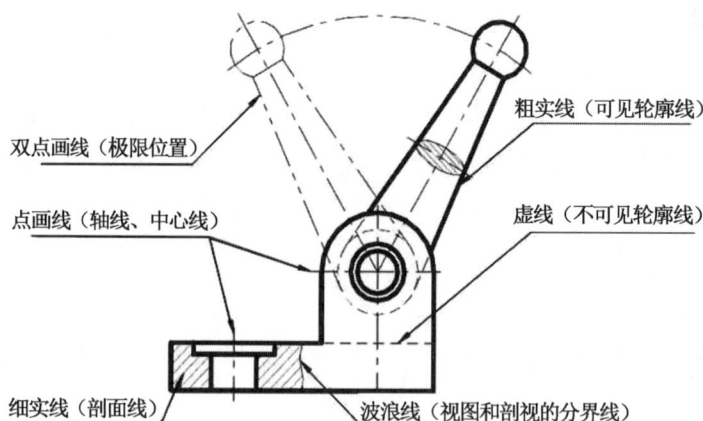

双点画线（极限位置）
粗实线（可见轮廓线）
点画线（轴线、中心线）
虚线（不可见轮廓线）
细实线（剖面线）
波浪线（视图和剖视的分界线）

图 5-1　图线应用实例

1. 图样中的同类图线宽度及深浅应基本一致。虚线、点画线及双点画线的线段长度和间隔应各自大致相等,在图样中应显得匀称协调。

2. 实线、虚线、点画线、双点画线相交时,应在画线处相交。

3. 点画线和双点画线中的点是短画(约 1 mm),不是圆点;两种线型的首末两端应是线段而不是短画。绘制圆的中心线时,圆心应是点画线线段的交点,而且两端应超出圆弧 2~5 mm。在较小图形上绘制点画线或双点画线有困难时,可用细实线代替。

4. 虚线若为粗实线或其他图线的延长线时,粗实线画到分界处,虚线应留有间隙。

5. 当粗实线与细虚线重叠时,应画粗实线;细虚线与细点画线重叠时,应画细虚线。

二、视图基本知识

根据有关标准和规定,用正投影法绘制出的物体的图形,称为视图,如图 5-2 所示。在正投影中,只用一个视图一般只能反映出物体一个方向的形状,是不能确定物体的形状和大小的,如图 5-3 所示三个不同形状物体,在同一个投影面上的视图完全相同。为了完整、确切地表达物体的形状,必须增加由不同投影方向,在不同的投影面上所得到的几个视图互相补充,才能把物体表达清楚,通常采用三视图来表达物体的形状。

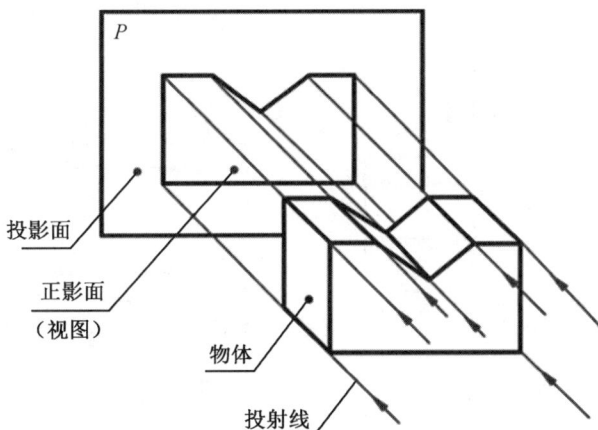

图 5-2　视图

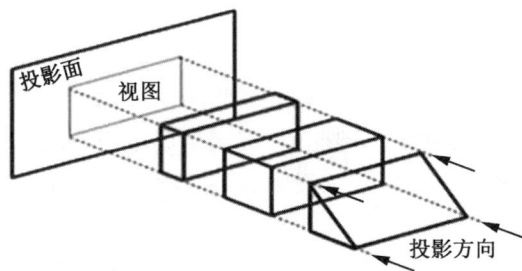

图 5-3　不同形状物体的相同视图

将物体置于三投影面体系中,并使物体的主要平面平行或垂直于投影面。观察者按正投影法分别从立体的前方、左方、上方正对着相应的投影面观察立体,画出物体的三个投影图。

在投影过程中,物体在三投影面体系中的位置不变,如图 5-4(a) 所示。其中 V 面为正立面,所得投影为正面投影;H 面为水平面,所得投影为水平投影;W 面为侧立面,所得投影为侧面投影。

投影面展开后如图 5-4(b)所示。物体的正投影与投影面的大小无关,与物体距投影面的距离也无关。去掉图中的边框和投影轴 X、Y、Z,得到物体的三视图。正面投影称为主视图,水平投影称为俯视图,侧面投影称为左视图,如图 5-4(c)所示。

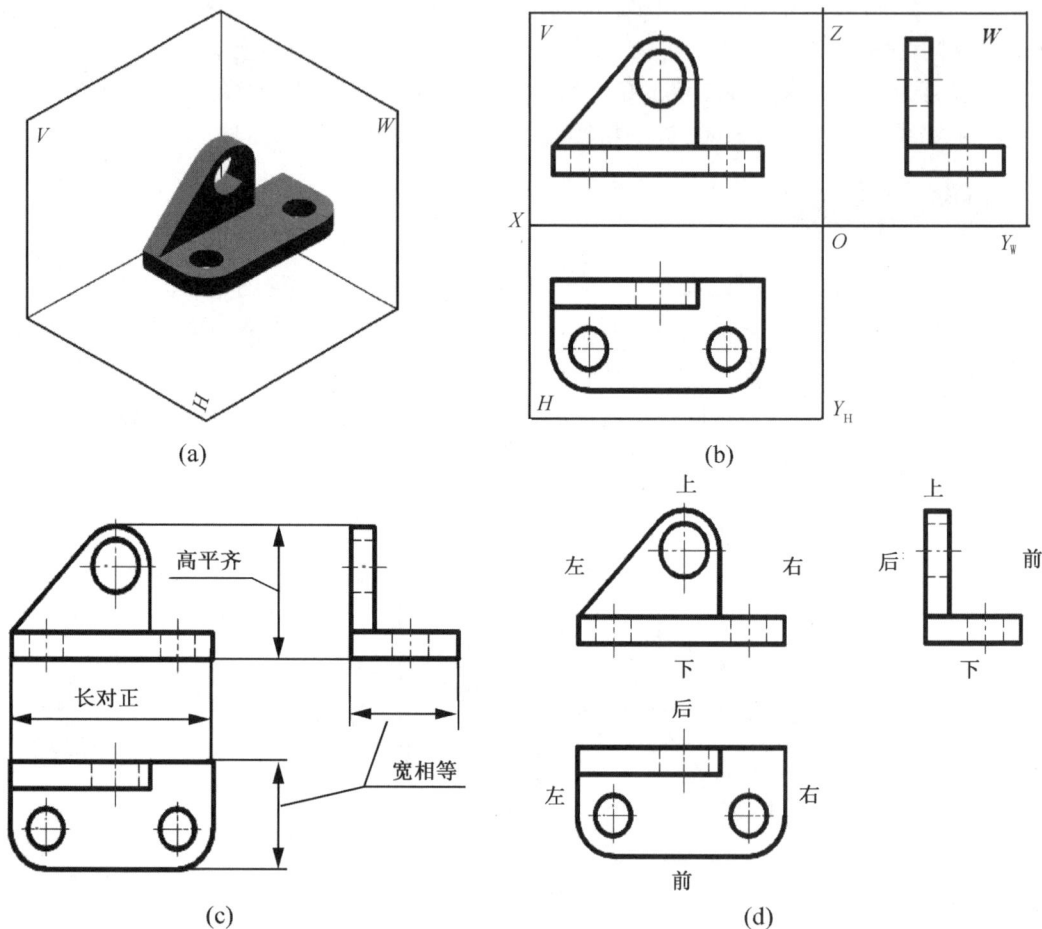

(a)

(b)

(c)

(d)

图 5-4　三视图的形成

1.三视图的投影规律

三视图的投影规律如图 5-4(c)所示:主视图反映了物体的长和高,俯视图反映了物体的长和宽,左视图反映了物体的宽和高。因此,三视图有以下投影特性:主、俯视图长对正;主、左视图高平齐;俯、左视图宽相等。三视图的投影特性不仅适用于物体整体的投影,也适用于物体局部结构的投影。

注意:三投影面展平后,投影轴 Y 分成了 Y_H 和 Y_W,所以立体上的"宽"在俯视图上是竖向度量,而在左视图上是横向度量。

2.物体的方位与三视图的对应关系

物体有前、后、上、下、左、右六个方位,它们与三视图的对应关系如图 5-4(d)所示,每一个视图都反映了物体的四个方位。注意:如图 5-4(d)所示,俯视图的下方和左视图的右方表示物体的前方,俯视图的上方和左视图的左方表示物体的后方。

第二节 ◉ 零件图

表示机器、设备及其组成部分的形状、大小和结构的图样称为机械图样。机械图样包括零件图和装配图。

零件是组成机器的最小单元。表示零件的结构形状、尺寸大小、加工精度和技术要求的图样称为零件图。零件图是加工、制造机械零件的依据,且是检验零件加工是否满足设计、使用要求的依据,是生产中的重要技术文件之一。

一、零件图的基本知识

(一)机械图样的基本表达方法

零件的结构形状多种多样,有些简单的零件只用一个或两个视图并注上尺寸就可表达清楚,而有些复杂的零件,就是用三视图也难将其内外结构形状清楚地表达出来,为此国家标准规定了视图、剖视图、断面图等基本表达方法。

1. 视图的定义

根据有关标准的规定,用正投影法绘制出物体的图形,称为视图。视图主要表达零件的外部结构形状,对零件中不可见的结构形状在必要时才用细虚线画出,如图 5-5 所示。

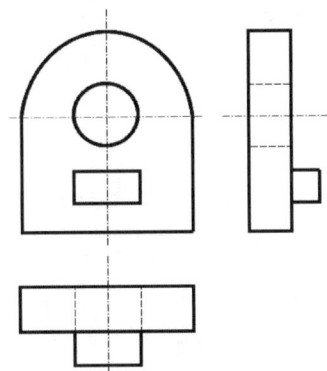

图 5-5　三视图

各种物体的外部结构具有不同的特点,为了清楚表达,视图分为基本视图、向视图、局部视图和斜视图四种。

(1)基本视图

对于形状复杂的零件,仅用三视图不能完整、清晰地表达它的外、内部结构。这时,在原有三个投影面的基础上,再增设三个投影面组成一个正六面体。如图 5-6 所示,将零件置于正六面体中,分别向六个表面投影所得的图形,称为基本视图,六个表面为基本投影面。然后将六面体展开为平面,过程如图 5-7 所示,正面不动,将其他表面按图示方向展开。

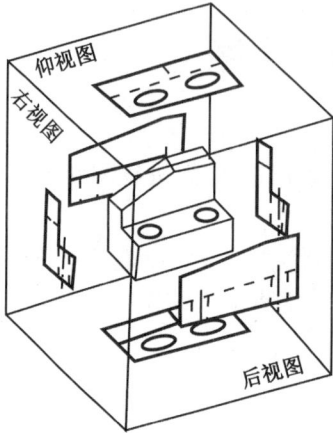

图 5-6　基本投影面

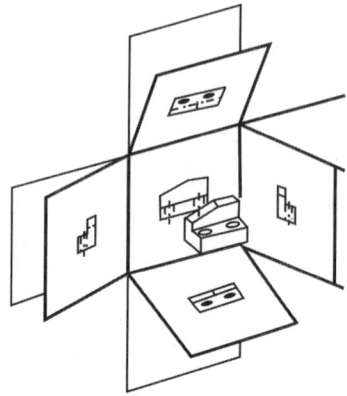

图 5-7　基本投影面的展开

基本视图的名称及配置如图 5-8 所示。在一张图纸上,如按规定位置配置视图,则不标注视图名称。六个基本视图仍保持"长对正、高平齐、宽相等"的三等关系,即仰视图与俯视图同样反映物体长、宽方向的尺寸;右视图与左视图同样反映物体高、宽方向的尺寸;后视图与主视图同样反映物体长、高方向的尺寸。

实际图样中,并不一定将六个基本视图全部画出,根据零件的复杂程度和表达需要,选用了其中必要的几个基本视图,若无特殊情况,一般会优先选用主、俯、左视图。

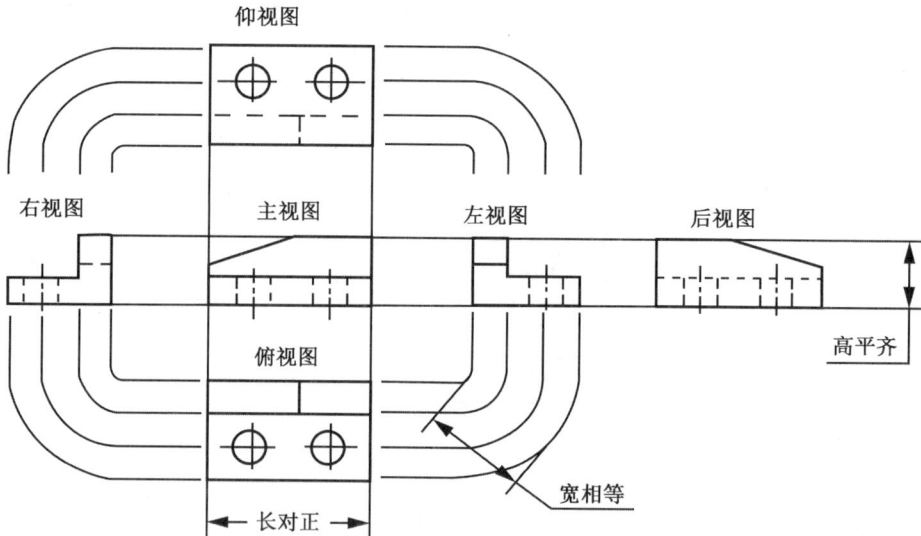

图 5-8　基本视图的名称及配置

（2）向视图

有时为了合理布置图面或因受图纸幅面限制,可以将视图自由地配置在适当的位置。可以自由配置的视图称为向视图,如图 5-9 所示。

向视图在图形上方中间位置标注有视图名称"X",并在相应的视图附近用箭头表示了投影方向,并标注相同的字母"X"。

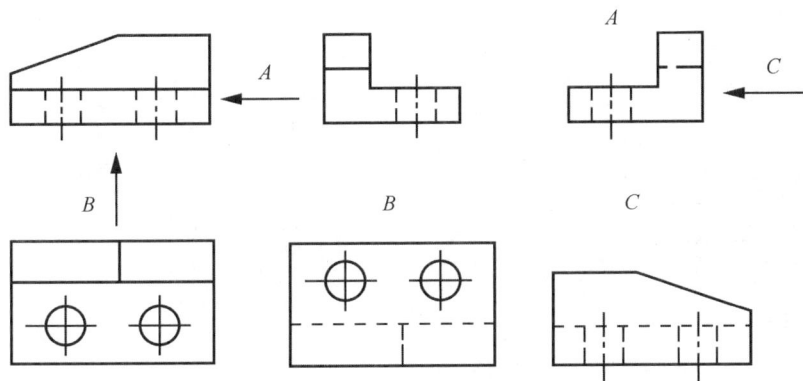

图 5-9　向视图

（3）局部视图

将零件的某一部分向基本投影面投影所得的视图称为局部视图，如图 5-10 所示。局部视图的配置、标注及表达方法：

①一般在局部视图的上方标出了视图名称"X"，在相应视图附近用箭头指明投影方向，并注上了同样的字母"X"。

②局部视图的断裂边界用波浪线或双折线表示。当所表达的局部结构完整且外形轮廓线自行封闭时，波浪线省略不画，如图 5-10 所示。

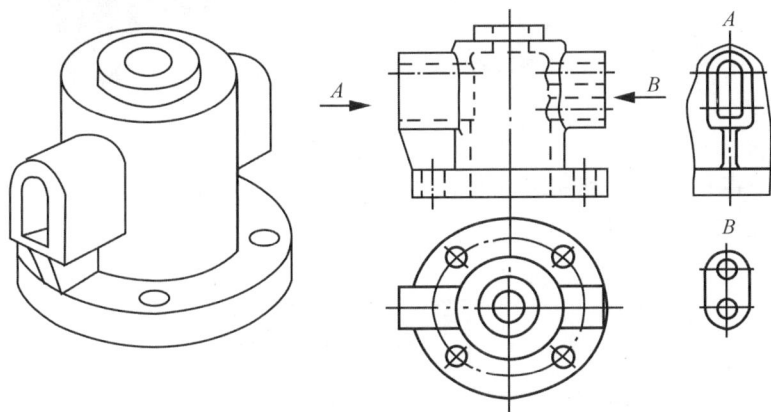

图 5-10　局部视图

（4）斜视图

使零件倾斜部分向不平行于任何基本投影面的平面投影所得的视图称为斜视图，如图 5-11 所示。

2.剖视图

如图 5-12 所示，当零件的内部形状比较复杂时，在视图中就会出现许多虚线，视图中的各种图形纵横交错在一起，造成层次不清，影响图的清晰度，不便于读图。为了解决零件内部形状的表达问题，减少虚线，GB 规定采用假想剖切平面切开零件的方法将内部结构由不可见变为可见，从而将虚线变为实线。在剖视图中，剖切平面剖到的零件实体部分，应画上与该材料

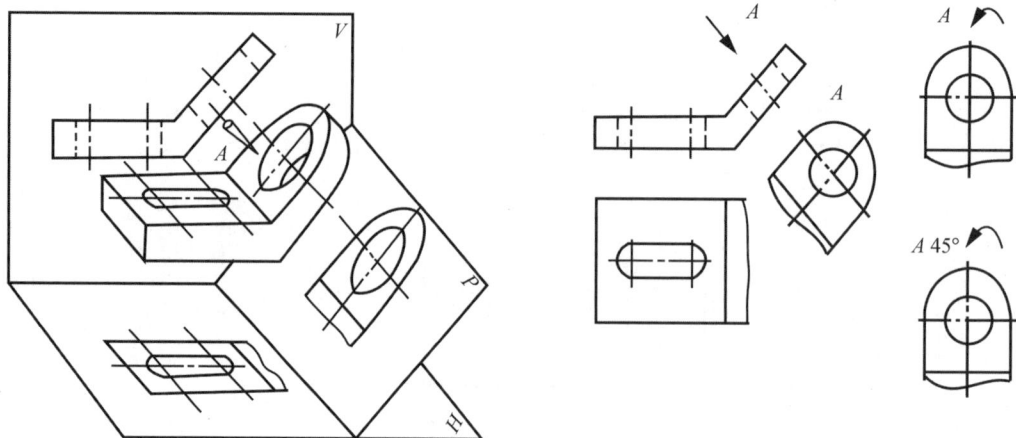

图 5-11　斜视图

相应的剖面符号（常见为倾斜 45°角且间隔均匀的细实线），以便区别机件的实体与空腔部分。

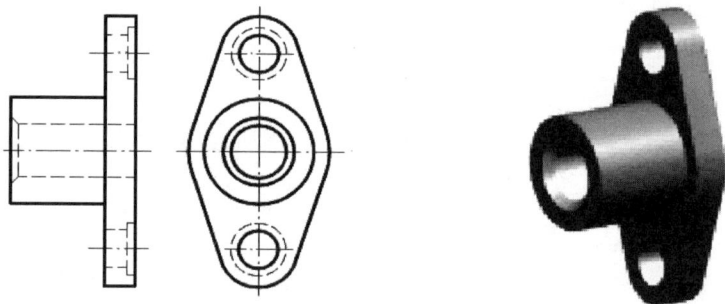

图 5-12　压板法兰

在剖视图中，剖切平面剖到的机件实体部分，应画上与该材料相应的剖面符号，以便区别机件的实体与空腔部分，如图 5-13 所示。

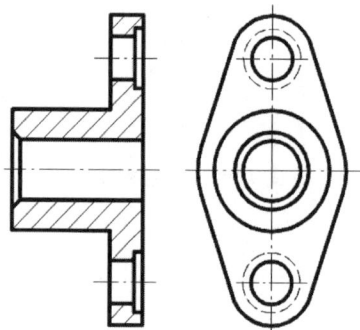

图 5-13　剖视图

常用的剖视图有全剖视图、半剖视图、局部剖视图、斜剖视图、旋转剖视图、阶梯剖视图和复合剖视图七种，下文介绍其中三种。

（1）全剖视图

假想用剖切面完全剖切零件所得的剖视图称为全剖视图，主要用于表达内部形状复杂的不对称零件,如图 5-14 所示。

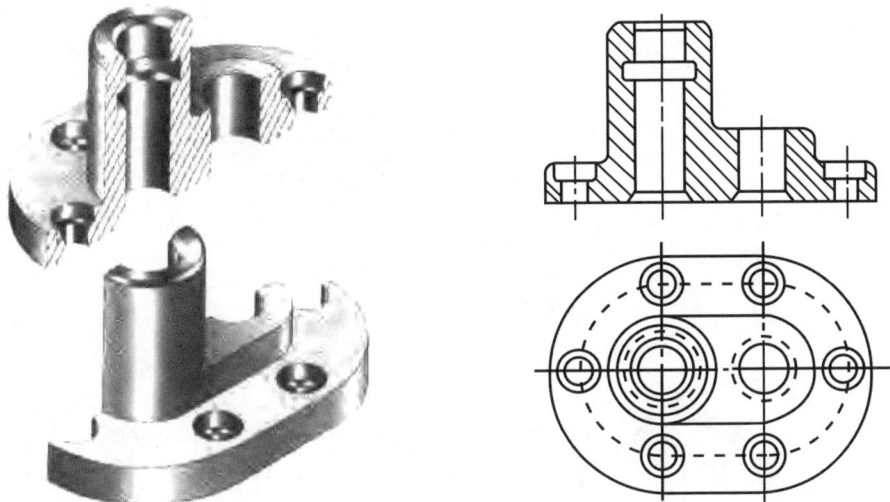

图 5-14　全剖视图

(2)半剖视图

当零件具有对称平面时,在垂直于对称平面的投影面上投影所得的图形,以对称轴线分界,一半画成剖视,另一半画成视图,这样的图形称为半剖视图,如图 5-15 所示。

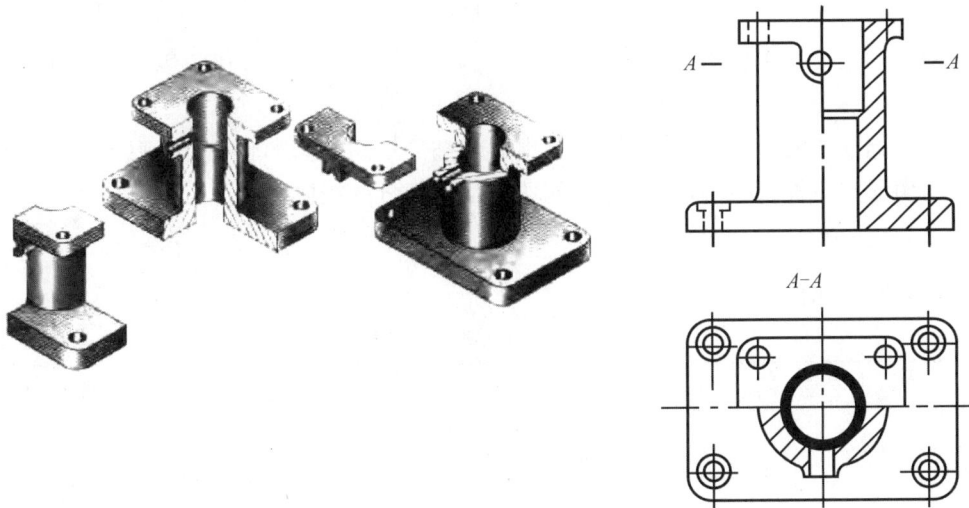

图 5-15　半剖视图

半剖视图既表达了零件的内部形状,又保留了外部形状,所以常用于内、外形状都比较复杂的对称零件。

(3)局部剖视图

假想用剖切面局部地剖开零件所得的剖视图,称为局部剖视图,如图 5-16 所示。

3.断面图

假想用剖切面将零件的某处切断,仅画出该剖切面与零件接触部分的图形,称为断面图,如图 5-17 所示。

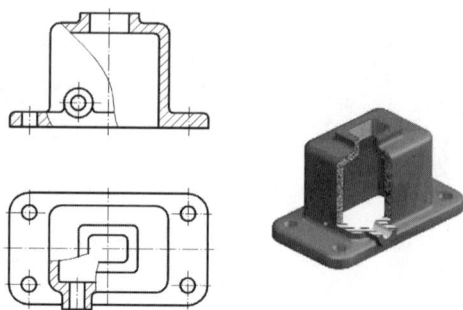

图 5-16　局部剖视图

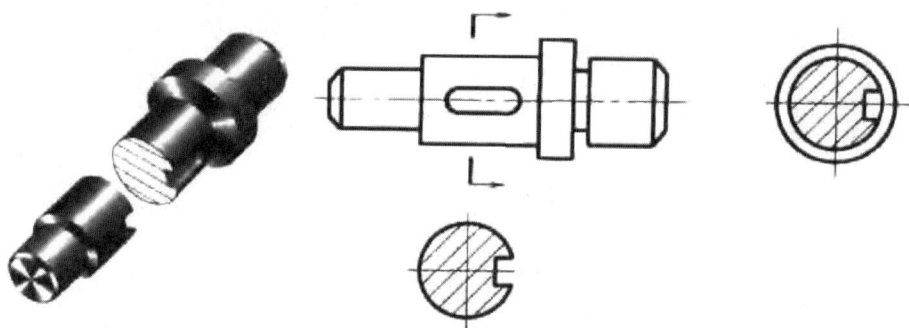

图 5-17　断面图

断面图常用于表达零件上某一部分的断面形状,如零件上的肋板、轮辐、键槽、小孔、杆件和型材的断面等。

断面图与剖视图的区别是:断面图只画出零件被剖切的断面形状,而剖视图除了画出零件被剖切的断面形状以外,还要画出零件被剖切后留下部分的投影。

(二)形状和位置公差

表示零件形状和位置的公差符号,如表 5-3 所示:

表 5-3　形状和位置的公差符号

公差		特征	符号	有无基准要求
形状	形状	直线度	—	无
		平面度	▱	无
		圆度	○	无
		圆柱度	⌭	无
	轮廓	线轮廓度	⌒	有或无
		面轮廓度	⌓	有或无

续表

公差		特征	符号	有无基准要求
位置	定向	平行度	//	有
		垂直度	⊥	有
		倾斜度	∠	有
	定位	位置度	⊕	有或无
		同轴度	◎	有
		对称度	=	有
	跳动	圆跳动	↗	有
		全跳动	↗↗	有

二、零件图的内容

图 5-18 为齿轮的零件图,一张完整的零件图应包括以下内容。

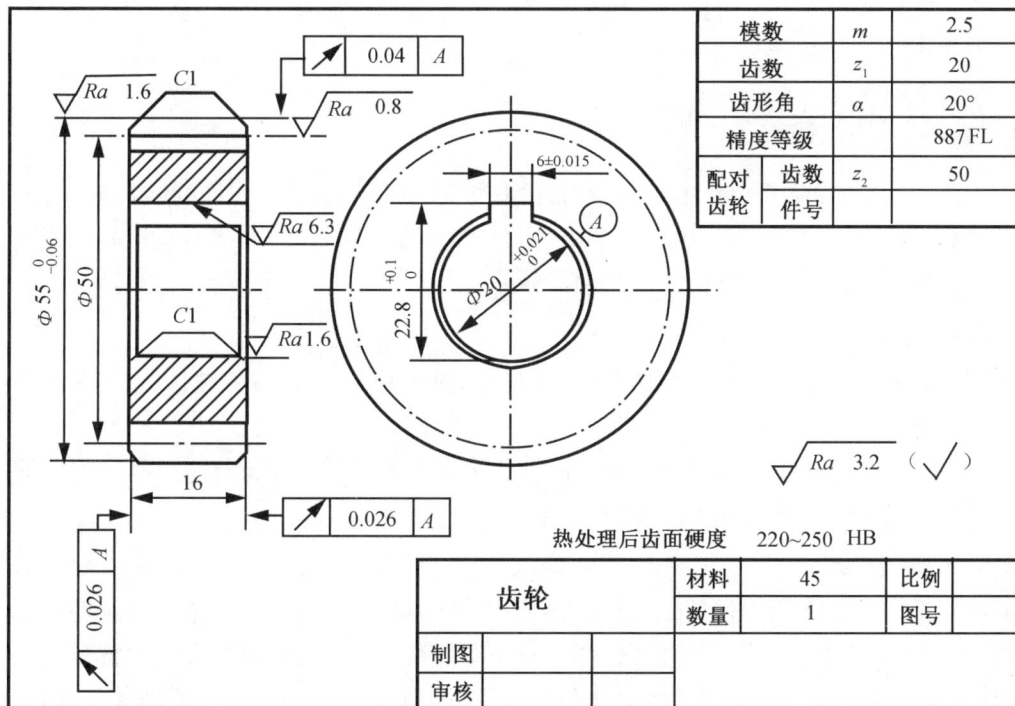

图 5-18　齿轮的零件图

1.一组视图

用一定数量的视图、剖视图、断面图等正确、完整、清晰、简单地表达出零件的结构和形状。

2. 足够的尺寸

正确、完整、清晰、合理地标注出零件在制造、检验中所需的全部尺寸。

3. 技术要求

标注或说明零件在制造和检验中要达到的各项质量要求。如表面结构要求、尺寸公差、几何公差及热处理等。

4. 标题栏

说明零件的名称、材料、数量、比例及责任人签字等。

三、读零件图的目的

1. 对零件有一个概括的了解，如名称、材料等。

2. 想象出零件的形状。

3. 了解零件各部分的尺寸大小。

4. 明确零件各部分结构的功能及零件在整套设备中的作用。

5. 找出长、宽、高三个方向的主要基准。

6. 明确零件制造过程中所需达到的技术要求。

7. 确定正确、合理的加工方法。

四、读零件图的方法与步骤

在生产实践中，常常需要读零件图，其目的是根据零件图想象出零件的结构形状，了解零件的尺寸和技术要求，以便指导生产和解决有关技术问题，所以工程技术人员应具备读零件图的能力。下面简要介绍读零件图的方法与步骤。

1. 概括了解

读图时首先从标题栏了解零件的名称、材料、画图比例等，并粗看视图，大致了解该零件的结构特点和大小。

图 5-19 所示零件是液压油缸的缸体，它用来安装活塞、缸盖和活塞杆等零件，缸体的材料为铸铁，牌号 HT200，它属于箱体类零件。

2. 分析表达方案

弄清视图间的关系和零件的结构形状，想象零件的结构、形状。要看懂一组视图中选用了几个视图，哪个是主视图，哪些是基本视图。对于局部视图、斜视图、断面图及局部放大图等非基本视图，要根据其标注找出它们的表达部位和投射方向。对于剖视图要弄清楚其剖切位置、剖切面形式和剖切后的投射方向。

在看懂视图关系的基础上，运用形体分析法和线面分析法分析零件的结构形状，并注意分析零件各部分的功用。

看零件图应从主视图入手，结合其他视图，运用形体分析法和线面分析法，综合视图表达中所选用的各种表达方法，运用各视图的对应关系，想象出零件的结构及内、外形状。

读零件图是在组合体读图基础上的提升，一定要结合零件构形的功能要求及零件的工艺

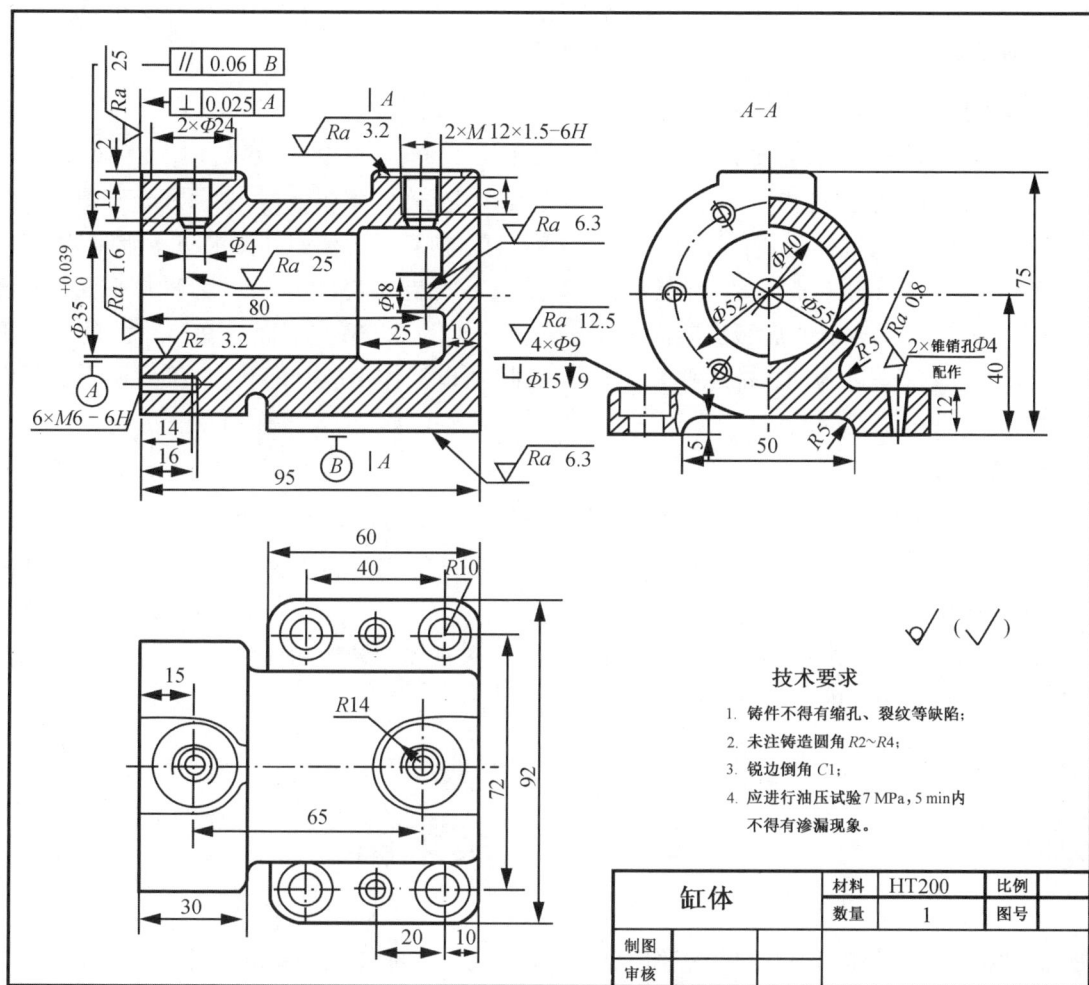

图 5-19　缸体的零件图

结构,弄清该零件的总体形状和局部结构。

　　如图 5-19 所示,缸体零件图采用了三个基本视图。主视图是全剖视图,表达缸体内腔结构形状,内腔的右端是空刀部分,$\Phi8$ 的凸台起到限定活塞工作位置的作用,上部左、右两个螺孔是连接油管用的螺孔。俯视图表达了底板形状和四个沉头孔、两个圆锥销孔的分布情况以及两个螺孔所在凸台的形状。左视图采用 A-A 半剖视图和局部剖视图,它们表达了圆柱形缸体与底板的连接情况,连接缸盖螺孔的分布和底板上的沉头孔、圆锥销孔。

3. 看尺寸,分析尺寸基准

　　结合图样所表达的零件形状,从零件长、宽、高三个方向了解图样中所标注的尺寸,确定各方向的尺寸基准。要确定图样中标注尺寸所选定的基准,首先要找到设计基准,还要看尺寸标注得是否齐全、合理,是否符合标准等。弄清哪些是主要基准和主要功能尺寸,然后从基准出发,找出各组成部分的定位尺寸、定形尺寸及零件的总尺寸。

　　如图 5-19 所示,缸体长度方向的尺寸基准是左端面,从基准出发标注定位尺寸80、15,定形尺寸95、30 等,并以辅助基准标注了缸体和底板上的定位尺寸10、20、40,定形尺寸60、R10。宽度方向尺寸基准是缸体前后对称面的中心线,并注出底板上的定位尺寸72 和定形尺寸92、

50。高度方向的尺寸基准是缸体底面，并注出定位尺寸 40，定形尺寸 5、12、75。以 $\Phi35_0^{+0.039}$ 的轴线为辅助基准标注径向尺寸 $\Phi55$、$\Phi52$、$\Phi40$ 等。

4. 技术要求

零件图上的技术要求主要有表面粗糙度、极限与配合、形位公差、热处理，文字说明的加工、制造、检验等要求。这些要求是制订加工工艺、组织生产的重要依据，要深入分析理解。

如图 5-19 所示，缸体活塞孔 $\Phi35_0^{+0.039}$ 和圆锥销孔，前者是工作面并要求防止泄漏，后者是定位面，所以表面结构要求 Rz 的上限值为 3.2；其次是安装缸盖的左端面，为密封平面，Ra 值为 1.6。$\Phi35_0^{+0.039}$ 的轴线与底板安装面 B 的平行度公差为 0.06；左端面与 $\Phi35_0^{+0.039}$ 的轴线垂直度公差为 0.025。因为油缸的工作介质是压力油，所以缸体不应有缩孔，加工后还要进行保压试验。

5. 综合归纳

在以上分析的基础上，对零件的形状、大小和技术要求进行综合归纳，形成一个清晰的认识。有条件时还应参考有关资料和图样，如产品说明书、装配图和相关零件图等，以对零件的作用、工作情况及加工工艺做进一步了解。

如图 5-19 所示，总结上述内容并进行综合分析，对缸体的结构和形状特点、尺寸标注和技术要求等，有比较全面的了解。

第三节 ◉ 装配图

表达机器或部件的结构组成、工作原理、传动路线、零件装配关系和技术要求，以及机器（或部件）的传动系统和工作原理等的图样称为装配图。在机器制造过程中，按照装配图所表达的装配关系和技术要求，将零件组装成部件；在使用机器设备时，通过读识装配图来了解机器或部件的规格、性能、结构形式、传动路线、装配关系、工作原理以及维护、调整和使用方法。

一、装配图的内容

如图 5-20 所示为球阀的装配图，一张完整的装配图应包括以下内容。

1. 一组视图。表达机器或部件的传动路线、工作原理，各组成零件的相对位置、装配关系、连接方式和主要零件的结构形状等。

2. 完整的尺寸。注出表示机器或部件的性能以及装配、检验、安装时所必需的尺寸。

3. 技术要求一般用文字或符号说明部件或机器的性能、装配、安装、检验、调整或运转等方面的要求。

4. 零件序号、明细栏装配图与零件图最明显的区别之一，就是在装配图中对每一种零件，按顺序编写序号，并在标题栏上方按编号顺序绘制成零件明细栏，说明各种零件的序号、代号、名称、数量、材料、质量和备注等。

5. 标题栏。注明装配体的名称、图号、比例及责任者签字等，位于图纸的右下角。

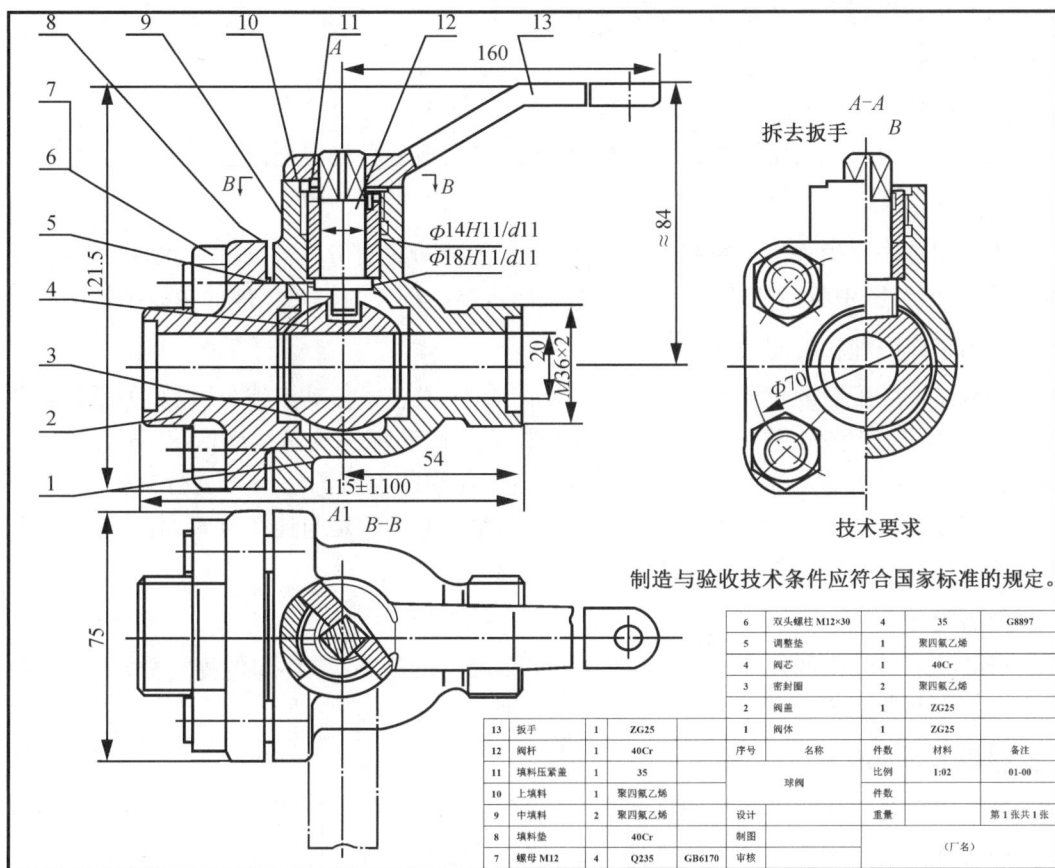

图 5-20　球阀装配图

二、读装配图的目的

1. 进行机器或部件设计时,首先要根据设计要求画出装配图,所以说装配图是指导产品制造的重要技术资料。

2. 为实现机器或部件的工作过程,必须根据装配图的需要合理地设计每一个相关零件,故装配图是零件设计的主要依据。

3. 在生产过程中,要根据装配图把制成的零件装配成部件或机器,故装配图是机器或部件安装、维修的重要参考资料。

4. 使用者要根据装配图,了解机器或部件的性能、结构形式、传动路线、装配关系、工作原理以及维护、调整和使用方法。

三、读装配图的方法与步骤

实际生产中,装配、安装、维修机器设备等都需要读装配图;在设计过程中,也要以装配图为依据进行零件的设计;在进行技术交流时,也要通过装配图来了解其装配体的具体结构特点,因此具有读装配图的能力是很重要的。

读装配图就是要从装配图中了解部件的性能、工作原理、零件间的装配关系以及各零件的主要结构形状和作用。读装配图的方法和步骤如下：

1. 概括了解

了解部件的用途、性能和规格。

了解部件的组成。浏览视图，结合明细栏了解各组成零件的概况及它们各自的位置。

2. 分析视图

读装配图首先明确采用了哪些表达方法；找到剖视图的剖切位置及投射方向；弄清各视图的表达重点；结合图中所标注的尺寸，可以想象出机器或部件的主要零件的主要结构形状。

3. 分析工作原理和装配关系

此环节是读装配图的重要步骤。先从主视图着手，沿各条传动干线，按投影关系找到各个零件的轮廓，并确定它们的准确位置。要先分析清楚运动部件及其运动情况，如哪些是运动件、运动形式如何、运动是如何传递的。再对其他零件间的连接固定情况进行分析，找出其固定方式和连接关系等。对固定不动的零件，要弄清楚它们的固定与连接方式，继而分析清楚与其相关的零件在部件中的位置和作用等。

4. 分析尺寸

分析装配图上注出的尺寸，有助于进一步了解部件的规格、零件间的配合要求、零件的外形大小以及安装情况等。

5. 想象零件的形状

分析和想象各组成零件的结构形状，有助于分析零件间的装配关系、深入理解机器或部件的工作原理和性能。一般先从主要零件开始，然后再看其他零件。

6. 归纳总结

在完成上述分析的基础上，应认真思考，对下述问题进行一定的总结：

（1）机器的传动系统、润滑系统、密封系统；

（2）机器中各零件间的连接、固定、定位和调整；

（3）机器的装配关系、拆装方法和顺序；

（4）机器的工作原理、性能和使用特点；

（5）机器的外连接和安装方法。

第六章
船机修复工艺

第一节 ◉ 船机零件常用材料

金属材料通常分为黑色金属和有色金属两类。黑色金属指铁或以铁为基础的合金,主要是钢和铸铁。这类材料性能好、价格便宜,在各种机器设备所用材料中占80%以上。有色金属指黑色金属以外的所有金属及其合金,如铝及铝合金、铜及铜合金等。

金属材料是现代机械制造最主要的材料。在船舶轮机设备中,金属材料的使用极其广泛,掌握金属材料的性能、理论基础和金属材料在轮机中的应用,对于轮机管理人员具有重要意义。

一、金属材料的基本性能

为了合理使用金属材料,必须了解和熟悉金属材料的性能。金属材料的基本性能包括使用性能和工艺性能。

使用性能是指在使用过程中表现出来的性能,包括机械性能、物理性能和化学性能。工艺性能是指在制造机械零件的过程中,材料适应各种冷、热加工和热处理的性能,包括铸造性能、锻造性能、焊接性能、热处理工艺性能、切削加工性能和冲压性能等。

(一)金属材料的使用性能

1.机械性能

金属材料的机械性能是指金属材料在外力作用下抵抗变形和断裂的能力,又称金属材料的力学性能。它是通过各种试验测定的,常用的有拉伸试验、硬度试验、冲击试验和疲劳试验等。

金属材料在室温下的机械性能主要有：刚度、强度、塑性、硬度、冲击韧性、疲劳强度等。

1）刚度、强度和塑性

刚度、强度和塑性是通过拉伸试验来获得的。拉伸试验是在拉伸试验机上进行的。试验前，将被试验的材料制成一定形状和尺寸的拉伸试样。常用的试样截面为圆形，如图 6-1 所示。其中，d_o 为试样截面的原始直径（mm），L_o 为试样的原始标距（mm）。

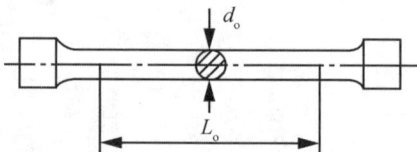

图 6-1　圆形拉伸试样简图

试验时，把拉伸试样装夹在试验机的夹头上，缓慢增大拉伸力，随着拉伸力的不断增加，试样的伸长量也不断增加，直至试样被拉断为止。试验机自动记录装置可将整个拉伸过程中的拉伸力与相应的伸长量画在以拉伸力 P 为纵坐标、伸长量 ΔL 为横坐标的图上，即得到拉伸力和伸长量的关系曲线，称为拉伸曲线。图 6-2 所示为低碳钢拉伸曲线。

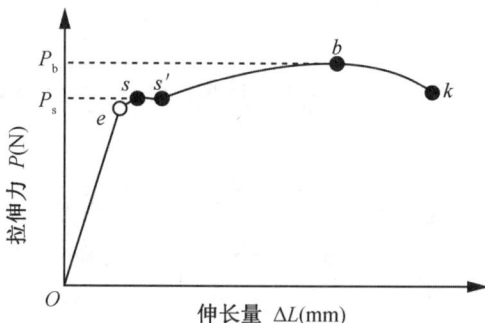

图 6-2　低碳钢拉伸曲线

图 6-2 中 Oe 段是一条斜线，代表试样处于弹性变形阶段。在这个阶段，当拉伸力为零时，试样相应的伸长量也为零；当拉伸力由零逐渐增大时，试样相应的伸长量与拉伸力成比例增大。此时，如果去掉拉伸力，试样完全恢复原来的形状和尺寸，即试样处于弹性变形阶段。当拉伸力继续增加时，试样除产生弹性变形外，还开始出现微量的塑性变形（或称永久变形），即去掉拉伸力后，试样不能恢复原来的形状和尺寸。当拉伸力增大到 P_s 时，曲线上出现一段水平线段（或锯齿线）ss'，此时拉伸力不再增加而试样却继续伸长，这种现象称为"屈服"，s 点称为屈服点。拉伸力超过 P_s 后，试样伸长量又随载荷的增加而增大，此时试样产生显著的塑性变形，直至 b 点。当拉伸力达到 b 点后，试样开始出现局部的截面收缩，这种现象称为"颈缩"，P_b 为试样能承受的最大拉伸力。此后，试样的变形局限在颈缩部位，所受的拉伸力迅速减小，到达 k 点时试样被拉断。

不同的金属材料，其试样拉伸曲线不同。塑性好的材料在断裂前有明显的塑性变形，此种断裂称为韧性断裂；塑性差的材料在断裂前无明显的塑性变形，称为脆性断裂。

（1）刚度

弹性是指材料受外力作用时产生变形,当外力去掉后能恢复其原来形状的性能。刚度是指金属材料在外力作用下抵抗弹性变形的能力。

衡量材料刚度的指标是弹性模量 E,其值大小反映了金属材料弹性变形的难易程度。在弹性变形范围内,弹性模量 E 为应力与应变之比,即 $E = \sigma/\varepsilon$。E 越大,材料的刚度越大,即在一定应力作用下产生的弹性变形越小。E 值主要取决于材料的本性,一般机器零件大多在弹性变形状态下工作,故应具有一定的刚度。工程上将构件产生弹性变形的难易程度称为构件刚度,而构件刚度除与材料刚度 E 有关外,还与构件截面积大小有关。

（2）强度

强度是金属材料在外力作用下抵抗塑性变形和断裂的能力。按照作用力性质的不同,可分为抗拉强度、抗压强度、抗剪强度、抗扭强度等。在工程上常用来表示金属材料强度的指标有屈服强度和抗拉强度。

屈服强度又称屈服极限,用 σ_s 表示。它是材料抵抗微量塑性变形的能力,也就是材料在外力 P_s 作用下刚刚开始产生塑性变形时的应力。

$$\sigma_s = \frac{P_s}{F_o} \quad \text{MPa}$$

式中:P_s——材料产生屈服时的外力,N;

F_o——试件的原始截面积,mm^2。

在应力-应变曲线上,不同材料有不同的屈服情况,有的有明显的屈服现象,有的却没有。除退火或热轧的低碳钢和中碳钢等少数合金有屈服现象外,大多数金属合金都没有屈服点和屈服现象。工程上对不产生屈服现象的材料规定,将产生 0.2% 残余伸长的应力值作为屈服强度,用 $\sigma_{0.2}$ 来表示,如图 6-3 所示。σ_s 是具有屈服现象的材料特有的强度指标。所以,$\sigma_{0.2}$ 和 σ_s 均是表征金属材料产生微量塑性变形的抗力,是机械设计和选材的主要依据。

抗拉强度又称强度极限,用 σ_b 表示。它是金属材料抵抗断裂的能力,也就是材料从开始受力到断裂为止所能承受的最大应力值。σ_b 由下式表示

$$\sigma_b = \frac{P_b}{F_o} \quad \text{MPa}$$

式中:P_b——试件在断裂前所承受的最大拉力,N。

（3）塑性

塑性是金属材料在外力作用下产生塑性变形而不被破坏的能力。衡量金属材料塑性的常用指标有延伸率和断面收缩率。

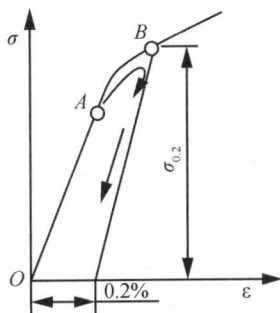

图 6-3 $\sigma_{0.2}$ 的确定

延伸率是指在拉伸试验时,试样被拉断时标距长度的伸长量与原始标距长度的百分比,用 δ 表示。

工程上常按延伸率的大小把材料分为两大类:$\delta > 5\%$ 的材料称为塑性材料,如钢、铝和铜等,使用时主要考虑屈服极限;$\delta < 5\%$ 的材料称为脆性材料,如铸铁等,使用时主要考虑强度极限。

断面收缩率是指在拉伸试验中,试样被拉断时,缩颈处横截面积的最大缩减量与原始横截面积的百分比,用 ψ 表示。断面收缩率不受试样尺寸的影响,因此更能准确地反映材料的塑

性大小。

材料的 δ 和 ψ 越大，则其塑性越好。良好的塑性对机械零件的加工和使用都具有重要意义。例如，塑性良好的材料易于进行压力加工（轧制、冲压、锻造等）；如果过载，由于产生塑性变形而不致突然断裂，可以避免发生事故。

2）硬度

硬度是指金属材料抵抗比它更硬的物体压入其表面的能力，即抵抗局部塑性变形的能力。

许多机械零件根据工作条件不同，常要求硬度在某一规定范围内，这样才能保证高的耐磨性和使用寿命。因此，硬度是衡量金属材料软硬程度的指标，也是金属材料的重要机械性能之一。

常用的硬度测定法都是用一定的载荷把一定形状的压头压入金属表面，然后测定压痕的面积或深度，从而确定硬度值。载荷一定的情况下，压痕越大或越深者，硬度值越低。根据测量用的压力和压头的不同，可以获得不同的硬度指标。常用的硬度指标有：布氏硬度、洛氏硬度和维氏硬度。

（1）布氏硬度

把直径为 D 的淬火钢球或硬质合金球，在一定力 P 的作用下压入被测金属表面，保持规定的时间后卸载，以单位压痕面积上受到的力作为硬度值，如图 6-4 所示，用 HB 表示。即

$$HB = P/F \quad MPa$$

式中：P——外力，N；

F——压痕面积，mm^2。

显然，HB 值越大，材料越硬。由于布氏硬度压痕面积较大，能反映较大范围内金属各组成相的平均性能，所以试验结果较为准确，但因压痕大而不宜在成品零件上测定。

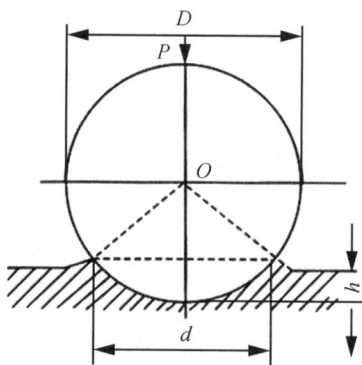

图 6-4　布氏硬度试验原理

（2）洛氏硬度

洛氏硬度试验也是一种压入硬度试验，洛氏硬度试验原理如图 6-5 所示。其特点是测定压痕深度，深度越大，硬度越低。它是用顶角为 120° 的金刚石圆锥体或直径为 1.588 mm 的淬火钢球作为压头，在初、主载荷的先后作用下，将压头压入试件表面，经规定时间后，卸除主载荷，根据压痕深度确定金属硬度值。图 6-5 中 0-0 为 120° 金刚石压头没有与试件表面接触时的位置；1-1 为加上初载荷 10 kgf 后并压入试件深度 b 处的位置，该处为测量压痕深度的起点（这样可以减少因试件表面不平而造成的误差）；2-2 为压头受到初载荷和主载荷共同作用后

使压头压入试件深度至 c 处的位置;3-3 为卸除主载荷后在初载荷作用下由于试件弹性变形的恢复而使压头向上回升到 d 处的位置。因此,压头受主载荷作用实际压入试件表面产生塑性变形的压痕深度为 bd,大小等于 $h_1 - h_0$。用 bd 值的大小来衡量材料的软硬程度。压痕深度越小,材料越硬;反之,压痕深度越大,材料越软。

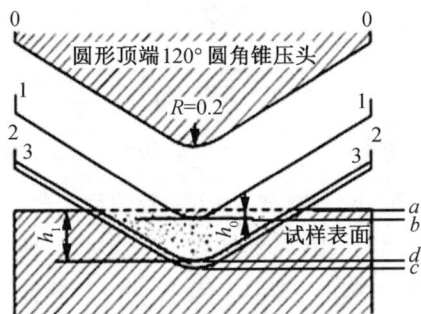

图 6-5 洛氏硬度试验原理示意图

（3）维氏硬度

维氏硬度试验原理基本上与布氏硬度试验原理相同,也是根据单位面积压痕表面上所承受的试验力大小来测量硬度值。不同的是:维氏硬度试验是用两相对面夹角为 136° 的正四棱锥体金刚石作压头。维氏硬度用符号 HV 表示。

与布氏、洛氏硬度试验法相比,维氏硬度试验法测量精度高、误差小、压入深度浅,可以用于测量极薄试件以及金属镀层、化学热处理后的表面硬度。由于维氏硬度的压头是金刚石角锥,载荷可调范围大,所以可以测定从极软到极硬的各种材料,但操作较麻烦,生产效率不高,故不宜用于成批生产的常规试验,一般用于科研中。

3）冲击韧性

冲击韧性是金属材料在冲击载荷作用下抵抗破坏的能力。在工程上,许多机器零件,如柴油机的曲轴、活塞销、空气锤的锤杆和冲床的冲头等,在工作过程中往往受到冲击载荷的作用,由此而产生的形变和应力比静载荷要大得多。所以对于承受冲击载荷的零件或工具在其设计或运行管理时,不仅要求具有高的强度和一定塑性,还必须考虑所用金属材料的冲击韧性。

为了确定金属材料的冲击韧性值,必须进行冲击试验,以冲断具有缺口的标准试样所需的能量作为衡量标准。它是通过在摆锤试验机上,对有缺口的试样进行冲击试验来决定的,如图 6-6 所示。试验时,把试样放在冲击试验机支座上,试样缺口背向摆锤的冲击方向,如图 6-6（a）所示。把一定重量的摆锤举至 h_1 高度,使其具有位能 mgh_1,然后由此高度下落冲断试样。试样被冲断后摆锤继续向前升高至 h_2 的高度,如图 6-6（b）所示,此时摆锤剩余能量为 mgh_2。摆锤冲断试样消耗的能量,即击断试样所消耗的功,称为冲击吸收功,用 A_k 表示。

$$A_k = mg(h_1 - h_2) \quad \text{J}$$

用缺口试样底部横截面积 F 去除冲击吸收功,即得到冲击韧性值,用 α_k 表示。

$$\alpha_k = \frac{A_k}{F} \quad \text{J/cm}^2$$

4）疲劳强度

在机械中有许多零件,如曲轴、齿轮、连杆、弹簧等,是在交变载荷的作用下工作的。零件

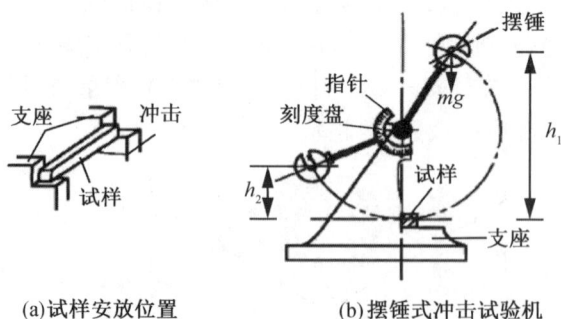

(a)试样安放位置　　　(b)摆锤式冲击试验机

图6-6　摆锤式冲击试验原理示意图

在大小和方向周期变化的交变载荷作用下,在小于 σ_s 或 σ_b 的情况下发生突然断裂,这种现象称为疲劳断裂。疲劳断裂与缓慢加载时的断裂不同,无论是脆性材料还是塑性材料,疲劳断裂都不产生明显的塑性变形,断裂是突然发生的。因此,疲劳断裂具有很大的危险性,常造成严重的事故。

工程上规定,材料在无限次交变载荷作用下不产生断裂的最大应力称为疲劳强度。疲劳强度值可以通过疲劳试验的方法来确定。通过试验可测得材料承受的交变应力 σ 和断裂前应力循环次数 N 之间的关系曲线,如图6-7所示。实践证明,当钢铁材料交变载荷作用次数达107次,零件仍不断裂,此时的最大应力可作为疲劳强度。有色金属工程上规定循环次数为108次时的最大应力作为疲劳强度。疲劳强度又称疲劳极限,用 σ_{-1} 表示。一般钢铁材料的 σ_{-1} 为其 σ_b 的一半,非金属材料的疲劳极限低于金属材料。

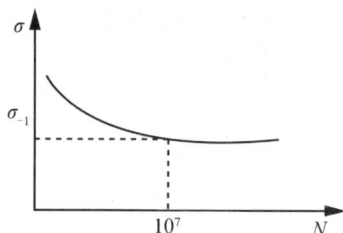

图6-7　疲劳曲线

金属产生疲劳同许多因素有关,目前普遍认为是由于材料内部有缺陷,如夹杂物、气孔、疏松等;表面划痕、残余应力及其他能引起应力集中的缺陷导致微裂纹产生,这种微裂纹随应力循环次数的增加而逐渐扩展,导致零件突然断裂。

因此,为了提高零件的疲劳强度,应改善其结构形状,避免应力集中,提高加工工艺,减少内部组织缺陷;还可通过降低零件表面粗糙度和表面强化的方法来提高零件的疲劳强度,如提高零件的表面质量,对零件表面进行喷丸处理、表面淬火等。

2. 物理、化学性能

现代工业用的金属材料除了具备一定的机械性能和工艺性能之外,有时还必须满足某些物理、化学性能方面的要求。

金属材料的物理性能主要包括比重、熔点、热膨胀性、导电性、导热性、磁性等。中高速柴油机的活塞材料广泛使用铝合金,这就是因为铝合金具有比重小、导热性好的优点,可有效降低活塞运行过程中的往复惯性力。

化学性能主要包括耐腐蚀性和抗氧化性。耐腐蚀性是指常温下抗大气、水、介质腐蚀的能力；抗氧化性是指在高温下抗腐蚀的能力。船舶上很多零件是与海水、蒸汽、油等接触的，或者是在高温下工作，这些都要求零件具有很好的耐腐蚀性和抗氧化性。

另外，船舶上也有一些零部件需要较好的耐磨性，比如柴油机的活塞环与气缸套、曲轴与轴承等。耐磨性是与材料的硬度、组织、摩擦系数、表面粗糙度、相对运动速度和润滑条件等诸多因素有关的综合性能。

（二）金属材料的工艺性能

制造机械零件时，金属材料要经受各种不同的加工过程，如铸造、锻造、焊接、热处理和切削加工等。不同的材料具有不同的工艺性能。把金属材料在加工过程中的特性称为金属材料的工艺性能。材料的工艺性能直接影响零件的加工方法、加工质量及制造成本，因此是选材时必须考虑的主要因素之一。金属材料的工艺性能根据加工方法的不同，主要有铸造性、可锻性、焊接性、热处理性、切削性及冲压性等，下面介绍其中 3 种工艺性能。

（1）铸造性

金属材料的铸造性是指材料用铸造方法获得完好铸件的能力。它主要由材料的以下特点来显示：

流动性是铸造金属在浇注时本身的流动能力或充填铸型的能力。材料的流动性好，其充填铸型的能力也好，能浇铸出薄壁、形状复杂的精致铸件，达到工程上所需的工艺要求。同时，由于液态金属中的熔渣和气体易于上浮，不致形成夹渣、气孔等缺陷。

收缩性是指液态金属在铸型内冷却过程中，内部产生缩孔和铸件形状尺寸缩小的程度。

偏析是指液态金属凝固后化学成分不均匀的现象。偏析越严重，铸件的性能就越差。

常用金属材料中，灰铸铁和锡青铜具有优良的铸造性能，而铸钢的铸造性能就差一点。

（2）可锻性

金属材料的可锻性是其承受压力加工（锻造）的能力。可锻性的好坏取决于金属材料的塑性和变形抗力。材料的塑性好，则变形时不易开裂；变形抗力小，则锻压时省力，而且工具、模具不易磨损。

一般来说，含碳量越高，可锻性越差。因此在常用的金属材料中，中、低碳钢的可锻性好，而高碳钢的可锻性差，灰铸铁不能锻造。

（3）焊接性

金属材料的焊接性指在一般工艺条件下，金属材料焊接时获得优质焊缝的能力。金属材料的焊接性依焊接过程中产生裂纹的倾向和焊缝的使用可靠性而定。

金属材料的焊接性能主要与化学成分有关。对于碳素钢，含碳量越低焊接性能越好；对于合金钢，除与含碳量有关外，还与其所含的合金元素的量有关。例如，低碳钢和普通低合金钢具有优良的可焊性，焊后接头内应力小。中碳钢中含碳量较低者，如 30 号、35 号，应预热再焊接，且焊后应退火。对于高碳钢不宜采用焊接。灰铸铁和铝合金的可焊性很差，球墨铸铁的焊接性要比灰铸铁好些。

二、钢、铸铁在轮机中的应用

船舶动力装置是保证船舶正常航行所必需的设施。船舶主要零件因工作条件和工作环境的不同而采用不同的材料，了解不同材料在轮机设备中的应用是保证船舶机器长期安全可靠运行及轮机员的日常检修、自修和监修的基础。

下面简单介绍工业用钢及铸铁在轮机设备中的应用。

（一）工业用钢

钢是含碳量为 0.021 8%～2.11% 的所有铁碳合金的统称，同时钢的成分中还包含了一些杂质，如硅、锰、硫、磷等，炼钢时尤其要控制有害成分硫、磷的含量，从而提高钢的质量。

根据钢在冶炼时是否加入合金元素，将钢分为碳素钢与合金钢，它们的特性有很大的区别，详见表 6-1。

表 6-1　碳素钢与合金钢的牌号、化学成分、机械性能对比

牌号	化学成分（%）					机械性能						
	C	Si	Mn	P	S	σ_s	σ_b	δ	ψ	a_k	硬度 HB	
						（MPa）	（%）			J/cm^2	热轧钢	退火钢
						不小于					不大于	
08F	0.05～0.11	≤0.03	0.25～0.50	≤0.004	≤0.040	180	300	35	60	—	131	—
20	0.17～0.24	0.17～0.37	0.35～0.65	≤0.040	≤0.040	250	420	25	55	—	156	—
20Mn	0.17～0.24	0.17～0.37	0.70～1.00	≤0.040	≤0.040	280	460	24	50	—	197	—
20Cr						550	850	10	40	60		
20CrMnTi						850	1100	10	45	70		
40	0.37～0.45	0.17～0.37	0.50～0.80	≤0.040	≤0.040	340	580	19	45	60	217	187
40Mn						360	600	17	45	60	229	207
40CrNiMoA						850	1 000	12	55	100		
60	0.57～0.65	0.17～0.37	0.50～0.80	≤0.040	≤0.040	410	690	12	35	—	225	229
60Si2Mn						1200	1300	5	25			

1. 碳素钢

碳素钢简称碳钢，理论上指含碳量小于 2.11% 的铁碳合金。碳素钢在造船工业上占有很重要的地位。在钢的总量中碳素钢约占 90% 以上。

1）碳素钢的分类

碳素钢的分类方法很多，最常见的有以下几种：

（1）按钢的含碳量分类

低碳钢：含碳量<0.25%；

中碳钢：含碳量为 0.25%～0.6%；

高碳钢：含碳量>0.6%。

（2）按钢的用途分类

碳素结构钢：主要用来制造工程构件和机器零件。工程构件如建筑用钢、桥梁用钢、船舶用钢等。机器零件如柴油机活塞销、连杆、曲轴等。一般为中、低碳钢。

碳素工具钢：制作各种刀具、量具、模具等用的钢材，一般为高碳钢。

（3）按钢的质量分类

主要根据钢中有害杂质硫、磷的含量划分为：

普通碳素钢：含磷量≤0.045%，含硫量≤0.05%；

优质碳素钢：含磷量≤0.04%，含硫量≤0.04%；

高级优质碳素钢：含磷量≤0.035%，含硫量≤0.03%。

2）碳素钢的牌号、性能和用途

钢的品种很多，为了在生产、加工和使用过程中不致造成混乱，我国的国家标准对碳素钢进行了编号。

（1）碳素结构钢

碳素结构钢按质量分为两大类：普通碳素结构钢和优质碳素结构钢。

①普通碳素结构钢

普通碳素结构钢的平均含碳量为 0.06%~0.38%，钢中含有害元素和非金属夹杂物较多，但易于冶炼、工艺性好、价格便宜，在结构性能上一般能满足普通机械零件及工程结构件的要求，因此用量很大，约占钢材总量的 70%，适用于一般工程用热轧钢板、钢带、型钢、棒钢等，可供焊接、铆接、栓接构件使用，一般不需要进行热处理。

普通碳素结构钢的牌号有代表屈服点的字母（Q），如 Q235 表示屈服强度 $\sigma_s = 235$ MPa 的钢。

Q195、Q215、Q235 塑性较好，焊接性好，有一定的强度，通常轧制成钢筋、钢板、钢管等，可用作桥梁、高压线塔、金属构件、建筑物构架等；也可制作受力不大的机械零件，如普通螺钉、螺帽、铆钉、轴套及某些农机零件等。

Q235 可用于重要的焊接件。

Q255、Q275 强度较高，可轧制成型钢、钢板作构件用。

②优质碳素结构钢

优质碳素结构钢的硫、磷含量均限制在 0.04% 以下，出厂时同时保证钢的化学成分和机械性能。塑性和韧性均优于普通碳素结构钢，钢的质量较高。

普通含锰钢的钢号用两位数字来表示，两位数字表示钢中平均含碳量的万分数。如 45 钢，读作 45 号钢，表示平均含碳量为 0.45% 的优质碳素结构钢；如用于制造内河船舶推进轴系的船轴材料，优先采用的是优质碳素结构钢，35、45、45Mn 等可以制造柴油机曲轴、连杆、活塞杆、重要螺栓以及中间轴、推力轴、尾轴等。中碳钢是一般机器上受力复杂、负荷较大的重要零件的主要材料。

（2）铸钢

铸钢件是由钢液直接浇注成的各种形状和尺寸的铸件。

铸钢主要用于制作某些形状复杂、难以进行锻造或切削加工，同时又对材料的机械性能要求较高、采用铸铁难以满足性能要求的零件。例如，船舶柴油机的气缸盖、曲轴、摇臂、螺旋桨、尾轴管、锚链等。工作温度在 400 ℃ 以下的零件采用碳素钢铸件，工作温度在 400 ℃ 以上的零件采用合金钢铸件。

铸钢的牌号用"铸钢"二字的汉语拼音字头组成"ZG"，其后两组数字分别表示屈服极限 σ_s 和强度极限 σ_b，即 $ZG\sigma_s - \sigma_b$，如 ZG270-500 表示屈服极限为 270 MPa，强度极限为 500 MPa 的铸钢。

（3）碳素工具钢

碳素工具钢属于高碳钢，含碳量一般为 0.65% ~ 1.35%，淬火和低温回火后具有很高的硬度和耐磨性，有一定的强度和韧性，主要用于制造刃具、量具、模具及其他工具用钢。

碳素工具钢中必须严格控制 S、P 杂质含量，以提高钢的可锻性和防止变形开裂，同时严格控制 Si、Mn 含量，以免降低钢的淬透性。

碳素工具钢根据所含硫、磷杂质的含量分为优质碳素工具钢和高级优质碳素工具钢两种。质量为优质的碳素工具钢的钢号是用 T 加数字表示的。"T"为"碳"字汉语拼音的字头，数字表示钢中平均含碳量的千分数，例如 T8、T10 表示平均含碳量为 0.8%、1.0% 的优质碳素工具钢；质量为高级优质的碳素工具钢，则在钢号末尾加"A"，例如 T8A，表示平均含碳量为 0.8% 的高级优质碳素工具钢。

碳素工具钢硬度高、耐磨性好、价格低廉，但其热硬性差，尤其当刃部温度达 200 ℃ 以上时，硬度和耐磨性迅速降低，而且淬透性低，故只用于制造尺寸不大的手动工具或低速小切削量的刃具、量具、模具等。

2. 合金钢

为了改善和提高碳素钢的机械性能以及获得某些特殊性能，在冶炼过程中有目的地加入一些合金元素，如锰（Mn）、硅（Si）、铬（Cr）、镍（Ni）、钼（Mo）、钨（W）、钒（V）、钛（T）、硼（B）、铝（Al）及稀土元素等。在碳素钢的基础上加入一定量的合金元素就可形成合金钢。

（1）合金结构钢

制造工程构件和机器零件的钢。

①普通低合金钢具有较高的强度和韧性、良好的塑性、优良的焊接性能、较高的耐腐蚀性及耐低温特性，适于冷变形加工。与含碳量相同的普通碳素钢相比，在相同受载条件下使用低合金结构钢可使结构的重量减轻，节约大量钢材，而且可以提高工作的可靠性。

目前我国低合金结构钢品种逐渐增多，质量日益提高。主要用于制造船舶、桥梁、钢炉、高压容器、大型焊接结构、车辆、石油化工设备及大型钢结构等。

如 09Mn2 用于油船、油罐、油槽、机车车辆。

②合金渗碳钢主要用于制造表面承受高耐磨，并承受强烈冲击接触疲劳的零件，如柴油机的凸轮、活塞销等。这类零件要求钢表面具有高硬度，芯部要有较高的韧性和足够的强度。

常用的合金渗碳钢有 15Cr、20Cr 等，可用作比 15、20 号钢要求更高的柴油机活塞销、凸轮、滚轮、齿轮等。

③合金调质钢主要用于制造承受很大循环载荷与冲击载荷或各种复合应力的零件（如机器中传递动力的轴、连杆、齿轮等）。这类零件要求钢材具有较高的综合力学性能，即强度、硬度、塑性、韧性有良好的配合。

对于小功率柴油机的曲轴、连杆及蜗杆等可用优质碳素结构钢 30、35、40 或 45 号钢制造。而对于大截面的零件或稍大功率柴油机的调质件采用合金调质钢。40Cr、45Cr 是应用很广的合金调质钢，常用于制造曲轴、连杆、进气阀、重要的螺栓等。

④合金弹簧钢是用来制造各种弹簧的钢。弹簧的材料要具有高的弹性极限,保证弹簧有足够的弹性变形能力;弹簧在工作时一般是承受循环载荷,还要求具有高的疲劳强度;此外,还应具有一定的塑性、韧性。对于特殊条件下工作的弹簧还要求耐热、耐腐蚀等。

碳素弹簧钢65、70、85号钢等,具有较高的强度,但韧性较低,淬透性低,只适用于小截面弹簧。截面直径稍大的热成形弹簧多采用55Si2Mn、60Si2Mn等合金弹簧钢,具有更高的强度、更大的淬透性和抗氧化性。50CrVA不仅具有较高的淬透性,而且具有较高的高温强度、韧性等,适用于制造重载大型弹簧,如高温排气阀弹簧。

⑤滚动轴承钢是制造各种滚动轴承内、外圈及滚动体(滚珠、滚柱、滚针)的专用钢种。轴承在工作时,滚动体与内、外圈在滚道上均受循环载荷作用,因内、外圈和滚动体之间呈点或线接触,接触应力很大,易使轴承工作表面产生接触疲劳破坏与磨损。要求轴承具有高的接触疲劳抗力、硬度、耐磨性及一定的韧性。

滚动轴承钢目前最常用的是高碳低铬钢GCr15,其含碳量为0.95%~1.15%,以保证轴承钢具有高强度、高硬度和高耐磨性。主加元素为铬(<1.65%),用以提高淬透性,并使钢材在热处理后形成细小均匀分布的合金渗碳体,提高钢的强度、接触疲劳抗力与耐磨性。铬轴承钢对硫、磷含量限制极严。铬轴承钢是一种高级优质钢。

目前广泛应用的轴承钢,不仅用来制造滚动轴承零件,如滚珠、滚柱、套圈,而且也可用来制造柴油机的精密偶件和精密量具、模具。

(2)合金工具钢

制造各种刃具、量具和模具的钢,包括低合金工具钢、高速钢、量具钢和模具钢。

根据专业要求,只对合金刃具钢进行介绍。刃具切削时受工件压力,刃部与切屑之间发生强烈的摩擦,由于切削发热,刃部温度高,可达500~600℃,此外,还承受一定的冲击和振动。因此,要求合金刃具钢具有高硬度、高耐磨性、高的热硬性(高速切削时尤为重要),以及足够的塑性和韧性。

合金刃具钢按含合金元素总量的高低又分为低合金刃具钢和高合金刃具钢(高速钢)两种。

9SiCr是一种常用的低合金刃具钢,目前也作为冷冲模具钢使用。在工厂中广泛用来制作低速切削的薄刃具,如丝锥、板牙、铰刀等。

高速钢W18Cr4V,含碳量为0.75%~1.60%,合金元素总量在10%以上,主要有钨、钼、铬、钒等碳化物形成元素使钢的耐磨性、热硬性和切削性能进一步改善;不仅可制作切削速度较高的刃具,也可制造载荷大、形状复杂、贵重的切削刃具(如拉刀、齿轮铣刀等)。高速钢硬度高、耐磨性好,具有很高的热硬性,高速切削时刃部温度高达600℃而硬度无明显降低。淬透性高,尺寸不大时可空冷淬火,故有"风钢"之称。显然,高速钢克服了一般碳素工具钢和低合金刃具钢淬透性低、热硬性差的缺点。

(3)特殊性能钢

具有特殊物理、化学性能的钢,包括不锈钢、耐热钢、耐磨钢等,下面介绍其中2种特殊性能钢。

①不锈钢是指抵抗大气腐蚀和化学介质腐蚀的钢。铬是决定不锈钢耐蚀性的主要元素,镍是不锈钢中另一重要合金元素。

1Cr18Ni9用于制作耐硝酸、有机酸等零件、航海仪表的低磁零件;0Cr13、0Cr13Al等常作耐热钢使用,如制造排气阀等。1Cr17、1Cr17Ti 等,可耐大气、淡水、稀硝酸等介质的腐蚀。

②耐热钢是在高温下具有一定抗氧化能力和较高强度及良好组织稳定性的钢,主要用于燃气轮机的转子和叶片,柴油机的进、排气阀,锅炉过热器及高温下工作的螺栓、弹簧等。

如 1Cr13、2Cr13、1Cr11MoV 等。铬硅钢属于中碳高合金钢,主要用于制造工作温度低于 750 ℃的柴油机排气阀,所以又称为气阀钢,如 4Cr9Si2、4Cr10Si2Mo 等。

(二)铸铁

铸铁是含碳量大于 2.11%(一般为 2.5%~4%),含有较多的锰、硫、磷等杂质的铁碳合金。为了提高力学性能或物理、化学性能,还可加入一定量的合金元素,得到合金铸铁。铸铁的含碳量较高,熔点低,流动性好,易于铸造。铸铁中的碳大部分不再以化合物(Fe_3C)状态存在,而是以石墨状态存在。

铸铁的强度、塑性和韧性较差,不能进行锻造,但具有优良的铸造性能。石墨具有润滑作用和吸油能力,使铸铁具有良好的减磨性和切削加工性及减振性。熔炼铸铁的工艺与设备简单、成本低廉。

按重量计算,在船舶主、辅机中,铸铁件约占 50%~70%,常见的机床床身、工作台、箱体、底座等形状复杂或受压力及摩擦作用的零件,大多用铸铁制成。

铸铁组织中石墨的形成过程称为石墨化过程。石墨化过程进行的程度决定了铸铁的组织。铸铁的石墨化方式有两种:一种方式是从液态和固态中直接析出石墨;另一种方式是先结晶出渗碳体,随后渗碳体在一定条件下分解出石墨。影响石墨化的主要因素是铸铁的化学成分和冷却速度。

经过石墨化过程,碳在铸铁中的存在形式有渗碳体(Fe_3C)和游离状态的石墨(C)两种。石墨的晶体结合力弱,易滑移,结晶时多成片状,故石墨的强度、塑性和韧性较低,硬度小,密度小,在铸铁中所占相对体积较大。

1. 石墨对铸铁性能的影响

石墨(C)对铸铁性能影响很大,主要表现在以下方面:

①因石墨比容大,使铸件的收缩率下降,故铸铁的铸造性好;

②因石墨具有良好的润滑性和亲油性,故铸铁的耐磨性好;

③因石墨的密度小、组织松软,使铸铁具有优良的吸振性和消振性,铸铁的吸振性和消振性是钢的 10 倍;

④因石墨对钢基体的割裂,故铸铁可视为具有无数微小裂纹和空洞的钢,使铸铁机械性能不如钢,其强度、硬度、塑性、韧性均低于钢,降低的程度取决于石墨对钢基体割裂的程度;

⑤同样因石墨对基体的割裂,使铸铁对缺口不敏感;

⑥因石墨机械性能差,使铸铁切削加工时,切屑易断,还可润滑刀具,耗功少。

石墨虽然降低了铸铁的力学性能,但也使灰口铸铁获得了一系列许多钢所不及的优良性能,如铸造性能、减磨性、减振性和切削加工性。铸铁的减振能力约为钢的 10 倍,故常用作承受振动的机床底座等零件。由于石墨割裂了基体的连续性,使铸铁的切屑易脆断,且石墨对刀具有一定的润滑作用,使刀具磨损减小,故切削加工性良好。

2. 铸铁的分类、牌号及用途

铸铁实质上是钢的基体上分布着不同形态的石墨。故铸铁的性能取决于两方面:其一,钢的基体,可进行各种热处理工艺;其二,石墨存在的形态、大小和分布。

根据铸铁中石墨形态分类,如图 6-8 所示,铸铁可分为灰口铸铁(片状)、球墨铸铁(球状)、蠕墨铸铁(蠕虫状)、可锻铸铁(团絮状)等。它们的组织形态都是由某种基体组织加上不同形态的石墨构成的。

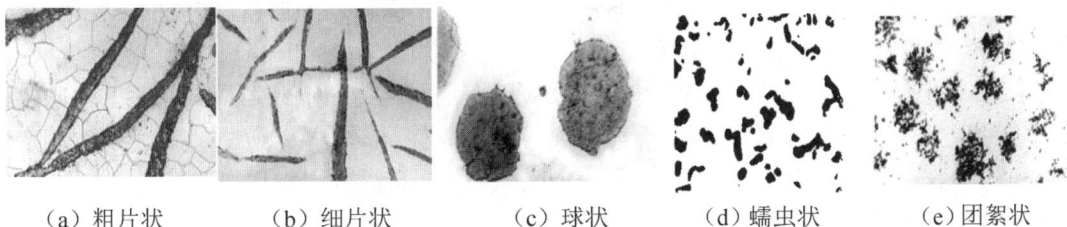

（a）粗片状　　（b）细片状　　（c）球状　　（d）蠕虫状　　（e）团絮状

图 6-8　灰铸铁的石墨形态

1）灰口铸铁

灰铸铁中片状石墨的存在相当于钢基体中分布着许多小裂纹,它不仅割断了基体的连续性,减少了基体承载的有效面积,而且在石墨尖角处容易导致应力集中,当铸件受拉力或冲击力作用时,易发生脆性断裂。因此,灰铸铁的抗拉强度、疲劳强度都比钢低,塑性、韧性也很差,是典型的脆性材料。而且灰铸铁中石墨的数量越多、片层越粗大、分布越不均匀,则抗拉强度越低。

灰铸铁的牌号由"灰铁"二字汉语拼音首字母"HT"及后面一组数字组成,数字代表其最低抗拉强度。例如 HT200,代表抗拉强度不低于 200 MPa 的普通灰铸铁。

普通灰铸铁:组织中石墨片比较粗大,因而其力学性能较低。如 HT150 适用于承受中等应力(抗弯应力小于 10 MPa)的零件,如普通机床上的支柱、底座、齿轮箱、刀架、床身、轴承座、工作台、皮带轮等。

孕育铸铁:石墨片细小,对基体的削弱作用减轻,组织比较均匀。所以,孕育铸铁的强度和硬度有很大的提高,但塑性没有明显改善。常用于制造柴油机气缸套、活塞环、机床导轨等。如 HT250、HT300、HT350 均为孕育铸铁。

正由于灰口铸铁具有以上一系列的优良性能,而且生产工艺简单、价格低廉,故工业上应用广泛。灰口铸铁常用来制造各种机器的底座、机架、工作台、机身、齿轮箱箱体、阀体及内燃机的气缸体、气缸盖等。

2）球墨铸铁

球墨铸铁与灰口铸铁相比,其含碳、硅量高,而含锰、硫、磷量低,并且含有少量的镁及稀土元素。球墨铸铁的组织由基体和球状石墨组成。

普通灰铸铁经孕育处理后虽然强度得到较大提高,但是由于不能改变石墨的分布形态,故力学性能,尤其是塑性和韧性与钢相比仍然很差。因此,要有效提高铸铁的力学性能,必须改善石墨的分布形态。基于这种观点,在 20 世纪 50 年代发展了一种石墨球状分布的高性能铸铁,称为球墨铸铁。

为了获得球墨铸铁,需将铁水进行球化处理,即在浇注前向铁水中加入球化剂和孕育剂,我国广泛采用的球化剂是稀土-镁合金、稀土。

球墨铸铁的牌号由"球铁"二字汉语拼音的首字母"QT"和两组数字组成,数字分别表示最低抗拉强度和最小延伸率。如 QT400-18 表示抗拉强度不低于 400 MPa、延伸率不小于 18%

的球墨铸铁。

由于球墨铸铁是钢的基体上分布着球状石墨，使石墨对基体的割裂作用和应力集中作用减到最小，因此，球墨铸铁的抗拉强度、塑性、韧性不仅高于其他铸铁，而且可与相应组织的铸钢相媲美，如疲劳极限接近一般中碳钢，而冲击疲劳抗力则高于中碳钢。由于球墨铸铁有球状石墨存在，使它具有近似于灰口铸铁的某些优良性能，如铸造性、减磨性、切削加工性等。但球墨铸铁的熔炼工艺和铸造工艺都比灰口铸铁要求高。

由于球墨铸铁具有许多优良的性能，所以应用广泛。在造船业中可以代替某些中碳钢，用来铸造一些受力复杂而强度、韧性和耐磨性要求高的零件，例如球墨铸铁 QT700-02 可制造中、高速柴油机曲轴、连杆、大齿轮等，也可用来制造气缸套、起货机和抛锚机的齿轮、链轮以及锅炉与管系的附件等。

3）蠕墨铸铁

蠕墨铸铁是一种新型的高强度铸铁材料，它的强度接近于球墨铸铁，并且具有一定的韧性和较高的耐磨性，同时又具有灰铸铁的良好的铸造性能和导热性。

蠕墨铸铁是在一定成分的铁水中加入适量蠕化剂和孕育剂处理，使石墨形似蠕虫状分布的铸铁。

蠕墨铸铁的牌号由"蠕铁"二字汉语拼音首字母"RT"及后面一组数字组成，数字表示最低抗拉强度，例如 RT420，表示抗拉强度不低于 420 MPa 的蠕墨铸铁。

蠕墨铸铁的铸造性能、减振性以及导热能力接近于灰口铸铁，优于球墨铸铁，其力学性能介于相同基体组织的灰口铸铁和球墨铸铁之间，其强度、韧性、疲劳极限、耐磨性及抗热疲劳性能高于灰口铸铁，但塑性、韧性和强度低于球墨铸铁。

蠕墨铸铁已开始在生产中广泛应用，如 RT380 主要用来制造大功率柴油机气缸盖、气缸套，电动机外壳、机座，阀体等零件。

4）可锻铸铁

可锻铸铁是一种具有较高的塑性与韧性的铸铁。但必须指出，可锻铸铁实际上是不能锻造的。可锻铸铁的生产过程分为两个步骤：第一步先浇注成白口铸件；第二步再经高温长时间处理，使渗碳体分解出团絮状石墨。可锻铸铁的牌号由"可铁"二字的汉语拼音首字母"KT"和代表类别的字母（H、B、Z）以及两组数字组成。其中，H 代表"黑心"，Z 代表"珠光体"，B 代表"白心"；两组数字分别代表最低抗拉强度和最小延伸率。例如 KTH300-06，表示抗拉强度不低于 300 MPa、延伸率不小于 6% 的黑心可锻铸铁。

由于石墨呈团絮状，对基体的割裂作用大大减轻，可锻铸铁的力学性能优于灰口铸铁。生产中，常用可锻铸铁制作一些截面较薄而形状较复杂，工作时受振动而强度、韧性要求较高的零件，能同时满足机械性能要求和铸造性能要求。

黑心可锻铸铁 KTH350-10 强度不算高，但具有良好的塑性与韧性，常用于制造承受冲击、振动和扭转载荷的零件，如船用电机壳、船舶管系零件（水箱、接头）等；珠光体可锻铸铁的塑性和韧性不及黑心可锻铸铁，但其强度、硬度和耐磨性高，常用作曲轴、连杆、齿轮、摇臂、凸轮轴等要求强度与耐磨性较好的零件。

5）合金铸铁

随着工业的发展，对铸铁性能的要求也越来越高，不但要求它具有一定的力学性能，有时还要求它具有某些特殊的性能，如耐热性、耐磨性及耐腐蚀性等。为此，可向铸铁中加入一定量的合金元素,从而形成合金铸铁,也称为特殊性能铸铁。常用的合金铸铁有耐热铸铁、耐磨铸铁和耐蚀铸铁等。

（1）耐热铸铁

普通铸铁的工作温度只能在450 ℃以下。为了提高铸铁的耐热性,在铸铁中加入大量Si、Al、Cr等合金元素,使铸铁在高温下表面形成致密的氧化膜,防止其表面继续被氧化,同时,提高了铸铁的临界温度,使之在较高温度下不发生相变,减少体积变化。耐热铸铁常用于制作加热炉底板、热交换器等零件及船舶蒸汽锅炉中的炉条、换热器、废气管道等。

（2）耐磨铸铁

若将珠光体灰口铸铁中的含磷量提高到0.4%~0.7%左右,形成Fe_3P与铁素体等构成坚硬的共晶组织,即得到高磷耐磨铸铁。若再加入Cr、Mn、Cu、Ti等合金元素,便形成高磷合金铸铁。高磷合金铸铁广泛用于船用柴油机气缸套、活塞环、机床导轨等零件。

（3）耐蚀铸铁

耐蚀铸铁是指在腐蚀性介质中工作时具有耐蚀能力的铸铁。普通铸铁的耐腐蚀性很差,因为铸铁组织中的石墨电极电位最高,构成阴极,铁素体电极电位最低,构成阳极,在电解质溶液中发生电化学腐蚀,铁素体不断溶解而被腐蚀。在铸铁中加入Si、Al、Cr、Mo、Cu、Ni等合金元素后,一方面在铸铁表面形成一层致密的保护膜,另一方面提高了铁素体的电极电位,从而提高铸铁的耐腐蚀性能。常用的耐蚀铸铁有高硅、高铝和高铬耐蚀铸铁,主要用于化工机械,如制造容器、管道、泵、阀门等。

第二节 ◉ 船机零件的摩擦与磨损

船舶机器运转时,其上有相对运动的运动副零件产生配合表面的摩擦,引起表面磨损。即使在正常运转的情况下,也会由于不可避免的摩擦、磨损而使机器性能逐渐变坏,效率降低,甚至完全失效。所以,磨损是船机故障模式,是影响船舶机器正常运转和船舶安全航行的因素。

一、摩擦和磨损

两个接触物体在外力作用下产生相对运动（或运动趋势）时,接触表面间产生切向阻力和阻力矩以阻止运动的现象称为摩擦。机器运转过程中,相对运动的摩擦表面的物质逐渐损耗,使零件尺寸、形状和位置精度以及表面质量发生变化的现象称为磨损。

（一）摩擦分类

1. 按摩擦副的运动状态分为:
动摩擦和静摩擦。

2. 按摩擦副的运动形式分为:
滑动摩擦和滚动摩擦。

3. 按摩擦表面的润滑状态分为:
（1）干摩擦

摩擦表面间没有任何润滑剂时的摩擦。摩擦系数最大,约为 0.1~1.5。

（2）边界摩擦

摩擦表面间有一层极薄的润滑油膜时的摩擦。油膜的厚度为 0.1 μm,摩擦系数约为 0.05~0.5。

（3）流体摩擦

摩擦表面间有一层边界膜和流体膜时的摩擦。摩擦系数最小,约为 0.001~0.01。

（4）混合摩擦

摩擦表面间同时存在边界摩擦和干摩擦的半干摩擦,或同时存在边界摩擦与流体摩擦的半液摩擦,均称为混合摩擦。

（二）磨损指标

零件磨损后的尺寸和几何形状误差直接影响机器的工作性能和可靠性。在船上的轮机管理工作中,为了不使零件产生过大的磨损,通常采用定期测量零件来检查和控制其磨损量,使尺寸和几何形状误差在要求范围内保证配合件的间隙和工作性能。

1.磨损量

（1）磨损量 Δ 是用零件摩擦表面的尺寸变化量来衡量的。零件直径方向上的磨损量 Δ:

$$\text{轴 } \Delta = d_0 - d \qquad \text{孔 } \Delta = D - D_0$$

式中:d_0、D_0——分别为轴、孔的名义直径,mm;

d、D——分别为运转一定时间后的轴、孔实测直径,mm。

（2）磨损率 φ 是指单位时间内零件半径方向上的最大磨损量 Δ_{max}:

$$\varphi = \frac{\Delta_{max}}{t} \quad \text{mm/kh}$$

式中:t——工作时间,h。

零件的磨损量和磨损率可以用零件自投入使用至报废的时间间隔内两次测量值之差来计算,也可以任一段工作时间间隔内两次测量值之差来计算。依测量值计算出的磨损量和磨损率应与机器说明书或有关标准、规范的数值进行比较,以便判断零件的磨损程度。

2.几何形状误差

（1）圆度 t

圆度是指半径差为公差 t 的两个同心圆之间的区域。圆度用来衡量回转件横截面(垂直零件轴线的截面)的几何形状精度,限制回转件横截面的几何形状误差。可采用圆度仪、千分尺或百分表测量零件的实际圆度,即圆度误差 t'。

圆度误差 t' 是用被测零件上指定横截面的两个相互垂直的直径差的一半表示的:

$$t' = \frac{1}{2}(D_1 - D_2) \quad \text{mm}$$

式中:t'——指定横截面的圆度误差,mm;

D_1、D_2——指定横截面上两个相互垂直的直径,mm。

测量并计算出被测零件上数个指定横截面的圆度误差值,取其中最大值 t'_{max} 与说明书、标准或规范的给定值 t 比较,判断零件横截面几何形状的变化情况,要求 $t'_{max} < t$。

（2）圆柱度 u

圆柱度是指半径差为公差 u 的两个同心圆柱面间的区域。圆柱度用来衡量回转件纵截面（包含零件轴线的截面）的几何形状精度，限制回转件纵截面的几何形状误差。采用圆度仪、千分尺或百分表测量零件的实际圆柱度，即圆柱度误差 u'。

圆柱度误差 u' 是用被测零件上指定纵截面上数个测量直径中最大直径 D_{max} 与最小直径 D_{min} 差的一半表示的：

$$u' = \frac{1}{2}(D_{max} - D_{min}) \quad mm$$

测量并计算被测零件上两个相互垂直纵截面的圆柱度误差，取其中最大值 u'_{max} 与说明书、标准或规范的给定值 u 比较，要求 $u'_{max} < u$。

（3）平面度 v

平面度是指公差带是距离为公差值 v 的两个平行平面之间的区域。平面度是用来衡量平面平直的几何精度指标。生产中采用三点法测量，即将被测平面上相距最远三点上的基准靶调成等高，构成一理想平面或称基准平面，测量被测平面上各点至基准平面的距离，以其中最大（或最小）值与基准高的差值作为平面度误差 v'。此外，还可采用水平仪、拉钢丝线等方法测量。

二、磨损机理

摩擦使运动副工作表面产生磨损，但它不是产生磨损的唯一原因。对机械零件的磨损系统进行分析可以看出，磨损是系统中包括摩擦在内的各种因素共同作用的结果。在摩擦条件下，应力相互作用将会导致表面疲劳磨损和磨粒磨损，而材料相互作用将会导致腐蚀磨损和黏着磨损。

（一）黏着磨损

黏着磨损是在润滑条件下产生的一种常见磨损。摩擦副相对运动时，偶然因素使在法向载荷作用下摩擦表面上某些微小接触处的金属直接接触形成黏着点（冷焊点），在随后的运动中黏着点又被剪断，摩擦表面的金属发生转移，不断地黏着、剪断和金属转移构成黏着磨损。

1. 分类

根据黏着磨损中黏着点被剪切的部位和表面被破坏的程度不同，黏着磨损分为 5 种：

（1）轻微磨损

剪切发生在黏着结合面上，摩擦表面有极轻微的金属转移。黏着点的结合强度低于摩擦副的两种基体金属的强度。

（2）涂抹

剪切发生在距黏着面不远的较软金属表面浅层处，金属脱落并涂抹黏附在较硬金属表面上。黏着点处的强度大于较软基体金属。

（3）擦伤

剪切发生在较软金属的近表层处，在较软金属表面上产生沿运动方向的细小拉痕（拉毛）或较重拉痕（划痕），这是转移到硬金属表面金属黏着物对较软金属表面的犁削作用。黏着点的强度高于两种基体金属。

（4）撕裂

撕裂或称黏焊，是比擦伤更重的黏着磨损。剪切发生在运动副之一或双方的表面深处，黏着点的强度高于两基体，肉眼可见金属表面的撕裂、粗糙和明显的塑性变形。

（5）咬死

运动副工作表面黏着面积较大，黏着强度很高，致使运动副不能相对运动而咬死。如柴油机活塞与气缸套咬死，称咬缸。

2. 影响因素

影响黏着磨损的因素主要有两个：一是运动副本身的材质与特性，二是运动副的工作条件，如载荷、运动速度、工作温度、润滑条件等。以下着重分析运动副材质的影响。

（1）运动副金属的互溶性

固态下金属互溶性好的运动副，黏着倾向大，容易产生黏着磨损。实践证明，相同材料相互摩擦产生的黏着磨损较异种材料大得多。所以，在元素周期表中相距较远的元素互溶性小，不容易发生黏着。

（2）金属的晶体结构

晶体结构对黏着磨损有重要的影响，具有密排六方晶格的金属黏着倾向小，而具有体心和面心立方晶格的金属黏着倾向大。

此外，单晶体的黏着倾向大于多晶体；单相合金的黏着倾向大于多相合金；固溶体的黏着倾向大于化合物；塑性材料的黏着倾向大于脆性材料。

（二）磨粒磨损

运动副相对运动时，因硬的粗糙表面或硬的颗粒对软的摩擦表面的微切削、刮擦作用而造成表面材料的损耗称为磨粒磨损，磨粒磨损是在润滑条件下的一种磨损。

在工业领域中磨粒磨损是最重要的磨损形式，约占50%，在大多数机械中存在，尤其是矿山、建筑、粮食加工等机械及行驶于沙漠中的汽车发动机等的主要磨损形式。

1. 磨粒磨损的机理

由于运动副两表面硬度不同，两表面有金属直接接触时，硬表面上的微凸体嵌入软表面使之发生塑性变形，并在相对运动时对软表面进行微切削和犁划。当两表面间存在磨粒，在相对运动时磨粒对表面进行微切削和挤压，使表面产生塑性变形，不断地作用致使表面疲劳破坏。此外，磨粒还在软表面上犁出沟槽，形成拉痕，拉痕两侧金属变形并在其他磨粒作用下脱落而成磨屑。

摩擦表面间的磨粒可能来自润滑油中的机械杂质、空气中的灰尘和沙粒，也可能是摩擦表面脱落的磨损产物或腐蚀产物。特殊工作环境中的物质，如矿石粉、面粉、泥沙等也是磨粒。

2. 影响磨粒磨损的因素

实际的磨粒磨损受到多种因素的综合作用，主要是运动副材料硬度和组织、磨粒的硬度、磨粒的尺寸和形状。运动副材料硬度越高，耐磨性越好。磨粒的硬度是决定磨粒磨损的关键因素，一般磨粒硬度较材料硬度高很多，即使比材料硬度低也会在摩擦表面相对运动中使表面产生磨损。另外，磨粒的尺寸和形状也会使磨损增加。

（三）腐蚀磨损

运动副相对运动时，由于摩擦表面金属与周围介质发生化学、电化学和机械作用而使摩擦表面金属损失的现象称为腐蚀磨损。

腐蚀磨损是腐蚀和磨损相互促进共同作用的结果。摩擦表面金属与周围介质发生化学、电化学作用,产生腐蚀产物,摩擦过程中腐蚀产物的脱落形成磨粒构成二次磨粒磨损,新表面又会继续与介质作用而被腐蚀。不断地腐蚀、磨损致使运动副工作表面受到破坏。

腐蚀磨损受到环境、温度、介质、润滑条件、滑动速度和载荷的影响。根据介质的性质、介质与表面的作用及运动副材料性能等的不同,主要有以下几种腐蚀磨损形式:

1. 氧化磨损

在摩擦过程中,摩擦表面与空气或润滑油中的氧或氧化性介质发生化学反应形成氧化膜,摩擦过程中使之脱落,随之又会生成一层新的氧化膜。氧化膜不断地生成与脱落使运动副零件金属损失的现象称为氧化磨损。

除金、铂等极少数金属外,大多数金属表面均能生成氧化膜。运动副材料成分,氧化膜的结构、性质及与基体的结合强度等决定氧化磨损程度。脆性氧化膜结构疏松且与基体结合较差,摩擦过程中极易脱落,氧化磨损严重。韧性氧化膜结构致密且与基体结合牢固,不仅不易脱落,还对摩擦表面起保护作用。

2. 特殊介质的腐蚀磨损

运动副相对运动中,摩擦表面与周围的酸、碱、盐等特殊介质作用生成各种腐蚀产物并在摩擦过程中脱落构成腐蚀磨损。这种腐蚀磨损和氧化磨损类似,但比氧化磨损速度快。在某些介质中也会形成致密、结合牢固的保护膜,使腐蚀磨损速度减小。

腐蚀介质的性质、温度和运动副材料对腐蚀磨损的影响不容忽视。例如,轴瓦材料中的铅、镉容易被润滑油中的有机酸腐蚀,在轴瓦表面生成黑点,逐渐扩展成海绵状空洞,轴与轴瓦摩擦时呈小块状剥落,使轴瓦损坏。

3. 微动磨损

微动磨损是两个紧密接触表面之间发生微小振幅的相对振动所引起的机械化学磨损。如果微动磨损中化学或电化反应起主要作用,则称为微动腐蚀磨损。若微动磨损的同时或其后还受到交变应力的作用产生疲劳损坏,则称为微动疲劳磨损。

微动磨损初期,紧密接触两表面上真实接触的微凸体发生黏着,在微动中黏着点被剪切,接触表面金属转移发生黏着磨损。微动摩擦产生的高温使转移金属与新裸露的表面氧化,硬质氧化物颗粒在微动中磨削表面,出现磨粒磨损。当微振应力足够大时,微振磨损处形成表面应力源,出现疲劳裂纹和不断地产生磨屑,出现疲劳磨损。可见微动磨损的机理是复杂的,包含着黏着磨损、腐蚀磨损、磨粒磨损和疲劳磨损,是一种复合型磨损。

微动磨损通常发生在紧配合的轴与齿轮、汽轮机和压气机的叶片配合处,发动机固定处,受振动的键、花键、螺栓、铆钉等连接件的结合面等部位。

微动磨损不仅改变零件的形状、尺寸,使表面质量恶化,而且使紧配件松动,甚至引起应力集中导致裂纹和疲劳断裂等。

(四)疲劳磨损

疲劳磨损是指表面接触疲劳磨损。两个接触表面相对滚动或滑动时,在接触区形成的循环交变应力超过材料疲劳强度使接触表面产生塑性变形和微裂纹,进而扩展、剥落。这种由于材料表面疲劳产生物质损失的现象称为疲劳磨损。

疲劳磨损是接触表面长期受到交变应力作用的结果，而且即使是存在油膜，应力也能通过油膜作用在表面上，在表面或表层的薄弱处引发裂纹。

疲劳磨损是齿轮、滚动轴承、凸轮等零件的主要磨损形式。

第三节　船机零件的腐蚀

金属与周围介质发生化学、电化学作用或物理溶解产生变质和破坏的现象称为腐蚀。金属腐蚀破坏发生在零件表面，逐渐向内部扩展或同时向四周蔓延。腐蚀破坏是船机零件的故障模式之一。

一、金属腐蚀过程和分类

自然界中大多数金属是以金属化合物的形式存在于矿石中，例如铁以 Fe_2O_3 的形式存于赤铁矿石中，而 Fe_2O_3 也是铁的腐蚀产物——铁锈的成分。冶炼金属是消耗能量把矿石中的化合物转变成金属，所以金属比其化合物具有更高的自由能。金属腐蚀是使金属恢复自然状态，金属释放出能量回到热力学更稳定的自然存在形式——化合物状态，即金属从金属状态自发地变成离子状态，生成氧化物、硫化物等。所以腐蚀过程是金属释放出能量使自身稳定的自发过程，也是冶金的逆过程。金属释放的能量就是腐蚀的动力，而其他破坏形式，如磨损、裂纹等则要消耗有用功。

依金属腐蚀过程的特点分为：化学腐蚀、电化学腐蚀。

依腐蚀表面的特征分为：全面腐蚀、局部腐蚀。

全面腐蚀是机件整个表面上发生的腐蚀，一般多为全面不均匀腐蚀。局部腐蚀是机件表面上局部发生的腐蚀，而表面上其他部分几乎不发生腐蚀。局部腐蚀较多，危害又比全面腐蚀严重，往往会发生突然破坏，以致造成机件的损坏，甚至恶性事故。

二、化学腐蚀

金属与周围介质（非电解质）直接发生化学作用引起的破坏称为化学腐蚀。腐蚀过程中不产生电流。化学腐蚀分为气体腐蚀和有机介质腐蚀。气体腐蚀是指金属在干燥气体中或高温气体中的腐蚀。金属与介质中的氧化剂直接作用后在金属表面生成一层氧化物薄膜，即腐蚀产物。金属能否继续被腐蚀取决于膜的结构及与基体的结合强度。碳钢零件在 560 ℃以下被氧化，生成 Fe_2O_3 或 Fe_3O_4 的结构致密、基体结合牢固的稳定膜，可阻止氧原子的扩散，保护金属不再被氧化。在 560 ℃以上氧化生成 FeO 的结构疏松、与基体结合不牢的膜，氧原子易于穿过使金属继续氧化，膜的厚度增加，当达到一定厚度时脱落。

金属的高温氧化曾被视为典型的化学腐蚀。近代研究认为：在高温气体中金属最初的氧化属于化学反应，但氧化膜的成长过程则属于电化学机理。因为金属表面的介质已由气相变为既能电子导电又能离子导电的氧化膜，所以，金属的高温氧化不再是单纯的化学腐蚀。

金属在有机介质中的腐蚀,有机介质为不导电的非电解质介质,例如有机酸、卤代化合物和含硫的化合物等。实际生产中纯化学腐蚀的现象较少,例如铝在四氯化碳、三氯甲烷或乙醇中;镁或铁在甲醇中;金属钠在氯化氢气体中的腐蚀都属于化学腐蚀。但实际上这些介质中都含有少量水分而使有机介质不纯,使化学腐蚀变为电化学腐蚀。

柴油机运转时,燃烧室中的高温高压燃气直接与燃烧室组成零件——气缸盖及其上的阀件、气缸套和活塞组件接触,燃气中某些低熔点灰分熔化并附着在零件金属表面上,在高温下发生化学作用使零件表面受到破坏的化学腐蚀,称为高温腐蚀或钒腐蚀。

三、电化学腐蚀

金属表面与离子导电的电解介质溶液发生电化学作用产生的破坏称为电化学腐蚀。电化学腐蚀过程中产生电流。电化学腐蚀是自然界和生产中最普遍和最常见的腐蚀,破坏作用也显著。金属在大气、湿空气、海水、土壤及酸、碱、盐溶液中都能发生电化学腐蚀。在船上,船体和船机发生电化学腐蚀的部位和零部件较多。

(一)船上常见的电化学腐蚀

1. 电偶腐蚀

船上的机器零部件或船体构件只要构成异金属接触电池就会发生电偶腐蚀,且较为普遍。例如,螺旋桨与尾轴、离心泵的叶轮与轴等。

2. 氧浓差腐蚀

金属浸入含氧溶液中形成氧电极产生氧浓差腐蚀。例如,工程上连接件的结合面缝隙处、气缸套与气缸体下部密封圈的缝隙处,因充气不足或冷却水的停滞使氧浓度低。此处金属为阳极,与附近氧浓度高处金属,即阴极构成氧浓差电池,发生氧浓差腐蚀。

3. 选择性腐蚀

选择性腐蚀是由微观电池引起的电化学腐蚀。例如黄铜制件的脱锌——黄铜在酸性或盐溶液中构成无数微电池使锌被腐蚀;又如铸铁气缸套外圆表面在冷却水中发生铁素体被腐蚀的(仅剩下石墨)微观电化学腐蚀。

4. 应力腐蚀

碳钢、不锈钢、黄铜等工程材料的加工制件均会由于加工引起的内应力较大而发生微观电化学腐蚀。例如黄铜制件的季裂就是这种应力腐蚀。

(二)防止电化学腐蚀的措施

根据电化学腐蚀原理可知,只要破坏产生电化学腐蚀的条件之一,就能有效地阻止腐蚀的发生,这是防止电化学腐蚀的基本原则。另外,由于电化学腐蚀破坏的形式较多,每种破坏形式都有其产生的具体原因和条件,所以防止腐蚀的方法也是多种多样的,根据不同情况选用不同方法。生产中主要有以下几种方法:

1. 合理选材

根据介质和机器的使用条件,零件的材料尽量选用相同材料或电位相近的材料或其他耐腐蚀的材料。

2. 阴极保护

利用电化学腐蚀原理使被保护零件成为阴极则可防止腐蚀,一种方法是将被保护零件与外加直流电源的负极相连,用外加阴极电流使阴极电位向负的方向变化,阻止腐蚀过程的进行。另一种方法是牺牲阴极保护法,即在被保护零件上安装电位更低的金属使之成为阳极,被保护零件成为阴极而不被腐蚀。例如,在船体钢板上、气缸套外表面上安装锌块。

3. 阳极保护

将被保护零件与外加直流电源的正极相连,用外加电流使阳极电位向正的方向变化,腐蚀速度迅速降低并保持一定的稳定低电位,使阳极钝化降低腐蚀。

4. 介质处理

除去介质中促进腐蚀的有害成分。例如,锅炉给水的除氧处理;调节介质的 pH 值和改变介质的湿度;在介质中添加阻止和减缓腐蚀的物质,例如常在柴油机冷却水中添加铬酸盐、亚硝酸盐等无机缓蚀剂,使在零件金属表面上形成钝化膜,抑制阳极腐蚀。此外,还可在冷却水中添加乳化防锈油。

5. 表面覆盖保护膜

在零件表面上覆盖一层金属或非金属保护膜,使与腐蚀介质隔开防止腐蚀,如采用电镀、电刷镀、喷涂或磷化、氧化处理等工艺在零件表面上形成金属膜或非金属膜。

6. 加强维护和管理

轮机员应对船上容易发生腐蚀的零部件加强维护和管理,防止或减少腐蚀。船舶动力装置中凡与水和湿空气接触的零件、构件和管系均有发生电化学腐蚀的可能,故应:

(1)定期进行柴油机冷却水处理;

(2)适时更换船体钢板上和缸套冷却侧的防腐锌块;

(3)选用低硫燃油,若使用含硫高的燃油,则采用与之匹配的碱性气缸油;

(4)加强柴油机和尾轴润滑油的定期检验;

(5)机件经碱洗后,一定用清水彻底清洗和涂油保护。

四、穴蚀

穴蚀是水力机械或机件与液体相对高速运动时在机件表面上产生的一种破坏。穴蚀又称空泡腐蚀或气蚀。

穴蚀也是一种局部腐蚀。穴蚀的特征是机件金属表面上聚集着小孔群,呈蜂窝状或呈分散状的孔穴。孔穴表面清洁无腐蚀产物附着,孔穴直径一般在 1 mm 以上。例如,柴油机气缸套外表面上穴蚀小孔直径为 1~5 mm,最大可达 30 mm,孔深可达 2~3 mm,严重时穿透缸壁。

船机零件发生穴蚀破坏的除柴油机气缸套外,还有轴瓦、喷油泵柱塞、螺旋桨桨叶及离心泵叶轮等。

(一)柴油机气缸套的穴蚀

气缸套穴蚀是船用中、高速柴油机普遍存在的严重问题。一般说来,船用中速和高速筒形活塞式柴油机,特别是高速、轻型大功率柴油机,不论是开式冷却还是闭式冷却,气缸套都有不同程度的穴蚀。例如,12V180 型、6150 型等高速柴油机,6300 型、6250 型、8NVD48A-2U 型等中速柴油机。有的柴油机投入运转不久(仅几十小时)就会在气缸套外圆表面上出现穴蚀小孔,甚至柴油机运转不足 1 000 h 缸套就因穴蚀穿孔而报废,此时缸套内表面尚未磨损。

1.穴蚀部位

缸套穴蚀发生在湿式气缸套外圆表面上,一般集中在柴油机的左右侧方向,特别是承受侧推力最大一侧的偏上方;冷却水进口、水流转向处和水腔狭窄处对应的缸壁上;缸套下部密封圈附近缸壁上。

缸套冷却水腔除缸套穴蚀外,不应忽视气缸套和气缸体材料的差异和材料内部的各种电化学不均匀性导致的宏观和微观电化学腐蚀。这两种腐蚀同时存在或交替进行均会加重缸套的腐蚀。此外,冷却水的水质、含气量、流速等均对穴蚀有影响。

2.防止缸套穴蚀的措施

除从材料和结构上的改进来防止和降低缸套穴蚀外,对船用中、高速柴油机气缸套穴蚀,还可采用以下措施:

(1)缸套外圆表面覆盖保护层或强化层采用镀铬、渗氮、喷陶瓷、涂环氧树脂或涂尼龙等工艺使金属表面与冷却水隔开,或使缸套外圆表面强化,可有效地防止电化学腐蚀与穴蚀。例如 12V180 型柴油机缸套外表面镀铬,8300 型柴油机机体冷却水腔表面涂环氧树脂,防腐蚀和防穴蚀效果较好。

(2)在冷却水腔内安装锌块实施阴极保护防止电化学腐蚀,例如 6300 型、8300 型柴油机气缸套外表面安装锌带并坚持定期更换,可取得防止穴蚀的良好效果。

(3)在冷却水中加入缓蚀剂,例如乳化油缓蚀剂或被膜缓蚀剂,使在缸套外表面上形成一层较薄的连续保护膜,不仅可以防止电化学腐蚀,而且可以减弱空泡破裂时的冲击波对缸套外表面的冲击作用,从而减轻穴蚀。

在实践中防止或减轻穴蚀的方法很多,选用时依具体机型、结构和产生穴蚀的原因而定,以取得良好预防效果。

(二)燃油系统零件的穴蚀

柴油机燃油系统中的高压油泵柱塞、出油阀、喷油器针阀和高压油管均有穴蚀发生。燃油系统中因喷油需要而产生瞬时高压和瞬时低压。喷油时系统处于高压供油,喷油终了会使系统内油压骤然降低。此外,随着柴油机强载程度不断提高,燃油喷射压力和喷油率也相应提高。高的喷射压力容易引起二次喷射,使柴油机性能下降,并造成系统的穴蚀。燃油系统中的穴蚀有以下两种:

1.波动穴蚀

波动穴蚀主要发生在高压油管上。燃油系统中的高压燃油流动时产生和传播压力波,特别是喷射终了时会使某些部位压力变化很大,甚至产生负压力波,导致气泡产生,高压时又使气泡溃灭产生穴蚀,称为波动穴蚀。柴油机低负荷运转时波动穴蚀较为严重。

2.流动穴蚀

流动穴蚀主要发生在高压油泵柱塞螺旋槽附近和喷油器针阀截面变化处。燃油系统中,高压燃油流经通道截面变化处产生强烈节流,压力下降并形成气泡,随后的压力升高又使气泡溃灭而发生穴蚀,称为流动穴蚀。柴油机高负荷运转时节流作用增大使穴蚀更加严重。

燃油系统中不适当的压力波动引起穴蚀,而压力波动主要是由于卸载不当。所以目前对此进行了大量的研究。例如采用缓冲型出油阀、等压出油阀、控制节流和阶梯型螺旋槽柱塞、双锥型针阀等。此外,对容易穴蚀部位采用保护性措施等。

（三）轴瓦和螺旋桨的穴蚀

高速大功率柴油机的铜铅合金薄壁瓦上穴蚀破坏频繁出现。主要发生在主轴瓦和曲柄销轴瓦上油槽和油孔周围,呈小孔群状。

轴瓦穴蚀也是由特定条件下流动的润滑油产生气泡和气泡溃灭所致。防止轴瓦穴蚀的措施,目前主要从轴瓦材料的选择、轴瓦上油槽和油孔的位置及保证润滑油品质等方面着手。

螺旋桨桨叶的穴蚀破坏是桨的一种较为严重的破坏形式。主要发生在桨叶叶背边缘处,呈蜂窝状孔穴,成片分布,严重时使桨叶边缘烂穿。

桨叶穴蚀亦是空泡作用的结果。当螺旋桨在水中旋转时水流从叶背流过,水流速度增大而压力减小,叶面的水流速度减小而压力增大。螺旋桨转速越高,叶背处水流速度越快,压力下降越大,当达到该处水温下汽化压力时水汽化生成气泡,随后气泡移至高压区就会破灭,从而使叶背边缘遭到破坏。

一般采用在桨叶上涂环氧树脂、改进桨叶叶形和降低螺旋桨的转速等方法来防止或减轻穴蚀破坏。

第四节 ◉ 船机零件缺陷的常规检验

零件的缺陷是指零件在制造和使用过程中所产生的缺陷和损伤。例如零件毛坯或材料在冶炼、制造、锻造、焊接、热处理和机械加工中,容易产生气孔、缩孔、疏松、夹渣、微裂纹等缺陷,这些缺陷属于在制造过程中零件材料表面和内部的缺陷,而磨损、腐蚀、疲劳损伤等属于使用过程中所产生的外部损伤。零件表面和内部的这些缺陷和损伤是导致零件失效和引起事故的根源。

为了保证船舶动力装置运转的可靠性和船舶航行的安全性,船舶机械在制造和安装过程中均要进行严格的检验,轮机管理人员平时也要进行大量的检查测量,以便及早发现问题,保证船舶的安全航行和正常营运。

在船舶航行条件下,轮机管理人员可对缺陷零件进行一般的检验:用普通的量具测量零件的尺寸和配合件的间隙来检查零件的磨损情况;用观察法、听响法、液压试验法等来检查零件的表面裂纹和内部缺陷。船舶进厂修理时,对一些重要的零件可采用磁粉探伤、超声波探伤及射线探伤等无损探伤方法,来检验零件上更细小的表面裂纹和内部缺陷。

一、船机零件的一般检验

船上常用的探伤方法是一般的、传统的简易方法,如观察法、听响法等,具有方法简单、精度较高的特点。

1. 观察法

观察法是指直接用眼睛或借助低倍放大镜等辅助工具来观察和判断零件表面有无裂纹和其他缺陷的方法。该方法简单、快速,是最常用的检测方法之一;缺点是仅能检查表面缺陷,受表面状况的影响,某些部位有难以接近的问题,当缺陷很小而检查面积很大时有漏检的可能。此法只适宜检查零件表面上的一些细微缺陷,其准确程度与检验人员的细心程度和工作经验有关。常用的辅助工具有放大镜、内窥镜等。

2. 听响法

听响法是根据敲击零件时发出的声音来判断零件有无缺陷的方法。如:声音清脆表示零件完好或零件与其表面上的覆盖层结合良好,无脱壳现象;声音沙哑则表示零件内部或表面缺陷,或零件与其表面上的覆盖层结合不良、局部脱壳等。

听响法只能定性地判断零件有无缺陷,不能定量确定缺陷的种类、大小和部位,检验的准确度有赖于检验者的经验,只适用于小零件。此法简便、灵活,随时可以进行。

3. 触摸法

触摸法是常见的检测方法,因为人手上的神经纤维比较敏感,可以监测设备的表面温度、粗糙度、振动及间隙的变化等情况。

应用触摸法时注意防止高温灼伤、低温冻伤、触电及运转设备所带来的伤害。

4. 测量法

测量法是轮机员在船上进行检修和船舶进厂修理时广泛使用的重要检测手段。利用普通或专用量具来测量磨损零件的尺寸和配合件的间隙,以判定零件磨损及腐蚀的情况。一般使用的普通量具有内径千分尺、外径千分尺、百分表、内径百分表、塞尺等;一般使用的专用量具有样板、专用千分尺、长塞尺和桥规等。

测量法检测精度高,使用方便、灵活。但检测的精度主要取决于测量工具、量具的精度和测量人员的检测水平。

5. 液压试验法

液压试验法是检验零部件穿透性缺陷或系统密封性的检验方法,实质上是在模拟使用条件下对承压零件或系统进行检验的一种无损检验方法。

试验用的液体可选用水或油,也可用压缩空气,依要求而定。试验压力依零件工作条件而定,通常为正常工作压力的 1.5 倍。

试验前,将待检零件上的孔、洞等堵塞,用专用夹具密封零件形成包括检验部位的封闭空腔,注满液体或气体,按要求加压至规定的压力,保持一定时间后观察零件外表面的渗漏情况或系统的压降,以确定零件能否使用。图 6-9 为筒形活塞式柴油机气缸套冷却水腔的液压试验示意图。其试验压力为 0.7 MPa,保持 5 min,检查气缸套外表面有无渗漏现象。

液压试验法实际上是模拟零件的使用条件进行检测,检测结果准确可靠,适用于有密封要求的零件。该方法的缺点是不能用于检查非穿透性的缺陷,不能用于在线监测,而且过高的压力可能损坏零部件或系统。

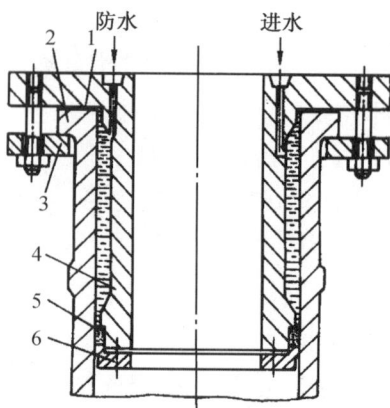

图 6-9　筒形活塞式柴油机气缸套冷却水腔的液压试验
1—密封垫套；2—气缸套；3—压盖；4—试验夹具本体；5—密封套；6—压板

二、船机零件的无损检验

随着现代科学技术的发展，无损检验技术在工业生产中日益重要，是产品质量管理的重要手段。

无损检验是在不破坏或基本不破坏零件、构件和材料，即不破坏零件、构件的形状、尺寸精度、表面质量和不改变材料的成分、性能及零件使用性能的前提下，采用物理、化学等方法探测零件材料内部和表面的缺陷及其某些物理性能。现代无损检验不仅探测缺陷，而且给出缺陷的定量评价。定量测量缺陷的形状、大小、位置、取向、分布和缺陷的性质等，定量测量零件和材料的物理、力学性能，如温度、残余应力、覆盖层厚度等。

无损检验技术对于控制和改进产品质量、保证产品的可靠性、保证机器和设备的安全运转和提高生产率等起着重要作用。

（一）渗透探伤

液体渗透探伤是使用较早的一种检验表面缺陷的方法。液体渗透探伤的原理是利用液体的流动性和渗透性，借助毛细管作用显示零件或材料表面上开口性缺陷。

渗透探伤原理简单，操作方便、灵活，适应性强，可检查各种材料和各种形状、尺寸的零件，对表面裂纹有很高的检测灵敏度，但不能检测表面非开口性缺陷和皮下缺陷。常采用的方法有以下几种。

1. 煤油白粉法

煤油白粉法是一种老式的但很简便的渗透探伤方法，一直沿用至今。以煤油为渗透剂，石灰粉或白垩粉为显像剂。此法简便、实用、经济，但不精确，只能粗略检验。

2. 着色探伤

着色探伤的渗透液中含有红色颜料、溶剂和渗透剂等成分。此法具有渗透力强，渗透速度快，显像清晰醒目，洗涤性好，化学稳定性好和无腐蚀、无毒或低毒等特点。显像剂常用氧化锌、氧化镁或二氧化铁等白色粉末和有机溶剂组成。显像剂具有悬浮力好、与渗透液有明显的衬度对比、显示缺陷清晰、易于辨别、无腐蚀性等特点。

在着色探伤操作中有浸液法、刷涂法和喷涂法。渗透剂渗透时间对检验效果影响很大。时间短,小缺陷难以发现,大缺陷显示不完全;时间长,难以清洗,且检验效率低。一般,根据零件材料确定渗透时间。例如,铝镁合金铸件约为 15 min;钢的铸、锻件约为 30~60 min;塑料、玻璃、陶瓷等非金属材料约为 5~30 min。

3. 荧光探伤

荧光探伤是借助残留在零件缺陷内的荧光渗透液在紫外线照射下发出的荧光显示缺陷。

荧光渗透液主要由荧光物质、溶剂和渗透剂组成。此法具有荧光亮度高、渗透性好、检测灵敏度高、化学稳定性好、易于清洗和无毒、无味、无腐蚀性的特点。荧光物质是在紫外线照射下能够通过分子跃迁产生荧光的物质。通常采用在紫外线照射下发出黄绿色荧光的渗透液,这种颜色在暗处衬度高,人的视觉对其最敏锐。

显像剂常用经过干燥处理的白色氧化镁粉,它具有最高的灵敏度和显示亮度。在荧光探伤操作中,渗透方法主要是浸液法,渗透时间一般为 15~20 min。常用的紫外线灯又称黑光灯,是一种高压水银灯,产生紫外光及可见光。

荧光探伤具有灵敏度高、操作简便、使用灵活等优点,但需在暗室中观察,长期受紫外线照射有害健康。

4. 渗透检漏探伤

液体渗透检漏探伤用来探测容器或焊缝有无穿透性缺陷。通用于金属或非金属材料的容器。常用煤油渗透检漏。

用煤油作为渗透剂进行检漏时,在容器或焊缝的容易观察的一面涂以白垩粉液,干燥后在另一面涂煤油,观察白垩粉上有无煤油渗透的痕迹。如采用着色或荧光渗透检漏,显示效果更好,检测灵敏度更高,但需较长的渗透时间。

(二)磁粉探伤

磁粉探伤或称磁力探伤,是一种表面探伤方法,也是应用最早的无损探伤技术。具有设备简单、操作容易、检验速度快和灵敏度较高的优点,但仅适用于铁磁性材料。广泛应用于各种工业生产和修造船工业生产中。

磁粉探伤可以探测材料或零件表面和近表面的缺陷,对检验裂纹、发纹、折叠、夹层和未焊透等缺陷极为灵敏。采用交流电磁化可探测表面下 2 mm 以内的缺陷,采用直流电磁化可探测表面下 6 mm 以内的缺陷。

磁粉探伤设备有固定式、移动式和手提式三种磁力探伤机,显示介质为较细的纯铁磁粉(Fe_3O_4),直接使用干粉灵敏度高,但操作不便;把磁粉和煤油混合成湿粉,使用方便。

1. 磁粉探伤原理

磁粉探伤是基于铁磁性材料磁导率高的特性来检验缺陷,当表面或近表面存在缺陷的零件在磁场中被磁化后产生漏磁磁场,漏磁磁场吸附磁粉显示出零件表面或近表面缺陷的大小、形状和部位。

在磁导率不同的两种介质的界面上,磁力线的方向发生变化。当两种介质的磁导率相差悬殊时,例如铁和空气,磁力线进入空气时几乎垂直界面,进入空气的磁力线构成漏磁磁场。零件材料内的缺陷大小、方位对磁力线方向改变的角度和漏磁磁场的强度均有很大影响。表面缺陷较大并与磁力线垂直时,漏磁磁场强度最大,最易探伤。随着缺陷与磁力线的夹角变小,最终与磁力线平行时,漏磁磁场强度逐渐减弱至零。当缺陷与磁力线夹角大于45°时才具有一定的漏磁磁场强度和检验灵敏度。缺陷距零件表面较远,不能形成漏磁磁场时则不能显示缺陷。

2. 磁粉探伤方法

磁粉探伤方法主要有以下几种。

（1）按磁化电流性质分:

磁粉探伤方法有交流电磁化法和直流电磁化法。

（2）按显示介质状态和性质分:

磁粉探伤方法有干粉法、湿粉法和荧光磁粉法。

（3）按磁化方法分:

磁粉探伤方法有直接通电法、局部支杆法、芯轴法、线圈法和铁轭法。

（4）按磁场方向分:

①纵向磁化——零件磁化后产生平行零件轴线的磁力线,可以探测与零件轴线垂直或呈一定角度的缺陷。采用直流电或交流电通过线圈或铁轭磁化,如图6-10所示。

②周向磁化——零件直接通电或使穿过零件的芯轴通电,使在零件内产生垂直零件轴线的磁力线,可探测轴向缺陷,即平行或近于平行零件轴线的缺陷,如图6-11所示。

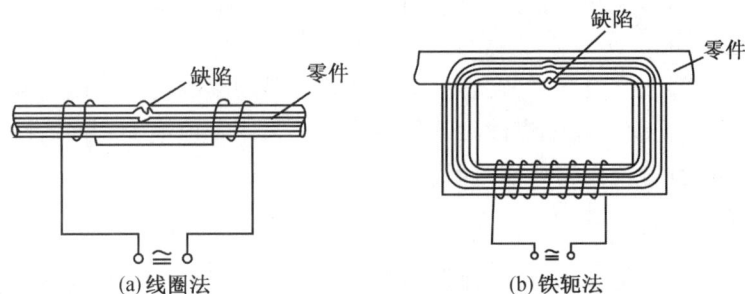

图 6-10　纵向磁化

③复合磁化——零件通电后同时产生纵向和周向磁力线,可以探测零件上任意方向上的缺陷,如图6-12所示。

（三）涡流探伤

涡流探伤是一种探测金属零件或构件表面和近表面缺陷的无损探伤方法。涡流探伤是在电磁感应的基础上,利用在交变磁场作用下不同材料产生不同振幅和相位的涡流来检验铁磁性和非铁磁性材料的物理性能、缺陷和结构尺寸等的检验方法。

1. 涡流探伤原理

涡流探伤时,把缺陷零件接近或置于通以交流电的线圈内。在线圈交变磁场 H 作用下,零件表面感应出涡流并产生次级磁场 H_s,H_s 与原磁场 H_a 相互作用致使原磁场 H_a 变化,线圈内的磁通变化,从而使线圈阻抗变化。由于零件内部存在的缺陷、材料的物理性能等的变化均能改变涡流的密度和分布,亦即可以改变磁场 H_s 和 H_a,从而改变线圈阻抗。于是,通过测量线圈阻抗的变化量来确定零件内部的缺陷和材料的物理性能,如导电率、磁导率、尺寸、合金成

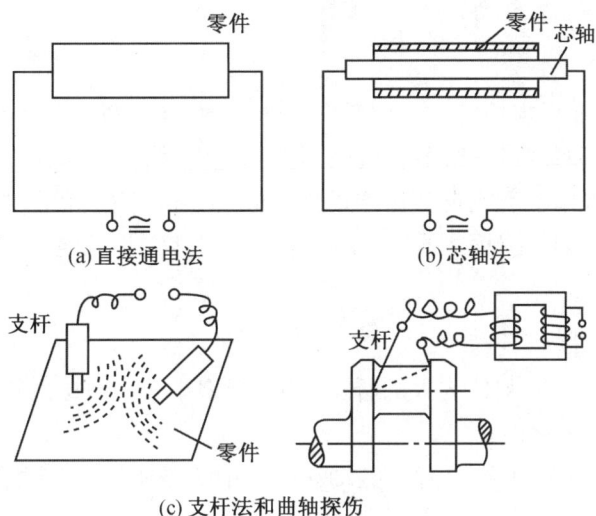

(a)直接通电法　　(b)芯轴法

(c)支杆法和曲轴探伤

图 6-11　周向磁化

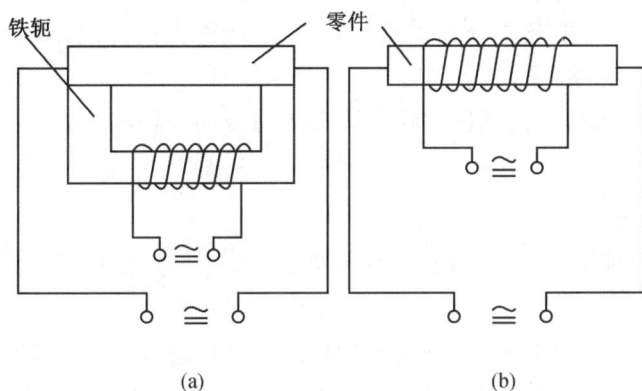

(a)　　　　　　　　(b)

图 6-12　复合磁化

分、硬度等。

2. 涡流探伤的特点

(1)可探测零件表面以下 0.11~0.20 mm 处的缺陷;

(2)探伤的灵敏度较高,速度快;

(3)设备简单,操作容易、灵活,可以原地探测;

(4)探伤时采用不与缺陷零件接触的间接测量法,便于实现自动化检测;

(5)由于影响涡流变化的因素较多和涡流信号不易分离与提取,使探伤的可靠性受到影响。

涡流探伤是一种多用途无损检测方法,可进行缺陷、物理性能、尺寸等多种检测。涡流探伤仅适用于导电材料,因缺陷显示不直观,所以不适于形状复杂的零件。

3. 涡流探伤的应用

涡流探伤可探测零件表面内的缺陷,如裂纹、折叠、气孔和夹杂物;测量材料的物理量,如导电率、磁导率、晶粒度、硬度、尺寸和热处理状态;测量零件表面上镀层、涂层的厚度和测量金属箔、板材、管材的厚度、直径等。

（四）超声波探伤

超声波探伤是工业无损检验中应用最广泛的一种方法，适用于各种工程材料和各种尺寸的锻件、轧制件、焊缝和某些铸件，各种机械零件和构件，如船体、锅炉、容器等都可利用超声波进行有效的探伤，可采用手动或自动化方式进行检测。利用超声波探测零件内部的缺陷，也可检测材料的物理性能，如无损检测厚度、硬度、淬硬层深度、晶粒度、残余应力、胶接强度、液位和流量等。

1. 超声波

声波频率在 16 Hz～20 kHz 为人的听觉范围；频率小于 16 Hz 的声波称为次声波；频率超过 20 kHz 的声波称为超声波。

超声波是一种机械振动波，是超声振动在介质中的传播，实质是机械振动以波的形式在弹性介质中的传播。

超声波具有频率高、波长短、传播能量大、穿透力强、指向性好的特点。超声波在均匀介质中沿直线传播，遇到界面时发生反射和折射，并且可以在任何弹性介质（固体、液体和气体）中传播。在工业超声波探伤中，传播介质主要是固体，液体作为耦合剂以减少声能损失，气体则常包含在缺陷（如气孔、缩孔、裂纹等）中。

超声波在介质中的传播方式随振源在介质上施力方向与声波传播方向不同分为纵波、横波和表面波。

2. 超声波探伤原理

超声波探伤是利用超声波通过两种介质的界面时发生反射和折射的特性来探测零件内部缺陷的。

超声波探伤方法按波的传播方式分为脉冲反射波法和透射波法。脉冲反射波法是利用脉冲发生器发出的电脉冲激励探头晶体产生超声脉冲波。超声波以一定的速度向零件内部传播，遇到缺陷的波发生反射，得到缺陷波，其余的波则继续传播至零件底面后发生反射，得到底波。探头接收发射波、缺陷波和底波，放大后显示在荧光屏上。

由发射波、缺陷波和底波在时间基线上的位置求出零件内缺陷的部位。依缺陷波的幅度判断缺陷的大小，具体方法有当量法、定量法等。对于缺陷的性质则主要依缺陷波的形状和变化，结合零件的冶金、焊接或毛坯的铸、锻工艺特点，以及参照缺陷图谱和探伤人员的经验来判断。

超声波探伤常用频率为 0.4～5 MHz。较低频率用于检测粗晶材料和衰减较大的材料；较高频率用于检测细晶材料和要求高灵敏度材料。特殊要求的检测频率可达 10～50 MHz。

3. 超声波探伤的特点

超声波探伤迅速，灵敏度高，可探测 5～3 000 mm 厚的金属或非金属材料的构件，设备简单，操作灵活、方便，探测范围广，对人体无害。但对零件表面粗糙度有一定要求，一般要求粗糙度等级高于 Ra6.3 μm，表面清洁、光滑，与探头接触良好。由于零件表面一段距离内的缺陷波与初始波难以分辨，难以探测缺陷，所以这段距离称为盲区。盲区的大小因超声波探伤仪不同而异，一般为 5～7 mm。超声波探伤中对缺陷种类和性质的识别较为困难，需借助一定的方法和技术。

（五）射线探伤

射线探伤是利用射线探测零件内部缺陷的无损探伤方法。利用 x 射线、γ 射线和中子射线易于穿透物体和穿透物体后的衰减程度不同，使胶片感光不同的特点，来探测物体内部的缺陷。

1. 射线探伤原理

射线探伤方法有照相法、透视法（荧屏显示）和工业射线电视法。目前，生产中广泛应用射线照相法。

射线照相法探伤是利用物质在密度不同、厚度不同时对射线的吸收程度不同（即射线的衰减程度不同），就会使零件下面的底片感光不同的原理，实现对材料或零件内部质量的照相探伤。当射线穿过密度大的物质，如金属或非金属材料时，射线被吸收得多，自身衰减的程度大，使底片感光轻；当射线穿过密度小的缺陷（空气）时，则被吸收得少，衰减小，底片感光重。这样就获得反映零件内部质量的射线底片。

2. 射线探伤的特点

（1）可直接观察零件内部缺陷的影像，对缺陷进行定性、定量和定位分析；

（2）探测厚度范围大，从薄钢片到厚达 500 mm 以内的钢板，但薄钢片的表面缺陷（如表面发纹、疲劳裂纹等）较难探测；

（3）设备复杂、昂贵，检验费用高；

（4）射线对人体健康有害，其设备应加防护措施。

射线探伤适用于所有的材料，可检验金属、非金属材料内部质量，探测铸件、焊接件内部的缺陷，如检测船体焊缝的质量。

（六）声发射探伤

声发射无损检测技术是 20 世纪 60 年代发展起来的一种探测材料或构件内部缺陷和进行质量评定的技术。

1. 声发射原理

材料或构件受外力作用时，引起内部缺陷处或微观结构不均匀处产生应力集中，进而导致裂纹的产生和扩展。这是一种应变能的释放过程，其中一部分能量是以弹性应力波的形式快速释放的，称为声发射。声发射的频率范围从次声、可听声至超声，大多数金属材料声发射信号频率范围为 $100\sim500$ kHz。声发射持续的时间很短，一般为 $10e^{-4}\sim10e^{-8}$ s。由于声发射信号中包含着材料内部缺陷和应变的信息，所以，声发射检测通过接收声发射的信号，进行处理、分析后判断材料内部的缺陷位置和性质。

2. 声发射检测的特点

（1）声发射检测时需对待检件施加力的作用；

（2）是一种动态检测，利用加载状态下待检件内部缺陷活动发出的声波信号来探测缺陷，是缺陷主动参与检测，而其他无损检测技术则是静态的，是用外加信号检测缺陷；

（3）操作简便，可大面积探测和监视缺陷状况；

（4）除极少数材料外，金属和非金属材料在一定条件下均有声发射现象，所以此种探伤方法基本不受材料限制；

（5）不仅可探测缺陷，而且可了解缺陷的形成原因和预测其发展趋势。

（七）综合探伤法

随着科学技术的发展，无损探伤技术得到不断提高，新的探伤方法不断出现。在生产实践中，如何合理选用探伤方法进行经济而又有效的检测，这是无损探伤工作中的关键。

综合探伤法是在充分了解各种无损探伤方法的前提下，根据零件检测部位、检测质量的要求和经济性进行全面分析，合理地选用探伤方法，达到相互配合，准确、可靠和经济地进行检验。

第五节 ◉ 船机零件的修复工艺

船舶机械经过一段时间的运行后，船机零件会产生一定程度的损伤，严重时会明显地改变零件的原有尺寸、几何形状、金属表面层的机械性能及配合间隙，从而导致机械设备的功能失效。针对零件的具体损坏形式选用合适的修复工艺进行有效的修复，不仅可以使已损坏或报废的零件恢复其使用性能，更能够保证船舶在缺少备件的情况下的应急需要。

一、船机零件的修复

（一）船机零件修复的意义和要求

1.船机零件修复的意义

对损坏的船机零件进行修复，不仅可恢复零件的使用功能、延长使用寿命，而且可节约修船经费，提高经济效益。尤其是在没有备件或条件不允许更换备件的情况下，修复零件或现场修复零件对于提高船机设备的可靠性，保证航行安全和提高船舶的营运效益具有十分重要的意义。船机零件的修复具有以下重要意义：

（1）可以减少船舶所带备件的数量，从而减少闲置资金，有利于生产的发展。

（2）减少新备件的购置或制造，不仅可以大幅度降低修船费用，而且可以缩短修船期。

（3）可以促进船舶修复工艺的发展和修理技术水平的提高。

（4）延长设备的使用寿命。

2.船机零件修复的要求

轮机员在选择修复工艺进行零件修复时，应从质量、经济和时间三个方面综合考虑，具体应满足以下要求：

（1）应使修复费用低于新件制造成本或购买新件的费用。一般说来，如果零件的修复费用小于新零件制造或购买费用的三分之二，就认为是经济的。

（2）有合适的修复工艺并具备相应的技术条件，修复工艺能够满足零件的修复要求。

（3）零件修复后必须保持其原有的技术要求。

（4）零件修复后必须保证具有足够的强度、刚度，不影响其使用性能和使用寿命。

（5）零件修复后要至少能够维持使用一个修理间隔期。例如,中、小修复范围的零件,修复后应能使用到下一个中、小修复期。

（二）船机零件修复原则

经过长期使用后,两个相互配合的零件由于磨损,其尺寸、形状和配合间隙都发生了变化。这些零件被修复后并不一定要求其尺寸、形状和配合间隙都恢复原样。一般要求修复后配合件的形状和配合间隙要恢复到原设计的要求,但尺寸不一定非要恢复到原设计尺寸。因此,有两项相互配合零件磨损后的修复原则:

1. 改变配合件的原设计尺寸,恢复配合件的形状和原设计的配合间隙值,从而恢复其工作性能。符合该项修复原则的修理方法有修理尺寸法、尺寸选配法等。

2. 恢复配合件的原设计尺寸、形状和配合间隙值,从而恢复其工作性能。符合该项修复原则的修理方法有恢复尺寸法等。

（三）船机零件修复工艺的种类和选择

1. 修复工艺的种类

修复工艺有许多种,常用的修复工艺见表6-2。其中有许多工艺既可用来制造零件,也可用来修复零件。例如在下列常用的修复工艺中,除了金属扣合工艺,机械加工修复工艺中的修理尺寸法、恢复尺寸法、附加零件法、换位加工修理法等一般仅用于修复零件外,其他多数修复工艺同时也是制造工艺。

表6-2　常用的修复工艺

序号	修复工艺	具体办法	零件的失效形式
1	机械加工	修理尺寸法、恢复尺寸法、尺寸选配法、局部更换法、附加零件法、换位加工修理法	磨损、腐蚀、裂纹、加工失误
2	金属扣合	强固扣合法、强密扣合法、加强扣合法	裂纹、断裂、腐蚀
3	塑性变形	冷校法、热校法、加热-机械校直法	塑性变形
4	粘接	有机黏结剂、无机黏结剂	磨损、腐蚀、裂纹
5	焊接	电弧焊、气焊、氩弧焊、埋弧焊、钎焊	磨损、腐蚀
6	研磨	粗研、半精研、精研	磨损、腐蚀
7	手工加工	锉、铲、刮拂、打磨、抛光	磨损、腐蚀、裂纹、断裂
8	成套换修法	成套换新法	磨损、腐蚀、疲劳

2. 修复工艺的选择

合理选择修复工艺是成功修复零件、提高修复质量、降低修船费用和缩短修船时间的关键环节。但是船机零件的修复工艺有许多种,每种修复工艺的特点和适用性各有不同;而需要修复的船机零件,其材料、结构、尺寸和修复要求又千变万化,因此要想合理、正确地选择修复工艺,必须考虑以下几个问题:

（1）修复工艺对零件材料的适用性

每一种修复工艺对零件的材料都有一定的适用范围,因此在修复之前,首先应弄清楚待修零件的材料,然后根据零件的材料选用合适的修复工艺。例如用焊补方法修复不同材质的零件,应根据被修复零件的材料及焊后的强度要求选用不同焊补方法。

（2）修复工艺应满足要求的修复层厚度

零件的磨损层的厚度不同,修复时所需要的修补层厚度就不同。而每一种修复工艺所能达到的修补层厚度也不同,因此应根据待修零件所需要的修补层厚度来选择修复工艺。

（3）零件结构、尺寸对修复工艺的限制

对损坏零件进行修复时,应综合考虑所采用修复工艺的适用性。例如一些壁厚太薄的金属零件就不能采用金属扣合工艺等。

（4）修复工艺应保证零件的修复质量

零件修复后,零件材料的强度、修补层强度、修补层与零件的结合强度等能否满足修复要求是检验修复质量的重要指标,也是选择修复工艺的最主要的依据。

（5）修复工艺对零件变形和材料性能的影响

在常温或温度不高的条件下进行修复,对零件变形和材料性能几乎没有影响。但在高温下,喷焊、堆焊时零件容易变形,甚至会使零件材料组织、性能发生变化。

所选的修复工艺应该能保证零件的各种强度和刚度要求。如果有几种工艺都可满足前面的各项要求,那就应该从中选用能获得较高的零件强度、修补层强度、修补层与零件的结合强度的修复工艺。例如,曲轴的主轴颈磨损失效但自身强度尚足够的情况下,采用电弧喷涂或低温镀铁工艺都可满足前面的各项要求,但从修补层与零件的结合强度和修补层的自身强度来说,低温镀铁远高于电弧喷涂,所以应该优先选用低温镀铁工艺进行修复。

二、常用的修复工艺

常用的修复工艺有机械加工、金属扣合、塑性变形、粘接、焊接、研磨等,每种修复工艺的特点和适用性各有不同,只有了解和熟悉了各种修复工艺才能选择和使用合理的修复工艺进行船舶维修工作。

（一）机械加工修复工艺

船机零件在使用过程中产生磨损、裂纹、腐蚀等损坏后可以采用机械加工方法进行修复。此法在修复过程中虽然改变了零件的尺寸,但是它可以使零件达到要求的几何形状和配合间隙,从而可以恢复设备的使用性能和延长设备的使用寿命。

机械加工修复工艺是主要通过机械加工,有时需要辅助采用焊接、电镀、镶套等方法,对损坏的船机零件进行修复的工艺。

机械加工修复工艺适用于修复因磨损、腐蚀、表面裂纹或加工失误而报废的船机零件。常用的机械加工修复工艺有:修理尺寸法、恢复尺寸法、尺寸选配法、局部更换法、附加零件法、换位加工修理法、成套换修法和钳工加工修复。

1. 修理尺寸法

相对运动的配合件的配合面磨损后,其配合间隙将增大甚至会超过规定的极限值,从而使零件的工作性能变差。修理尺寸法是对配合件中较为复杂和贵重的一个零件的磨损表面进行机械加工,以消除零件的几何形状误差和缺陷,使其具有一个新的几何形状和基本尺寸——修理尺寸。依此修理尺寸再制造与之配合的另一个零件,使二者具有原设计的配合间隙。例如,柴油机曲轴的主轴颈长期使用过度磨损或偏磨后,在保证轴颈有足够强度的情况下,可以光车主轴颈,再依光车后主轴颈的尺寸重新配制主轴瓦,使其具有原有的轴承配合间隙。

修理尺寸法具有方法简单、经济、修理质量高等优点,广泛应用于结构复杂和贵重零件的修复。例如,船用柴油机的曲轴、气缸套、活塞、气阀等零部件可以用此法修理。

2. 恢复尺寸法

恢复尺寸法是对已损坏的、两个相互配合的零件中,较贵重、较难制造的那个零件进行机械加工,在保证强度和刚度的前提下,消除其工作表面的损伤和几何形状误差,然后采用镀铁、镀铬、电刷镀、堆焊、喷焊等工艺增大零件的尺寸,最后再进行精加工使其恢复原设计的尺寸和形状。原有与之相配合的另一个旧零件做报废处理,重新按照原设计的尺寸和形状去制造或购买一个与之相配合的新零件,使二者恢复原设计的配合间隙值。

恢复尺寸法符合第二项修复原则,即"恢复尺寸、恢复形状和恢复间隙"的原则;此法既适合于单件修理,也适合于批量修理,同样广泛用于曲轴轴颈的修理。

3. 尺寸选配法

把一批相同机型的已经过度磨损的配合件集中起来,分别进行机械加工以消除配合表面的缺陷和几何形状误差,再按原配合间隙重新配合成对,组成一些具有不同基本尺寸但具有相同配合间隙的新的配合件,此种方法称为尺寸选配法。例如柴油机的喷油泵和喷油器中的精密偶件就可以用此法修理。

尺寸选配法符合第一项修复原则,即"改变尺寸、恢复形状和恢复间隙"的原则。

此种方法的特点是工艺简单、方便、经济、快捷,可使一部分已报废的配合件经加工后重新投入正常使用。其缺点是必须有一批配合件,如果配合件的数量太少,则不易组成新的配合件。并且修理后,各对配合件具有不同的基本尺寸,不可互换。

4. 局部更换法

一些贵重的或尺寸较大的零件出现局部损坏或磨损过大,在保证零件机械强度的前提下,从零件上去除损坏部分,并按损坏部分应有的正确几何形状和尺寸精度另外制造这一部分的新件,再用焊接或其他方法将新件与零件余留部分牢固地结合在一起。这种修理方法称为局部更换法。

局部更换法主要用于修复船机零件的磨损或其他损坏,也可以作为提高零件的耐磨性及耐蚀性的重要措施之一。由于附加衬套具有一定的壁厚要求,被修复机件必须去除相应厚度的材料后才能装入衬套,这样对原机件的强度会造成一定的影响,因此采用此修复工艺时应对该机件进行强度的校核,以保证修复后的机件仍具有足够的强度。

5. 附加零件法

附加零件法是当零件局部损坏时,如果在损坏部位额外装配一个零件不会影响零件的正常工作,则可在损坏处另附加一个零件,并采用适当的方法将其固定,使零件在一定时间内基本恢复原有功能的方法。

6. 换位加工修理法

换位加工修理法是当零件的连接、配合部位(如螺栓孔、键槽等部位)因磨损或腐蚀而损坏后,将零件翻转一定角度即换一个位置,在零件未磨损或腐蚀的部位重新加工出连接、配合部位,从而恢复零件正常的连接配合关系和工作能力(传动、连接、固定等)的修理方法。此法常用来修理易受磨损的键槽、螺栓孔等配合部位的零件。这种修理方法在改变了连接、配合部位后,对原来损坏的部位根据实际情况可进行填焊也可不进行填焊。此法是一种快速、简便、有效的应急修理方法。

7. 成套换修法

船舶在营运中或在船厂修理时,为了缩短修理时间,拆下已严重磨损或损伤零件的部件或设备,迅速换上成套备件继续运转,这种方法称为成套换修法。而拆换下来的设备或备件经修理后作为备件使用或供给同类机型的船舶使用。

此修理方法使设备停止运转的时间短,因此在营运中的船舶上得到了广泛的应用。

8. 钳工加工修复

(1)铰孔

铰孔是利用铰刀进行精密孔加工和修整性加工的工艺,它能得到很高的尺寸精度和较小的表面粗糙度,主要用来修复各种配合的孔。

(2)珩磨

用4~6根细磨料的砂条组成可涨缩的珩磨头,对被加工的孔做既旋转又上下沿轴向往复的综合运动,使砂条上的磨料在孔的表面上形成既交叉而又不重复的网纹轨迹,并磨去一层薄的金属。由于参加切削的磨料多,且速度低,又在珩磨过程中施加大量的冷却液,使孔的表面粗糙度变小,精度得到很大提高。

(3)研磨

通过用铸件制成的、具有良好嵌砂性能的研具,再加上在磨料中加入研磨液和混合脂调制成的研磨剂,在工件表面上进行研磨,磨去一层极薄的金属,获得一定的加工精度和粗糙度。研磨常用于修复高精度的配合表面。

(4)刮削

刮削是用刮刀从工件表面上刮去一层很薄的金属的手工操作。刮削生产效率低,劳动强度大,常用磨削等机械加工方法代替。

(二)焊补修复工艺

1. 焊补修复工艺及其特点和应用

焊补修复工艺即采用焊接的方法对损坏的金属零件进行修复的工艺。它是利用焊接和堆焊工艺来修补裂纹和断裂的零件,修复严重磨损、烧蚀等零件的方法。

焊补修复工艺的优点是:修理成本低、工时少、效率高、设备简单、应用方便,焊接修复层与零件基体的结合强度高,抗冲击能力强。焊补修复的缺点是:焊接时零件温度高,热应力大,易产生变形和裂纹,不宜修复精密零件。

焊补修复工艺适用于修补磨损、腐蚀、裂纹、断裂和局部损伤以及加工失误等缺陷的零件。

2. 焊补修复工艺的分类

在焊补修复工艺中,根据被焊零件数目的不同和焊接目的的不同,可将焊补修复工艺分为焊接和堆焊两种。

（1）焊接

焊接是通过加热或加压的方法，使两个金属件的原子间形成冶金结合，达到永久性连接的一种工艺。焊接修复时将两个或两个以上的零件或断裂的部分焊接到一起，其主要目的是连接。

修船厂和船舶上通常采用气焊和电弧焊修复损坏的零件。例如应急焊接断裂的曲轴和曲轴裂纹、焊接修补管路设备等。

（2）堆焊

堆焊是用熔化焊条或合金粉末的方法在零件磨损或腐蚀的表面上熔敷一层或多层金属的工艺。堆焊一般采用熔焊。堆焊是在一个零件表面，为了增大尺寸或恢复尺寸，或者是为了使零件获得具有特殊性能（如耐磨、耐腐蚀、耐高温）的焊层而进行的焊接，堆焊层与基体结合强度较高，并且用于维修的费用低。堆焊的缺点主要是：堆焊焊缝周围容易产生裂纹，修复零件的疲劳强度低于原件，零件易产生变形等。

堆焊修复工艺适用于修补大面积磨损、腐蚀、裂纹或加工失误的零件，补偿较大的尺寸偏差以恢复零件原有尺寸。在船机零件修复中常用于修复磨损的轴颈、凸轮、排气阀等。

（三）金属扣合工艺

金属扣合工艺是利用高强度合金材料制成连接件，通过连接件材料的塑性变形把零件上的裂纹或断裂处拉紧连接起来，使其恢复使用功能的一种修复方法。

1. 金属扣合工艺原理

（1）连接件材料

金属扣合工艺所使用的连接件有波浪键、加强块、密封螺栓和圆柱销等。

对制造扣合连接件的材料的基本要求是：材料强度高，塑性和韧性好，初始硬度不高，冷加工硬化性强，热膨胀系数低于或接近于零件本体材料。

（2）波浪键形状

波浪键是金属扣合工艺所使用的扣合连接件中最主要的连接件。波浪键的形状是由若干个圆柱体形状的凸圆柱和长方体形状的连桥相互连接所组成。波浪键的上底面和下底面是两个相互平行的平面。波浪键的"凸圆柱"数量必须是奇数，一般为5、7、9个。波浪键的形状和基本尺寸如图6-13和图6-14所示。

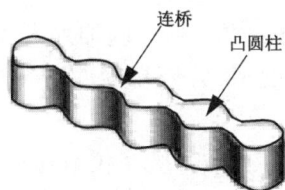

图6-13　波浪键的形状

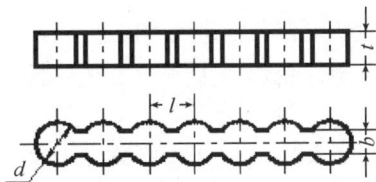

图6-14　波浪键的基本尺寸

（3）适用范围

金属扣合工艺能有效地修复裂纹和断裂的零件。尤其适用于难于保证焊补修理质量的铸钢件、铸铁件以及不允许产生较大变形的零件。例如，船用柴油机的机座、机架、气缸体、气缸盖和气缸套，各种机械的壳体和螺旋桨等的裂纹均已采用此法修复，并且质量可靠、延长了零件的使用寿命。

但该法不适用于修复厚度在 8 mm 以下的铸铁件及振动剧烈的工件。此外，修复效率较低。

2. 金属扣合工艺的种类和应用

（1）强固扣合法

强固扣合法或称波浪键扣合法。它是在零件垂直于裂纹或折断面的方向上加工出一定形状和尺寸的波浪形槽，再将与波浪形槽相吻合的扣合键（波浪键）嵌入槽内。键与槽的形状和尺寸一致，二者之间只需保持有 0.1 mm 左右的配合间隙。

（2）强密扣合法

强密扣合法或称波浪键-密封螺丝扣合法。它是在强固扣合法的基础上，再沿裂纹钻孔、攻丝和旋入涂有胶黏剂的密封螺钉。所有密封螺钉彼此重叠，即当第一个密封螺钉装入后，钻削第二个螺钉孔时，使其切入第一个螺钉，两个螺钉有 0.5~1.5 mm 的重叠。这样在沿裂纹长度方向上形成一个金属密封带，起到防止裂纹渗漏的作用。

（3）加强扣合法

加强扣合法或称加强块扣合法。它是在垂直于机件裂纹的方向上加工出一定形状、尺寸的键槽，再把一个与键槽相吻合的高强度合金钢块做成的扣合键嵌入键槽内，铆击扣合键使之充满槽腔，拉紧裂纹。再于加强钢块与机件交界处，嵌入圆柱销，要求圆柱销分布在钢块和机件上各一半。

（4）热扣合法

热扣合法是利用金属材料热胀冷缩的特性修复零件裂纹的方法。首先在垂直于机件裂纹的方向上加工出一定形状、尺寸的键槽，然后将一个形状相似但尺寸略小于键槽的扣合键加热至一定温度后，放入零件裂纹处已加工好相应形状、尺寸的键槽内，当扣合键冷却产生收缩时，将零件上裂纹拉紧形成一体，使零件恢复使用功能。

这种扣合键的形状、尺寸依机件上裂纹的部位、形状和安装的可能性等进行设计。例如，可设计成圆环形、工字形等。扣合键的加热最低温度可经计算求出，并要求实际加热温度比计算温度约高 100~200 ℃，以便于加热后的扣合键能顺利嵌入键槽。热扣合法应用于修复大型、重型设备，如大型飞轮、齿轮和重型设备的机体等。

（四）塑性变形修复工艺

塑性变形修复工艺是利用金属或合金的塑性变形的性能，通过施加外力或加热的手段，使已经发生塑性变形而失效的金属零件再发生反向塑性变形，以恢复零件原有几何形状的修复工艺。

生产中常用的塑性变形修复工艺有冷校法、热校法、加热-机械校直法等，可根据零件变形程度选用。

1. 冷校法

塑性较高、塑变量较小、零件尺寸较小的变形零件，可用冷校法进行修复。

冷校法是在常温下，靠敲击或施加外力来恢复零件原有几何形状的修复方法。常用的冷校法有敲击法和机械校直法。

（1）敲击法

敲击法是靠锤子敲击零件使其发生反向塑性变形,以恢复零件原有几何形状的修复方法。

采用敲击法校直弯曲零件的一般方法是:将发生弯曲的零件的凸起部位朝上,放置在平台上或在零件凸起部位的下方对称地垫起两点,用锤子砸零件的凸起部位,使其发生反向塑变,以达到校直的目的。

采用敲击法校直弯曲零件的另一种方法是根据情况,采用头部具有特殊形状的锤子,敲击零件发生塑变后尺寸变短的区域,使敲击的部位产生局部塑性伸长,以恢复零件的整体形状。此法校正变形的效果稳定,对零件的性能(如疲劳强度)影响不大。例如小型曲轴因曲柄臂弯曲造成了曲轴的弯曲变形,也可以采用敲击法进行校直,如图 6-15 所示。用铁锤敲击变短了的曲柄臂内侧或外侧,使变形的曲轴轴线发生变化达到校直的目的。

(2)机械校直法

机械校直法或称静载荷法,是在专用的液压机上,对发生塑变的零件的凸起部位施加静压力,使其产生反向塑性变形来进行校直的方法。此方法用于校正弯曲变形不大的小型轴类零件。例如小型曲轴,用 V 形铁在曲轴两端或弯曲部位附近的两个主轴颈处支承曲轴,并将弯曲凸面朝上,在施压部位的下面,安装一个百分表,以便准确地掌握反向变形的大小,用压力机或千斤顶加压使之产生反向变形,且较原弯曲变形量大,保持压力 1~2 min 后卸载。如此数次施压可消除曲轴的弯曲变形,曲轴得以校直,如图 6-16 所示。

采用机械校直法校直零件的缺点是:零件的截面变化处(如轴颈根部过渡圆角处)塑性变形较大,并留下残余拉应力,使零件的疲劳强度降低。

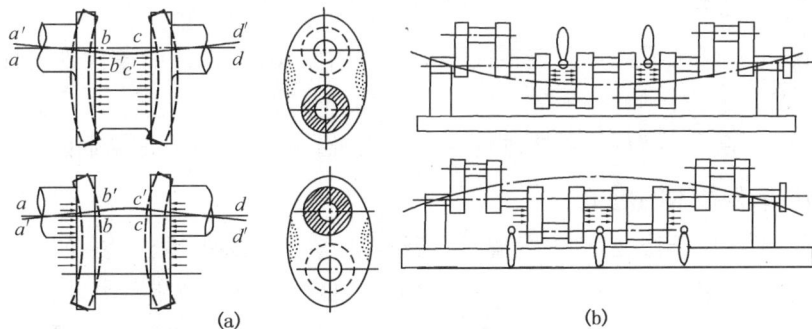

图 6-15 敲击法校直曲轴

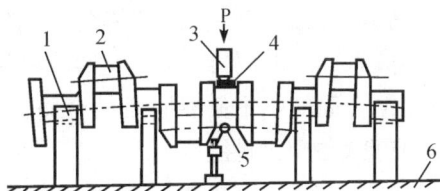

图 6-16 机械法校直曲轴

1—V 形铁;2—曲轴;3—压力机;4—铜皮或铅皮垫片;5—百分表;6—平台

2. 热校法

热校法是利用金属材料热胀冷缩的特性,对发生了塑性变形的金属零件进行局部快速加热来校正变形零件的方法。通常是在轴弯曲凸面进行局部快速均匀加热,零件材料受热膨胀,使轴的两端向下弯曲,即轴的弯曲变形增大。当冷却时,由于受热部分收缩产生相反方向的弯曲变形,从而使轴的弯曲变形得以校正。图 6-17 所示为加热校直轴类零件。

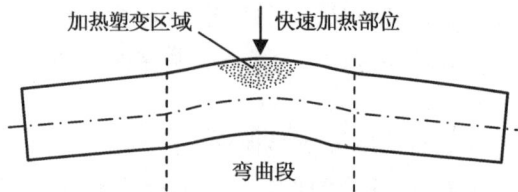

图 6-17　加热校直轴类零件

此法适用于焊接性好的钢材,如低碳钢或普通低合金钢;可矫正弯曲变形较大、尺寸较大的零件。但对工人的操作技术和经验要求较高。

3. 加热-机械校直法

此法为热校法与机械校直法的联合运用,适用于弯曲变形较大并且尺寸较大的零件。可先采用机械校直法使零件恢复一定的变形,再用热校法局部加热校直。也可先加热,然后采用机械加压进行校直。例如螺旋桨桨叶弯曲变形较大时,将叶片弯曲变形处加热后再用千斤顶加压或用螺杆和螺母制作的上紧夹具加压的方法使桨叶形状复原。

应该指出,无论采取何种塑性变形的修复方法,都不可能将零件矫正到一丝不差的程度,如果是要求非常高的精密零件,采用上述方法校直后,还需要通过机床精加工才能达到最终要求。

（五）粘接修复技术

利用胶黏剂把损坏的零件重新连接成一个牢固的整体,使损坏的零件恢复使用功能的方法称为粘接修复。

船舶修理中应用的黏结剂按其物理性可分为无机黏结剂和有机黏结剂两大类。

1. 有机粘接修复技术的应用

粘接修复技术可用于修复因磨损、腐蚀、裂纹或断裂而损坏的零件,以及加工失误的零件。有时用其他工艺均无法修复的零件,用粘接却得到了良好的修复效果。另外,还可以利用胶黏剂进行装配工作和对零件的接触面进行密封,使修船、造船工作中的某些装配工艺大大简化,劳动强度大大降低,生产率显著提高。

目前,在很多场合开始使用高分子液态密封胶代替传统的固体垫片作为连接件的密封材料。液态密封胶在常温下呈黏稠液态,涂在零件结合面上形成一层具有黏性和弹性的可剥性密封垫片。这层密封垫片可填充结合面的不平并黏附于结合面上,使连接面达到完全吻合,因密封垫片弹性好且耐压,所以具有良好的密封性。

液态密封胶用于各类泵、齿轮箱、空气压缩机等的法兰平面和结合面的密封;用于柴油机气缸套与气缸体、道门与机架的结合面;用于高压油管、水管和蒸汽管的接头和振动较大的锁紧螺母的防松上。

在使用有机胶黏剂作密封材料时通常能改善密封效果,但需要根据具体情况适当采用。否则,有可能因连接过于牢固而造成在以后的检修中无法拆卸。

一般来说,与无机胶黏剂相比,有机胶黏剂的粘接强度较大,耐热性差,脆性较小,抗冲击性较好,耐腐蚀性较好,抗老化性较差,粘接工艺较复杂。

2.无机粘接修复技术的应用

无机胶黏剂是由无机的酸、碱、盐和金属氧化物、氢氧化物等构成的具有黏结性能、应用广泛的胶黏剂。分为磷酸盐类和硅酸盐类胶黏剂。

无机胶黏剂广泛用于船机修理工作中,如修理断轴、气缸体和箱盖的裂纹,增压器涡轮端壳体腐蚀等。船机维修中常用氧化铜-磷酸铝无机胶。这种氧化铜无机胶黏剂的特点是:适用的温度范围较广,可在$-183\sim950\ ℃$范围内使用;耐湿、耐油、耐辐射、不易老化;配制简单、使用方便、室温下即可固化、成本较低;但耐酸、碱腐蚀性差,脆性大,不抗冲击。

一般来说,与有机胶黏剂相比,无机胶黏剂的粘接强度较小、耐热性好、脆性较大、抗冲击性和耐腐蚀性较差、抗老化性较好、粘接工艺较简单。

(六)研磨技术

研磨是用研具和研磨粉从工件表面层磨去极细的金属屑,使工件具有准确的尺寸、形状和表面粗糙度,这种对工件表面进行最后一道精修的工序叫作研磨。

研磨是精密和超精密零件精加工的主要方法之一,是在精加工,如精车、精磨或精铣加工后的超精加工。其目的是降低零件表面粗糙度和控制精密尺寸。

通过研磨加工可使零件获得极高的尺寸精度、几何形状和位置精度,最高的表面粗糙度等级以及提高配合精度。零件的内、外圆表面,平面,圆锥面,斜面,螺纹面,齿轮的齿面及其他特殊形状的表面均可以采用此种方法进行加工。船舶主、辅柴油机燃油系统中的三对精密偶件,即柱塞-套筒偶件、针阀-针阀体偶件、出油阀-出油阀座偶件的内、外圆表面和圆锥面、平面在制造时都需要采用研磨进行精加工。在针阀-针阀体配合锥面磨损和柴油机的进、排气阀配合锥面磨损后轮机工作人员均需通过研磨予以修复,使配合面恢复密封性能。

1.研磨工艺

（1）研磨原理

研磨是将研磨剂均匀地涂在研具上,当受到零件或研具的压力后,部分研磨剂就嵌进研具内。零件与研具在相对滑动或滚动的情况下,通过嵌入的研磨剂的微切削作用,在磨损表面进行磨削;同时由于研磨剂的化学作用,在零件表面生成易被磨削的氧化膜,从而加速研磨过程。所以研磨加工是机械、化学联合作用完成的精密加工。

（2）研磨剂

研磨剂或称研磨膏,是研磨和抛光加工时对零件表面进行微切削加工的材料。研磨剂是在研磨粉中加入油溶性或水溶性辅助材料制成的一种混合剂。使用时,需用研磨液稀释后才能进行研磨。研磨粉是具有一定粒度的磨料。

（3）研磨工具

研磨工具也称研具。它是与零件被研磨部位的形状和尺寸相吻合的、为研磨而特制的工具。研具有手工研具和机械研具。研具按其工作表面形状分为研磨平板、研磨尺、研磨盘、研磨棒、研磨套和研磨环等;按用途分为平面、外圆、内孔、锥面、球面、螺纹、齿轮等研具。研具的材料一般常用灰铸铁、低碳钢、铜、铝、铅、木材、丝绸和皮革等。

零件用外圆或内孔研磨时,分别用机床夹持零件或研磨棒,使之按一定转速回转,然后用手握住研磨套或零件,涂上研磨膏使磨粒随研具做往复和回转运动进行研磨。配合件配合面磨损、腐蚀,采用研磨进行修复时,配合面上涂研磨膏使之相对运动相互研磨,即互研。

2. 船机零件的研磨修复

在船上柴油机的进、排气阀和阀座、燃油系统精密偶件等的配合面磨损失效后，通常都是由轮机人员进行研磨，自修恢复其使用功能的。

（1）平面研磨修复

平面研磨是在平板上进行的。研磨平板的尺寸由研磨件的形状和大小来决定。研磨分为粗磨和精磨。粗磨在刻槽的平板上进行，精磨在光滑的平板上进行。

如图6-18所示，研磨时，在平板上涂以极少量的金刚砂研磨剂，用手轻轻握住套筒进行研磨，工件的运动轨迹呈"8"字形，并按图中箭头所示来回移动，同时还需按时把工件调转120°。套筒端面密封不良的研磨修复，空压机阀片、制冷压缩机阀等修理时均需采用平面研磨。

（2）锥面研磨修复

研磨圆锥形表面是轮机工作人员在检修机器中经常

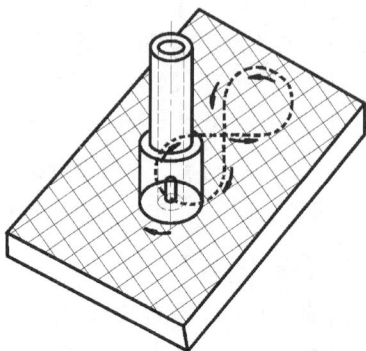

图6-18　高压油泵套筒端面的研磨

进行的工艺操作，因为船舶上这类机件很多，如旋塞，一般阀门，安全阀，柴油机进、排气阀和喷油头等。各种阀的结合部位都应有良好的密封性，以保证不漏气、漏水和漏油。

研磨是一项精细的工作，研磨中的清洁尤为重要，并应细心、耐心地研磨，如操之过急，则效果不良。

第六节　◉　船机维修过程

船舶在营运过程中，船舶机械及设备出现机损故障或进行常规检修时，需要对船舶机械和设备进行拆卸修理。可以依据机器的大小、作用，以及损坏的形式、范围、程度的不同，采取不同的修理方式。一般通过船员自修和船舶厂修来恢复船舶机械和设备的功能。通常，船舶机械检修步骤包括：航行勘验、确定维修时机与准备、拆卸与检测、清洗、测量与检验、修理、装复与检测和试验等内容。图6-19为船机维修过程的流程图。

船员自修项目，通常是轮机人员根据经验知识通过航行中观察和必要的检测来了解和确定损坏的部位、性质、程度等；船舶厂修项目则要根据相关规定及要求，在船舶进厂前进行航行勘验，以了解船舶状态和故障的情况、确定修理项目和修理范围。维修时机是根据预防维修保养体系、故障检修或船检部门认为必要时来确定的；确定了维修时机后，就要进行准备工作，例如：物料准备、备件及专用工具与量具准备、起重设备准备、阅读机械设备说明书和掌握机械设备结构特点及技术要求等。随后，对船舶机械进行拆卸、检测与清洗，要做到边拆卸边检测，通过拆卸进一步确定故障的部位。清洗完毕后，对船舶机械设备进行测量与检验，以确定故障的损伤性质和程度等。然后，根据测量与检验的结果来确定维修方案和进行修复工作。在船舶机械设备修复后，进行安装并随时检测，确保正确装复。最后，通过各种试验来确定船舶机械设备的性能是否得到了恢复和保持。

一、船机拆检

船机拆检是维修过程的开始阶段,也是修理前的重要准备工作。检修人员通过拆卸和拆卸过程中的检验、测量,了解故障的范围、程度,找出故障的原因后,才能采用正确的钳工修配手段进行修理。所以,不论是船员自修还是厂修,均应做好修理前的拆卸及检验工作。

通常机器修理时首先要利用拆卸工具把机器的运动部件从其固定件上拆下来,对机器进行局部或全部解体。拆卸过程也是一个对机器技术状况和存在故障的调查研究的过程。零部件表面的油污、积炭、水迹等均是发现故障的线索。例如,燃烧室组成零件上的水迹情况有助于了解燃烧室和相关冷却部件的泄漏故障等。

(一)船机拆卸前准备

1. 人员的准备

根据设备拆卸工作量的大小,并且在保证人员、设备安全的前提下,合理地安排人员并分工。要求相关工作人员穿着工作服,戴安全帽,做好安全预防措施。

2. 技术准备

机械设备种类繁多,构造各异。拆装人员必须了解所拆机器的结构特点和装配技术要求,做到心中有数。必要时应查阅有关说明书和图样资料,弄清装配关系、配合性质,不能粗心大意、盲目乱拆。同时应明确拆装目的,指定拆装方案。

```
航行勘验
   ↓
确定维修时机与准备
   ↓
拆卸与检测
   ↓
清洗
   ↓
测量与检验
   ↓
修理
   ↓
装复与检测
   ↓
试验
```

图 6-19　船机维修过程的流程图

3. 用具、备件、场地的准备

用具、备件、场地的准备包括拆卸工具(专用工具、常用工具)的准备;吊车、吊具等起重设备的准备;需要更换的零部件或易损件的备件及其他物料的准备;木板、支架等零部件放置场地的准备。

(1)拆卸工具的准备。对船舶机器设备进行检修时需要的工具包括:通用和专用工具、通用和专用量具、各种随机辅助设备等。所准备的通用工具和量具的种类、规格和精度等应能保证全部拆检工作的顺利进行。

(2)起重设备的准备。拆卸船舶机械设备上重量较大的部件时,经常使用各种起重工具和设备。最常用的起重设备是环链式手拉葫芦和起重行车;此外,吊装工作中还会用到一些其他的工具和索具等,例如液压千斤顶、卸扣、吊环、钢丝绳、滑车、撬棒和连接固定螺栓等。

采用机舱起吊设备进行吊运时,应当根据部件的重量选择相应的起吊工具;检查起吊控制

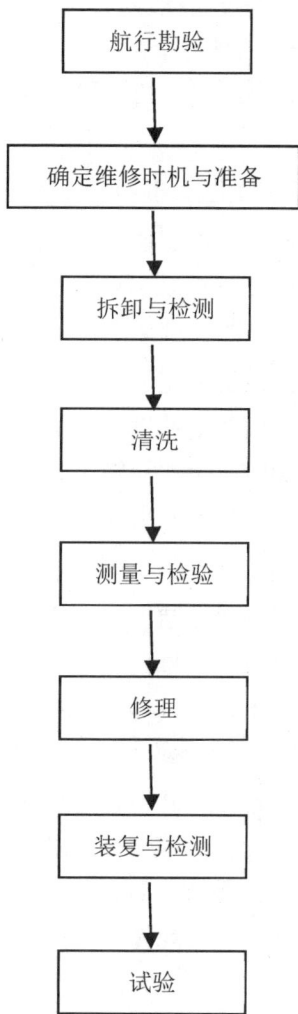

开关操作的灵活性;同时,检查行吊情况,确保吊运工作安全可靠。

（3）其他物料的准备。为了保护重要的零件和管口等,需要对其进行支垫和包扎,因此要准备木板、厚纸板、垫料和填料、布或塑料布、木塞等物料。此外,还需准备棉纱、油料等各种消耗品。

（二）船机拆卸原则

拆卸机器在实地拆卸时往往会遇到一个最简单的难题——拆不下来,或者在拆卸的过程中零件受损不能装复。所以,拆卸工作必须使用正确的方法和措施,保证拆卸工作的顺利进行。船机拆卸原则如下:

1. 确定拆卸范围

拆卸前要根据机器存在的故障确定一定的拆卸范围,不要随意扩大拆卸范围。因为不必要的拆卸将会增加检修人员的工作量,影响船舶正常营运,还可能会破坏机件良好的配合精度,增加零件损伤,出现安装误差等。

2. 确定正确的拆卸顺序

不同的机器结构,其安装与拆卸的顺序也不相同。因此,拆卸前应仔细阅读说明书,充分掌握机器的结构特点,了解拆装要求、随机拆装专用工具及其使用方法等,以便顺利拆卸。

一般来说,机器的拆卸顺序应从上到下、从外到内;先拆除附属件,再拆主要机件;先拆部件,再将部件拆成零件。

3. 保证零部件原有的精度

拆卸过程中应尽量不要损伤零件,保证零件的尺寸、形状和位置精度;尤其是要保护好配合件的工作表面。例如,吊缸时取下的活塞应当放在支架上或者平铺好的木板上。

特殊情况时允许在保护大件、重要件精度的前提下牺牲小件、不重要件,以完成拆卸工作。例如,活塞环黏着在环槽中时,可将活塞环损坏,从环槽中取出,但是要保证不能损坏活塞环槽。

重要的或精密的部件一般不要在现场进行拆解,应送船上专门工作室或船厂车间解体修复。例如,柴油机喷油泵和喷油器检修时应在船上油泵实验间或船厂车间解体,以保证修理质量。

4. 保证能正确装复机器

机器拆卸前应考虑到拆卸后的装配复原,盲目动手拆卸可能无法装复。所以,应对所拆卸的机器结构有充分的了解,拆卸过程中通过细心的观察、做记号、系标签、画图、拍照和必要的文字记录等方式,了解正确的装配顺序和安装位置,确保后期能顺利进行装配。

（三）船机拆卸技术

为了保证船机检修工作的顺利完成,首先必须正确、顺利地拆卸机器,为此应充分做好以下几项工作:

1. 做记号和系标签

拆卸过程中,对拆下的零件系标签,注明其所属部件、次序等,以免混淆或丢失;做好各零部件之间相对位置的记号。做记号和系标签是一项简单而易被忽视的工作,如果不能很好地去做,轻者给机器装复带来麻烦,甚至返工和损坏零件,重者可能造成机器不能装复。

2.拆下的零件和机器拆开部位的保护

机器拆卸时要避免做不必要的拆卸工作,该拆的部件必须拆,不该拆的部件就不拆。从机器上拆下的仪表、管子、附件和零部件等应系标签,分门别类地妥善放置与保管,柴油机的零部件要按缸号有序地摆放,不可乱丢乱放。仪表、精密零件和零件配合表面尤其应慎重放置与保护。

机器拆卸后,为了防止异物落入造成损伤和后患,裸露的固定件上的孔口、管系的管口,应用木板、纸板、布或塑料膜等将其堵塞或包扎。例如,柴油机的油底壳油孔、曲轴上的润滑油孔等。

3.过盈配合件的拆卸

机器上具有过盈配合的配合件,例如齿轮与轴、柴油机上的气阀导管与导管孔、离心泵的泵轴与轴承等。拆卸时应使用专用工具、随机专用工具或采用适当加热配合件等方法以顺利拆卸,切勿硬打硬砸,以免损伤零件。

(四)船机拆卸方法

1.击卸法

击卸法是利用锤子或其他重物在敲击或撞击零件时产生的冲击能量,把零件拆下。它是拆卸工作中最常用的一种方法,具有操作简单、灵活方便和适用范围广等优点,但如果拆卸方法不正确,则容易损坏零件。

2.拉（压）卸法

拉(压)卸法是采用专用拉(压)卸器把零件拆卸下来的一种静力或冲击力不大的拆卸方法。它具有拆卸比较安全和不容易损坏零件等优点,适用于拆卸精度较高的零件和无法敲击的零件。

3.顶压法

顶压法是一种静力拆卸的方法,适用于拆卸形状简单的过盈配合件。需利用螺旋C形夹头、机械式压力机、油压机或千斤顶等工具和设备进行拆卸。

4.温差法

温差法是利用材料热胀冷缩的性能,加热包容件或冷却被包容件,以拆卸配合件的方法。常用于拆卸尺寸较大、过盈量较大或热装的零件。

5.破坏法

破坏法是拆卸中应用最少的一种方法,只有在拆卸焊接、铆接、密封连接等固定连接件和相互咬死的配合件时,才不得已采用保存主件而破坏副件的措施。一般采用车、铣、锯、錾、钻、气割等方法进行破坏性拆卸。

(五)船机拆卸安全

拆卸过程中的安全操作对于保证人身和机器的安全至关重要。拆卸要严格遵守技术安全操作规程,按照正确的拆卸程序进行工作,要正确地使用拆卸工具。所以,在拆卸中应注意以下问题:

（1）拆卸工作中必须严格遵照说明书的要求或相关安全操作规程，按照合理的拆卸顺序进行。整个拆卸过程中必须保证操作人员和船舶机械设备的安全。

（2）拆卸前，要选用恰当的操作工具，应首选专用工具，再选通用工具。应首选死扳手，再选活扳手。

（3）拆卸过程中，应正确使用相关的工具、量具，不得违规操作。例如，上紧螺栓时，不能随便加长扳手的长度，以防螺栓变形、折断或扳手损坏而造成伤人事故；卸螺栓时，要尽量拉而不要推，并且要用一只手抓住固定物，以避免滑手伤人。

（4）注意吊运安全。起吊作业必须严格遵循操作规程。作业前，工作人员要熟悉起重吊运指挥信号，必须对起重设备进行仔细检查，并进行空载试验；在吊运过程当中，零件要捆绑牢靠而不能有损伤，禁止人员在起吊车下通过或工作。

（5）防止人身事故和零部件的损伤。拆装前，应做好安全措施，对油、水、气（汽）、电进行泄放，关好阀门和开关，防止油、水、气（汽）、电发生跑、冒、滴、漏现象，造成人员或设备损伤；拆卸过程中，避免硬拆现象，以免损坏机器设备；拆卸后，注意对零部件的保护，防止其丢失、变形和生锈等。

（六）船机拆卸中的检测

船机拆卸前、拆卸过程中的检验和测量是对机器进行的剖析和透视，是查明故障、分析和诊断故障原因、制定修理方案的重要依据。

1.运转中的观察

运转中的观察主要是通过拆卸前的航行勘验或者船舶机械设备在运转中的检测，了解主机工况，记录各项性能指标、振动、噪声和滴漏现象等情况，并对运转缺陷进行检验。对船舶机械设备的运转状况和信息进行比较、分析和判断，从而初步确定船舶机械设备可能存在的某些问题。

感觉检验法是航行勘验中检验零件技术状态的重要而有效的方法。这种检验方法的准确度与检验人员的经验关系很大，可分为目测、声音判断以及感觉检查三种方法。

（1）目测法

用肉眼或放大镜对零件进行观察，以确定其磨损及损坏程度、性质变化等。如缸体与缸盖的裂纹、齿牙的折断或齿面的疲劳、轴承表面的疲劳与腐蚀、离合器或制动器的烧损变色与拉毛、橡胶零件的老化等。

（2）声音判断法

根据零件工作时或人的敲击所发出的声音来判断其技术状态和故障。如根据敲缸情况，可判断柴油机燃烧的好坏；根据柴油机各部位的声响，可判断间隙是否合适等。对零件用敲击法检验时，可查明其内部有无裂纹，对具有覆盖层的零件，可检验覆盖层与基体金属的结合情况（如轴承合金的贴合检验），如果声音清脆说明结合良好。

（3）感觉检查法

凭手的感觉判断零件的技术状况。如检查间隙大小、温度高低和其他故障，通过用手做相对晃动检查滚动轴承的径向与轴向间隙；通过转动曲轴时的灵活性来判断其配合间隙；通过触摸可以判断轴承的发热程度等。

2. 拆卸中的检测

船机拆卸过程中,要对船舶机械设备进行检验和测量。对拆开的配合件工作表面进行观察,从配合件表面的氧化、变色、拉毛、擦伤、腐蚀、变形和裂纹等现象判断故障的部位、范围和程度。测量零部件的尺寸,从而计算磨损量、几何形状误差和配合间隙等,并据此判断零件的磨损、腐蚀或变形程度。例如,通过测量曲轴外径和计算磨损量、圆度与圆柱度误差,测量桥规值和曲轴臂距差值,来判断曲轴状态和轴瓦的磨损情况等。

在拆卸过程中,必要时要对重要的零件进行无损检测,以查明零件表面或内部存在的缺陷和损伤。如对发电柴油机进行修理时,对连杆螺栓进行着色探伤或磁粉探伤,检查连杆螺栓表面有无疲劳裂纹,并且测量其长度,以检查有无变形。利用超声波技术检测管路腐蚀、焊缝的缺陷和转子、法兰等零件的疲劳破坏。

二、清洗

船机零件从机器上拆卸下来时一般都附有油污、积炭、水垢和铁锈等,在检修时要进行必要的清洗。机器的管路内部在长期使用后也会产生沉积的污垢等一些杂物,必要时应对管系进行清洗。零件表面的清洁便于发现和检查零件的缺陷,确认损伤性质、损伤程度,使测量更加准确,也便于修理和装配;管系清洗有利于保证管路内液体的质量和管路的畅通,确保机器的正常运转。

(一)零件清洗

船舶机械设备经过长期运转,其零部件表面会附着油污、积炭、水垢和铁锈等污染物。为了避免影响检测和装配工作,常用机械和化学方法对零部件进行清洗,或者采用机械、化学综合清洗来除去零部件的污染物。清洗工作要求快速和高质量,同时不能损伤零部件工作表面和造成其腐蚀。

1. 常规清洗

常规清洗又称为油洗,是指利用有机溶剂如汽油、煤油或柴油溶解零件表面油污的一种手工清洗方法。清洗时,先将拆卸下的零件浸泡在油中,然后用抹布或刷子除去零件上的油污。此种清洗方法操作简便、使用灵活、适用范围广。对于油污积垢不严重的零件清洗效果好,但是,此法对于积炭、铁锈和水垢无效,使用不够安全,尤其应注意防火,一般在机器处所严禁使用易挥发的汽油作为清洗剂。

2. 机械清洗

机械清洗就是利用钢丝刷、毛刷、刮刀、断锯条、砂布、油石和敲锈锤等进行人工刷、刮、磨和敲击等机械作用来清除零件表面沉积较严重的积炭、铁锈和水垢等污染物,再用汽油或柴油清洗干净。常用于清洗柴油机燃烧室的零件。

机械清洗操作简便、使用灵活、适用范围广,对清除零件表面积垢十分有效,广泛用于船上和修船厂。但是,此法容易损伤零件表面,产生划痕与擦伤,还容易使受力的零件在使用中形成应力集中以致引起裂纹。

3. 化学清洗

化学清洗是指利用化学药品的溶解和化学作用,清除零件表面的油、油脂污垢、结炭、水垢和铁锈等附着物。用于化学清洗的清洗剂主要有以下三种：

（1）碱性清洗剂

碱性清洗剂适用于清除零件表面的油、油脂污垢、油脂的高温氧化物、漆皮等附着物。根据零件材料的不同有不同配方的清洗剂。碱性清洗剂一般是由氢氧化钠、碳酸钠、磷酸钠、硅酸钠及少量乳化剂组成的水溶液。它们是通过碱性清洗液对零件表面油污的皂化作用和乳化作用将油污除去。一般钢质零件清洗时采用强碱性（pH≥13）清洗剂；铸铁、铜、铝等材料清洗时采用中、弱碱性（pH≤12）清洗剂。采用化学清洗剂进行清洗时，为了增强清除效果，一般需要把被清洗的零件放入清洗剂中加热到80~90 ℃，浸泡3~4 h后搅动或用高压水冲洗等。

（2）酸性清洗剂

酸性清洗剂能够与水垢、金属氧化物发生强烈的化学反应，使其溶解或者脱落。酸性清洗剂常用无机酸或有机酸配制而成，适用于清除零件表面上的水垢和铁锈。无机酸的主要成分是盐酸、硫酸、磷酸、添加缓蚀剂、表面活性剂和其他的添加剂。有机酸清洗剂以氨基磺酸为主剂，对金属的腐蚀性相对比较小。

（3）合成洗涤剂

合成洗涤剂是近年来发展起来的一种现代的新型清洗剂，其种类很多，对于机舱中不同的机器及其不同的脏污有不同的清洗剂。表6-3列出了几种清洁剂的特性、使用方法及用途。

表6-3　几种清洁剂的特性、使用方法及用途

名称	特性	使用方法	用途
多用途油污清洁剂	溶于水，使用安全，不需水冲洗，清洗时间短	擦抹或喷刷，纯清洁剂可与海水或淡水混合使用	用于清除舱底各类油、油泥，清洁零件表面油污
快速清洁剂	可溶性乳化清洁剂，具有特殊的清洁特性，快速分解，不损伤零件	用淡水或海水稀释，注意勿与眼睛、皮肤接触，勿吸入肺部	用于清洁机舱、舱底等处的污油
"奥妙能"净油机叶片清洁剂	完全溶于水，无腐蚀性，使用安全	室温浸泡或加热至50~60 ℃使用更佳，最后用清水洗净零件	用于清除净油机叶片上的炭渣等沉积物
"奥妙能"油和油脂清洁剂	中性，无毒，不损伤零件	用未经稀释或已稀释的清洁剂刷、抹零件脏污表面，最后用清水冲洗	用于清除机器、零件、工具和甲板、舱壁的油、油脂等脏污

（二）管系清洗

新造或修理后的船舶发动机或系统管路大规模修理后，在准备起动运转前都必须冲洗其各种油或水的系统。因此管系的清洗在轮机维修中具有重要的作用。

1.柴油机滑油系统的清洁

船舶建造或修理时的各种作业，如船体喷砂、管路的焊接等工作落下的灰尘、焊渣、粉末会进入机器、油箱和管系。在管子制造和管系组装时也可能带入灰尘、污物颗粒。因此一台新造的柴油机或一台刚刚完成大修的柴油机在投入使用前，都应该注意柴油机的各种油系统的清洁，以免留下后患。经过长期运转的柴油机各种油系统中还会有污物沉积在管壁上。因此，柴

油机起动前必须进行专门冲洗，以保证各种油系统的清洁，尤其是润滑油系统的清洁最为重要。通常，柴油机的滑油系统采用标准润滑油来进行清洗，燃油系统则采用柴油来进行清洗。

2. 管路系统的循环冲洗

有些船机设备管路系统在进行拆卸清洗时需要很大的工作量，并且拆卸困难。例如锅炉、柴油机冷却水系统等，一般都采用循环冲洗法进行清洗。这种方法是利用耐蚀泵使加热到一定温度的清洗液在被清洗的系统内反复循环，保持清洗药液对水垢杂物的冲刷作用和化学作用来清洁系统内部。

三、船机装配

船机装配是把拆卸下来的各个零件按照技术要求、装配规则和一定的装配方法组装成部件，再把这些部件按一定的次序和要求组装成一部完整的机器。

船舶机械经拆卸、清洗、检验后，对损坏的零件进行钳工修复或机械加工，然后进行装复和调试，恢复其原有的使用功能。

(一)装配要求

船机装配工作是一项极为重要的工作，装配质量直接关系到柴油机运转的可靠性、经济性和使用寿命。装配工作要求能够保证各部件正确配合、可靠固定和设备灵活运转。具体要求如下：

1. 保证各相对运动的配合件之间的正确配合性质和符合要求的配合间隙。
2. 保证部件连接的可靠性。
3. 保证各机件轴心线之间的正确位置关系。
4. 保证正时、定量机构的正确传动关系。
5. 保证运动机件的动力平衡。

(二)装配方法

零件装配成部件时，可能是原件装配，也可能是更换的备件或者是重新加工的配制件进行装配。一般采用原件装配会比较顺利。零件换新后通常要采用一定的装配方法才能使新的配合件达到装配要求。

1. 调节装配法

此方法是采用调节或增减某一个特殊的零件，来改变部件间的相对位置或间隙，达到所要求的装配精度。例如，气阀的调节螺钉可以调整柴油机的气阀间隙；船用连杆大端用增减压缩比垫片的方式来改变柴油机的压缩比；用增减厚壁轴瓦结合面之间垫片的厚度来调节轴承间隙。

2. 机械加工修配法

常用的机械加工修配法主要采用修理尺寸法、尺寸选配法、镶套法等来使配合件恢复配合间隙和使用性能。

3. 钳工修配法

采用钳工修锉、刮研或研磨等修配方法达到所要求的装配精度。例如，换新轴瓦后为了满足轴与瓦的配合要求，需要对轴瓦进行拂刮；对柴油机的气阀或空压机的阀片进行研磨来达到良好的密封效果等。

（三）装配工作的主要内容

1. 清洁工作。装配前，应将零件彻底清洁干净，清除备件、修理或新配制的零件上的毛刺、尖角，尤其是应使配合面上无瑕疵与脏污等。

2. 对连接零件的结合面进行必要的修锉与拂刮，以保证连接件的紧密贴合。例如，气缸套与气缸体的结合面的修刮。

3. 对有过盈配合的配合件采用热套、冷套或压力装配。例如，离心泵等泵的轴承在安装时，应把轴承放入热的滑油中进行加温后，再取出装上泵轴。

4. 采用液压试验检验零件或系统的密封性。如对气缸套、活塞的水压试验。

5. 对各部件、配合件及机构进行试验、调整等。

6. 整机检验、调试和磨合运转，以检验机器的技术性能和修理质量，达到检修的目的。

（四）装配过程中的技术要点

1. 零件安装时，基本是按"先拆下来的后装，后拆下来的先装"的次序进行。

2. 安装时一定要熟悉机器的构造和零部件之间的相互关系，以免装错或漏装。

3. 有相对运动的配合件的配合表面和零件工作表面上不允许有擦伤、划痕和毛刺等，并保持清洁、干净，涂以清洁的润滑油。

4. 装配过程中应随时检查零件的灵活性和密封性，以免装完后再返工。

5. 对于有方向性和位置性要求的零件不应装错。例如，活塞上的刮油环刮刃尖端应在下方；连杆大端轴承左右位置不能互换。

6. 在装配中，使用过的金属垫片如基本完好无损，可进行技术处理后继续使用。例如，紫铜垫圈可热处理后再使用。而纸质、软木、石棉等旧垫片则一律换新。

7. 重要螺栓如有变形、伸长、螺纹损伤和裂纹等均应换新。安装固定螺栓的预紧力和上紧顺序均应按说明书或有关规定操作。

8. 对规定安装开口销、锁紧片、弹簧垫圈、保险铁丝等锁紧零件的部位，均应按要求装妥，锁紧零件的尺寸规格亦应符合要求。

9. 安装中，需用锤敲击的时候，一般采用木槌或软金属棒敲击，且不能敲打零件工作表面或配合面。

10. 装配完毕后应对装配情况进行全面检查，如有漏装或错装的应及时更正。

第七节 ◉ 现代船舶维修

一、现代船舶维修方式

（一）维修的目的

为了保证和提高船舶的维修质量，满足船级社和法定主管机关的要求，使船舶始终处于良好的适航状态,确保船员的生命安全及满足防污染管理规定要求,必须对船舶进行维修保养。

(二)维修的概念

维修是对船舶机械和设备维护与修理的统称。维护或称技术保养,是为了保持船舶机械和设备的技术性能正常发挥所采取的技术措施;船舶修理或称修船,是当船舶机械和设备受到内部因素如设计、材料、制造和安装工艺等或外部环境的影响,使其技术性能下降、状态不良或发生故障而失效时,为了保持或恢复其原有的技术性能所采取的技术措施。所以,船舶维修是船舶正常航行的重要技术保障工作。

(三)维修的方式

船舶上的维修只是对船舶机械设备的日常维护、定期检修和排除故障的自修,进厂修理是针对那些危及安全航行的机械设备或船舶检验机构要求的项目。随着科学技术的发展,船舶机械设备日趋先进、复杂,船舶电气化、自动化程度日益提高,对维修技术和维修质量要求也相应提高。落后的维修思想和修修补补的维修方式已不适应现代船舶的维修要求,需要用新的、科学的现代维修理论以及先进的维修思想和维修方式来满足现代的船舶维修。

现代船舶维修大多以预防维修为主。预防维修是指为了防止机械和设备发生故障,在故障发生前有计划地进行一系列的维修工作。现代船舶维修方式可分为三种:

1.定时(计划)维修

定时维修是以工作时数为维修周期,按照规定的时限(或期限)对机械、设备进行拆卸、检验和维修,以防止故障的发生。定时维修的机械、设备应具有以下的条件:

(1)故障率曲线有明显的磨损故障期,不适于发生偶然性故障的设备。

(2)设备的无故障生存期要足够大,即正常使用期较长;否则无维修的必要。

(3)采用其他任何维修方式均不适宜的设备。

定时维修通常以磨损作为维修的依据,从大部分机件能坚持工作而不发生故障为出发点,将意外损坏的概率限制在一个较小的范围内。以时间为衡量标准的定时维修,掌握维修时机较明确,便于组织和计划管理。但针对性和准确性不高,有时不仅无效甚至有害,可靠性不高且维修工作量大,费用高。这是由于影响设备故障的因素很多,有许多随机因素,许多故障并不是时间所造成的。而且船舶设备复杂,很难统一在一个规定的间隔期内来进行维修。因此,按规定的时间统一进行维修,不仅浪费人力、备件和一部分设备的使用寿命,而且在修理中的拆解、测量和安装又会给设备增加人为耗损和误差,增加了设备的早期故障,甚至缩短了设备的使用寿命。从对设备的监控角度来看,定期维修对设备的监控是阶段性的、不连续的。

定时维修的依据是浴盆曲线,即当故障率出现上升拐点时进行维修工作。这种维修方式在船舶机械中应用较多。

2.视情(状态)维修

视情维修或称状态维修,是指不确定机械、设备的维修期,而是通过不断地监控设备的运转状况和定量分析其状态,按照实际情况来确定维修时间,从而避免故障的发生。采用视情维修应具备的条件:

(1)设备的故障率曲线应具有进展缓慢的磨损故障期,以便监测到故障信息后来得及采取防止故障发生的措施。

（2）具有能反映设备技术状态的参数、参数标准或标准图谱，以便准确地诊断设备的故障。

（3）具有视情设计的设备结构，为进行视情维修提供了必要的条件，如设备上安装传感的孔、口等。

（4）视情维修是以现代化的监控手段和故障诊断技术为基础的，因此需具备先进的无损检测装置及与电子计算机相连的终端显示装置等，以进行保护、预警，防止故障发生。

视情维修对设备不确定维修期，而是根据实际情况确定最佳维修时间，因此，维修工作的针对性强。同时该种维修方式由于在设备功能性故障发生前采取措施，因而可有效地预防故障和充分地利用设备的工作寿命。此外，维修工作量和费用均较少。所以视情维修是理想的预防维修方式。

视情维修是根据船机设备的实际状态确定是否进行维修工作的，其特点是：

①具有预防性。通过设备状态监（检）测确定设备状态是否正常，从而确定是否需要进行维修工作。

②具有针对性。不确定维修周期，根据实际情况确定最佳维修时间。

③具有经济性。维修工作量和费用均较少。

其缺点是需要以监控手段和故障诊断技术为基础，一般只对渐进性故障有效。

3. 事后维修

事后维修是在设备发生故障后才进行的维修。设备采用事后维修的条件：

（1）某些复杂设备虽有故障，但其许多零部件仍保持良好的基本功能以致无法预测故障的发生。

（2）某些复杂设备缺乏适用的检测手段、参数和临界参数。

（3）某些设备不具备实施检测的条件。

因此，上述情况只能在故障发生后再进行维修。这种维修方式的缺点是停机时间长，停机造成的损失大。但是修理费用低，对管理的要求也低。事后维修也绝非等待故障的发生，而是在设备故障发生前后均连续不断地进行状态监控。事后维修是一种非预防性的维修方式，但仍进行经常性的检查和保养工作。

事后维修适用于故障不直接危害使用安全且仍保持基本功能的设备，或采用预防维修不经济的耗损性设备。事后维修的特点是不具备预防性，且只限于修复故障。

4. 改进性维修

改进性维修是对导致设备损伤的根源性参数进行修复，从而有效防止失效的发生，延长设备的使用寿命，是继视情维修之后提出的一种新的设备管理理念。

在故障发生过分频繁，即平均故障间隙期很短，以及修理或更换的费用很高，即人力、备件费用或停工损失很大时，改进性维修是对付这种情况的最好办法。如果实施正确，这种方法一次就可以排除上述问题，而其他维修方式都会有反复进行维修活动的可能。改进性维修与机械设备改装是有区别的，只有在维修过程中进行的改进，并且与维修目的一致的工作才属于改进性维修。船舶机械和设备在日常的工作中应推广使用改进性维修。

船舶上重要的机械和设备一般应选用视情维修或定时维修方式，对故障不危及使用安全的设备或只发生偶然性故障的设备采用事后维修方式。对于一些经过精确计算有规定使用寿命的零部件或设备仍采用定时维修方式,而大多数设备和零部件逐步采用视情维修和定时维修相结合的方式来预防故障。一个复杂设备中的不同项目,可依具体情况分别选用不同的维修方式;同一项目也可以采用一种或多种维修方式。

二、船舶维修保养体系(CWBT)

船舶维修保养体系简称 CWBT,是以我国传统的船舶维修管理方式为基础,吸收国外先进的管理经验,并与国际上插卡式船舶设备管理相结合,形成集计划、管理、指导于一体的一种新颖、科学、实用的现代化船舶设备维修管理模式。

(一)CWBT 的理论基础与维修方针

目前,我国各类船队无论从船舶数量上还是从船舶结构上均已跻身于世界航运大国的行列,然而我国内河的船舶维修技术管理仍然停留在比较落后的管理模式上。从 20 世纪 80 年代开始,我国远洋航运企业在学习吸收美国先进的全面质量管理思想、消化挪威的船舶维修管理的全面质量管理模式基础上,结合我国实际情况,研发了船舶现代化管理模式——船舶维修保养体系,现已逐步应用在内河船舶的管理上,使我国的船舶管理提高到一个新的水平。

1. 建立 CWBT 的目的

(1)采用先进的设备管理方法和维修技术,提高设备管理与维修技术的现代化水平。

(2)克服船员频繁调动造成的管理与维修的脱节,克服船员技术素质不同造成的管理与维修水平的差异,克服船舶技术监督与管理部门因船舶的流动、分散而不能有效监督和管理的困难,使船舶维修保养实现系统化、标准化、规范化。

(3)保证船舶维修工作的整体化、连续性和定量化,使其与船级检验结合起来,对船舶设备进行全面质量管理。

(4)保持船舶良好的技术状态,提高营运率,降低维修费用,提高企业的经济效益。

(5)改变"重修轻养""重用轻管"的倾向,鼓励船员进行有效的维修保养工作。

(6)建立船舶技术资料库和维修档案,实现计算机管理。

2. CWBT 的理论基础

(1)以现代维修理论为指导思想,开展现代预防维修工作,根据船机设备的故障情况采用不同的维修方式。

(2)把维修预测、计划、组织、指导、监督与控制等诸环节落实到设备管理中,形成完整的现代化管理体系,实行船舶现代化管理。

(3)开发人力资源,使船员的资格、经验和培训符合要求,能胜任工作,适应现代化船舶管理的要求。

3. CWBT 的维修方针

船舶设备的维修不仅是为了保证设备完好、工作可靠,而且是为了获取最大的营运效益。

(1)根据船舶设备类别不同,采用不同的维修方式。船舶设备分为 4 类:安全设备、船级设备、重要设备和非重要设备。主要的动力设备采用定时维修方式,逐步向视情维修方式发展;耐用设备、低值设备、非生产性设备和维护价格高昂而不危及安全的设备采用事后维修方式;船级检验项目和长期工作的设备则采用定时维修方式。

（2）按设备的维修内容和重要性进行优选和优化，使影响运行安全的设备维修及时，并且无遗漏。

（3）根据信息的收集与反馈、数据的统计与分析，运用可靠性与可维修性的理论来确定维修内容、维修范围和维修周期。

（二）CWBT 的主要内容

CWBT 对船舶设备进行系统划分和编码，进行设备维修级别的划分和维修工作的分类，编制设备卡和工作卡，编制维修计划，实现信息管理和计算机管理等。

1. 编码册

CWBT 的编码册包括标准编码册和单船编码。

标准编码册是把船舶设备按其功能分类设计的设备代码册。对设备分类、编码有利于信息传递和系统化管理。标准编码册规定了船舶各类设备、主要部件、组件所属的主和次（子）系统、设备单元和维修单元。标准编码册是单船编码的依据。

CWBT 把船舶设备的分类列为 21 个主系统，如表 6-4 所示。

表 6-4　主系统代号表

系统代号	系统中文名称	系统代号	系统中文名称
A	空气系统	L	滑油系统
B	海水系统	M	主机系统
C	装卸货设备	N	通信导航系统
D	甲板舾装设备	O	燃油系统
E	电力系统	P	船舶推进和操纵系统
F	淡水系统	Q	生活设施
G	发电原动力系统	R	冷藏、空调、通风系统
H	船体部分	S	安全应急系统
I	证书、文件、资料	T	蒸汽系统
J	工程机械设备	U	自动化遥测和遥控系统
K	防污染系统		

CWBT 标准代码是一组由英文字母、阿拉伯数字组合而成的 5 位设备混合代码，例如 B1512：

B——主系统——海水系统；

1——子（次）系统——海水冷却系统；

5——设备单元——空调海水泵组；

1——维修单元——空调海水泵；

2——维修单元序号——No.2 空调海水泵。

2. 维修手册

CWBT 维修手册是由设备卡和维修执行记录两部分组成的。设备卡主要用于记载设备铭牌内容、各种数据资料和为该设备编制的维修计划；维修执行记录则是设备的维修档案，即完成各级维修工作的记录和说明。

CWBT 设计了 8 级 4 类维修保养周期和维修类别,如表 6-5、表 6-6 所示。

表 6-5　维修保养周期

维修级别		A	B	C	D	E	F	G	H
维修周期	定期	日常	周	月	季	半年	1 年	2 年	4 年
	定时(h)				1 500	3 000	6 000	12 000	24 000

表 6-6　维修类别

维修类别	维修工作性质
第一类	含有年检和坞检项目的工作
第二类	含有特检和循环检验项目的工作
第三类	其他主要维修工作
第四类	一般维修工作

3. 工作卡和工作计划板

CWBT 工作卡和工作计划板是设备进行维修保养、计划管理和操作的工具,用来编制和调整维修计划,并按其循环运作。工作卡还用来传递设备卡中所规定的各项维修指令。

设备维修工作计划一次排成显示于工作计划板上,工作卡在工作计划板上按一定规律排列,构成月、季、年(至 4 年)的各周期工作计划表。工作卡在工作计划板上运作,使各级维修工作按期进行。

4. 信息管理

CWBT 信息管理包含了船舶实施维修保养工作后的记录、报表、上级指令和信息反馈等内容。CWBT 设有各种资料、记录、报表及报告,通过现代通信工具快速准确地传递,使船舶与其主管部门情况相通。

5. 采用计算机管理

采用计算机进行船舶维修管理是实现船舶现代化技术管理的重要内容。公司、船队主管部门应用计算机对船舶维修工作进行有效的管理、监督和指导。

(三)CWBT 的操作

1. 编写单船 CWBT

编写维修手册中的设备卡是关键。依设备卡编写工作卡,一般单船约有 500~600 张。

2. 维修计划的实施和信息管理

(1)设备主管人员每月按计划完成维修工作,并取得下月工作卡。因故未完成时,按 CWBT 规定的弹性时间限期完成。

(2)非计划性修理或偶然故障的维修,可视为完成了相应维修级别的内容。

(3)维修执行记录由轮机长结合工作完成情况撰写并上报公司主管部门。

（4）工作卡在工作计划板上循环。

已完成的工作卡按其维修保养周期和实施顺序返回插到工作计划板上相应的月份中。以一个船级检验周期——4年为一个大循环,实行循环检验的船舶5年为一个大循环。

【实操训练】

船机零件修复实操训练

一、钳工操作

（一）钳工概述

钳工是机械制造中最古老的金属加工技术,因常在钳工台(如图6-20所示)上用台虎钳(如图6-21所示)夹持工件操作而得名。

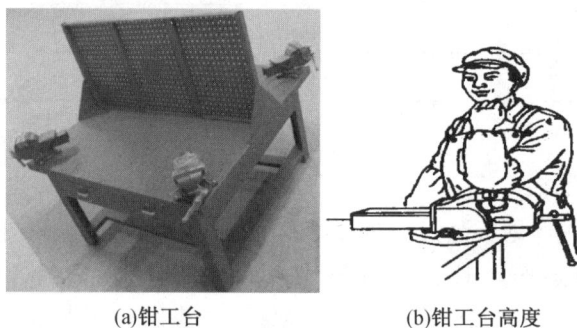

(a)钳工台　　　　　　(b)钳工台高度

图6-20　钳工台及其高度

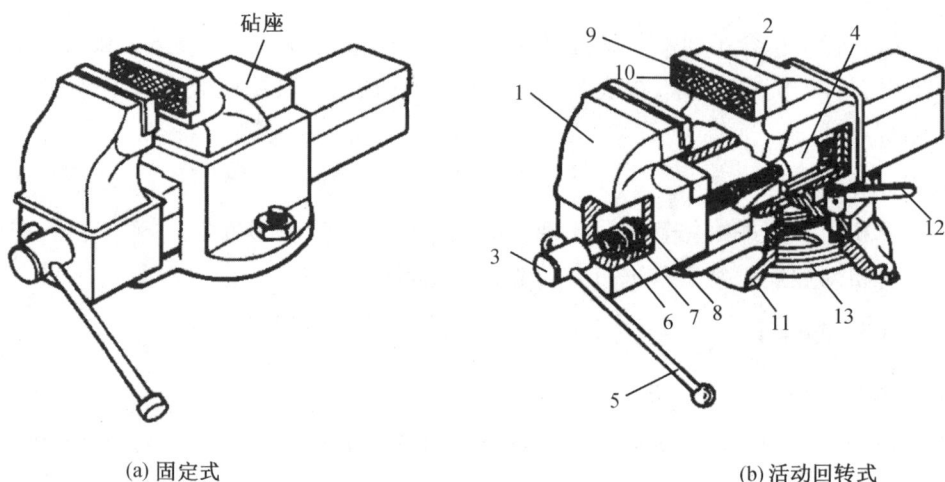

(a) 固定式　　　　　　　　　　　(b) 活动回转式

图6-21　台虎钳

1—活动钳体;2—固定钳体;3—丝杆;4—丝杆螺母;5—手柄;6—弹簧;7—挡圈;8—销子;9—钳口;10—钳口固定螺钉;11—钳座;12—转动手柄;13—夹紧盘

钳工生产效率低,劳动强度大,对操作者的技术水平要求较高。但钳工加工操作灵活,工具和设备价格低廉,携带方便。在不适于机械加工的场合,尤其是在机械设备的维修工作中,钳工加工可获得满意的效果。

钳工的基本操作技能主要有:划线、錾削、锉削、钻孔、攻丝与套丝、刮削、研磨、弯曲、锉配合等。

钳工操作的安全注意事项主要有以下几项:

1. 钳工工作地点应保持整齐清洁,各类船舶机械配件、备件应有条不紊地放在规定地点,并要固定好。

2. 放在钳台上的工具、量具、工件应整齐有序,便于取用。

3. 量具应保管好,不可与工件等物品混放在一起,以免损坏量具,影响测量精度。

4. 使用钻床、砂轮机,思想要集中,严格遵守钻床、砂轮机的使用规则,未经许可,不得动用。

5. 工作完毕后应对工作场地做好清洁整理工作。

6. 用虎钳夹持工件时只可用手力,切不允许用其他任何方法在手柄上加力以免损坏虎钳丝杆和螺母。虎钳应保持清洁,活动部分常加注适量滑油。

7. 在教室及船舶上均不得擅自使用不熟悉的工具及设备。

8. 船舶机舱中,许多重要位置均放有检修机械设备和专用工具,一般情况下不得随意挪用,急需使用时,用后应立即放回原处,并固定好。

9. 使用起重设备时,应注意安全,不得在人的上方进行起吊工作。

10. 使用电气设备时,应严格按照操作规程进行,以防触电。

(二)划线

在毛坯或工件上,用划线工具划出待加工部位的轮廓线或作为基准的点、线的过程,称为划线。

1. 划线的作用

(1)确定工件加工面的位置和余量,使机械加工有明显的尺寸界线。

(2)所划的基准点、线,是毛坯或工件安装时的标记或校正线。

(3)借划线来检查毛坯或工件的尺寸和形状,并合理地分配各加工表面的余量,及早地发现不合格品,避免造成后续加工工时的浪费。

(4)在板料上划线下料,可做到正确排料,合理使用材料。

划线是机械加工的重要工序,广泛地应用于单件和小批量生产。划线是各类钳工应该掌握的一项重要操作。

2. 划线的工具

用来在工件上划线的工具,有划针、划规、划针盘、样冲、划线游标高度尺、划卡、锤子等。

(1)划针

划针是在工件表面划线用的工具。划针是一种 $\Phi3\sim5$ mm、长约 $200\sim300$ mm 的钢针,尖端经淬火硬化后磨成 $15°\sim25°$ 的尖角,有的划针在尖端部位焊有硬质合金,其耐磨性更好。

划针有直头划针和弯头划针两种,如图 6-22 所示。划线时划针尖端要紧贴钢尺的底边向外和向划线方向倾斜 $15°$ 左右以保证划线的正确性,如图 6-23 所示。弯头划针一般用于立体划线或直头划针划不到的地方,如图 6-24 所示。

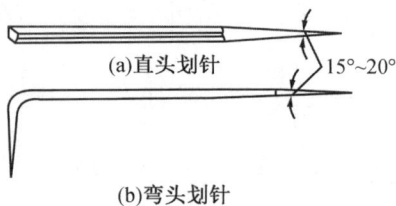

(a)直头划针

15°~20°

(b)弯头划针

图 6-22　划针

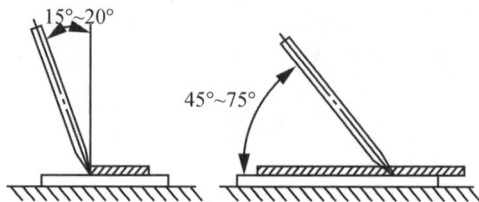

15°~20°

45°~75°

图 6-23　直头划针的使用方法

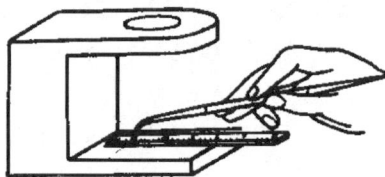

图 6-24　弯头划针的使用方法

（2）划规

划规用来划圆周线、弧线、等分线段、等分角度以及量取尺寸等。

划规由工具钢制成，划规顶尖部位经淬火硬化处理，也有在划规顶尖部位焊上硬质合金以提高划规顶尖部位的硬度和保持其尖锐和锋利。

为了能量取和划出较小的尺寸，要求划规两脚等长以及两脚相并合时脚尖能紧密贴合。两脚开合要松紧适当。图 6-25 所示为三种常用的划规。

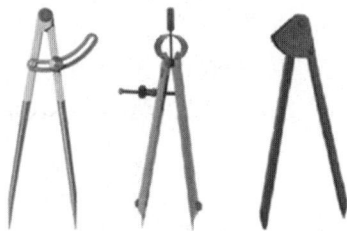

图 6-25　划规

用划规量取尺寸时应沿着钢尺重复量取数字，以减少误差，如图 6-26 所示。

使用划规划圆时，作为旋转中心的一脚应加以较大的压力，另一脚则以较轻的压力在工件表面上划出圆或圆弧，这样可使中心不致滑动，如图 6-27 所示。划规两脚尖要在同一平面上，否则脚尖间距离就不是所划圆的半径，因此中心眼不能冲得太深。

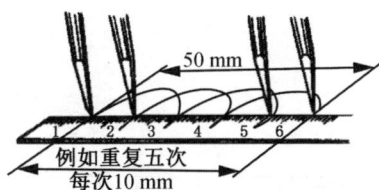

图 6-26　用划规量取尺寸

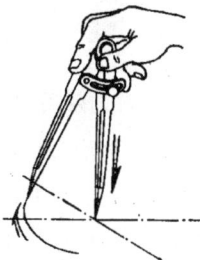

图 6-27　使用划规划圆

（3）划针盘

划针盘（划线盘）有两种形式，即普通划针盘和可微调式划针盘，如图 6-28 所示。划针盘用来划平行线和水平线以及在划线平台上对工件进行校正，以保证工件在平台上获得正确的划线位置。

(a)普通划针盘　　　　　　(b)可微调式划针盘

图 6-28　划针盘

（4）样冲

工件上划好加工线后，可能在加工过程中被抹去以至无法辨认和检查，如在划线的线条上打上冲眼，就可避免上述问题。样冲（尖头冲）是用工具钢制成的，其尖端和顶部经淬火硬化处理。冲尖的角度根据使用的场合而定，用于标志钻孔中心时，尖角为 60°；用于划线作加工标志时，尖角为 40°左右。

冲眼时先将样冲倾斜使尖端对准线的正中，然后再将样冲立直冲眼，如图 6-29 所示。

冲眼位置要准确，中心不可偏离线条，如图 6-30 所示。在曲线上冲眼距离要小些，如直径

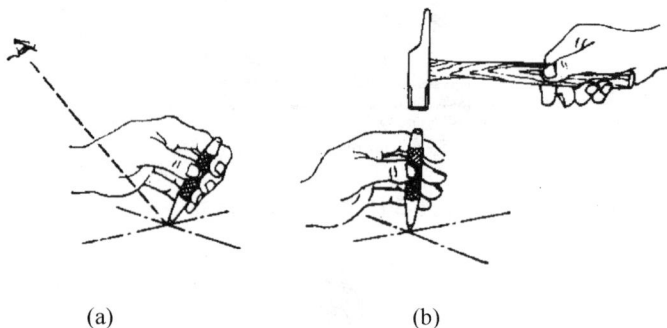

(a)　　　　　　　　　　(b)

图 6-29　样冲的使用方法

小于 20 mm 的圆周线上应有 4 个冲眼,而直径大于 20 mm 的圆周线上应有 8 个以上的冲眼;在直线上冲眼距离可大些,但在短直线上至少应有 3 个冲眼;在线条的转折、交叉处必须有冲眼。冲眼的深浅要掌握适当,在薄板上或光滑表面上冲眼要浅,在粗糙表面上要深些,软金属则可不打冲眼。

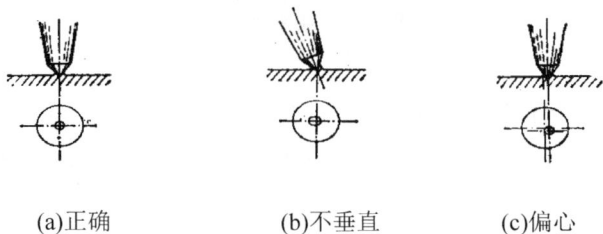

(a)正确　　　　　　(b)不垂直　　　　　　(c)偏心

图 6-30　样冲点

3. 划线的操作

划线有平面划线和立体划线两种,如图 6-31 所示。平面划线是在工件的一个表面上划线;立体划线则是在工件的几个不同表面上划线。平面划线和画工程图相似,所不同的是它用钢直尺、90°角尺、划针等工具在金属工件上作图。

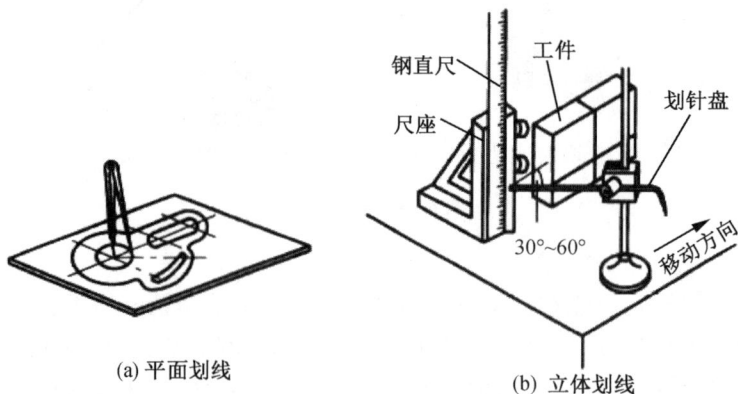

(a) 平面划线　　　　　　(b) 立体划线

图 6-31　划线的种类

下面以轴承座划线为例来说明立体划线的方法,如图 6-32 所示,步骤如下:

（1）根据孔中心及顶面调节千斤顶,使轴承座底面保持水平,如图6-32(a)所示。

（2）划底面加工线和大孔的水平中心线,如图6-32(b)所示。

（3）将轴承座翻转90°,用90°角尺找正,划大孔的垂直中心线和螺孔中心线,如图6-32(c)所示。

（4）将轴承座再翻转90°,用90°角尺在两个方向上找正,划螺孔和大端面加工线,如图6-32(d)所示。

（5）打样冲眼,如图6-32(e)所示。

在划线操作时,应注意工件支承平稳,各平行线应在一次支承中划全,避免再次调节支承补划,否则容易产生误差。

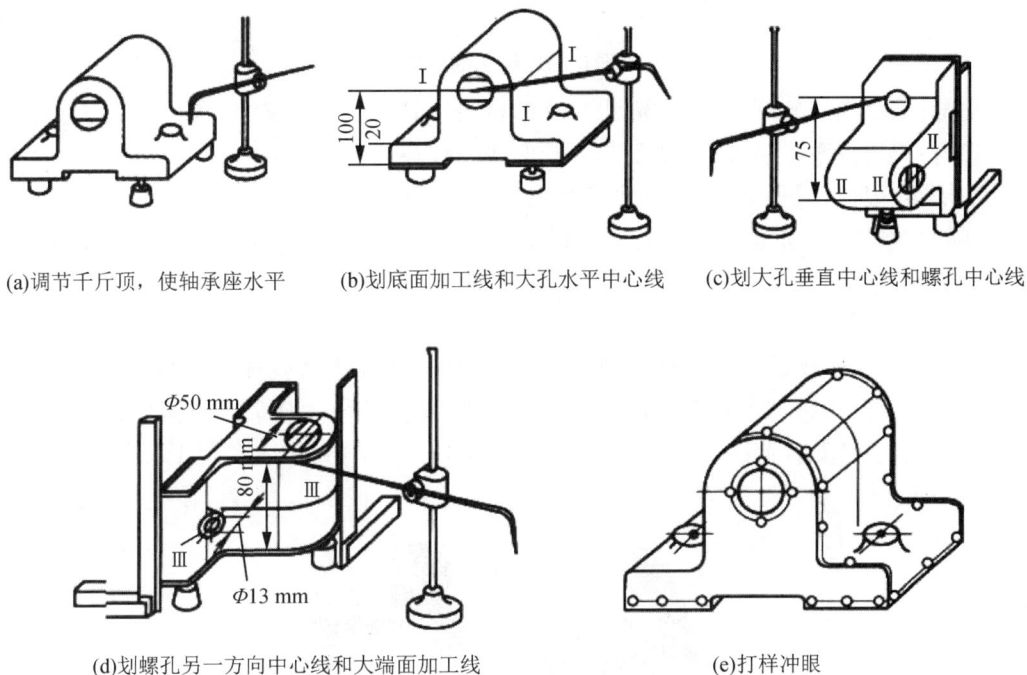

(a)调节千斤顶,使轴承座水平　　(b)划底面加工线和大孔水平中心线　　(c)划大孔垂直中心线和螺孔中心线

(d)划螺孔另一方向中心线和大端面加工线　　　　(e)打样冲眼

图6-32　轴承座划线实例

（三）錾削

用手锤敲击錾子对金属进行切削加工,这种操作叫作錾削。

1.錾削的作用

錾削的作用是錾掉多余金属使其达到所要求的形状和尺寸,或錾断金属。錾削具有较大的灵活性,它不受设备、场地的限制,多在机床上无法加工或采用机床加工难以达到要求的情况下使用(如刻模具的型腔)。

錾削是钳工需要掌握的基本技能之一。通过錾削工作的锻炼,可提高敲击的准确性,为装拆机械设备(钳工装配、机器修理)奠定基础。

2.錾削工具

錾削工具主要是錾子与手锤。

（1）錾子

錾子是用碳素工具钢锻制而成的,刃口部分经淬火处理。常用錾子有以下三种,如图6-33所示。

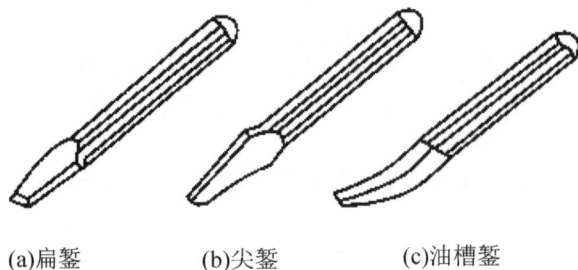

（a)扁錾   (b)尖錾   (c)油槽錾

图6-33　錾子的种类

①扁錾:主要用来錾削平面,切断小尺寸的材料,如扁钢、板料、螺栓等。

②尖錾:刃口狭窄,主要用于錾槽和分割曲线型板料的切断等。

③油槽錾:刃口小,呈圆弧形,用来錾削机械滑动面的油槽。

錾削的时候,錾子楔角大小要根据材料的性质而定;硬金属为60°~70°,结构钢为50°~60°,软金属为30°~50°。

（2）手锤（榔头）

錾削工作是借手锤的锤击力而使錾子切入金属的,因此手锤就成为錾削工作中不可缺少的一种工具。手锤由碳素工具钢制成并经淬火处理,重量一般为0.75 kg,柄长350 mm 左右。

钳工常用的手锤有圆头和方头两种,如图6-34所示。圆头手锤多用于錾削,方头手锤多用于打样冲眼。

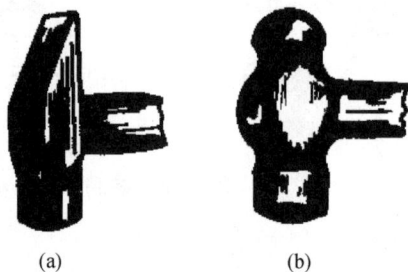

（a)   (b)

图6-34　钳工常用手锤

无论哪一种手锤,嵌锤柄的孔都是椭圆形的,而且孔的两端比中间部分略大,这样有利于装紧。锤柄装入后为了避免锤头甩出伤人,必须用斜形的楔子打入,如图6-35所示,加以紧固,打入的深度应为锤孔深的2/3。

3.錾削操作

1）錾子的握法

（1）正握法:左手心向下,腕部伸直,用中指、无名指握住錾子,小指自然合拢,食指和大拇指自然放松伸直。錾子头部伸出约20 mm,如图6-36（a）所示。

（2）反握法:左手心向上,手指自然握住錾子,手掌悬空,如图6-36（b）所示。在维修工作中遇到有些环境不允许用正握法时,采用反握法会给工作带来便利。

　　　　　中华人民共和国内河船舶船员适任考试培训教材

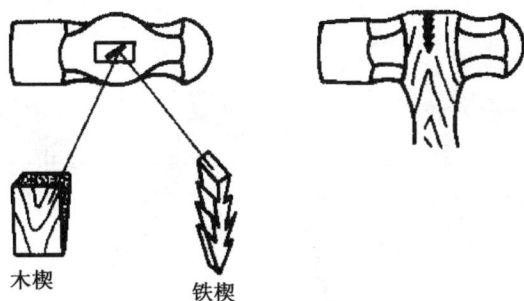

木楔　　　铁楔

图 6-35　楔的安装

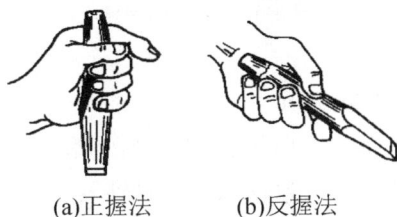

(a)正握法　　(b)反握法

图 6-36　錾子握法

2）站立姿势

操作时工作者的站立位置如图 6-37 所示，身体与虎钳中心线大约呈 45°角，且略前倾，左脚跨前半步，膝盖稍有弯曲，保持自然。右脚站稳伸直，不要过于用力，总之应自然和有利于操作。

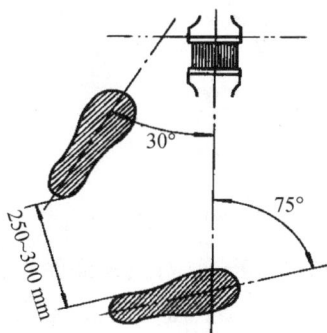

图 6-37　錾削时的站立位置

3）手锤的握法

（1）紧握法：用右手五指握锤柄，大拇指合在食指上，虎口对准锤头方向，木柄尾部露出约 15~30 mm。挥锤和锤击时五指始终紧握。使用这种握法由于工作中易产生疲劳，所以不被广泛应用。

（2）松握法：只用大拇指和食指握锤柄，在挥锤时，小指、无名指、中指则随榔头的运行而依次放松；锤击时，又以相反的次序依次收拢，并加速手锤的运动。这种握法当熟练掌握后不仅可以增加锤击力，而且不宜产生疲劳，所以被广泛应用，如图 6-38 所示。

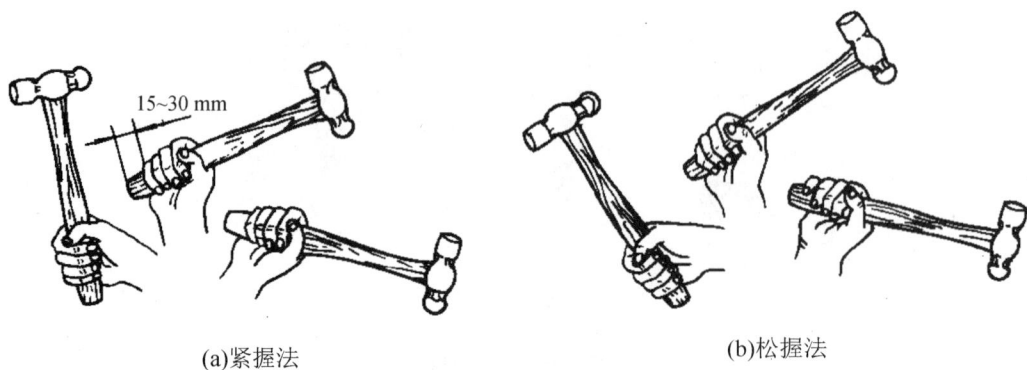

(a)紧握法　　　　　　　　　　　　　(b)松握法

图 6-38　手锤的握法

4）挥锤方法

挥锤方法有以下三种，如图 6-39 所示：

（1）腕挥：只有手腕的运动，锤击力小，仅用于錾削开始和收尾及錾油槽和錾削软金属等。

（2）肘挥：手腕和肘一起动作，锤击力较大，适用最广。

（3）臂挥：腕、肘、臂一起动作，锤击力最大，用于錾断金属材料和开脱螺母等，但应用较少。

(a)腕挥　　　　　　　　(b)肘挥　　　　　　　　(c)臂挥

图 6-39　挥锤方法

挥锤肘收臂提，举锤过肩；手腕后弓，三指微松；锤面朝天，稍停瞬间。

锤击时目视錾刃，臂肘齐下；收紧三指，手腕加劲；锤錾一线，锤走弧形；左脚着力，右腿绷紧，如图 6-40 所示。

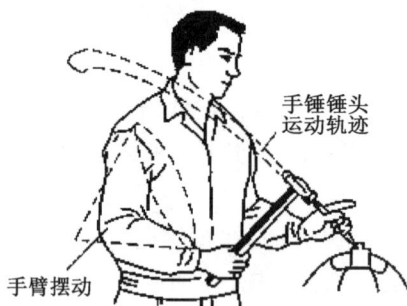

手锤锤头运动轨迹

手臂摆动

图 6-40　錾削姿势

要求：稳——速度节奏每分钟锤击 40 次左右；准——命中率高；狠——锤击有力。

5）起錾方法

錾削时起錾方法有斜角起錾和正面起錾两种，如图 6-41 所示。在錾削平面时，应采用斜角起錾的方法，即先在工件尖缘角处，将錾子放成负角，如图 6-41（a）所示，錾出一个斜面，然后按正常的錾削角度逐渐向中间錾削。在錾槽时，则必须采用正面起錾，即起錾时全部刃口贴住工件錾削部位的端面，如图 6-41（b）所示，錾出一个斜面，然后按正常角度錾削，这样的起錾可避免錾子的弹跳和打滑，且便于掌握加工余量。

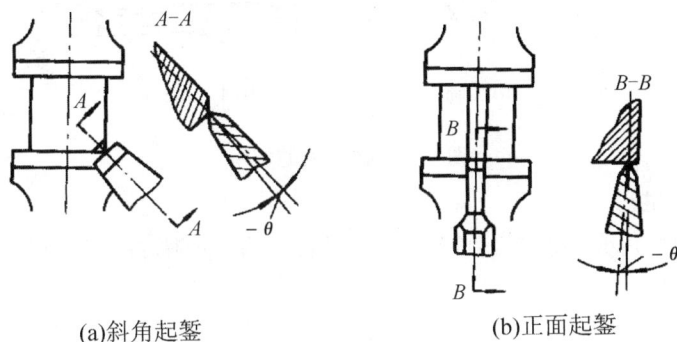

(a)斜角起錾　　　　　　　　(b)正面起錾

图 6-41　起錾方法

6）尽头部位的錾法

在一般情况下，当錾削接近尽头约 10～15 mm 时，必须掉头錾去余下的部分，如图 6-42（a）所示。当錾削脆性材料，如铸铁和青铜时应特别注意，否则錾到尽头就会崩裂，如图 6-42（b）所示。

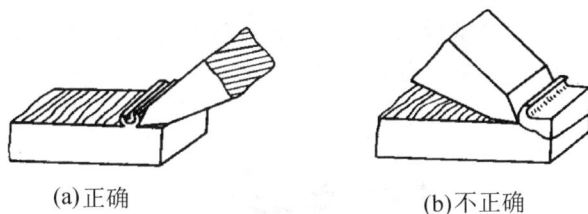

(a)正确　　　　　　　　　(b)不正确

图 6-42　尽头部位的錾削

7）錾削时的安全注意事项

（1）錾削时应戴防护眼镜，工作台应有护网。

（2）锤头松动或柄有裂纹时不能使用，以免锤头松动飞出伤人。另外，握锤的手不应戴手套。

（3）錾子尾部被敲击后出现毛刺和卷边要及时修磨，以免毛刺伤手。

（4）錾削时要保持正确的錾切角度，如后角太小，用手锤锤击时，容易打滑伤手。

（5）錾削时錾子和手锤不要对着他人，以防铁屑飞出伤害他人。

（6）锤柄严防沾有油污，否则手锤容易飞出伤人。

8）錾削操作实例

（1）各种类型材料的錾削

①薄板料的切断

薄板料的切断可以在虎钳上进行，用扁錾沿着钳口并斜对着板料（大约呈 45°角），自右向左錾切,如图 6-43 所示。

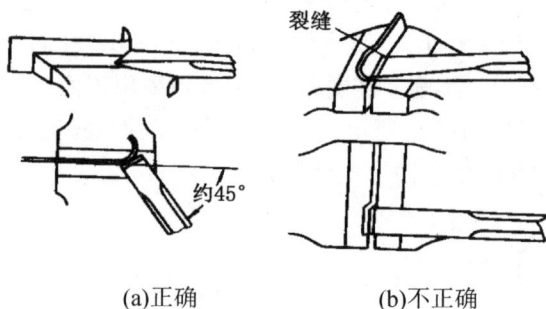

(a)正确   (b)不正确

图 6-43   薄板料的切断

②较厚材料的切断

錾切较厚材料时,可先在材料各面錾出一凹痕,然后再打断,这样既省力又省时,如图 6-44 所示。

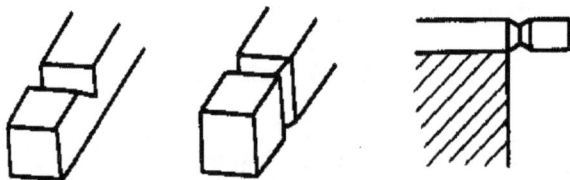

图 6-44   较厚材料的切断

③大型板料的切断

材料厚度在 4 mm 以下的大型板料切断时,不能在虎钳上进行,可以在铁砧或旧平板上进行,如图 6-45 所示。工作时应用软材料垫在下面,然后用錾子从上面进行錾切。

图 6-45   大型板料的切断

④较大平面的錾削

一般先用尖錾开槽,把宽面分成若干个窄面,然后再用扁錾将窄面錾去,如图 6-46 所示。这样錾削时既省力效率又高。

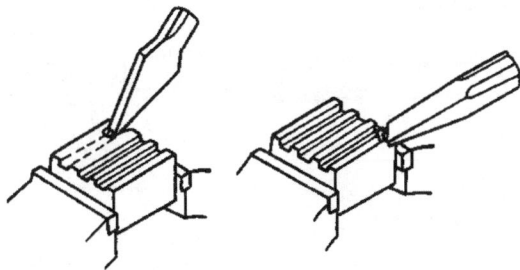

图 6-46　较大平面的錾削

（2）键槽的錾削方法

先划出加工线，再在槽的一端或两端钻上与键槽深度相同的孔，并将尖錾切削部分磨成与键槽宽度相适应的尺寸，然后进行錾削，如图 6-47 所示。

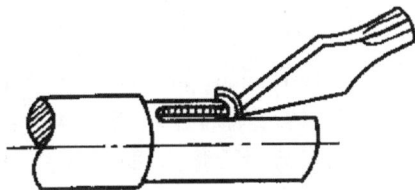

图 6-47　键槽的錾削

（3）油槽的錾削方法

先在滑动平面或轴瓦上划出油槽线，錾削时，錾切的方向要随着曲面、圆弧而变动，但是切削角度不变，这样才能得到深浅一致的油槽。錾好后，槽边上的毛刺要用刮刀或砂布修除，如图 6-48 所示。

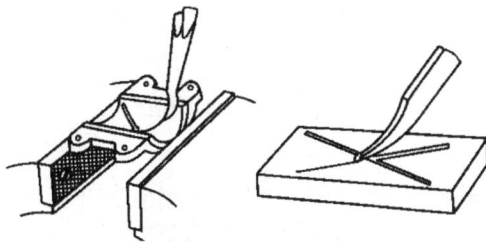

图 6-48　油槽的錾削

（四）锯割

用手锯把材料（或工件）锯出狭槽或进行分割的工作称为锯割。

1. 锯割的应用

当前，各种自动化、机械化的切割设备已被广泛地采用，但在单件小批量生产场合，尤其在船舶机械检修中，往往对于诸如薄钢板、管子和尺寸不大的型钢等不能或不便于机械锯割的材料，仍采用手工锯割。

其工作范围包括：

（1）分割各种材料或半成品，如图 6-49（a）所示；

（2）锯掉工件上多余的部分，如图 6-49（b）所示；

（3）在工件上锯槽，如图6-49（c）所示。

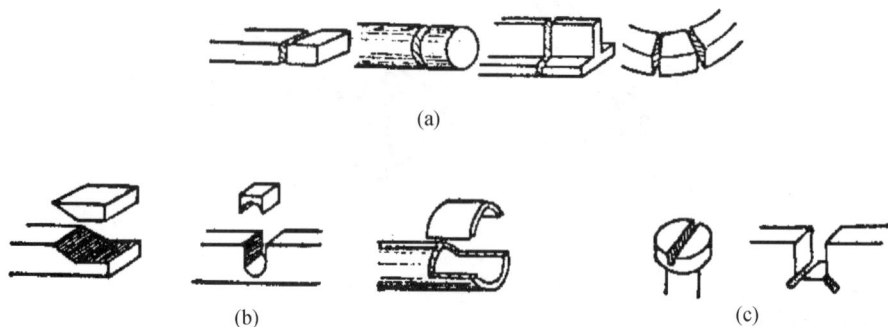

(a)

(b)   (c)

图6-49　锯割的应用

2. 锯割工具

（1）锯弓

锯弓是用来安装锯条的工具。锯弓有固定式和可调节式两种，如图6-50所示。固定式锯弓只能安装一种长度的锯条；可调节式锯弓则通过调整可以安装几种长度的锯条。这种锯弓两端各有一个夹头，用以安装锯条，通过旋紧翼形螺母（元宝螺母）来调节锯条安装的松紧度。

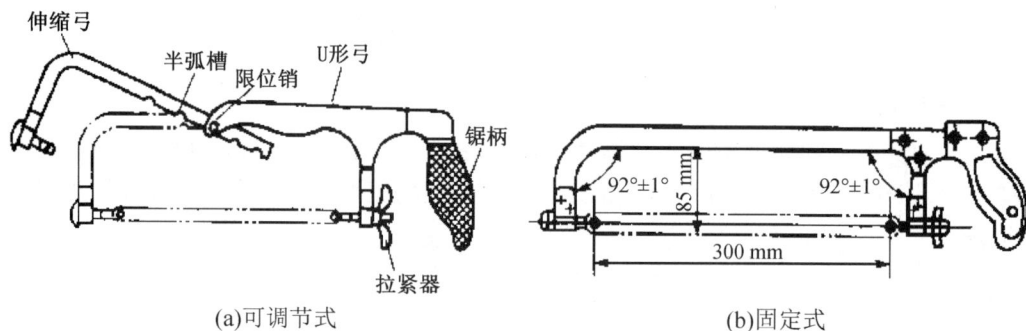

(a)可调节式   (b)固定式

图6-50　锯弓的构造

（2）锯条

锯条一般用渗碳软钢冷轧而成，也有用碳素工具钢或合金钢制成，并经热处理淬硬。锯条的长度是以两端安装孔的中心距来表示的，手工锯条常用的是300 mm长的这一种。

①锯齿的角度，如图6-51所示；锯条的切削部分是由很多锯齿组成的，相当于一排同样形状的凿子。由于锯割时要求获得较高的工作效率，必须使切削部分具有足够的容屑槽，因此锯齿的后角较大。为了保证锯齿具有一定的强度，楔角也不宜太小。综合以上因素，目前使用的锯条锯齿角度是后角 α 为40°，楔角 β 为50°，前角 γ 为90°。

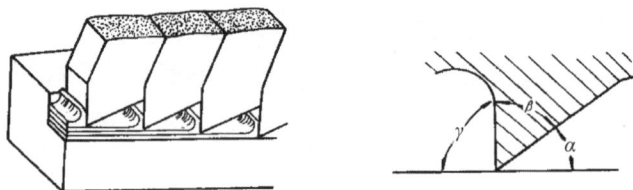

图6-51　锯齿的角度

②锯齿的排列:锯条的许多锯齿在制造时按一定的规则左右错开,排成一定的形状,一般有交叉形和波浪形,如图 6-52 所示。锯缝宽度大于锯条背的厚度,这样,锯割时锯条既不会被卡住,又能减少锯条与锯缝的摩擦阻力,工作就比较顺利,锯条也不会过热与加快磨损。

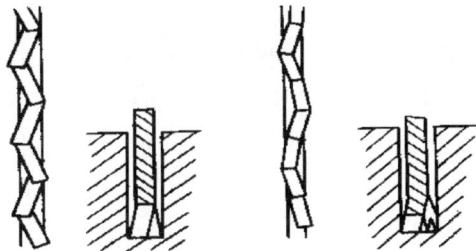

图 6-52　锯齿的排列

③锯齿粗细:锯齿的粗细是以锯条的齿距及每寸牙数来表示的。齿距 1.8 mm 或 14~18 牙为粗齿,齿距 1.4 mm 或 24 牙为中齿,齿距 1.0~0.8 mm 或 32 牙为细齿。

粗齿锯条的容屑槽较大,适用于锯软材料和锯较大的表面,因为此时每锯一次的排屑较多,容屑槽大就不致产生堵塞而影响切削效率。

中齿锯条适用于锯割一般钢材及厚壁管子。

细齿锯条适用于锯割硬材料,因硬材料不易锯入,每锯一次的排屑较少,不会堵塞容屑槽,而锯齿增多后,可使每齿的锯削量减少,材料容易被切除,故推锯过程比较省力,锯齿也不易磨损。在锯割管子或薄板时必须用细齿锯条,否则锯齿很容易被钩住而崩断。严格来说,薄板(壁)材料的锯割截面上至少应有两齿以上同时参加锯割,才能避免发生锯齿被钩住和崩断的现象。

3. 锯割方法

(1)锯条的安装

手锯是在向前推进时进行切削的,所以锯条安装时要保证锯齿的方向,如图 6-53(a)所示。如果装反了,如图 6-53(b)所示,则锯齿前角为负值,切削很困难,不能正常地锯割。

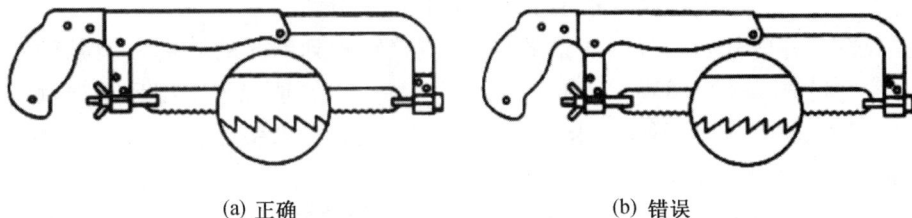

(a) 正确　　　　　　　　　　　　　(b) 错误

图 6-53　锯条的安装方向

锯条的松紧也要调节适当,锯条太紧则锯割时锯条受力太大,在锯割中稍有阻力而产生弯折时,就很容易崩断;锯条太松则锯割时锯条容易扭曲,也很可能折断,而且锯出的锯缝容易发生歪斜。装好的锯条应尽量使它与锯弓保持在同一中心平面内,这样对阻止锯缝的歪斜比较有利。

(2)工件的夹持

①工件伸出钳口不应过长,以防锯割时产生振动。锯割线应和钳口边缘平行,并夹在台虎

钳的左边,以便操作。

②工件要夹紧,避免锯割时工件移动造成锯条折断。

③防止工件变形和夹坏已加工面。

（3）锯割姿势和基本方法

锯割时站立姿势：左脚在前,右脚在后,两脚距离约为锯弓之长,呈 L 形。锯弓的握法：右手推锯柄,左手大拇指扶在锯弓前面的弯头处,其他四指握住下部。锯割时推力和压力均主要由右手控制。左手所加压力不要太大,主要起扶正锯弓的作用,如图 6-54 所示。

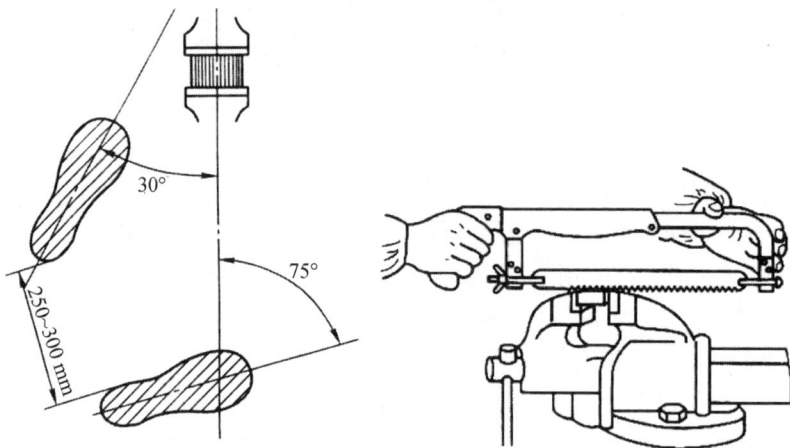

图 6-54　锯割的姿势

推锯时锯弓的运动方式有两种：一种是直线运动,适用于锯缝底面要求平直的槽子和薄壁工件的锯割；另一种为锯弓可上下摆动,这样可使操作自然,两手不易疲劳。手锯在回程中,不应施加压力,以免锯齿磨损。

锯割的速度以每分钟 30~40 次为宜。锯割软材料可以快些；锯割硬材料应该慢些。若速度过快,锯条发热严重,容易磨损。必要时可加水和乳化液冷却,以减轻锯条的磨损。

在推锯时应使锯条的全部长度都有效使用到。若只集中于局部长度使用,则锯条的使用寿命将相应缩短。一般往复长度应不小于锯条全长的三分之二。

起锯是锯割工作的开始。起锯质量的好坏,直接影响到锯割的质量。起锯有远起锯［见图 6-55（a）］、近起锯［见图 6-55（b）］和平面起锯三种。一般情况下采用远起锯较好,因为此时锯齿是逐步切入材料,锯齿不易被卡住,起锯比较方便。如果用近起锯,则掌握不好时,锯齿容易被工件棱边卡住,甚至崩断。

无论用远起锯或近起锯,起锯的角度要小（α 不超过 15° 为宜）。如果起锯角太大,如图 6-55（c）所示,则起锯不易平稳,尤其是近起锯时锯齿更容易被工件棱边卡住。但起锯角也不宜太小,如接近平锯时,由于锯齿与工件同时接触的齿数较多,不易切入材料,经过多次起锯后就容易发生偏离,使工件表面锯出许多锯痕,影响表面质量。

为了起锯平稳和准确,也可用手指挡住锯条,使锯条保持在正确的位置上起锯,如图 6-55（d）所示。起锯时施加的压力要小,往复行程要短,这样就容易准确地起锯。

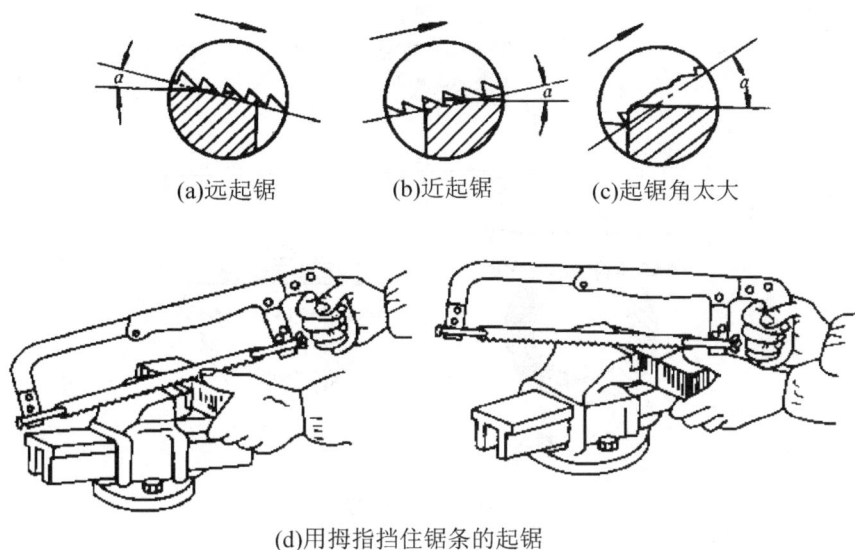

(a)远起锯　　　(b)近起锯　　　(c)起锯角太大

(d)用拇指挡住锯条的起锯

图 6-55　起锯方法

4. 锯割的安全技术

（1）要防止锯条折断时从锯弓上弹出伤人。因此要特别注意工件快要锯断时压力要减小、锯条松紧装得要恰当以及不要突然用过大的力量锯割等。

（2）工件被锯下的部分要防止其跌落砸在脚上。

5. 锯割实例

（1）棒料的锯割

如果要求锯割的断面比较平整,应从开始连续锯到结束。若锯出的断面要求不高,锯时可改变几次方向,使棒料转过一定的角度再锯。这样,由于锯割面变小而容易锯入,可提高工作效率。

锯毛坯材料时,断面质量要求不高,为了节省锯割时间,可分几个方向锯割,每个方向都不锯到中心,然后将毛坯折断,如图 6-56 所示。

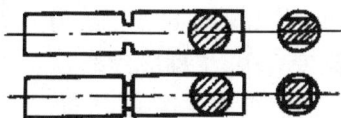

图 6-56　锯断棒料的方法

（2）管子的锯割

锯割管子的时候,首先要做好管子的正确夹持。对于薄壁管子和精加工的管件,应夹在有V 形槽的木垫之间,如图 6-57 所示,以防止夹扁和夹坏表面。

锯割时一般不要在一个方向上从开始连续锯到结束,因为锯齿容易被管壁钩住而崩断。尤其是薄壁管子更容易产生这种现象。正确的方法是每个方向只锯到管子的内壁处,然后把管子转过一个角度,仍旧锯到管子的内壁处。如此逐渐改变方向,直至锯断为止,如图 6-58 所示。薄壁管子在转变方向时,应使已锯的部分向锯条推进方向转动,否则锯齿仍有可能被管壁钩住。

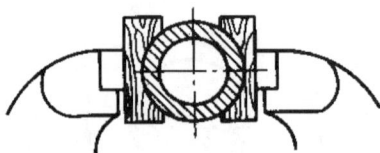

图 6-57　管子的夹持

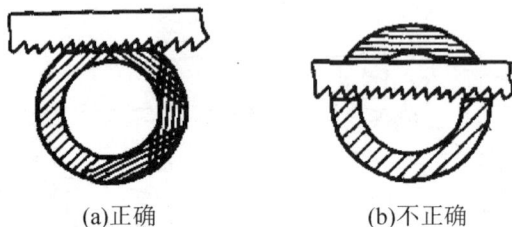

(a)正确　　　　　　　　(b)不正确

图 6-58　锯管子的方法

（3）薄板料的锯割

锯割薄板料时，尽可能从宽的面上锯下去，这样锯齿不易产生钩住现象。当一定要在板料的狭面锯下去时，应把它夹在两块木块之间，连木块一起锯下。这样才可避免锯齿被钩住，同时也增加了板料的刚度，锯割时不会弹动，如图 6-59 所示。

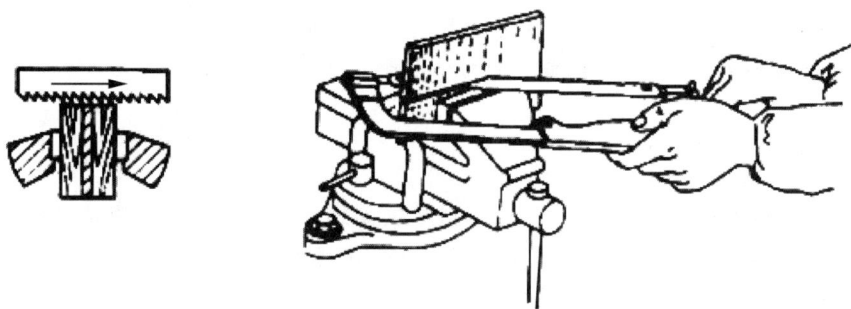

图 6-59　锯薄板料的方法

（4）深缝的锯割

当锯缝的深度到达锯弓的高度时，如图 6-60 所示，为了防止锯弓与工件相碰，应把锯条转过 90°安装后再锯。由于钳口的高度有限，工件应逐渐改变装夹位置，使锯割部位处于钳口附近，而不是在离钳口过高或过低的部位锯割。否则，工件易产生弹动而影响锯割质量，同时也容易损坏锯条。

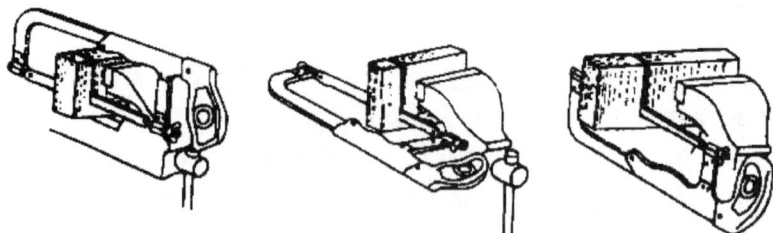

图 6-60　深缝的锯法

（五）钻孔

用钻头在工件上打孔叫钻孔。在钻床上钻孔时,工件都是固定不动的。刀具要求同时完成两个运动:一是主运动,即刀具绕本身轴线所做的旋转运动,也就是切削运动;二是走刀运动,即刀具沿本身轴线方向对着工件所做的直线运动,也是使切削得以连续进行下去的运动。

1. 钻床

（1）台式钻床

台式钻床简称台钻,是一种放在台上使用的小型钻床,一般用于钻直径 13 mm 以下的孔。

图 6-61 为 Z512 型台钻的外形图。该钻床传动部分由电动机 4 及一组五级塔轮 1 传给主轴 10,通过三角皮带的连接进行变速。钻床上装有电器转换开关,能使钻床正转、反转、停止。钻孔时的走刀靠扳动走刀手柄 11 进行。钻轴头架 12 的升降调整:松开紧固手柄 7,摇动升降手柄 8 使螺母旋转,由于丝杆架 3 固定不动,螺母便带动钻轴头架 12 进行升降。调整到适应工件的钻孔高度后,再固紧紧固手柄 7。

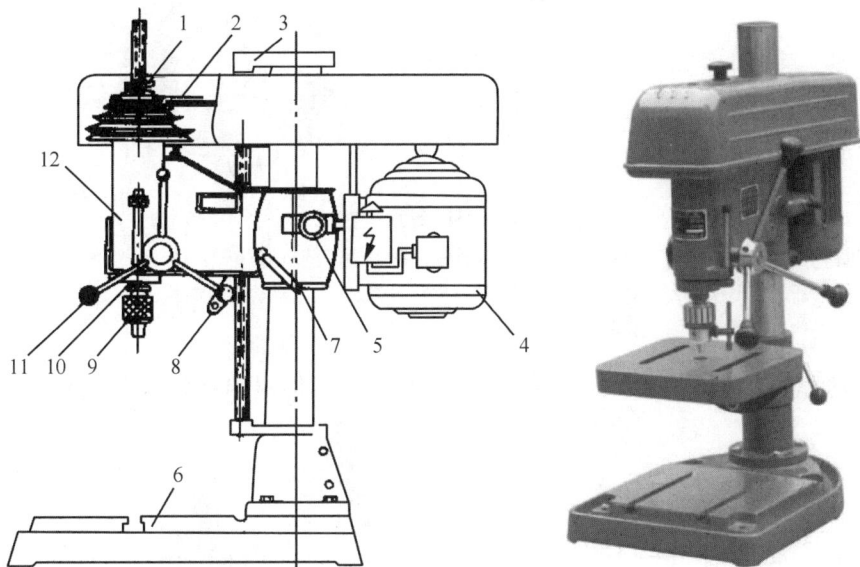

图 6-61　Z512 型台钻

1—塔轮;2—三角胶带;3—丝杆架;4—电动机;5—滚花螺钉;6—工作台;7—紧固手柄;8—升降手柄;
9—钻夹头;10—主轴;11—走刀手柄;12—钻轴头架

（2）立式钻床

立式钻床简称立钻。这类钻床最大钻孔直径有 25 mm、35 mm、40 mm 和 50 mm 等几种。一般用来钻中型工件。立式钻床的刚性好、功率大,因而允许采用较高的切削用量,效率高,加工精度也较高;同时,立式钻床可以自动进给,主轴的转速和进给量变化范围大,可以适应不同材料的刀具及钻孔、扩孔、铰孔、锪孔、攻丝等各种不同的加工需要。图 6-62 为 Z525B 型立式钻床的外形图,其最大钻孔直径为 25 mm。

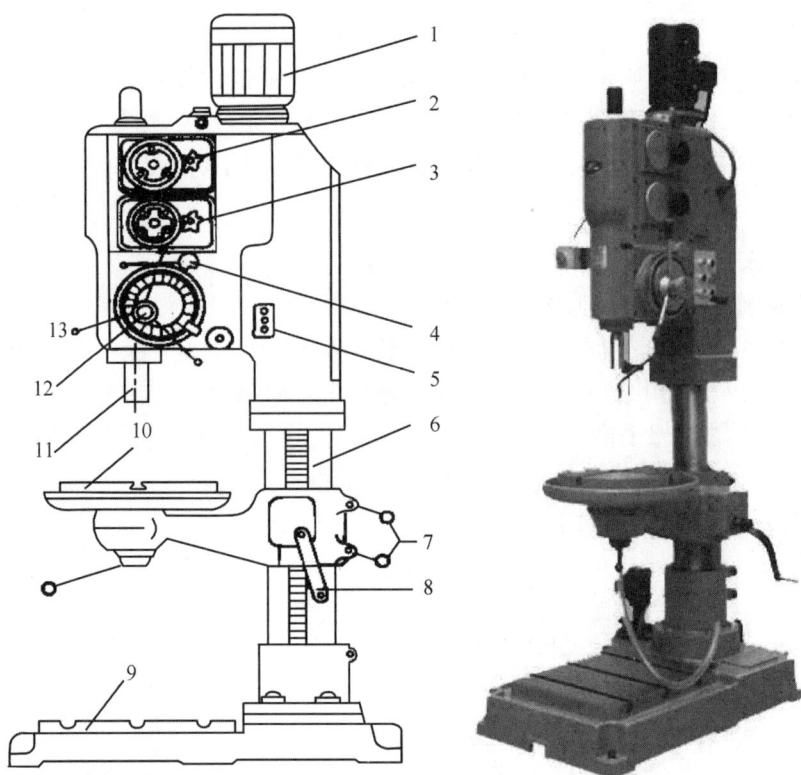

图 6-62　Z525B 型立式钻床

1—电动机；2—主轴变速手柄；3—进给变速手柄；4—离合器手柄；5—按钮；6—立柱；7—锁紧手柄；8—工作台升降手柄；9—方形工作台；10—圆形工作台；11—立柱；12—手工及自动变速端盖；13—进刀手柄

（3）摇臂钻床

图 6-63 为摇臂钻床的外形图。它适用于在笨重的大工件以及多孔工件上钻孔。

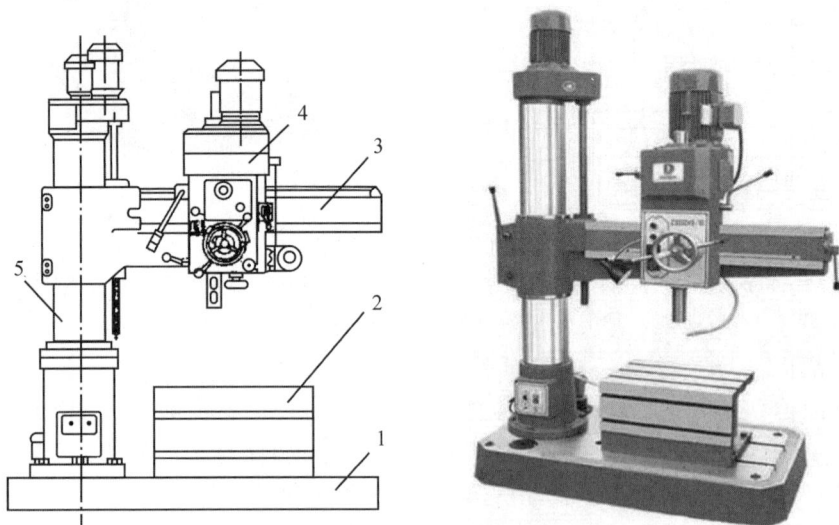

图 6-63　摇臂钻床

1—底座；2—工作台；3—摇臂；4—主轴箱；5—立柱

摇臂钻床主要由下列部分组成:底座 1、立柱 5、摇臂 3、主轴箱 4、工作台 2 等。由于主轴箱 4 能在摇臂 3 上移动,摇臂 3 能绕着立柱 5 回转 360°并沿着立柱 5 上下移动,从而使摇臂钻床能在很大范围内钻孔。工件可以固定在工作台 2 上或直接固定在底座 1 上。当主轴箱 4 调整到需要的位置后,摇臂 3 和主轴箱 4 可分别由夹紧机构锁紧,以防止刀具在切削时走动和振动。摇臂钻床的主轴转速范围和走刀量范围很广,可用于钻孔、扩孔、锪孔、铰孔、镗孔、攻丝等各种加工。

（4）电钻

当工件很大,或由于孔的位置关系而不能把工件放在钻床上钻孔时,可用电钻钻孔。电钻的外形如图 6-64 所示。

图 6-64　电钻

电钻的电源有单相（220 V、36 V）和三相（380 V）两种。其尺寸规格有 6 mm、10 mm、13 mm 等几种。电钻是操作人员直接握持操作的,保证电气安全极为重要。

2. 钻头

钻头是钻孔的主要刀具,因为工作部分外形像根"麻花",所以俗称麻花钻。麻花钻用高速钢制成,工作部分经热处理淬硬至 HRC62-65。

（1）麻花钻的组成

①柄部

麻花钻的柄部有锥柄和直柄两种。一般钻头直径小于等于 13 mm 的制成直柄,大于 13 mm 的制成锥柄。柄部是钻头被夹持的部位,它的作用是用来传递钻孔时所需的扭矩和轴向力,如图 6-65 所示。

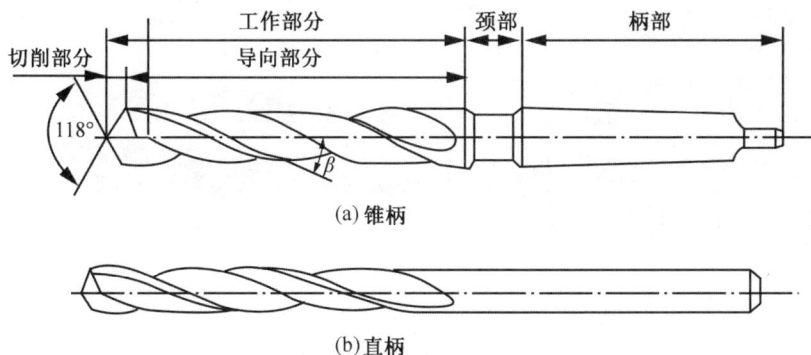

(a) 锥柄

(b) 直柄

图 6-65　标准麻花钻头组成

②颈部

颈部在磨制钻头外圆时作退刀槽使用；钻头的规格、材料及商标等一般也刻印在颈部。

（2）工作部分

工作部分由切削部分和导向部分组成。切削部分主要起切削工件的作用；导向部分的作用不仅是保持钻头钻孔时钻削方向的正确和修光孔壁，同时还是切削部分的后备部分。

3.钻头装夹工具

（1）钻夹头

柱柄钻头一般用钻夹头夹持。钻夹头上端有一锥孔，如图6-66所示，紧配入一根上下两端均带有莫氏锥度的芯棒，装入钻床主轴的锥孔内使用。夹头体1的三个斜孔中装有带螺纹的卡爪5，用来夹紧柱柄钻头。它和环形螺母4啮合。当带有小伞齿轮的钥匙3插入夹头体1中并转动时，小伞齿轮便传动钻头套2上的大伞齿轮，进而使压合在钻头套2内部的环形螺母4旋转，使三个卡爪5同时推出或缩入，达到夹紧和放松钻头的目的。

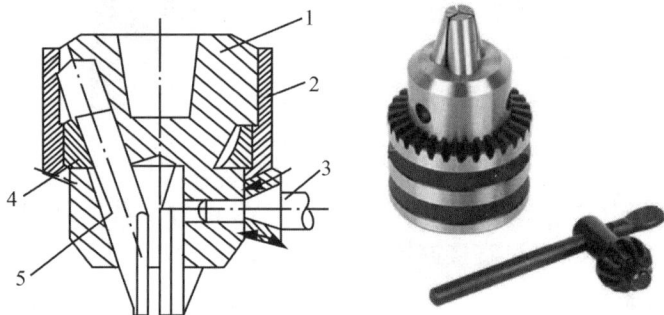

图6-66　钻夹头结构

1—夹头体；2—钻头套；3—钥匙；4—环形螺母；5—卡爪

（2）钻头套与楔铁

钻头套是将锥柄钻头和钻床主轴连接起来的过渡工具，如图6-67（a）所示。

楔铁用来从钻头套中取出钻头，如图6-67（b）所示。使用时应该注意两点：一是楔铁带圆弧的一边一定要放在上面，否则会把钻床主轴套或钻头套的长圆孔打坏；二是取出钻头时，要用手或其他方法接住钻头，以免其落下时损坏钻床台面和钻头。

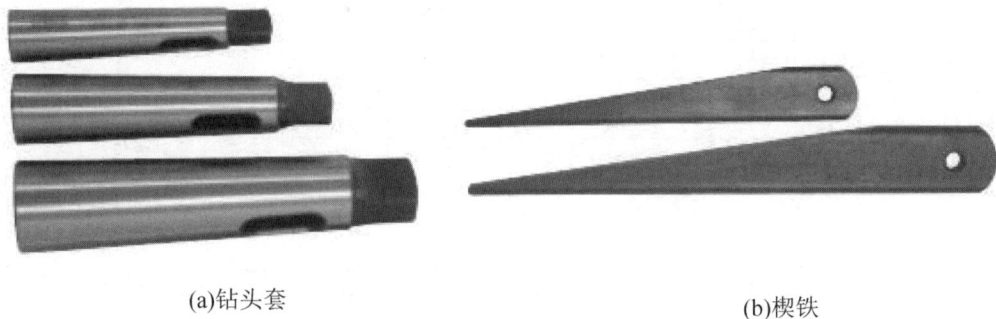

(a)钻头套　　　　　　　　　　　　　　　(b)楔铁

图6-67　钻头套与楔铁

（3）快换钻夹头

快换钻夹头是一种能在主轴转动情况下，更换钻头或其他刀具的夹紧工具，如图6-68所示。

图6-68　快换钻夹头

快换钻夹头装卸迅速、使用方便，减少了换刀时间，提高了生产率，所以在一些生产单位应用较适合。

4. 辅助工具

辅助工具是指用于装夹工件的通用工具。常用的有手虎钳、平口虎钳、V形铁、螺钉压板。

（1）手虎钳如图6-69所示。在手不能拿的薄、小工件上钻孔或钻孔孔径小于8 mm时，必须用手虎钳夹持工件。

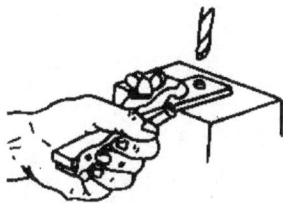

图6-69　用手虎钳夹持工件钻孔

（2）平口虎钳用于装夹外形平整工件，如图6-70所示。

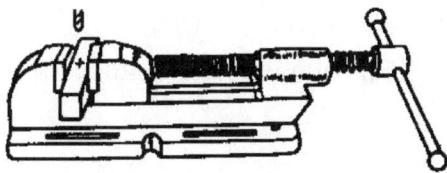

图6-70　平整工件用平口虎钳夹紧钻孔

（3）用V形铁在轴或套筒类工件上钻孔，工件常用螺钉压板装夹在V形铁上，如图6-71所示。

（4）压板螺钉用于钻大孔或不适用虎钳夹紧的工件可直接用压板螺钉把它固定在钻床工作台上，如图6-72所示。采用压板螺钉夹紧时应注意使螺钉尽量靠近工件，支架压板的垫铁高度应略高于或等于所压工件，这样才能获得较大的夹紧力和夹紧效果。此外，压板下的工件如果表面已经经过精加工，要衬垫铜皮或铝皮，以避免损坏精加工表面。

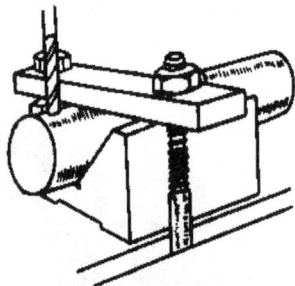

图 6-71　用 V 形铁夹持工件钻孔

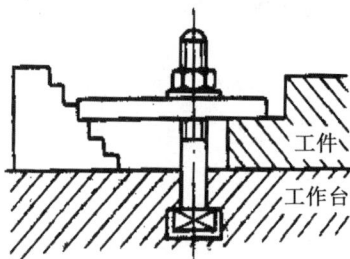

图 6-72　用压板螺钉钻孔

5. 钻孔、扩孔与铰孔

（1）钻孔

①钻孔前一般先划线，确定孔的中心，在孔中心先用样冲打出较大的中心眼。

②钻孔时应先钻一个浅坑，以判断是否对中。

③在钻削过程中，特别是钻深孔时，要经常退出钻头以排出切屑和进行冷却，否则可能使切屑堵塞或钻头过热磨损甚至折断，并影响加工质量。

④钻通孔时，当孔将被钻透时，进给量要减小，避免钻头在钻穿时的瞬间抖动，出现"啃刀"现象，影响加工质量，损伤钻头，甚至发生事故。

⑤钻削大于 $\Phi30$ mm 的孔时应分两次钻，第一次先钻一个直径较小的孔（为加工孔径的 0.5～0.7 倍）；第二次用钻头将孔扩大到所要求的直径。

⑥钻削时的冷却润滑：钻削钢件时常用机油或乳化液；钻削铝件时常用乳化液或煤油；钻削铸铁时则用煤油。

（2）扩孔

扩孔是利用扩孔钻或麻花钻对工件已有的孔进行扩大的加工，如图 6-73 所示。扩孔时无横刃切削，且切削深度小，故切削阻力比钻孔时小，切削时省力。

由于扩孔钻刚性好、切削平稳，所以扩孔可提高孔的尺寸精度，减少表面粗糙度值。扩孔后公差等级可达 IT9～IT10，表面粗糙度值可达 RA2.5～6.3 μm。

扩孔常作为孔的半精加工或铰孔前的预加工，扩孔时进给量为钻孔进给量的 1.5～2 倍，切削速度为钻孔的 1/2。

实际生产中，常用麻花钻代替扩孔钻使用，扩孔钻多用于大批量生产。当孔径大于 30 mm

时,先用0.5~0.7倍孔径麻花钻头钻孔,再用等于扩孔孔径的钻头扩孔,效果较好。

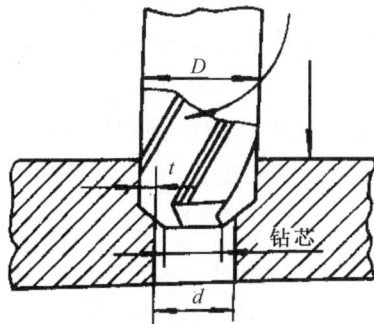

图6-73 扩孔

扩孔时切削深度 t:

$$t = \frac{D - d}{2} \quad \text{mm}$$

式中:D——扩孔后的孔径,mm;

d——预加工孔径,mm。

(3)铰孔

铰孔是用铰刀对已加工的孔进行精加工。公差等级可达 IT6~IT7,表面粗糙度值可达 RA3.2~0.8 μm。

铰刀是用于铰削加工的刀具。铰刀的切削刃比扩孔钻多6~12个,且切削刃前角孔 $\gamma_0 = 0°$,并有较长的修光部分,因此加工精度高,表面粗糙度值低。铰刀多为偶数个刀刃,并成对地位于通过直径的平面内,便于测量直径的尺寸。手铰切削速度低,不会受到切削热和振动的影响,是对孔进行精加工的一种方法。

铰刀按使用方法分为手用铰刀和机用铰刀两种。手用铰刀的顶角较机用铰刀小,其柄为直柄(机用铰刀为锥柄)。铰刀的工作部分由切削部分和修光部分组成。

铰孔时,铰刀不能倒转,否则会卡在孔壁和切削刃之间,而使孔壁划伤或切削刃崩裂。铰孔时常用适当的切削液来降低刀具和工件的温度,防止产生积屑瘤,并减少切屑细末黏附在铰刀和孔壁上,从而提高孔的质量。

(六)攻丝和套丝

用丝攻(丝锥)在孔中内表面切削出内螺纹称为攻丝;用板牙在圆柱外表面切出螺纹称为套丝。

1.攻丝工具

(1)丝攻

丝攻分机用丝攻和手用丝攻,如图6-74所示。丝攻由柄部和工作部分组成。柄部有方榫,是攻螺纹时用于夹持在绞手内的部分,起传递扭矩的作用。工作部分由切削部分(L_1)和校准部分(L_2)组成。切削部分的前角一般为8°~10°,后角一般为6°~8°;校准部分具有完整的牙型,用来修光和校准已切削出的螺纹,并引导丝攻沿轴向运动,校准部分的后角为0°。丝攻的规格刻在柄部。

攻螺纹时，为减小切削力和延长丝攻使用寿命，将整个切削工作量分配给几支丝攻来共同承担。通常 M6～M24 的丝攻每一套有两支，M6 以下及 M24 以上的丝攻每一套有三支，这是因为小螺丝攻强度不高，容易折断，所以备三支；而大螺丝攻切削量大，需要几次逐步切削，所以也做成三支一套。细牙螺纹丝攻不论大小均为两支一套。三支一套的丝攻按头攻负荷 60%、二攻负荷 30%、三攻负荷 10% 来分配切削量，如图 6-75 所示。两支一套的丝攻按头攻负荷 75%、二攻负荷 25% 来分配；这样分配切削量，丝攻磨损均匀，使用寿命较长，攻丝时也较省力。

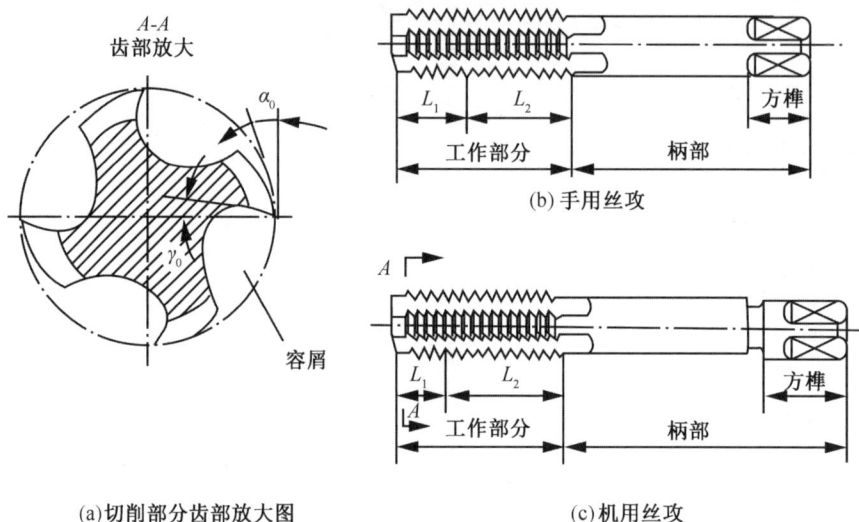

A-A
齿部放大

α_0

γ_0

容屑

(a)切削部分齿部放大图

L_1　L_2

工作部分　柄部

方榫

(b)手用丝攻

A

L_1　L_2

A

工作部分　柄部

方榫

(c)机用丝攻

图 6-74　丝攻

三攻
二攻
头攻

(a)锥形分配（等径丝攻）

三攻
二攻
头攻

(b)柱形分配（不等径丝攻）

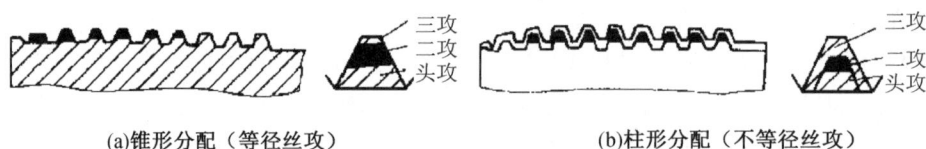

图 6-75　成套丝攻切削负荷分配方法

（2）铰杠

铰杠是手工攻螺纹时用来夹持丝攻的工具。铰杠分普通铰杠（如图 6-76 所示）和丁字形铰杠（如图 6-77 所示）。它们又各有两种形式。手工攻丝必须用绞手夹住丝攻的柄部方榫处，转动绞手带动丝攻旋转。

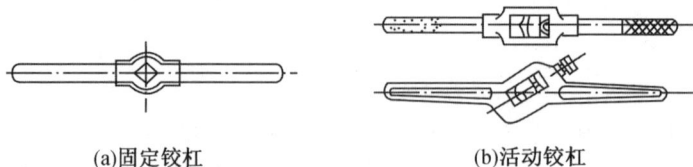

(a)固定铰杠

(b)活动铰杠

图 6-76　普通铰杠

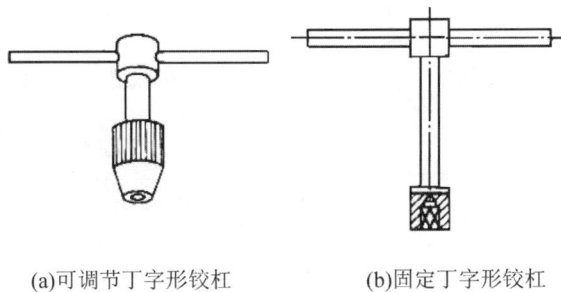

(a)可调节丁字形铰杠   (b)固定丁字形铰杠

图6-77   丁字形铰杠

2. 攻丝方法

攻螺纹前,要对底孔孔口进行倒角,且倒角处的直径应略大于螺纹的大径,而且通孔螺纹的两端都要倒角。这样能使丝锥起攻时容易切入材料内,并能防止孔口处被挤压出凸边。

(1)螺纹底孔直径和深度的确定以及孔口的倒角

①螺纹底孔直径的确定:丝攻在攻螺纹的过程中,切削刃主要是切削金属,但还有挤压金属的作用,因而造成金属凸起并向牙尖流动的现象,所以攻螺纹前,钻削的孔径(即底孔)应大于螺纹内径。底孔的直径可查手册或按下面的经验公式计算。

公制螺纹硬材料:$d_1 = d - 1.2P$

公制螺纹韧性材料:$d_1 = d - 1.1P$

②螺纹底孔深度的确定:攻不通螺孔时,由于丝攻切削部分不能绞制出完整的螺纹,钻孔深度至少要等于螺纹深度加上丝攻切削部分长度。这段长度大约等于螺纹外径的0.7倍,钻孔深度=需要螺纹长度+0.7d。

③孔口倒角攻螺纹前要在钻孔的孔口进行倒角,以利于丝攻的定位和切入。倒角的深度应大于螺纹的螺距。

(2)攻丝操作

装夹工件时,应尽量使螺孔的中心线处于竖直或水平位置。这样能使攻螺纹时容易观察到丝攻轴线是否垂直于工件平面。

起攻时,尽量把丝攻放正,然后再对丝攻加压并转动铰杠,如图6-78所示。当丝攻切入1~2圈后,应及时检验并校正丝攻的位置和方向。检查时,应对丝攻的正面和侧面都进行检查,以确保丝攻位置和方向的正确性。一般在切入3~4圈后,丝攻的位置和方向就可以基本确定,不允许再对明显的偏斜进行强制纠正。

当丝攻的切削部分全部切入工件后,只需转动铰杠即可,不能再对丝攻施加压力,否则,螺纹牙型可能被破坏。在攻螺纹的过程中,两手用力要均匀,正转一圈或半圈要倒退1/4~1/2圈,使切屑碎断,易于排出,避免因切屑堵塞而使丝攻被卡住或折断。

攻不通孔螺纹时,要经常退出丝攻,及时排除孔内切屑;否则,会因切屑过多造成阻塞而使丝攻折断或螺纹深度达不到要求。当工件不便倒出切屑时,可用磁棒将切屑吸出,或用弯曲的小管将切屑吹出。

攻塑性材料的螺纹孔时,要加注切削液,以减小切削阻力,减小螺纹牙型的表面粗糙度值,并起到延长丝攻使用寿命的作用。

使用成套丝攻攻螺纹时,必须按头攻、二攻、三攻的顺序进行攻削,直至达到标准尺寸。

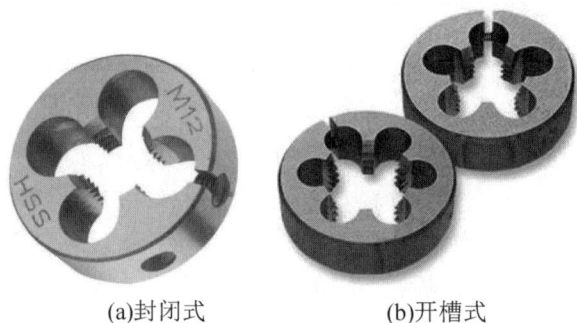

(a)起攻

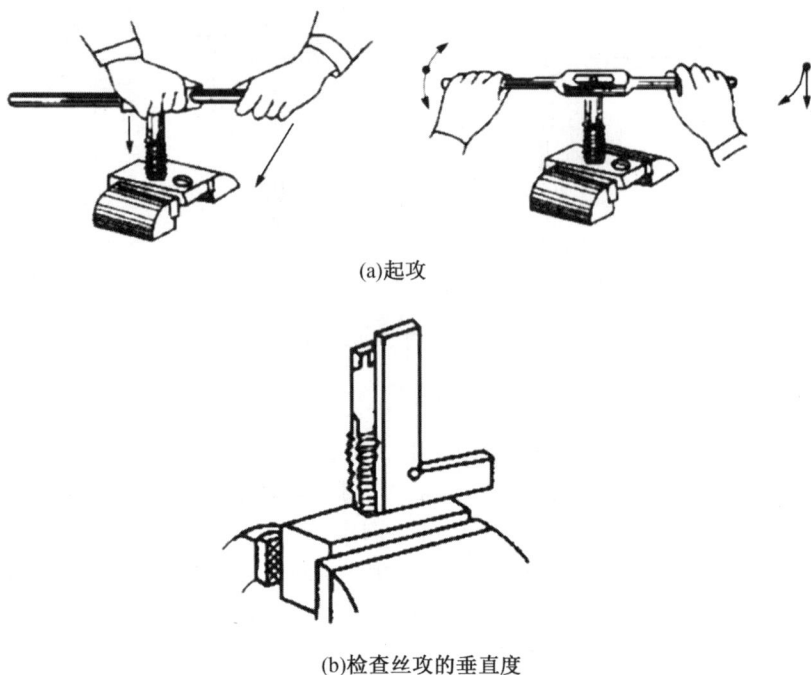

(b)检查丝攻的垂直度

图 6-78　攻丝方法

攻丝的要领可归纳如下：

两手握柄压力均，旋转丝攻顺时转；

绞出两牙需校正，进进退退压力停。

3. 套丝工具

套螺纹用的工具有板牙（如图 6-79 所示）和板牙架（如图 6-80 所示）。

(a)封闭式　　　　　　　　(b)开槽式

图 6-79　板牙

（1）板牙

板牙是套丝用的刀具，它具有所绞制螺纹的同样螺纹。板牙两端的锥角部分是切削部分，当中具有完整齿深的一段是校准部分，也是套丝时的导向部分。板牙上有出屑孔，其主要用途是形成切削刀并排出切屑。出屑孔的数量由螺纹直径的大小来决定，一般为 3~8 个，板牙有封闭式和开槽式两种结构。另外还有一种管子板牙（如图 6-81 所示），其牙型角为 55°，螺纹配合后没有径向间隙，它的公称直径是指管子的内径，以英寸为单位。

（2）板牙架（板牙绞手）

板牙架是用来带动板牙转动而进行套丝的工具。板牙装在板牙架上后用止动螺丝顶紧。

图 6-80　板牙架

图 6-81　管子板牙

4.套丝方法

（1）套丝前圆杆直径的确定

同攻丝一样,由于材料的切削性能不同,塑性材料套丝时牙尖总要挤高一些,所以在塑性材料上套丝时,螺杆直径要比在脆性材料上套丝时小一些。各种螺纹套丝前圆杆直径可以通过查表确定,也可以通过计算来确定:

$$d_{\text{杆}} = d - 10.13P$$

式中: $d_{\text{杆}}$——套螺纹前圆杆直径,mm;

　　　d——螺纹大径,mm;

　　　P——螺距,mm。

（2）棒料套丝

套丝前,先将棒料需套丝一端倒成 $15° \sim 20°$ 的斜角,然后把板牙切口朝下套在棒料上,并使板牙端面与棒料轴线垂直。开始套丝时,两手握柄距离要小,尽量靠拢些,加以适当压力,顺时针旋转,套出 2~3 牙后,用目测方法两边校正,检查是否歪斜,如不歪斜就可套下去。同攻丝一样,每旋转一圈要倒退1/4 或 1/2 圈,以便切断并排出切屑。套好时要加以适当的冷却润滑液,以提高螺纹的表面粗糙度和延长板牙块的使用寿命。

棒料套丝要领可归纳如下:

两手握柄近中心，切口朝下压力匀；

顺时旋转套二牙，两边校正免压进；

冷却润滑不可少，进切回断再进行。

（3）管子套丝

套丝前先根据管径选择好相应的板牙块，按牙块上的号码与板牙架上的牙块槽号码对应按顺序装上，旋转调径盘使牙块到位后将紧固手柄旋紧。管子夹在管虎钳上后，将板牙架套在管子一端。旋转导块扳手手柄，使三个导块与管壁相接触以保证板牙架在管子上的稳定性；然后加压力顺向转动手柄，套出 2~3 牙后去除压力，转动手柄套丝至完成。套完后将舒张手柄松开一点再转动一下板牙架以便切断切屑。最后将舒张手柄完全松开退出板牙架。注意在整个操作过程中要加以适当的冷却润滑液以保证螺纹的质量。

管子套丝要领可简单归纳如下：

导板靠拢管，松开调径盘；

拉紧舒张柄，调整板牙径；

紧固调径盘，推力右下转；

丝出免推力，只需顺向转；

到头径放大，屑断松导板。

（七）机器的装配

1. 装配的概念

任何机器都是由许多零件装配而成的。按规定的技术要求，将零件或部件进行配合和连接，使之成为成品或半成品的工艺过程称为装配。

装配是机器制造过程中的最后一个阶段。机器的质量最终是通过装配来保证的，装配质量在很大程度上决定机器的最终质量。另外，通过机器的装配过程，可以发现机器设计和零件加工质量等方面所存在的问题，并加以改进，以保证机器的工作质量。机器装配在机械制造过程中占有非常重要的地位。

为保证有效地进行装配工作，通常将机器划分为若干个能进行独立装配的部分，称为装配单元。一般情况下装配单元可划分为零件、套件、组件、部件和机器五个等级。

零件是组成机器的最小单元，它是由整块金属或其他材料制成的。零件一般都预先装成套件、组件、部件后才安装到机器上，直接装入机器的并不太多。

套件是在一个基准零件上，装上一个或若干个零件构成的。它是最小的装配单元。将零件装配成套件的工艺过程称为套装。

组件是在一个基准零件上，装上若干套件及零件构成的。如机床主轴箱中的主轴，在基准轴件上装上齿轮、套、垫片、键及轴承的组合件称为组件。将零件和套件装配成组件的工艺过程称为组装。

部件是在一个基准零件上，装上若干组件、套件和零件构成的。部件在机器中能完成一定的、完整的功用。例如，车床的主轴箱装配就是部件装配。将零件、套件和组件装配成部件的工艺过程称为部装。

在一个基准零件上，装上若干部件、组件、套件和零件就成为整个机器。将零件、套件、组件和部件装配成最终机器产品的工艺过程称为总装。

装配就是套装、组装、部装和总装的统称。

2. 装配工作的基本内容

装配不只是将合格零件、套件、组件和部件等简单地连接起来,而需要根据一定的技术要求,通过校正、调整、平衡、配作以及反复检验等一系列工作来保证产品质量的一个复杂工艺过程。常见的装配工作内容有下列几项。

(1)清洗

经检验合格的零件,装配前都要经过认真清洗。零件在制造、运输和保管的过程中,避免不了会黏附上灰尘、切屑和油污等杂质,清洗的目的就是去除这些杂质。清洗后的零件通常还具有一定的中间防锈功能。对机器的关键部件,如轴承、密封、精密偶件等,清洗尤为重要。

(2)连接

装配过程中要进行大量的连接,连接包括可拆卸连接和不可拆卸连接两种。可拆卸连接常用的有螺纹连接、键连接和销连接。不可拆卸连接常用的有焊接、铆接和过盈连接等。

(3)常用的装配方法

生产批量不同、配合性质不同,所采用的装配方法也不同。常用的装配方法有完全互换法、选配法、修配法和调整法等。

①完全互换法

所用零件或部件必须具有互换性。互换性是指在同一规格的一批零件或部件中任取一个,不需任何附加修配(如钳工)就能装配在基础零件上,并能达到规定的技术要求。完全互换法的装配精度由零件的加工精度来保证,适合于专业产品的成批生产和流水线作业,如汽车、拖拉机、轴承、摩托车、自行车及多种家电产品的装配。

②选配法

为了降低生产成本,设计时可适当加大零件的尺寸公差值,装配前按实际尺寸将一批零件分成若干组,然后按对应的分组配合件进行装配的方法,称为选配法,又称为分组装配。选配法的装配精度取决于零件的分组数,组数分得越多,装配精度就越高。它适用于成批生产组成零件数量少且加工精度不是很高,但需获得很高装配精度的部件,如柱塞泵的柱塞和柱塞孔的配合、车床尾座与套筒的配合等。

③修配法

这种方法在装配时修去某一配合表面的预留量,如装配车床前后顶尖中心不等高,通过精磨或修刮尾架底座来达到装配精度的要求。修配法对零件的加工精度要求不高,有利于降低生产成本,但却造成装配工序增多,时间增长,故修配法只适用于装配精度要求高的单件、小批量生产中。

④调整法

该方法通过调整一个或几个零件的位置或尺寸来达到装配要求,如用楔铁调整机床导轨间隙等。装配时零件不需任何修配加工就能获得较高的装配精度,故在单件或成批生产中均可采用。调整法特别适用于因磨损引起配合间隙变化而需恢复精度的地方。

二、常用专用工具及测量仪表的测量方法

为了能顺利地拆卸机器,应尽量做好拆卸前的各项准备工作,准备各种检修工具。拆卸检

修时需要准备的拆卸工具包括通用工具和专用工具、通用量具和专用量具、各种随机辅助设备等。所准备的工具和量具的品种、规格应能保证全部拆检工作的顺利进行。

（一）通用工具

1. 扳手

扳手是用来拆装各种螺纹连接件的常用工具。按其结构形式和作用，可分为通用扳手、专用扳手和特种扳手三大类。

在使用扳手时，应把扳手的开口全部套在欲扳动部件上，并注意扳手的开口平面与被扳动件轴线相垂直，否则不仅容易滑脱，而且容易损坏螺纹连接件的棱角。

（1）通用扳手

通用扳手又称活络扳手，如图6-82所示。其特点是它的开口尺寸能在一定范围内调节，所以可用一把活络扳手扳动开口尺寸允许范围内的多种规格的螺栓和螺母，使用方便。

使用活络扳手时应注意以下几点：

①活络扳手使用时不允许在其手柄上套上一根长管子作为加长手柄。

②应使扳手开口的固定部分承受主要作用力，即扳手开口的活动部分位于受压方向。

③扳手上紧力不能超出螺栓或螺母所能承受的限度。

④扳手的开口尺寸应调整到与被扳紧部位尺寸一致，将其紧紧卡牢后再用力扳动螺帽。

图6-82　活络扳手

（2）专用扳手

每一种专用扳手只能用以扳动固定规格的螺栓和螺母，按其结构特点可分为以下几种：

①开口扳手

开口扳手又称呆扳手，分为单头和双头两种，如图6-83所示。它的尺寸规格以开口宽度（mm）分类。开口扳手一般用在螺帽空间比较宽阔的地方，使用时应注意扳手开口的受力部位。

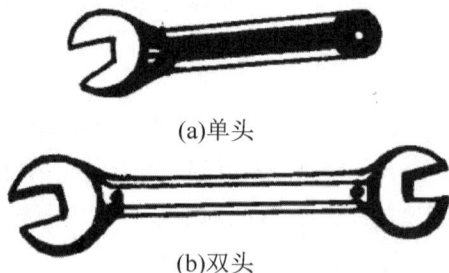

(a)单头

(b)双头

图6-83　开口扳手

②整体扳手

整体扳手有正方形、六角形、十二角形等几种形式,其中十二角形扳手就是梅花扳手,如图6-84所示。梅花扳手只要转动30°就可以改变扳手方向,所以扳动狭窄部位的螺栓和螺母时,使用这种扳手较为方便。其规格以六角螺母的对边距离为扳手的公称尺寸。

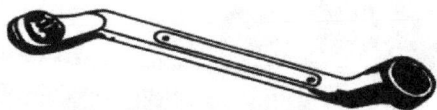

图 6-84　梅花扳手

③套筒扳手

套筒扳手是由一套尺寸不等的活络套筒头子和弓形手柄等组成的,如图6-85所示。一般都配套成盒,分9件、13件、17件、28件、32件等多种组合,其规格尺寸与梅花扳手基本相同,适用于多种特殊位置和维修空间狭小的地方,且效率较高。

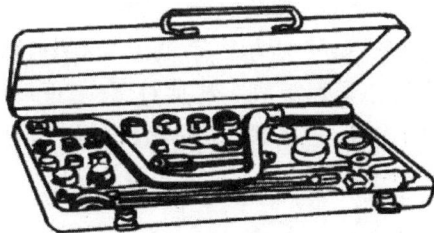

图 6-85　套筒扳手

④钩形扳手

钩形扳手是一种主要用来拆装各种圆螺母的专用扳手,如图6-86所示。

图 6-86　钩形扳手

⑤内六角扳手

内六角扳手是专门用来扳动内六角形的螺栓和螺母的,如图6-87所示。使用时要注意一定要把扳手的头塞到内六角凹底,扳动时应将右手拇指按在扳手的转弯处,其余四指的用力要适当。

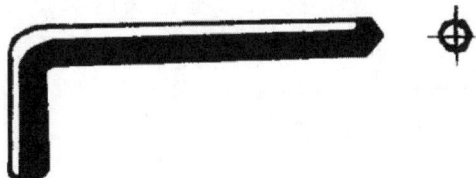

图 6-87　内六角扳手

⑥管扳手

管扳手用于拆装各种管子和管路附件的连接,也可以扳动圆柱形工件、零件,如图6-88所示。

图6-88　管扳手

（3）特种扳手

特种扳手一般是为拆装某一类专用螺帽而设计的,在结构和功用上有别于前述两类扳手。常用的特种扳手有以下两种：

①扭力扳手

扭力扳手又称公斤扳手,如图6-89所示。手柄上带有刻度和指针,使用时可根据扳动时的指针刻度来测定螺栓、螺母的拧紧力矩值。凡是对螺栓、螺母的上紧扭矩有明确规定的装配工件（如某些中、小型柴油机的连杆、缸盖螺母,空压机的缸盖螺栓等）,上紧时都要使用这种扳手。

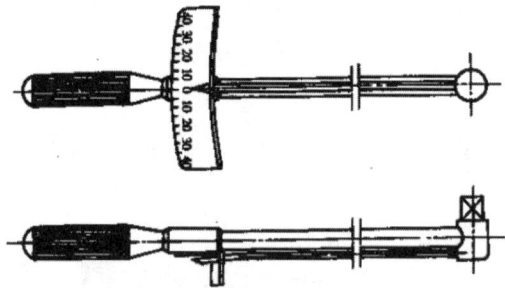

图6-89　扭力扳手

②风动冲击扳手

风动冲击扳手是以压缩空气为动力,用来拆卸和上紧一些较大的螺帽,如大型柴油机的气缸盖螺帽等,其外形如图6-90所示。

2. 手锤

轮机拆装用的手锤一般分为刚性手锤和弹性手锤两类。

由碳钢淬硬制造的手锤属刚性手锤,根据锤头的重量划分规格,常用的有 0.25 kg、0.5 kg、1 kg 等几种,常与錾子、冲头、錾块等配合使用。但不宜直接敲击零件表面。

由铜、硬橡胶、木头等做成的手锤属弹性手锤（软手锤）,常用于拆装传动轴及其轴端装置,如齿轮、键、轴承等,可直接敲击零件表面。

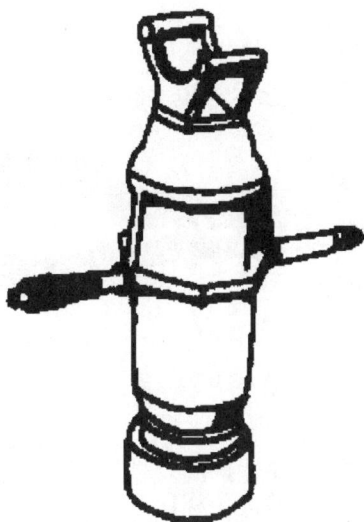

图 6-90　风动冲击扳手

3. 钳子

（1）钢丝钳

钢丝钳分为铁柄和绝缘柄两种,如图 6-91 所示。铁柄钳用来夹持和剪断金属薄板及金属丝;绝缘柄钳可用于夹持或剪断各种电线,可用于有电场所,工作电压为 500 V。其规格按柄身长度分 150 mm、175 mm、200 mm 三种。

(a)铁柄钢丝钳　　　　　　　　　　　(b)绝缘柄钢丝钳

图 6-91　钢丝钳

（2）鲤鱼钳

鲤鱼钳形状似鲤鱼,如图 6-92 所示。鲤鱼钳用于夹持及拉拔各种扁平或圆柱形工件,也可代替扳手拆装一些规格较小的螺栓和螺母。其开口可调整,规格按钳身长度有 165 mm 和 200 mm 两种。

图 6-92　鲤鱼钳

（3）尖嘴钳

尖嘴钳能在狭小的地方操作，在检修中常用来装拔销钉、弹簧等零件，带刃口的还能剪断细小的工件或线材，如图 6-93 所示。它有 130 mm、160 mm、180 mm、200 mm 四种规格。

图 6-93　尖嘴钳

（4）挡圈钳

挡圈钳又称卡簧钳，专用于拆装弹性挡圈。挡圈钳按挡圈的安装部位不同分为直嘴式孔用钳、弯嘴式孔用钳、直嘴式轴用钳、弯嘴式轴用钳等，如图 6-94 所示。

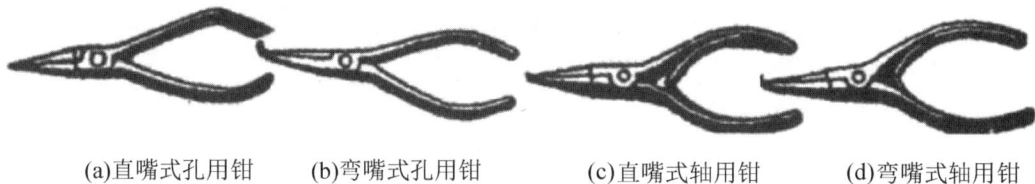

(a)直嘴式孔用钳　　(b)弯嘴式孔用钳　　(c)直嘴式轴用钳　　(d)弯嘴式轴用钳

图 6-94　挡圈钳

（5）扁嘴钳

扁嘴钳的形状类似于尖嘴钳，但扁嘴钳的嘴是扁的，用以弯曲金属薄板片及金属细丝，在机修中一般用来装拔销子、弹簧等零部件，如图 6-95 所示。

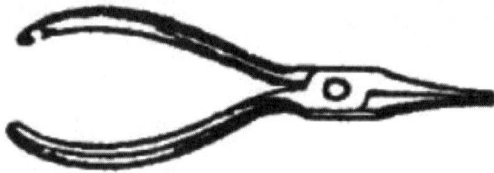

图 6-95　扁嘴钳

4. 其他钳工工具

其他一些钳工工具如钢锯、锉刀、刮刀、螺丝刀、丝锥、板牙、冲子和拉码（如图 6-96 所示）等，也是在轮机的拆检作业中经常使用的。

5. 起吊设备

拆卸机器上重量较大的部件，常常采用各种起重工具和设备。

（1）环链式手拉葫芦

环链式手拉葫芦（如图 6-97 所示）是一种悬挂式手动提升重物的工具，一般在没有固定起重设备的场合使用，这种设备能较灵活地起落重物。但使用时必须注意被吊部件的重量应与环链式手拉葫芦的起重吨位相匹配。

　　　　中华人民共和国内河船舶船员适任考试培训教材

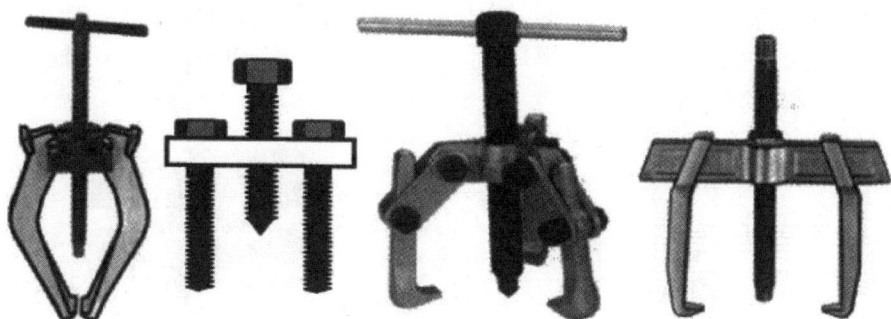

图 6-96　拉码

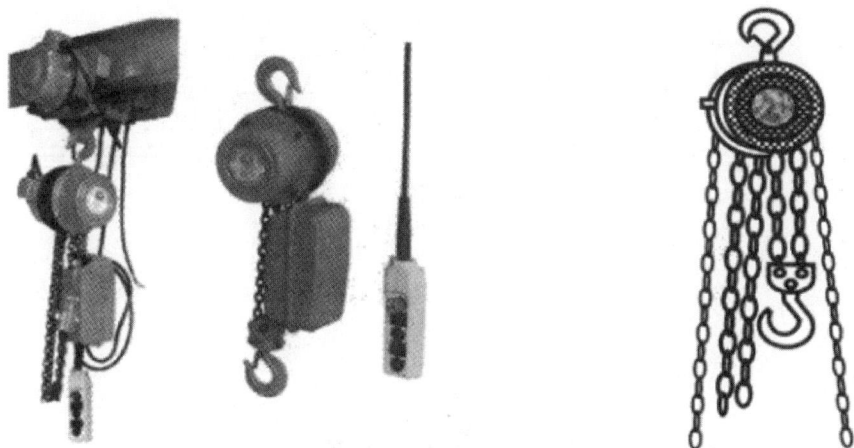

图 6-97　环链式手拉葫芦

（2）起重行车

起重行车又称天车，如图 6-98 所示，是用于吊装大型零部件的专用起重设备。如主机吊缸时，气缸头、活塞的吊装。起重行车根据动力源的不同，又分为手动式和电动式两种。

此外，吊装工作中还常使用一些其他的工具、索具等，如液压千斤顶、卸扣、吊环、钢丝绳及钢丝绳轧头、滑车等。

采用机舱起吊设备进行吊运时，起吊前应根据部件的重量选用相应规格的吊索和吊钩等，确定受吊处的位置，检查起吊控制开关操纵的灵活性。

（二）专用工具

专用工具一般都是为主机、辅机拆装方便而专门设计制造的，通常由生产厂家随机配备。机型不同，专用工具也有所不同，常见的拆装专用工具有：

1. 液压拉伸工具

该工具是大型柴油机中常用的装置，如图 6-99 所示。液压拉伸工具主要用于拆装大型柴油机的气缸盖等的螺母。其主要工作原理是利用螺栓材料本身的弹性变形，借助液压的力量把螺栓拉伸至一定长度，使螺母与其压紧的平面能处于松弛的状态，以便使用扳手旋紧或旋松螺母达到螺栓上紧或旋松的目的。使用时要根据说明书中所规定的缸头螺母旋紧力的大小，用手动高压液压泵给出相应的标准压力来进行螺母的拆装工作。为了保证液压工具的良好状态,应定期地对液压拉伸器进行保养,同时在使用时要根据说明书的规定正确地安装和操作。

该工具也可拆装主机的其他紧固螺母,如活塞杆下部的海底螺母、十字头轴承螺母、连杆大端轴承螺母和主轴承螺母等。

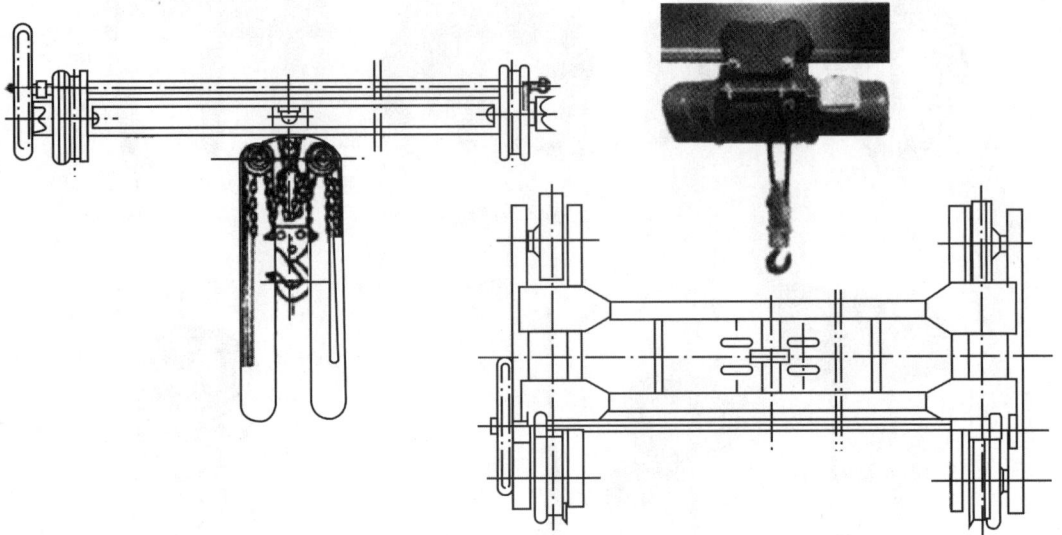

图 6-98　起重行车

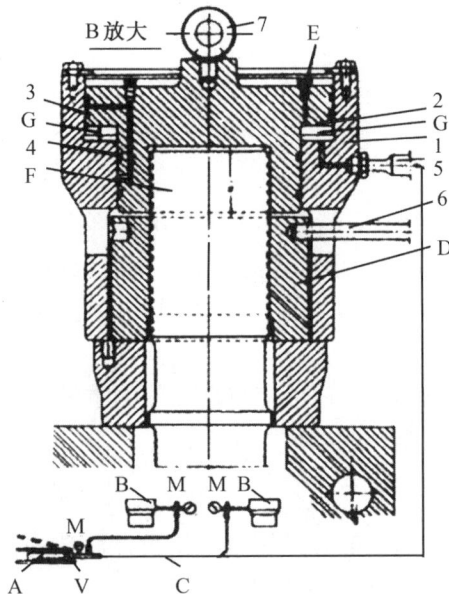

图 6-99　液压拉伸工具

A—手动高压油泵;B—液压拉伸器;C—高压软管;D—间隔环;E—放气螺钉;F—螺栓;G—液压腔;M—压力表;V—泄放阀;1—液压油缸;2—液压活塞;3—上部密封环;4—下部密封环;5—接头;6—扳手;7—吊环

2. 气缸套拆装专用工具

该工具用于拆装柴油机气缸套,如图 6-100 所示。它主要由上横梁 1、带吊环的螺杆 2、上托横梁 3、吊环 4、螺母 5、6 等组成,为中、小型柴油机气缸套的拆卸工具。

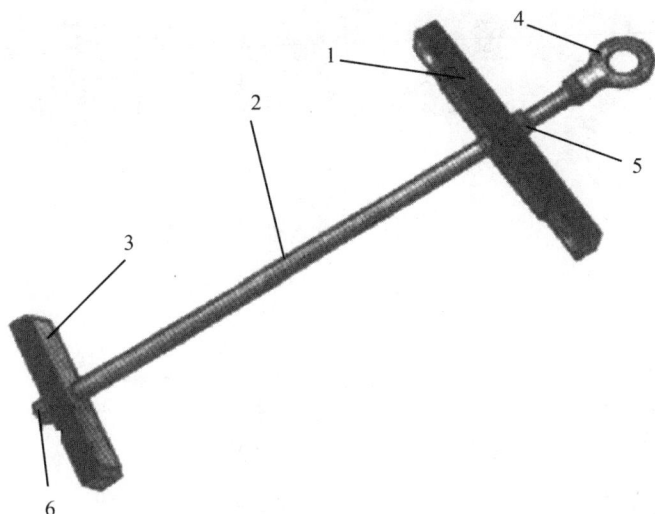

图 6-100　气缸套拆装工具

1—上横梁;2—带吊环的螺杆;3—上托横梁;4—吊环;5、6—螺母

3. 活塞装入气缸套的专用工具

该工具在安装活塞时使用。使用时要平稳地放置在气缸体上平面,注意定位销的位置。将带环的活塞涂上滑油并保证环的搭口互相错位后,放入气缸套内,依靠专用工具的锥形喇叭口将活塞环逐渐收拢,压入气缸套,如图 6-101 所示。

图 6-101　活塞导套

4. 其他专用工具

其他的一些专用工具如图 6-102、图 6-103 所示。

图 6-102　活塞组件吊装工具

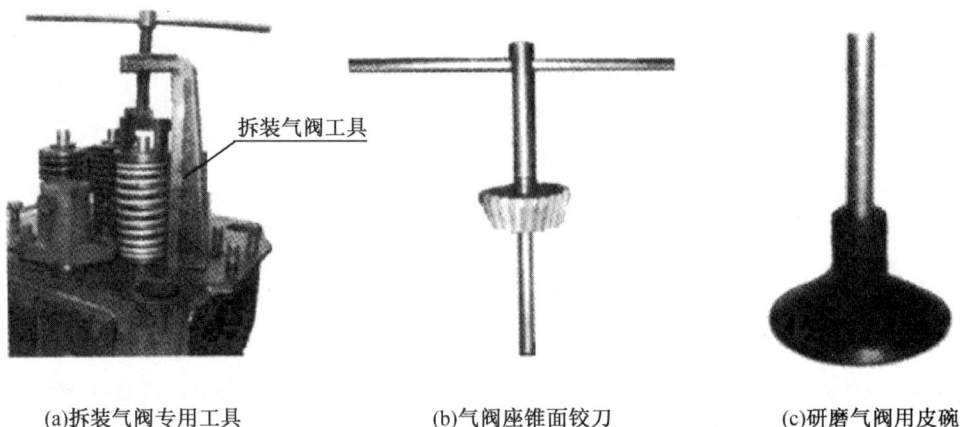

(a)拆装气阀专用工具　　　(b)气阀座锥面铰刀　　　(c)研磨气阀用皮碗

图 6-103　气阀维修工具

(三)测量工具及其使用

1. 通用量具

（1）钢尺（钢板尺、钢卷尺）

钢尺用于测量工件长度尺寸。

（2）塞尺（又称厚薄规）

塞尺如图 6-104 所示,用于测量两机件相互之间的微小间隙,如气阀间隙、活塞环搭口及天地间隙等。其使用方法为:

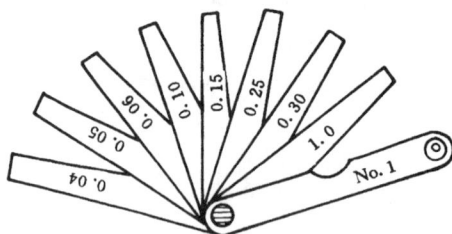

图 6-104　塞尺

①使用前应将塞尺擦干净,否则会影响测量精度。

②使用时根据机件之间配合间隙大小选出一片或数片,重叠在一起塞进间隙内,使钢片在间隙内既能推动,又能拉动,且有明显摩擦力的感觉。

③如果钢片在间隙内很松动或无法推动,则应更换一片较厚或较薄的钢片重新测量。

(3)卡尺

①游标卡尺

游标卡尺如图 6-105 所示。它用于测量工件的内径、外径、高度、厚度和深度等。

②深度游标卡尺

深度游标卡尺用于测量工件的深度尺寸、台阶高度等。

③高度游标卡尺

高度游标卡尺用于测量工件的高度和精密划线。

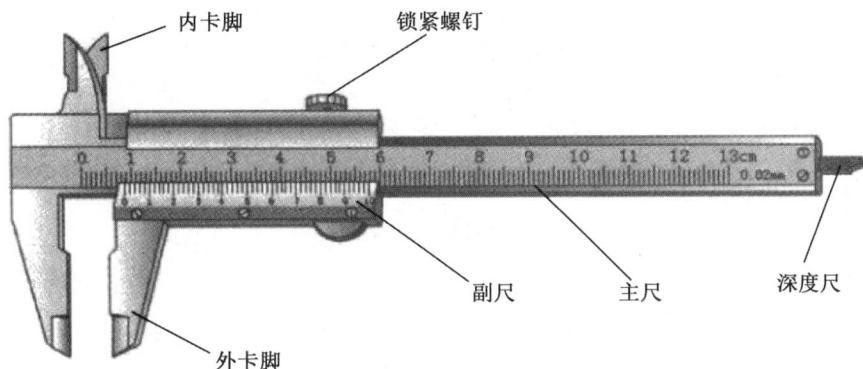

图 6-105　游标卡尺

(4)千分尺(又称百分尺或分厘卡)

千分尺有外径千分尺和内径千分尺之分。

①外径千分尺

外径千分尺如图 6-106 所示。外径千分尺用于测量精密工件的外形尺寸。

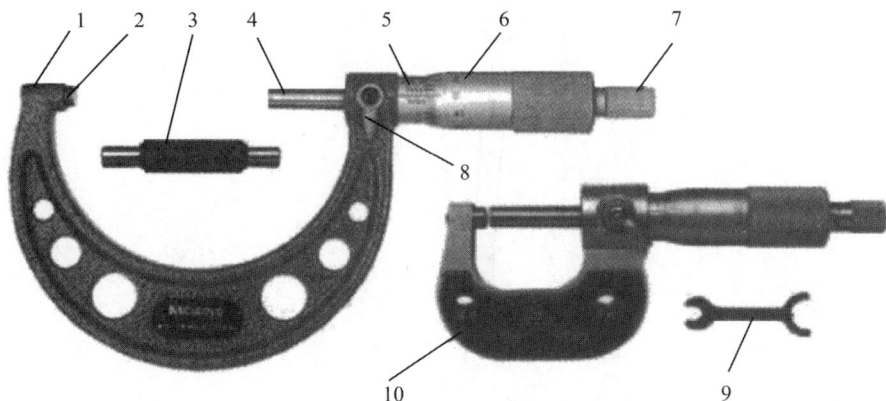

图 6-106　外径千分尺

1—尺架(弓形架);2—测砧;3—校对杆;4—量杆;5—固定套筒;6—活动套筒;7—棘轮;8—制动环;9—随尺扳手;10—隔热装置

②内径千分尺

内径千分尺如图 6-107 所示。内径千分尺用于测量精密零部件的内径尺寸。

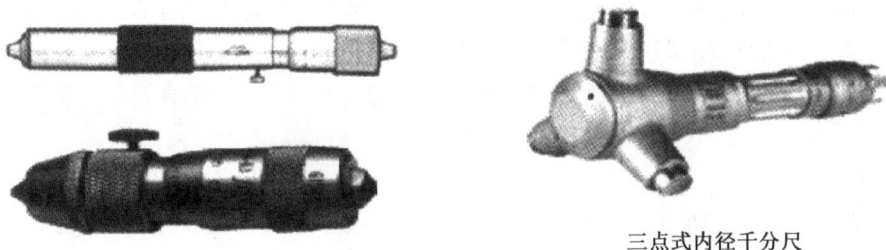

三点式内径千分尺

图 6-107　内径千分尺

（5）螺纹规（又称螺纹样板）

螺纹规如图 6-108 所示。螺纹规用于检查普通螺纹的螺距或每英寸牙数。

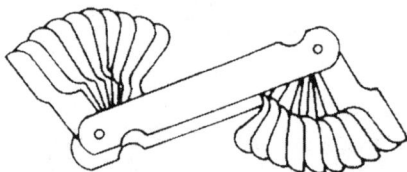

图 6-108　螺纹规

2. 专用量具

在设备检修中，有些设备用普通量具测量较困难，为此常配有随机供应或购置的专用量具。如测量气缸内径的内径千分表、测量曲轴臂距差的臂距表等。

（1）内径千分表

内径千分表在船上主要用于测量缸套的内径。其结构由千分表、连杆、固定量杆和活动量杆组成，如图 6-109 所示。连杆的一端与千分表相连，另一端与固定量杆和活动量杆组成的可调测量棒相连。

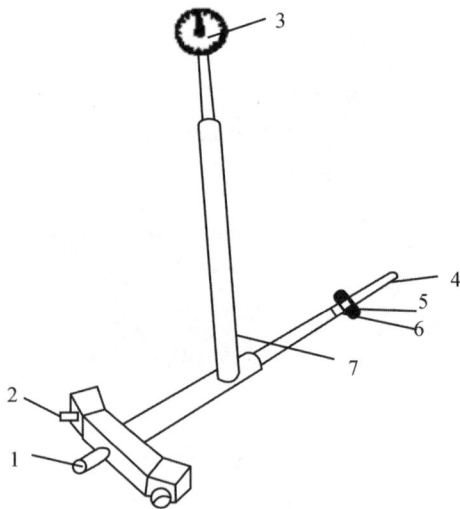

图 6-109　内径千分表

1—活动量杆；2—支承头；3—千分表；4—固定量杆；5—锁紧螺母；6—调整垫片；7—连杆

内径千分表在使用时需要用一个外径千分尺按零件尺寸先对内径千分表进行校正,使千分表的指针指向零位,并把可调测量棒上的紧固螺母拧紧后再进行实际测量。为适应不同尺寸缸径的需要,固定测量杆有一组不同尺寸的杆可供选择,同时调整垫片也有一组可供选配。

在测量气缸内径时,根据气缸内径的大小配上适当的测量棒,把一个外径千分尺调到与标准缸径相同。再将内径千分表的测量棒放到外径千分尺里进行调校,一般测量棒调校后的长度比缸径稍大(视缸套磨损情况而定),再将内径千分表放到气缸内进行测量。

(2)臂距表

臂距表也称为拐挡表,用于测量曲柄臂距变化的数值,是一种特殊的百分表,它的测量精度为 0.01 mm。一般船用柴油机都随机配备专用臂距表,它由臂距表、重锤、测量杆等组成,如图 6-110 所示。这种表测量臂距差时,曲柄臂张开,臂距值增大,则表的指针指向正(+)值或读数增大方向;曲柄臂缩合,臂距值减小,则表的指针指向负(-)值或读数减小方向。这样,表上指针的正负或读数的增减与臂距的增减相一致。

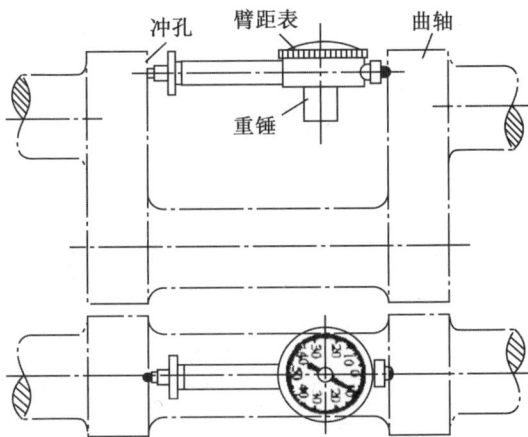

图 6-110 臂距表及其安装

臂距表也可用普通百分表改制而成。但用普通百分表改制时表上指针读数正负的增减与臂距表指针正负的增减相反。

使用臂距表时,应注意以下几点:

①应根据曲轴臂距值的设计尺寸组装表的测量杆长度。

②装表前要确认曲柄臂内侧的冲眼位置,然后将表的两端牢固地顶在曲柄臂上的冲眼内,以防测量中表脱落摔坏。装表时预压缩量不应过大或过小。过大,在曲柄收缩时会压坏表;过小,在曲柄张开时会使表掉下摔坏。

③表装好后,在第一个测量位置上要对表进行调零,以方便测量时读数。

④有些不带重锤的臂距表在测量的过程中,应使用反光镜查看表上数值。不要用手转动表盘查看读数,以免影响测量的准确性。

第七章
安全值班

第一节 ◉ 保持正常安全值班

一、轮机部船员职务及职责

船员职务规则是按照船员在船舶生产、技术管理中所担任的职务,具体规定担任不同职务的船员所必须尽到的职责。船员职务规则在各船公司虽不尽相同,但大体上是一致的,区别一般仅在于某些机电设备的主管检修分工有所不同。本节根据轮机人员的分工,重点介绍轮机长、大管轮、二管轮和三管轮的职务职责。

(一)轮机长

1.轮机长是全船机电设备(不包括通信、导航设备)的技术总负责人,全面负责轮机部所应承担的一切工作。轮机长在行政上受船长领导,全面负责轮机部的安全生产、行政管理、技术业务等工作,定期召开轮机部部门会议,布置检查工作,确保"船舶安全管理体系"在船保持和运行。

2.在上级机务部门的领导下,贯彻有关规定,执行技术定额,完成各项任务,并经常向所属单位机务部门汇报工作情况。

3.对全船轮机的技术管理和安全质量负全部责任,有权采取安全措施,制止违章操作,保证轮机设备经常处于正常技术状态。

4.负责督促轮机部全体船员严格遵守各项规章制度、操作规程、技术定额和劳动纪律;完成各项经济指标,对违反上述规定者,应予以批评教育和提出处理意见。

5. 编制全船轮机设备的保养检修分工明细表和预防检查年度计划。组织领导轮机部船员按期、按计划地进行预防检查和自修工作，监督自修质量，确保轮机设备正常使用。

直接负责水线以下设备（推进器、海底阀）、机舱安全消防设备、水密门等处于使用可靠状态。

6. 负责组织编制轮机部的计划修理申请书、修理单、航次及机损修理单，以及主、辅机和电气设备预防检查计划，组织领导轮机部船员做好厂修事宜及修理质量验收工作。

7. 督促指导轮机部船员正确填写轮机日志等技术资料，并领导轮机部船员进行主、辅机主要机件的测量，研究分析不正常磨耗原因，做好原始记录，以及各项技术资料、文件、图纸的整理保管工作。

8. 领导轮机部船员做好热工节能工作，提高动力设备热效率。

9. 审编燃润油料、材物料和工具、备件的领用计划，督促轮机部船员做好领取、储存、保管和节约使用工作，按时审编报送燃润油料、材物料及备件消耗报表，并保管精密仪器。

10. 有计划地组织和领导轮机部船员的技术业务学习，进行技术考核，提高技术业务水平。负责提出轮机部人员的调动意见和主持讨论有关人员的转正、定级、提升、奖惩等事项，并向船长和上级有关部门汇报。

11. 船舶进出起讫港、靠离码头与过主要滩漕、大桥以及进出船闸时，应亲自到机舱督促指导，确保动力设备正常运行。

中途港（站）靠离码头及编解队作业时，在确保安全的原则下，妥善布置、酌情处理。

轮机长每天应经常到机舱进行检查，保证运转安全。在三管轮值班期间，应经常到机舱进行指导。

12. 遇有动力设备运转不正常危及航行安全时，应采取有效措施，并及时通知值班驾驶员和船长。发生机损事故时，应迅速正确处理，详细检查受损部位，及时向有关部门汇报，按规定填写机损事故报告，找出原因，吸取教训，提出防范措施。

13. 船舶遇险或发生火警时，应立即下机舱，在船长的统一指挥下，按规定组织领导轮机部船员全力抢救，接到撤离机舱命令时，应组织机舱人员撤离，并携带主要技术资料最后撤离机舱。

14. 接管新建船舶时，组织领导本部门人员熟悉轮机设备的结构性能，做到能操作使用；了解设计文件图纸，检查设备建造安装质量；监督有关设备的交验，清点、接收轮机图纸，船舶检验及试航报告，各种随机合格证书、说明书、装箱单，以及合同规定的配件、工量具、材物料等。

（二）大管轮

1. 大管轮是轮机长的主要助手，在轮机长的领导下进行工作，负责指挥安排轮机部人员的日常工作，轮机长不在时代理轮机长的职务。

2. 负责管理主机（包括遥控）、轴系、舵机、冷藏机、空调、货油泵、机舱集控等设备，保证其整洁和处于正常技术状态。

3. 负责轮机部船员的安全教育并督促其严格执行安全措施，严禁违章操作，监督、教育轮机部船员遵守各项规章制度、劳动纪律和操作规程。监督执行船舶"三废"处理有关规定，做好环境保护。

4. 根据年度计划，负责编制月度及航次预防检修计划。按照保养检修分工明细表，组织轮机部船员做好检修、保养、清洁工作。

5.提出分管机械设备、电气设备的修理工程项目、修理意见及预防检查计划,并协助轮机长及时编制计划修理申请书、修理单和航次、事故修理单。负责督促验收主管设备的厂修工程以保证修理质量,做好各种记录,并进行资料整理。

6.负责轮机部物料、工量具的验收,机舱内起重设备、专用和通用工具的管理,以及主管设备备件、物料的领用计划,并督促分管人员妥善管理、合理使用。

7.编制轮机部船员轮流值班表,安排轮机部船员公休计划,负责考勤登记。管理好轮机部船员的生活,协助轮机长组织业务技术学习。

8.航行中轮流值班,停泊时轮流值护船班。

(三)二管轮

1.在轮机长、大管轮的领导下进行工作。

2.负责管理发电机组、配电板、空压机、油污水处理装置等设备,保证其整洁和处于正常的技术状态。

3.提出分管机械设备、电气设备的修理工程项目、修理意见及预防检查计划。厂修或自修时,负责检查验收主管设备的修理质量,做好各项记录,并进行资料整理。

4.负责主管设备备件、物料的领用计划,并督促分管人员妥善保管、合理使用。

5.航行中轮流值班,停泊时轮流值护船班。

(四)三管轮

1.在轮机长、大管轮的领导下进行工作。

2.负责管理辅助锅炉、废气锅炉、锚机、机动救生艇的动力装置等设备,保证其整洁和处于正常的技术状态。

负责炉水化验、正确使用除垢剂,保证炉水质量,并负责锅炉设备及炉水化验有关文件的填写和保管。

3.提出主管机械设备、电气设备的修理工程项目、修理意见及预防检查计划。厂修或自修时,负责检查验收主管设备的修理质量,做好各项记录,并进行资料整理。

4.负责提出主管设备备件、物料的领用计划,并督促操作人员妥善保管、合理使用。

5.负责燃润油料的领取,按时编制燃润油料消耗报表。

6.航行中轮流值班,停泊时轮流值护船班。

二、轮机值班安排和相关要求

船舶应当编制船舶值班制度,公示在船舶的显著位置,并要求全体船员遵守执行。应当安排合格船员值班,并明确值班船员职责。值班安排应当符合保证船舶、货物、人员安全及保护水域环境的要求,考虑值班船员的资格和经验,根据情况合理安排值班船员,并保证值班船员得到充分休息,防止疲劳值班。

轮机值班安排应当适应机舱的自动化程度、当时的环境和条件,确保所有机电设备均能安全运行。

确定轮机值班船员组成时,应当考虑下列因素:

1. 保持船舶的正常运行；

2. 船舶、机电设备的类型和状况；

3. 对与船舶安全运行关系重大的机电设备进行重点监控的值班需求；

4. 因天气、水流、航行环境、浅水水域、各种紧急情况、船损控制或者污染处置等情况的变化而采用的特殊操作方式；

5. 值班船员的资格和经验；

6. 人命、船舶、货物和港口的安全及环境保护的要求。

三、航行值班内容和相关要求

（一）负责对船舶机电设备进行安全有效的操作、检查、测试和保养，维持既定的正常值班安排，保证安全值班，不做影响值班的其他事情。

熟悉值班职责，并掌握本船下列情况：

1. 内部通信系统；

2. 机舱逃生通道；

3. 机舱报警系统；

4. 机舱的消防设备和破损控制装置的数量、位置、种类和使用方法，及应当遵守的各种安全预防措施。

（二）值班开始时，应当对所有机电设备的工作情况、工况参数进行检查，以确保其保持在正常范围。

（三）轮机长应当每天对重要机电设备、轮机值班情况检查 1 次，并将检查结果记入轮机日志。遇有下列情况应当到机舱指挥：

1. 进、出港口；

2. 通过桥区水域、弯窄浅险航段；

3. 机电设备发生危及安全的故障；

4. 遇恶劣天气或者船舶应急反应时；

5. 船长指令或者值班船员有需求时。

（四）严格按照机电设备的操作规程进行操作，确保各项设备技术状况良好、运转正常。

（五）准确、及时地执行驾驶台有关变速、换向的指令。

（六）每班应当对机舱运行的设备和舵机至少检查 2 次，对机电设备运转异常情况及时采取措施，并详细记录。

（七）机舱无人值守的，值班期间在获知报警、呼叫时，应当立即到达机舱。主机状态由机舱人工操控时，值班期间应当在操纵台值守。

（八）严格按照防污染规定进行操作，并在油类记录簿或者轮机日志上记录相关作业情况。

（九）及时做好油、水、气、电、汽的供应及油、水的调驳等工作，并做好相应记录。

（十）保证安全值班的前提下，在配合日常维修人员进行设备的修理、测试、转换使用时，应当做好下列工作：

1. 对要进行处理的机电设备采取安全防护措施；

2. 在维修期间,将其他的设备调节至充分和安全地发挥功能的状态;

3. 在轮机日志或者其他适当的文件上详细记录已维修保养的设备、测试结果、使用时间以及采取的安全措施。

(十一)机电设备出现故障危及船舶航行安全的,果断采取有效措施予以排除。需要减速或者停车的,先征得值班驾驶人员同意,但发生危及人身、机电设备安全的紧急情况的,可先行停车,并立即报告值班驾驶人员和轮机长。

(十二)机舱发生火灾、进水、爆炸等紧急情况的,立即报警,同时报告轮机长和值班驾驶人员,并及时采取有效措施防止损害扩大。

(十三)发生下列情形的,立即通知轮机长到机舱,并根据情况采取措施:

1. 机电设备情况异常可能危及安全运转;

2. 值班工作有疑难无法自行解决;

3. 发生机舱进水、机损、火警、失电以及人身伤亡等紧急情况。

(十四)严格遵守各项值班规定和操作规程,保持主、辅机安全和正常运行。

四、停泊值班内容和相关要求

1. 经常巡回检查机电设备的运转状况,确保所需的油、水、汽、气、电等的供应。在机电设备出现异常时应当立即采取紧急措施并报告轮机长,在轮机日志上做好相应记录。

2. 严格遵守防污染规定,防止机舱油污水、生活污水、垃圾等污染水域。

3. 严格遵守电、气焊等明火作业规定,并且协助日常检修项目负责人落实各项安全措施。

4. 机舱发生火灾、抢险等紧急情况的,轮机值班船员应当在驾驶台的统一指挥下实施自救。

5. 根据船长或者值班驾驶人员的通知,及时做好移泊各项准备。

6. 对机舱保持有效监控,每天全面巡视检查机舱内各项机电设备至少一次,并记入轮机日志。

7. 船舶进厂修理期间,配合厂方做好机舱防火、防盗、防进水、防冻、防机件损坏和人身伤亡等安全工作,并做好记录。

五、轮机交接班制度和要求

(一)航行中交接班

1. 接班人员应当提前 15 min 到达机舱巡视检查,做好接班前的准备。

2. 航行中交接班应当交接清楚下列事项:

(1)驾驶台和轮机长的指令;

(2)机电设备的运转情况;

(3)本班发生的问题及处理情况;

(4)下一班应当继续完成的工作和注意事项。

3. 航行中接班人员接班后应当对运转中的机电设备进行全面的检查。检查主要事项包括:

（1）主、辅机的运转和润滑情况，温度、压力等参数是否正常；

（2）轴系的运转和润滑情况；

（3）舵机运转、使用情况及应急舵备用状态；

（4）配电板、充电机、蓄电池等电气设备的仪表读数和各开关的使用情况；

（5）锅炉燃烧、汽压、水位是否正常；

（6）日用燃润油柜的油位显示、油量储存、残水排放及阀门启、闭情况，各类管系有无阻塞和泄漏现象；

（7）舱底水位情况；

（8）轮机日志的记载情况。

4. 发生下列情形时，暂不进行交接：

（1）机电设备发生严重故障或者正处于紧急操作状态时；

（2）接班人员对交接事项不明或者有疑虑时；

（3）交接班时间已到但无人接班时；

（4）交班人员认为接班人员状态不适合接班时。

发生此款第（3）或第（4）项情形时，交班人员应当报告轮机长。

5. 交接班过程中的安全责任由交班人员负责。交接清楚后，双方在轮机日志上签字后交班人员方可离开。交接过程中如有争议，可报告轮机长协调解决。

（二）停泊中交接班

停泊中交接班时，交接班人员应当交接清楚下列事项：

1. 正在使用的机电设备运转情况；

2. 本班发生的问题和处理情况；

3. 下一班应当继续完成的工作和注意事项；

4. 驾驶台和轮机长的指令；

5. 其他需要交接的事项。

交接清楚后，双方在轮机日志上签字后交接方可结束。交接过程中如有争议，可报告轮机长协调解决。

六、轮机日志填写

轮机日志是反映船舶机电设备运行和轮机管理工作的原始记录，是船舶法定文件之一，必须妥善保管。船舶必须持有统一格式的轮机日志。船长命令弃船时，轮机日志应由轮机长（或轮机员）携带离船。

轮机日志的记载必须真实，不得弄虚作假、隐瞒重要事实、故意涂改内容。

（一）记载要求

1. 轮机日志应依时间顺序逐页连续记载，不得间断，不得遗漏，不得撕毁或增补。

2. 轮机日志应使用不褪色的蓝色或黑色墨水填写。填写时数字和文字要准确，字体端正清楚。

如果记错，应当将错写字句标以括号并划一横线（被删字句仍应清晰可见），然后在括号后面或上方重写,并签字。

3. 计量单位,一律采用国家法定计量单位。

4. 轮机长全面负责监督审查轮机日志的记载及其保管。

轮机长必须每日定时认真查阅轮机日志的记载情况,对各栏目内的内容进行审核,确认无误后签字。

轮机长离任时,应由离任轮机长和新任轮机长在轮机日志上签字。

5. 轮机日志内页所列船舶主要资料和轮机部人员姓名表经轮机长审定后由大管轮负责填写。

6. 记录数据的精度应按该仪表的精度等级记载。

7. 轮机日志至少应每两小时记载一次。

8. 轮机日志由值班轮机员负责填写并签字;停泊中,由值班人员负责填写并签字。

(二)记载内容

1. 轮机日志记录表格按右、左两台主机编制。如系一台主机,其参数一律在右主机栏内记载。

2. 值班记事栏应记载在值班时间内的下列内容:

(1)船长、轮机长的命令,值班驾驶员的通知;

(2)主机起动、停止的时间,正常运行时的转速;

(3)船舶靠离码头、进出港区、航行于危险航区及进行编解队作业的时间、地点和必须记载的车钟令;

(4)柴油发电机组、辅助锅炉及其他重要机电设备的启用、停止时间;

(5)驳油、驳水情况,燃油舱(柜)转换情况及轻、重燃油转换的时间;

(6)机电设备发生故障及恢复正常的时间;

(7)其他需要记载的事项。

3. 燃润油料耗、存量,由三管轮(不设三管轮的船舶由二管轮或由轮机长指定的专人)负责计算并记载。计算燃润油料耗、存量,不得使用估算数字或定额数字,必须按实际耗、存量严格填写。

4. 主机、柴油发电机组的运行时间,分别由大管轮、二管轮每日进行统计并记载。其他在轮机日志中有记载要求的设备的使用时间,在每航次终结后或适当时间,分别由主管人统计并记载。

5. 大事记栏由轮机长或大管轮负责填写,应当记载下列内容:

(1)船舶的重要活动(如船舶检验、签证、进厂修理、试航、各种应变演习等);

(2)每日的检修工作;

(3)燃润油料加装、调驳的时间、地点、品种及数量;

(4)船舶防污染设备的使用情况,污油水的排放时间、地点;

(5)机电设备发生故障的原因及其处理经过;

(6)船舶应急设备的检查、试验情况;

(7)船舶固定消防系统的检查、试验情况;

(8)船舶重要设备的检修及进行明火作业的部位、审批情况;

（9）船舶重要设备的更换情况及主要技术数据；

（10）船舶交通事故、机损事故发生的时间、地点、主要经过及其处理情况；

（11）轮机部人员的重大人事变动；

（12）其他需要记载的重要事项。

（三）其他规定

1.船舶停航或进厂修理期间，仍应继续填写轮机日志。船舶可根据实际情况由轮机长或大管轮负责将每日的工作情况、主要设备的修理以及需要记载的其他事项，记入轮机日志。

对于仍在使用的机电设备，则必须按规定填写轮机日志。

2.长期停航或封存的船舶，可根据实际情况，由值班人员负责轮机日志的记载和保管。对于仍在使用的机电设备，则必须按规定填写轮机日志。

3.自动化无人机舱船舶，其轮机日志的记载，可参照本规则的有关条款执行。

4.轮机日志用完后应在本船妥善保存，保存期限为三年。

七、驾驶、轮机联系制度

（一）开航前

1.船长提前将预计开航时间通知轮机长，轮机长向船长报告主要机电设备情况、燃润油料存量。

2.开航前，值班驾驶人员会同轮机值班人员核对船钟、车钟、舵等，并将核对情况记入航海日志、轮机日志。

3.主机冲车、试车前，轮机值班人员应当征得值班驾驶人员的同意。主机备妥后，机舱及时通知驾驶台。

（二）航行中

1.驾驶台和机舱每日定时校对时钟并互换船舶位置、存油存水量等信息。

2.船舶需要备车航行时，驾驶台提前通知机舱准备。如遇恶劣天气等突发情况，轮机值班船员接到通知后尽快备妥。

3.因机电设备故障不能执行航行命令的，轮机值班人员立即通知驾驶台，轮机长立即报告船长，并组织抢修。并且应当将故障发生和排除情况记入航海日志和轮机日志。

4.轮机值班如需进行调换发电机、并车供电等需要暂时停电的操作，应当事先征得驾驶台同意。

5.轮机值班人员应当立即执行驾驶台发出的紧急指令。

6.抵港前，轮机长将本船存油情况报告船长。

（三）停泊中

1.抵港后，船长告知轮机长本船的预计动态，动态如有变化，及时通知轮机长。若机舱检修影响动车的设备，轮机长事先将工作内容和所需时间报告船长，取得同意后方可进行。

2.值班驾驶人员将装卸货情况适时通报轮机值班船员。在装卸重大件、包装危险品或者使用重吊之前，值班驾驶人员通知轮机长派人检查起货机等设备，必要时还应当派人值守。

3.因装卸作业造成船舶过度倾斜，影响机舱设备正常运行的，轮机值班人员通知值班驾驶人员采取措施予以纠正。

4. 对船舶压载的调整以及可能涉及水域污染的任何操作,驾驶部和轮机部之间建立起有效的联系制度,包括书面通知和相应的记录。

5. 加装燃油前,轮机长将本船的存油情况和加装计划告知值班驾驶人员,以便计算稳性、水尺和调整吃水差。

八、船上内部通信系统的使用

为了保证船舶安全营运,及时了解和掌握船舶机电设备的工作情况,以及进行日常工作和生活事务的联系,船舶必须配备工作可靠、简单有效的船内通信系统。

(一)船用通信工具和信号装置

1. 各种不同方式和用途的电话通信设备,例如声力电话、共电式指挥电话系统和自动电话设备等。

2. 船舶操纵用电气传令钟和各种指示仪表,例如机舱传令钟、舵角指示器和电动转速表等。

3. 各种应急状态时使用的报警信号装置,例如紧急动员警钟,测烟、测温式报警装置。

4. 船舶航行时的各种信号装置,例如航行灯、信号灯、自动雾笛等。

5. 船用广播音响设备,例如船用指挥扩音机。

(二)船用电话

目前,船舶上使用的电话通信设备大体可分为声力电话、船用指挥电话、船用自动电话。声力电话和船用指挥电话主要用于航行驾驶和操纵各工作部位之间作为指挥和联络通信;而船用自动电话则作为日常工作和生活联系之用。

(三)船用电气传令钟

电气传令钟又称电车钟或机舱传令钟,是用在驾驶台、机舱集控室和机旁操作部位之间传送主机运转情况的命令和回令的装置。电气传令钟按其传信原理可分为三种:

1. 利用指示灯系统传信原理的灯光传令钟。

2. 利用直流自动同步传信原理的直流电动传令钟。

3. 利用自整角机同步传信原理的交流电动传令钟。

(四)船用报警信号装置

1.组成

紧急动员警钟和应急状态下的各种铃组系统;火警探测和报警装置;主、辅机工况的自动监视报警系统。

2.使用

紧急动员警钟系统,用于船舶发生火灾或重大海损事故等紧急情况下,对全体船员和旅客发布紧急动员信号。系统由关闭器、警钟、警灯及接线盒等组成。关闭器是系统的控制器,装在驾驶台内,并有指示系统电路工作的指示灯。警钟安装在全船有人到达而又能听清音响信号的地点。警灯安装在无线电室等需要免除声音干扰的地方,机舱和舵机间等噪声大的舱室应同时安装警钟和警灯。在客船和客货船上,警钟系统设计成对旅客和船员相互独立的两大部分,以便在重大事故发生的情况下,可以分别也可以同时对船员和旅客进行紧急报警。

铃组系统是船上有关部位至今专用的通信联络信号。铃组系统的发信器为按钮或关闭器,信号器为电铃或带信号灯的电铃。

应急情况下使用的铃组主要有:

(1)机舱铃组。用于驾驶台和机舱的双向联络,作为传令钟故障时应急车令和回令信号。

(2)冷藏库报警铃组。用于各冷藏库与厨房的单向联络,作为被误锁在冷库里的人对外呼救的信号装置。若冷库的门能从内部开启,此装置可以免除。

(3)二氧化碳灭火装置的施放预告铃组。用于施放控制部位与失火部位的单向联络,以通知该部分的一切人员迅速撤离。它一般与施放电磁阀连锁,以保证在发送前和施放中都能自动发出警报。在许多船舶中这一铃组已采用电铃和转灯。

(4)水密门关闭和开启指示灯装置及预告水密门关闭的声响铃组。前者是光报警,让人们有所准备;后者是声报警,要求人们迅速撤离,也属于单向联络。

除上述信号装置外,有的船上还装有联络指挥用铃组,如在配餐间装有呼叫服务员的铃组;在客船的医务室或医生房间装有病房呼叫铃组;在有跳板设备的船上装有跳板放落时的警告铃组等。

【实操训练】

轮机值班实操训练

一、根据机舱布置图安排机舱巡回检查路线

1. 机舱巡回检查要求

通过机舱巡回检查,轮机人员可全面了解机舱设备运转情况,并可在检查过程中进行相应的调整、补充,使设备可以持续、安全可靠地运行。

机舱巡回检查原则上按照由外向内、由上向下的检查路线进行,最后回到集控室。

正常情况下每两小时巡回检查一次,由值班轮机人员(交接班时为接班轮机人员)执行,发现问题及时处理,自己无能力处理时应及时报告。

2. 情景模拟

接班轮机人员接班前巡回检查。

3. 训练内容

1)机舱外部检查

(1)排烟颜色;

(2)舵机。

检查要点:系统检查(油位、油压、油温、润滑、密封);机械检查(平稳、限位、转舵时间、舵角指示);电源、通信检查等;记录舵机日志。

如尾管润滑重力油柜在舵机房内,还要检查其液位及阀件状态。

2)机舱内部检查

（1）油水柜液位

检查要点：机舱高处各油柜、水柜的液位情况；阀件开关状态。

（2）副机

检查要点：检查人员利用听、看、摸等方法来进行检查，主要包括运行参数的检查、机械检查、系统检查和调整，及时处理各种非正常情况。

（3）主推进动力装置

①主机

检查要点：检查人员利用听、看、摸等方法来进行检查，主要包括运行参数的检查、热力检查、机械检查、系统检查和调整，及时处理各种非正常情况。

②传动设备

检查要点：油压、油位、油质；运转平稳性等。

③轴系

检查要点：中间轴承油位、油质、温度、振动；尾管油柜油位、前密封情况。

（4）其他运转设备

①空压机

检查要点：齿轮箱油位、油质；高低压系统；运转平稳性。

②分油机

检查要点：分离流量；齿轮箱油位、油质；运转平稳性；系统等。

③油水分离器

检查要点：水样、温度、压力、压差、报警、电磁阀等。

④泵

检查要点：压力、振动、阀件状态等。

3）集控室检查

检查要点：指示参数、报警系统、配电板仪表等；轮机日志记载情况。

二、规范填写轮机日志

1. 情景模拟

航行值班过程中轮机日志的填写。

2. 训练内容

（1）轮机日志填写文字、数字字体的规范练习。

（2）运行参数的读取，统一国家法定计量单位的填写。

（3）值班记事栏工作内容的填写。

（4）记录出现错误后的更正。

第二节 ◉ 保持各种航行工况下的安全值班

在各种航行条件下如何操纵主机直接影响着主机工作的可靠性、经济性和使用寿命。由于船舶要在各种航行条件下航行，因此我们应很好地了解船舶主机在各种航行条件下的运转情况，以便正确地操纵主机，从而防止机件发生故障和损坏，延长发动机的使用寿命。

一、不同装载量及污底时操纵要求

（一）装载量、拖曳量和污底对航行阻力的影响

1. 装载量、拖曳量的变化

船舶装载量增加，吃水增加，使航行时阻力增大，船速将减慢，则主机负荷加重，转速将下降。拖曳量增加，航行阻力增加，情况与装载量增加相同。

2. 污底程度的变化

水线以下的船壳表面，随着营运时间的增长，油漆被侵蚀，船壳锈蚀，特别是船壳表面生长了贝类、海草等海洋生物，使其粗糙度日渐增加。船壳日渐粗糙导致航行阻力日渐增大。

（二）航行阻力变化后的操纵要求

由于上述各种航行条件的改变，船舶航行阻力增加，使主机转速下降。如果此时轮机人员不了解转速下降的原因，仍要保持标定转速或原转速而加大油门，就会造成柴油机超负荷。

反之，如果由于上述某种航行条件的改变，船舶航行阻力减小，而主机油门格数不变，主机仍按全负荷或高负荷工作，将使主机转速升高，甚至超过标定转速 n_H，致使柴油机活塞速度过高，导致有关零件磨损加剧，甚至很快损坏。因此在这种情况下，主机必须减小油门，降低负荷工作。

总之，航行条件变化时，操纵主机应注意选择油门格数。当航行阻力增大时，主机转速下降是必然的，不能为了保持原转速而盲目加大油门，应注意防止主机超负荷。当航行阻力减小时，应减小油门，防止柴油机超转速。

二、大风浪航行操纵要求

1. 坚守岗位，集中精力，加强检查，确保机电设备的正常运转。

2. 适当降低主机负荷，调整好主机的限速装置，防止主机飞车和超负荷，适当增加船舶后部的压载水量。

3. 关闭机舱门窗和一切可关闭的通孔，防止江水灌入机舱。

4. 密切注意主、副机润滑及冷却系统的工作情况，防止因横摇和纵摇而使供油、供水失常。

5. 适当将燃油调拨到集中舱柜以减少自由液面。

6. 保持日用油柜高油位，加强放残和放水。

7.注意保持燃油、滑油压力,及时清洗燃油、滑油滤器。

8.注意观察辅助锅炉水位,防止假水位。

9.及时排除机舱舱底水。

10.注意将行车、大型备件、油桶、工具等绑扎固定,防止移动、翻倒。

三、浅水区及窄航道操纵要求

船舶由深水区进入浅水区航行时,船体下面的水流受到河床的限制,水流与船体的相对速度增加,使摩擦阻力、兴波阻力、涡流阻力均相对增大,航道越浅,阻力增加越显著,主机转速下降幅度越大。窄航道对阻力的影响与浅水区相似。如果同时存在浅水区和窄航道的影响(如在运河中航行),阻力增加的程度就会更大。

当船舶进入浅水区航行时,值班轮机员应密切注意主机的运转状况,即转速的变化、振动和排温。必要时适当减小油门,降低航速,并以排温不超负荷为准。还应注意海水压力,当有波动时,及时清洗海底门。

四、转弯工况操纵要求

船舶转弯时,舵要偏转一个角度,船体在斜水流中前进,船舶阻力有所增加。若船舶采用双机双桨推进,转弯时,由于船舶横移和转向,靠近转弯中心的内桨负荷增加要比外桨大,内桨的转速因而下降很多。而外桨在转变开始时负荷变轻,之后又逐渐增加,所以外桨转速开始升高,而后又下降。由此可见,采用双桨推进,当船舶转弯时,带动内桨的主机容易超负荷。考虑到这种情况,转弯时应该把主机的转速适当降低些,即应在低航速和较小舵角条件下进行转弯操纵。

具体操纵要求为:

1.转弯时,舵偏转一个角度,船体阻力增加,转速会自动降低。对于装有全制式调速器的主机,此时会自动加油,易导致柴油机超负荷。这时轮机人员应减小供油量,防止超负荷。

2.对于双机双桨船,转弯时,靠近转弯中心的内桨负荷比外桨大,转速降低也比外桨多,轮机人员应特别注意内桨机的工况,防止超负荷。

3.不管哪种情况下转弯,为防止主机超负荷,一般不允许同时采用高转速和大舵角。

五、紧急倒车操纵要求

当船舶全速前进时,要使主机从正车改为倒车运转,首先停止向主机供油,主机转速迅速下降,但由于船仍旧全速前进,螺旋桨被水冲击产生负转矩,像水涡轮一样带动主机仍按正车方向回转,即水涡轮效应。在此期间,主机和轴系将承受一极限值转矩,发生严重超负荷。而且由于船舶伴流方向和柴油机转向相反,船体可能产生强烈振动。因此,在开出倒车后,应让柴油机转速逐步提高,且不能过高。

船舶倒航时,由于船舶阻力较正航时大,而且螺旋桨效率也较低,为了保证倒航时主机不致超负荷,必须使倒车的最大转速不超过标定转速的70%~80%。具体转速应根据排烟温度来确定。

在一般情况下，当船舶全速前进时，是不准紧急倒车的，但在特殊的紧急情况下，船长决定采取紧急倒车措施时，应意识到为了船舶安全而可能损伤主机和轴系，并尽量避免在船速较高时进行倒航操作。

需要紧急倒航时，正确的操纵措施是：

1. 接到驾驶台紧急倒车令时，应立即关油门，停止向主机供油，有制动设备者应进行制动，并应不失时机地换向。

2. 当转速接近零时，可反向供油起动，并且油门要开得大些。倒车开出后，随航速增加减小油门。

【实操训练】

机动航行实操训练

一、机动航行机舱值班要求

1. 准确及时地满足驾驶台的车令要求，正确操纵和管理主机。

2. 保证主机工况频繁变化时各工作参数稳定，确保安全可靠运转。

3. 与驾驶台保持联系，及时处理各种突发事件。

二、情景模拟

船舶进港机动操作。

三、训练内容

1. 船舶准备进港，驾驶台通知机舱备车，轮机值班人员接到驾驶台通知后通知轮机长。

2. 保证供电，必要时增开发电机，保证高负荷和冲击负荷的要求。

3. 对燃油日用油柜补油放残，保证供油连续可靠。

4. 对空气瓶随时补气，保证主机频繁用车和鸣放汽笛的要求。

5. 集中精力，保证各运转设备工作参数在规定范围内，必要时可进行适当的调整。

6. 及时准确地操纵主机并记录车钟记录簿。

第八章
轮机应急情况处理

第一节 ◉ 柴油机的应急处理

一、柴油机滑油温度过高及滑油失压的应急处理

（一）柴油机滑油温度过高的原因及应急措施

众所周知，滑油的主要作用是润滑，用来减少机械磨损和摩擦阻力，提高机械效率。其次，滑油还起到冷却作用。利用滑油的循环流动，将机械部件在运行中产生的热量带走，保证机械部件正常工作，滑油的温度往往就是主要运动机体本身的温度。

滑油温度过高，会增加柴油机运动机件的磨损，严重时会出现柴油机拉缸、化瓦等较大故障。因此在管理时要密切注意滑油的温度，防止滑油温度过高。

1. 滑油温度过高主要有以下原因

（1）滑油泵发生故障，使滑油供应不足。

（2）滑油未能受到良好的冷却。如滑油冷却器部分堵塞，使滑油冷却面积减少；用来冷却滑油的冷却水温度过高或流量过小；滑油调温阀失效，使滑油未经冷却又直接流入曲柄箱或循环油箱。

（3）活塞与气缸间隙过大或活塞环卡死在环槽内，造成严重漏气，使燃烧室内的燃气窜入曲柄箱，将滑油加热，温度迅速升高。

（4）柴油机长时间超负荷运行。

（5）循环使用的滑油量过少。

（6）各轴承处配合间隙过小，增加了摩擦热量。

（7）滑油温度计失灵。

2. 滑油温度过高的应急措施

（1）运行中出现滑油高温报警，马上对柴油机采取降速、降负荷运行措施，再分别查找原因。

（2）如滑油温度上升较快，首先查看滑油冷却器冷却水进、出口温差是否增大，可通过温度计或用手触摸的方法来判断。往往是因为滑油冷却器冷却水系统突然吸入异物导致冷却水量减少，从而使滑油温度迅速上升。

（3）若非（2）的原因，则要从滑油流量不足方面考虑，检查滑油泵出口压力是否偏低，导致流量过小，从而引起滑油高温。

（4）若因燃气下窜导致滑油温度升高，通过柴油机曲轴箱的透气管查看有无烟气冒出就可判断。若实属由燃气下窜引起，则暂时先适当降负荷运行，要在合适的时间对柴油机进行吊缸检修，检查活塞与气缸的配合间隙及活塞环在环槽中的工作状况。

（5）除（2）、（3）、（4）原因以外，滑油的温度升高往往是个缓慢的过程，可通过适当减负荷、给循环油箱加入适量新滑油等措施来降低滑油温度。

（6）若是温度计损坏而误报警，则更换温度计。

（二）滑油失压的原因及应急措施

柴油机主要机件大都采用滑油润滑。保持足够的滑油压力是确保零件表面具有适量滑油的重要条件之一。在使用滑油时，不能使滑油压力过高或过低。

1. 滑油压力过高会造成以下危害

（1）增加滑油泵的负荷，降低油泵的使用寿命。

（2）滑油压力增大，会使滑油流量增大，润滑轴承后流出来变成飞溅的油量也就增多，造成滑油过多的损耗。

（3）滑油管路容易破裂，管接头处密封性降低，给管理工作带来麻烦。

2. 滑油压力过低会造成以下危害

（1）由于压力降低，滑油流量减少，造成零件表面的滑油供应不足，加剧磨损。

（2）零件表面发热，严重时会出现柴油机化瓦、拉缸和咬缸等故障。

3. 滑油压力过高的原因

（1）滑油压力调节阀调压过高。

（2）压力表以后的管道或滤油器阻塞，减少了滑油通路面积，使滑油难于通过。

（3）各轴承处的配合间隙过小，使滑油的循环受到阻碍。

（4）选用的滑油黏度过高，或滑油温度过低。

4. 滑油压力过低的原因

（1）压力表之前的管道或滤清器脏阻。

（2）压力表失灵或损坏。

（3）滑油压力调节阀密封不严、弹簧折断或弹力减弱。

（4）各轴承处的配合间隙过大，使油流量增大，致使滑油压力降低。

(5)轴承螺栓松动或滑油泵过度磨损。

(6)油路存有大量空气或有泄漏处。

(7)油底壳或循环油箱的滑油量不足。

(8)滑油黏度过低或滑油温度过高。

(9)滑油中含水。

5.滑油失压的应急措施

(1)若滑油失压报警,则必须马上停车。查明原因并解决问题后才可再次起动主机。

(2)若是压力传感器误报警,则可在报警解除后,起动运行,以机旁压力表读数为准。

(3)若调压阀故障,可用听诊法来进行判断,通过听滑油泵调压阀有无异常声响来确认。如调压弹簧断裂,可拆出断裂的弹簧,用调整阀的开度来暂时控制油压,维持柴油机的正常运行,确保航行安全,等有机会停车时再更换。

(4)若因各轴承螺栓松动,等轴各处的配合间隙过大,而导致滑油压力过低,则可通过暂时调高滑油泵的出口压力来解决。等有机会停车检修时调整各处的间隙以达到装配间隙值,再将滑油泵调压阀的压力设定值调到原设定值。

(5)若发现滑油管路有破损、泄漏处,则可临时止漏,维持主机慢速运转,有机会时再更换管路。

(6)若是因滑油量不足和滑油黏度过低引起的低压,可添加适量新滑油,通过增加油量提高滑油黏度来解决。

二、柴油机冷却水温度过高的应急处理

(一)冷却水温度异常分析

采用开式海水冷却的柴油机,需要对冷却水出机的温度加以控制,使其保持在 40~50 ℃ 范围内,最高不能超过 55 ℃。采用闭式淡水冷却的柴油机,既要对冷却水出机的温度加以控制(使其保持在 65~75 ℃ 范围内,最高不得超过 80 ℃),又要对冷却水进机的温度加以控制,使进、出水温度差尽量小些。

1.柴油机冷却水的出机温度过高造成的后果

(1)冷却效果降低,使机件过热,导致机件间的配合间隙变小或咬住,破坏零件间的滑油膜,还会使滑油变稀、早期变质,影响润滑效果,加剧机件间的磨损,严重时还会发生咬缸、化瓦及损伤机件等事故。

(2)冷却水温度过高时,水中会产生大量的气泡,气泡大多附着在气缸套壁上,使局部气缸得不到冷却,导致局部温度急剧上升,严重时使机件遭到破坏。

(3)冷却水温度若过高,还容易使气缸套的橡皮圈因过热而损坏,导致气缸套漏水。

(4)对于直接用海水冷却的柴油机,若水温过高,会析出大量盐分,沉积生垢,影响机件的冷却效果。

2.柴油机冷却水的出机温度过低造成的后果

(1)燃烧的热能损失过大,从而使柴油机发出的功率降低,同时还会增加油耗。

(2)由于过分冷却,气缸壁和活塞顶面的温度大大降低,喷入的燃油由于温度过低而不易

蒸发,导致燃油的不完全燃烧。

（3）若冷却水温度过低的话,气缸内的温度也会降低,容易使废气中的二氧化碳、硫化物和水蒸气等凝结成酸性腐蚀剂,腐蚀气缸套、活塞等部件,造成极大的损害。

（二）冷却水温度过高、过低的原因

1.冷却水出水温度过高的原因

（1）冷却水温度调节阀调整不正确,节温器或水温表损坏。

（2）冷却水压力过低或冷却水中断。

（3）柴油机长时期超负荷运行。

（4）个别气缸喷油量过多,使其热负荷过高。

（5）活塞过热或拉缸,使局部水温过高。

（6）冷却水夹层部分堵塞,使冷却水流动受到阻碍,导致水温不断地升高。

2.冷却水出水温度过低的原因

（1）冷却水进机的温度过低。

（2）冷却水温度调节阀调整不正确,节温器或水温表损坏。

（3）冷却水压力过高,流速过快。

（4）柴油机负荷过低。

（三）冷却水温度过高时的应急措施

1.若柴油机冷却水温度过高,首先让柴油机降速降负荷运行,查明原因并修复后才可恢复原转速负荷。

2.若自动调温阀不能正常工作,应改手动调节冷却水温;若调温阀开度已调至最大,冷却水温度还降不下来,则可能是淡水冷却器脏堵,请检查海水系统工作是否正常。若节温器损坏暂时无法修复,则只能降速降负荷维持运行,找合适的时机进行修理。若温度表损坏,导致误报警,则可解除报警后恢复原转速负荷运行,但需人工关注冷却水温度。

3.若因冷却水压力过低或水流中断而导致高温,可通过冷却水泵出口压力来判断,有可能是泵的叶轮中卡有异物或水箱水位不足,导致水泵吸入空气,则通过向水箱补水来进行判断。

4.若因柴油机长期超负荷工作而引起冷却水高温,则只需降低负荷。

5.若个别缸喷油量过大导致冷却水高温,则可通过该缸的排温综合考虑。

6.若是由拉缸引起水温过高,则可通过气缸内有无异常的声音来判断。

7.若冷却水腔夹层部分堵塞,则可能是在清洗水腔时留下了异物;也有可能是吊缸工作后放气不充分,可稍降负荷进行观察。

三、柴油机拉缸的应急处理

由于柴油机强化程度的提高、超长行程的发展和劣质燃油的使用,柴油机的活塞、活塞环、气缸套等燃烧室的部件在十分恶劣的条件下工作,会引起润滑不良而导致柴油机拉缸。

（一）拉缸现象

拉缸是指活塞环、活塞裙与气缸套之间,相对往复运动表面相互作用而造成的表面损伤。

这种损伤程度有刮痕、烧伤和咬死等区别,故可划分为划伤、拉缸和咬缸,在广义上我们将其统称为拉缸。

活塞环与气缸套间的拉缸,通常发生在运转初期,即系泊试验、试航及磨合期,一旦磨合期结束,几乎不再发生拉缸现象。

活塞裙部与气缸套的拉缸,往往发生在磨合期后稳定运转数千小时内。

拉缸损伤的机理,大多数是由于滑动部位的润滑油膜受到局部的破坏,此时两个相对运动的表面突起部位首先发生金属接触,然后局部将出现微小的熔着现象,而熔着部位由于部件的相对运动又被撕裂。在这个过程中金属表面形成硬化层,当这个硬化层被破坏时,所产生的金属磨粒将成为加剧表面磨损的磨料。在出现所谓熔着磨损的短时间中,在活塞和气缸套表面上出现和气缸中心线相平行的高低不平的磨痕,这就是拉缸。严重时滑动部位完全黏着或卡住,甚至可能在两个表面的薄弱部位产生裂纹以致机件破坏,这时可称为咬缸。

(二)拉缸的原因

造成拉缸的原因十分复杂,有设计、制造工艺及材料上的缺陷;也有运行管理不当的因素。

设计、制造工艺及材料的缺陷方面,如材料的选配、间隙大小的确定、结构布置是否合理、安装找正是否恰当、表面粗糙度的加工是否合适、润滑油冷却的安排是否完善、滑油净化质量是否合乎要求等。

运行管理方面的主要原因有:

1. 气缸润滑不良

(1)四冲程柴油机的刮油环刮油效果过好;

(2)滑油规格选择不当或与其他不同品牌滑油混掺,滑油变质。

2. 磨合不充分

(1)没达到规定的磨合期,过早投入营运;

(2)在磨合期内,分配各负荷下磨合的时间不合理,急于加大负荷运转;

(3)磨合运行期气缸润滑油不足。

3. 冷却不良

(1)冷却水泵供水不足或中断;

(2)冷却水温过高;

(3)冷却水腔锈蚀或脏污;

(4)冷却水没有及时化验、投药,水质差;

(5)冷却水中含有大量气泡。

4. 活塞环断裂

(1)搭口间隙过小,使活塞环断裂;

(2)天地间隙过小,活塞环卡死断裂;

(3)搭口间隙过大或磨损严重,燃气泄漏严重,破坏缸壁润滑油膜;

(4)环槽内结炭较多使活塞环胶着,失去弹性,造成燃气泄漏。

5. 燃用劣质油

(1)不完全燃烧致使残炭增多;

（2）后燃使排气温度升高,没有及时采取技术措施;

（3）滑油碱性不合适。

6. 长期超负荷

柴油机长期超负荷运转,热负荷增大使机件过热。

(三)拉缸时的征兆

1. 气缸冷却水出口温度和活塞冷却液出口温度明显升高;

2. 可以听到活塞环与气缸壁间干摩擦的异常声响;

3. 曲轴箱温度升高,甚至有烟气冒出;

4. 发生拉缸的气缸当曲柄越过上止点位置时,有敲击声发出且柴油机转速会迅速下降或自行停车。

(四)拉缸时的应急措施

1. 早期发现拉缸,应首先进行单缸停油,降速慢车运行,维持润滑,减缓拉缸症状。

2. 发生拉缸时迅速降速慢车运行,然后停车并立即进行转车,但此时切勿加强气缸冷却;否则会导致拉缸加剧,使事故更加恶化。

3. 如果活塞咬死暂时转不动车,可待活塞冷却一段时间再进行转车。

4. 当采用上述方法仍转不动车时,可向活塞与缸壁间注入煤油并待充分渗透后再行转车。如仍转不动车,可拆下连杆螺栓,用专用工具和机舱吊车缓慢将活塞吊出。吊出活塞时要时刻注意气缸套是否跟随活塞一起被吊起,同时亦应在活塞与气缸壁之间加注煤油。

5. 活塞吊出后仔细检查并将损坏的活塞环换新,同时用油石将缸套拉痕磨光。若活塞和缸套损坏严重,应予以换新。

6. 对无法修复的拉缸故障,可采取封缸运行的方法处理。

四、柴油机敲缸的应急处理

(一)敲缸现象及分类

柴油机在运行中发出有规律但不正常的响声或敲击声称为敲缸。敲缸通常有两种:燃烧敲缸和机械敲缸。

燃烧敲缸大多是伴随着柴油机燃烧过程的进行而产生的尖锐的金属敲击声,也称热敲缸。它一般发生在上止点。燃烧敲缸时,柴油机的最高爆发压力异常地增高,各部件的冲击性机械应力增大,导致运动部件过度磨损或损坏。燃烧敲缸的主要原因是:压力升高速度太快,最高爆发压力过高。

机械敲缸是因运动部件或轴承间隙不正常而引起的纯金属敲击声或摩擦声,也叫冷敲缸。其特征是发生在上、下止点或活塞刚越过上、下止点及经气缸中部时。

机械敲缸大多与运动部件中心线不正、轴承间隙过大、紧固螺栓松动、气缸磨损等因素有关。

区别燃烧敲缸和机械敲缸的方法:如果单缸停止喷油或降速后,敲缸声消失,即判断为燃烧敲缸;若停油后,敲缸声未消失,敲缸发生在上、下止点或转向处,且敲缸声的大小与转速成正比,此时可判断为机械敲缸。

（二）敲缸的原因

1. 燃烧敲缸的原因

下列原因会引起压力升高速度太快、最高爆发压力过高而导致燃烧敲缸：

（1）喷油定时过早，导致压力增长率过大、最高爆发压力过高。

（2）气缸超负荷，喷油量过大。

（3）燃油的燃烧性能差，发火滞后。

（4）喷油器故障，如针阀卡死在开启位置；喷油器弹簧断裂漏油、滴油；喷油器弹簧松动，起阀压力下降，喷油提前。

（5）起动初期气缸温度太低，或喷油过多。

2. 机械敲缸的原因

（1）气缸上部机械敲缸的原因

①第一道活塞环撞击气缸套上部的磨台。

②活塞连杆中心线与曲轴中心线不垂直，使活塞有倾斜运动。

③曲柄销轴承的偏磨导致活塞敲缸。

（2）气缸中部机械敲缸的原因

四冲程柴油机的活塞销间隙过大或缸套严重磨损。

（3）气缸下部及曲轴箱机械敲缸的原因

①连杆轴承或主轴承的间隙过大。

②主要运动部件的紧固螺栓松动。

（三）敲缸的应急处理

1. 若发生敲缸，首先应降速，并判断其敲缸性质。

2. 如系燃烧敲缸，则从燃油或喷油设备上找出原因，予以消除。如对喷油器试压和调整，必要时换新；检查和调整喷油泵的供油量；检查和调整喷油定时等。

3. 若因气缸或活塞过热产生沉重而又逐渐加重的敲击声，则在未进行降速前，会出现转速自行下降的现象，此时可按过热拉缸进行处理。

4. 如系机械敲缸，则找出原因，对有关机件进行调整、紧固、修理或更换。如情况严重，应予以停车。不能修复则封缸运行。

五、柴油机排气温度过高的应急处理

柴油机的排气温度与负荷的大小成正比，也可以说排气温度是衡量柴油机各缸负荷大小的主要标志。对于船舶柴油机来说，不但要求排气温度与负荷大小相匹配，而且还要求各气缸排气温度差在规定的范围之内。船舶柴油机在额定负荷时，要求各缸排气温度差不得超过5%，排气温度过高或过低均属于排气温度异常。

（一）排气温度过高的主要原因

造成柴油机排气温度过高的原因很多，主要有两种情况：一是整台柴油机的排气温度都高；二是个别缸的排气温度高。所以，在故障诊断时要注意加以区分。

1. 喷油器有故障。如喷油器启阀压力调整不当、喷油时间过晚、喷油压力过低、喷油雾化不良或喷嘴泄漏，使后燃期延长。

2. 气缸压缩不足。至压缩终点时气缸内空气的压力和温度较低，滞燃时间延长，后燃增多。其可能原因是活塞环失效或气阀密封不良等问题。

3. 排气阀开启时间过早或排气阀漏气。其可能原因是排气阀密封不良、排气阀定时不准确、气阀间隙调整不当。

4. 柴油机负荷过重。如船舶污底、船舶浅水或逆流航行、渔网或其他杂物缠绕螺旋桨、螺旋桨桨叶变形、柴油机拉缸、曲轴和轴瓦烧熔、调速器有故障等。

（二）各缸排气温度相差较大的原因

1. 各缸喷油泵齿条位置不一致，使各缸喷油量相差较大，原因是高压油泵油量调节齿条调整不当，或高压油泵齿条卡住。

2. 各缸喷油时间相差较大。

3. 各缸喷油雾化程度相差较大。

4. 各缸喷油压力相差较大。

5. 个别排气阀漏气或个别排气阀咬死。

6. 各缸排气阀开启时间相差较大。

7. 各缸气体压缩程度相差较大。

8. 由于各缸冷却水腔的堵塞情况不一致，各缸主要机件的冷却效果相差较大。

9. 受增压器的影响，如 6300ZG 型柴油机在空车运行时，第一、第四两个气缸的排气温度总是偏低。

10. 排气温度计不准确或失效。

（三）排气温度过高的应急措施

1. 若柴油机出现整机排气温度过高，首先降负荷，减油门；等待适当的时机进行检查，确认整机排气温度过高的原因。

2. 若柴油机出现单缸排气温度过高，可选择单缸减油门，暂时降低单缸排气温度，等待适当的时机进行检查，确认单缸排气温度过高的原因。

3. 柴油机排气温度升高是一个常见的综合性故障，涉及的因素很多。柴油机排气温度过高的故障所涉及的部件比较多，若逐个将部件拆卸下来检查需要耗费大量的人力和时间。因此，诊断此类综合性故障时必须要遵守"先检后测、从简到繁、先判后拆、从外到内"的原则。

六、柴油机封缸运行的应急处理

船舶航行中，若主机有一个或一个以上的气缸因故障不能正常工作，一时无法排除，此时可根据不同情况停止有故障气缸的运转，进行封缸运行。根据规范要求，6 缸以下的柴油机在停 1 个缸的情况下应能继续运转，7 缸以上应保证在停 2 个缸的情况下保持运转，使船舶继续航行。

封缸运转是短时间的措施。由于柴油机失去了原有的平衡，停缸导致热负荷和机械负荷增加，增压器喘振也会导致振动加剧，因此必须降速降负荷。

（一）封缸运行措施

1. 单缸停止供油

气缸常见故障包括：如喷油泵、高压油管、喷油器故障，气阀咬死，气缸漏气、拉缸或敲缸等。这些故障使气缸不发火而运动部件尚可运转。为使船舶继续航行，根据柴油机的具体情况，利用停油机构将喷油泵柱塞下方的滚轮抬起并固定，使它与油泵凸轮脱离接触，停止泵油。不得采用关闭喷油泵进油阀的办法，因为油泵在无油的情况下运动，发生干摩擦会使柱塞偶件过度磨损或卡死。具体措施除降速外，还应适当减少该缸冷却水的供给量，并打开示功阀减少缸内积油。只采取停油而不拆除运动部件的措施，也称为减缸运行或停缸运行。

2. 拆出活塞、连杆组件的封缸运行

活塞或气缸裂纹故障损坏而无法修复使用，则必须拆掉活塞组件，并采取下列措施：

（1）提起喷油泵滚轮，停止泵油。

（2）关闭该缸气缸冷却水的进、出口阀。

（3）活塞组件拆除后重新安装气缸盖。

（4）连杆吊出还需要将曲柄销的油孔封住。

（5）把通向该缸起动阀的控制空气管拆下并封住。

在起动主机以前应彻底检查一次，必要时，主机油、水泵起动后，再检查一次。

（二）封缸运行应急处理

封缸运行是一种临时的应急措施，封缸时应综合考虑排气温度、喘振、振动等各因素，选择适宜的转速维持航行。

1. 主机在封缸运行时，为防止柴油机超负荷，必须降速至各缸供油量和排气温度在允许范围内。柴油机在封一个缸的情况下，如果不超扭矩，一般相当于在75%～80%负荷的转速下运转。若切断两个缸，特别是连续发火的两个缸，工况将恶化，还应进一步降速。

2. 封缸后主机运行中如增压器产生喘振，扫气压力明显波动，必须继续降速直至喘振消除为止。

3. 个别缸的某些运动部件被拆除或受力情况发生变化，破坏了柴油机原来的平衡性，因而可能在某些转速范围内产生强烈的振动。如果振动异常强烈，应把柴油机转速进一步降低。

4. 如被封气缸正处于起动位置，柴油机是无法起动的，此时，对于可倒转的柴油机可先向相反的转向短促地起动一下，使曲轴改变位置后再转向起动。这种情况应向船长说明，在机动操纵时尽量减少柴油机的起动次数。

七、柴油机曲轴箱爆炸的应急处理

曲轴箱爆炸时，火焰和高压同时发生。高压是由火焰诱发而产生的，因此破坏也是双重的，既能导致火灾也会有冲击性破坏，后果十分严重。在封闭式强力润滑的柴油机中，任何运动部件的失常都有可能导致曲轴箱发生爆炸。曲轴箱爆炸不仅造成柴油机的冲击破坏而且可能会有人员伤亡，必须足够重视。

（一）曲轴箱爆炸原因

运行中的曲轴箱内充满着油气。但是油气与空气的混合比例不一定处于可爆燃的混合比。即使达到爆燃混合比，若没有高温热源也不会爆炸。若曲轴箱内部出现了局部高温热源，飞溅在热源表面上的油滴就会汽化，油气逐渐加浓，形成乳白色的油雾。当油雾浓度达到一定范围时，就成为可爆燃的混合气，并会在高温热源的引燃下着火。若着火前已有大量油雾存在，则一旦着火就会使曲轴箱有限空间内的温度和压力急剧升高，产生强烈的冲击波，引起曲轴箱爆炸。由此可见，曲轴箱爆炸的原因是曲轴箱内的油雾浓度达到可爆燃的混合比，高温热源的存在使温度达到着火点，从而引发激烈燃烧产生高压。

因此，如遇下列情况就可能导致曲轴箱的爆炸：

1. 燃油漏入滑油中，会在高温下蒸发形成大量油雾，使滑油闪点降低。

2. 轴承过热或烧熔、活塞环漏气使燃气下窜、拉缸等都会出现高温热源，它既能使滑油蒸发成油雾，又是可爆燃混合气的点火源。

资料表明，空气与油雾的可爆燃比例下限为 100∶1，而上限为 7∶1，当油雾浓度达到这个范围时，在高温热源的引燃下可发生爆炸。而当浓度超过上限时，即使有高温热源也不会爆炸。着火的基本条件是它的浓度极限。产生爆炸的条件也是由所需温度的上限和下限所决定。润滑油蒸汽的着火下限为 270~350 ℃，上限高于 400 ℃，而润滑油的蒸发温度在 200 ℃以上。故如果燃油漏入曲轴箱中会导致滑油着火温度降低，使油雾在较低的温度下就引发爆炸。

（二）曲轴箱爆炸应急处理

应不失时机地采取有效措施防止和处理爆炸事故。

1. 当发现有爆炸预兆（如透气管冒出大量油气，并嗅到油焦味，曲轴箱发热，道门温度明显升高或油雾探测器报警）时，应立即降速，加强润滑，并将海水泵关闭，防止温度骤降。人员要远离主机防爆门一侧，以防伤人。发电柴油机应在转换负荷后降速运行。如果停车，则自带的滑油泵和冷却水泵也将停泵，反而容易在刚停车时发生曲轴箱爆炸。

2. 若因曲轴箱内某些机件发热而停车，则至少停车 15 min 后再开道门检查，以免新鲜空气进入而引起爆炸。

3. 若曲柄箱已经爆炸，并将防爆门冲开，要立即停车。同时按机舱灭火规定施救。切忌马上打开道门，以防新鲜空气进入曲柄箱，发生更大的爆炸。

4. 曲轴箱内部的灭火可采用装设在曲轴上的 CO_2 管系把 CO_2 充入其中。但机舱灭火选用的灭火剂应慎重，不要轻易在曲轴箱内使用灭火剂，因为它对金属有腐蚀作用。

在处理上述任何一项应急情况时，只要停车或降速，一般情况下均应征得驾驶台的同意再执行。在紧急情况下，可在采取措施的同时通知驾驶台。

（三）曲轴箱爆炸预防措施

良好的维护、及时发现隐患并恰当处理，在很大程度上可以排除曲轴箱爆炸的可能。曲轴箱爆炸的预防措施主要有：

1. 避免柴油机出现过热点。保持良好的润滑和冷却，保证运动机件正确的相对位置和间隙，以免运动部件过热；活塞环有良好的密封，防止燃气下窜；运行中定期探摸曲轴箱温度。

2. 保证润滑油蒸汽低于爆燃下限，保持曲柄箱透气孔畅通，消除燃油漏入曲轴箱的一切途径。现代柴油机将凸轮润滑油与系统油分开是一种好办法。

曲轴箱采取通风措施。保持曲轴箱上装有透气管或抽风机,将油气引出机舱外,防止油气积聚。透气装置应装有止回阀,防止新鲜空气流入曲轴箱。

3.防爆门应处于良好的技术状态。防爆门开启压力一般为 0.01 MPa。

当曲轴箱内压力高到一定程度时,防爆门开启,释放曲轴箱内压力,随后自动关闭,从而防止严重的爆炸事故。初次爆炸由于燃烧较慢,压力不是很高,但也足以冲破曲轴箱道门。若不装防爆门,则初次爆炸产生的真空将通过打碎的道门吸入新鲜空气。曲轴箱的高温热源和很浓的油气,与新鲜空气混合后将导致带有爆震的第二次更强烈的爆炸。第二次爆炸出现爆炸火焰,产生高压和强烈的冲击波。

4.曲轴箱内安装油雾浓度探测器,在油雾浓度达到着火下限之前报警。

5.在曲轴箱上装设 CO_2 灭火接头与 CO_2 管系相连,有关的截止阀应绝对密封。

6.定期化验,当曲轴箱滑油闪点在 160 ℃ 以下时应申请换油。

八、增压器运行故障的应急处理

废气涡轮增压器是高速回转机械,若运转中发生损坏,柴油机应立即停车,尽量减少增压器损坏程度。停车后经检查如发现增压器轴承损坏,叶片折断使增压器无法运转且又不能在短时间内很快修复时,柴油机在低负荷下继续运行。在机动航行、紧急避碰的状况下是不允许柴油机停车的,短时间内,只能在增压器损坏的状况下,强制柴油机低速运行。这时,柴油机应无明显的异常振动,同时控制排烟温度不超过限定温度值。当船舶处在安全状态时,再停车处理增压器故障。

(一)停增压器的具体方法

1.若条件不允许停车,可暂时带着有故障的增压器维持运行,此时柴油机转速应降低到无明显振动,并控制排气温度不增高太多。

2.只要条件允许,可马上停车后用专用工具将增压器转子锁住,降速维持运行。

3.如需运行一段时间,最好将转子抽出,用专用盖板将壳体两端封住,降速维持运行。

(二)四冲程柴油机的停增压器运行

四冲程柴油机停增压器运行时相当于非增压柴油机。依靠活塞的吸排作用,仍可实现换气。但因气缸充气量大大减少,而且有关定时也不适合非增压方式工作,柴油机的功率和转速大幅度下降。以某四冲程柴油机为例,其标定功率为 820.3 kW,标定转速为 750 r/min,标定有效耗油率为 221.3 g/(kW·h)。停增压器后运转允许的最大转速为 390 r/min,相应的功率为 138 kW,有效耗油率为 407.7 g/(kW·h)。若要长期停增压器运转,则可提高压缩比以提高压缩压力,降低排气温度;增大喷油提前角;调整气阀正时,减小气阀重叠角以避免排气倒流,以改善柴油机的工作状况。为减小进、排气的阻力,进、排气管都应使用旁通管为最佳。

增压器转子锁住后因两端温度不同,会使转子轴弯曲,所以应将转子拆出封闭两端。

对于带轴带发电机的四冲程柴油机,当停增压器运行时柴油机需降速运转。此时,轴带发电机不能运行,只能用柴油发电机并网供电保证船舶安全航行,当值轮机员必须加强对动力装置的监管,当发生异常情况时应立即向驾驶台和轮机长报告。

停增压器时柴油机运行参数限制在规定范围：

柴油机在最高输出功率为 $25\%P_b$、最高转速为 $63\%n_b$ 和平均有效压力为 $40\%p_e$ 的范围内运行。依据柴油机排气温度、颜色及运转情况，需要视情降低负荷。

九、柴油机紧急刹车操作

船舶航行遇到避碰等紧急情况，为使船舶尽快停止前进或变为倒航而对主机进行制动并迅速倒车的操作过程称为紧急刹车。

将中华人民共和国交通运输部行业标准（JT/T 264—2013）"内河船舶柴油机主推进装置气动遥控一般技术要求"对遥控系统基本功能的要求摘录如下：

1. 应具备能按手动操作顺序自动完成全速换向（自全速正车至全速倒车或自全速倒车至全速正车）和调速的功能，并应具有自遥控至手控或自手控至遥控的转换连锁、换向连锁、转车机连锁（设有时）和轴系刹车连锁（设有时）等安全连锁装置。

2. 主推进装置遥控应采取措施，避开或防止主机长期在临界转速范围内运转。

3. 若主机的控制系统具有起动失败时能自动再起动的程序，则起动失败的连续次数应不多于三次。当第三次起动失败时，即应自动停止起动，并在驾驶台、机舱进行听觉和视觉报警。

4. 设有离合器的主推进轴系，当主机超速时应能自动停车（柴油机额定功率小于或等于220 kW 可免设），并在驾驶台和机舱进行听觉和视觉报警。

5. 主推进装置遥控应能可靠、灵活地从遥控状态转换到机旁控制。其控制的转换装置应设在机旁控制处。各控制处所设有某控制处所正在进行控制的指示，控制转换应在得到应答后方可进行转换。

6. 驾驶台应设有主机的紧急停车装置，该装置应与驾驶台遥控系统完全独立。紧急停车装置失电时，应自动转换至蓄电池供电。紧急停车装置应设有防止误操作的设施。紧急停车时，应给予机舱听觉和视觉报警指示。

7. 遥控系统的操作手柄若与传令钟手柄合并为一个，而且当遥控系统失效时，仍不影响传令钟的功能，则可当传令钟使用。

8. 主推进装置遥控系统动力源失效时，应不致使被控制设备出现不安全状态，如使主机（或螺旋桨轴）增加速度、改变运转方向或误起动，并应使主机（或螺旋桨轴）转速基本保持不变，直至操纵转换到机旁控制为止。

由内河船舶遥控系统基本功能的要求可知，采用遥控装置的柴油机，其换向程序大多具有紧急刹车功能，其操作均按设定自动完成。

非驾控推进装置的紧急刹车操作注意事项：

1. 确保主机起动用的压缩空气瓶内的储气的压力在正常范围之内。

2. 可适当增大起动供油量，以气缸安全阀不起跳为准。

3. 起动手柄放到起动位置时可略停顿一下，以利于降速刹车和换向。

4. 柴油机的差动换向动作未完成时，不可过早将起动手柄放到起动供油位置，以免发生严重后果。

5. 当船舶在柴油机较高转速下航行时，进行紧急刹车会使柴油机承受很大的附加应力和消耗过多的压缩空气，可采取数次间断供气刹车的操作方式。

6.紧急刹车与换向的时机十分重要,除了熟练操纵之外,还要求操作人员清楚柴油机的技术性能和状况,掌握船体的航行性能,如其惯性等,以免操作时产生严重的后果。

7.采用遥控系统的主机,均按程序自动完成操纵,不必担心操纵手柄供油位置。平时应对集控室操作、机旁操作、遥控操作的转换加强管理并经常使用,防止遥控系统出现故障而其他两处也不能进行紧急刹车的局面出现。一般的管理方法是目前船上轮机部普遍采用的手段,即主机冲车时采用机旁操纵,主机试车时转为集控室操纵,驾驶台试车时转为驾驶台遥控操纵。

十、主机应急机旁操纵

(一)按操纵方式和操纵系统分类

1.机旁手动操纵

操纵台设在机旁,采用相应的控制机构操纵柴油机,使之满足各种工况下的需要。

2.机舱集控室控制

在机舱的适当部位设置专用的控制室,以实现对柴油机的工况进行控制和监视。

3.驾驶台控制

在驾驶台的控制台上由驾驶员直接控制柴油机。

在这三个部位中,机旁手动操纵是操纵系统的基础。

机舱集控室控制和驾驶台控制统称为遥控,即远距离操纵主机。遥控系统是用逻辑回路和自动化装置代替原有的各种手动操作程序。

机舱集控室设有操纵部位转换开关,根据航行条件的需要将柴油机的操纵转换至集控室或驾驶台。机旁控制台设有转换开关,如果主机遥控系统或气动操纵系统发生故障,如调速器故障、电磁阀故障、气动阀件故障等,使驾驶台控制和集控室控制均失效,则可通过转换开关直接转换到机旁操纵,在机旁操纵台上对主机进行应急操纵。

在驾驶台、机舱集控室和机旁三个部位的操纵台上均设应急停车按钮,以便在紧急情况下根据需要立即停车。尽管主机遥控技术目前已相当成熟,但是机旁手动操纵系统仍广泛应用以保证对主机实施可靠控制。

(二)主机应急机旁操纵

因机型不同,主机的机旁操纵机构也有所不同。但操作步骤和程序都差不多,在无法实施驾驶台控制或集控室控制时,转机旁操纵,其操作步骤及注意事项如下:

1.在机旁操纵台上,将操纵位置切换至"机旁";

2.主机的转向根据机旁的"车钟"由驾驶台传达,在机旁回复后执行并记录;

3.机旁起动时燃油手柄与起动手柄有的为一体、有的为分开方式,根据不同方式在操纵时要注意起动油门不要过大,以防气缸盖安全阀起跳;

4.在机旁操纵时,换向操作可能没有换向到位指示,在换向起动时一定要仔细核对;

5.在机旁操纵时,车钟与起动手柄之间有的没有连锁机构,谨防操反车。

【实操训练】

一、柴油机运行中滑油温度、压力异常现象分析和应急处理步骤

1. 柴油机运行中滑油温度过高处理步骤

（1）对柴油机采取降速降负荷运行措施，再分别查找原因；

（2）首先检查是不是温度计损坏而误报警，如果是，则更换温度计；

（3）如排除（2）的原因，滑油温度上升较快，首先查看滑油冷却器冷却水进、出口温差是否增大，可通过温度计或用手触摸的方法来判断；

（4）若非（2）、（3）的原因，则要检查滑油泵出口压力是否偏低；

（5）在排除（2）、（3）、（4）的基础上，可通过柴油机曲轴箱的透气管查看有无烟气冒出，就可判断是否属于由燃气下窜引起，可暂时适当降负荷运行，等待时机吊缸检修；

（6）除（2）、（3）、（4）、（5）原因以外，如果滑油的温度升高过程比较缓慢，可采取适当减负荷、给循环油箱加入适量新滑油等措施来降低滑油温度。

2. 柴油机运行中滑油压力异常现象分析和应急处理步骤

（1）滑油压力过高原因分析及应急处理步骤：

①首先判断是否冷机起动，如滑油温度过低，或选用的滑油黏度过高，待柴油机运行一段时间后再检查滑油压力；

②若非①的原因，则检查滑油压力调节阀调压是否过高；

③若非①、②的原因，则检查压力表以后的管道或滤油器是否阻塞；

④若非①、②、③的原因，则检查各轴承处的配合间隙是否过小。

（2）滑油压力过低原因分析及应急处理步骤：

①若滑油失压报警，则必须马上停车。查明原因并解决问题后才可再次起动主机。

②若发现滑油管路有破损、泄漏处，则可临时止漏，维持主机慢速运转，有机会时再更换管路。

③若是压力传感器误报警，则可在报警解除后，起动运行，以机旁压力表读数为准。

④若调压阀故障，可用听诊法来进行判断，通过听滑油泵调压阀有无异常声响来确认。如调压弹簧断裂，可拆出断裂的弹簧，通过调整阀的开度来暂时控制油压，维持柴油机的正常运行，确保航行安全，等有机会停车时再更换。

⑤若因各轴承螺栓松动，等轴各处的配合间隙过大，而导致滑油压力过低，则可通过暂时调高滑油泵的出口压力来解决。等有机会停车检修时调整各处的间隙以达到装配间隙值，再将滑油泵调压阀的压力设定调到原设定值。

⑥若属因滑油量不足和滑油黏度过低引起的低压，可添加些新滑油，通过增加油量提高滑油黏度来解决。

二、柴油机运行中冷却水温度过高的原因分析和应急处理步骤

1. 柴油机运行中冷却水温度过高的原因分析

（1）冷却水温度调节阀调整不正确，节温器或水温表损坏。

（2）冷却水压力过低或冷却水中断。

（3）柴油机长时期超负荷运行。

（4）个别气缸喷油量过多，使其热负荷过高。

（5）活塞过热或拉缸，使局部水温过高。

（6）冷却水夹层部分堵塞，使冷却水流动受到阻碍，导致水温不断地升高。

2. 柴油机运行中冷却水温度过高的应急处理步骤

（1）若柴油机冷却水温度过高，首先让柴油机降速降负荷运行，查明原因并修复后才可恢复原转速和负荷。

（2）首先确认是不是温度表损坏而导致误报警，如是，则可解除报警后恢复原转速和负荷运行，但需人工关注冷却水温度。

（3）若自动调温阀不能正常工作，应改手动调节冷却水温度。

（4）若调温阀开度已调至最大，冷却水温度还降不下来，则可能是淡水冷却器脏堵，请检查海水系统工作是否正常。

（5）若节温器损坏暂时无法修复，只能降速降负荷维持运行，找合适的时机进行修理。

（6）若因冷却水压力过低，或水流中断导致高温，可通过冷却水泵出口压力来判断，有可能是泵的叶轮中卡有异物，或水箱水位不足导致水泵吸入空气，则通过向水箱补水来进行判断。

（7）若因柴油机长期超负荷工作而引起冷却水高温，则只需降低负荷。

（8）若个别缸喷油量过大导致冷却水高温，则可通过该缸的排温综合考虑。

（9）若是由拉缸引起水温过高，则可通过气缸内有无异常的声音来判断。

（10）若冷却水腔夹层部分堵塞，则可能是在清洗水腔时留下了异物；也有可能是吊缸工作后放气不充分，可稍降负荷进行观察。

三、柴油机运行中敲缸原因判断和应急处理步骤

1. 柴油机运行中敲缸原因判断

区别燃烧敲缸和机械敲缸的方法：如果单缸停止喷油或降速后，敲缸声消失，即判断为燃烧敲缸；若停油后，敲缸声未消失，敲缸发生在上、下止点或转向处，且敲缸声的大小与转速成正比，此时可判断为机械敲缸。

2. 柴油机运行中敲缸应急处理步骤

（1）若发生敲缸，首先应降速，如情况严重，应予以停车，并判断其敲缸性质。

（2）如系燃烧敲缸，则从燃油或喷油设备上找出原因，予以消除。

①对喷油器试压和调整，必要时换新；

②检查和调整喷油泵的供油量；

③检查和调整喷油定时等。

（3）如系机械敲缸，则找出原因，对有关机件进行调整、紧固、修理或更换。

（4）不能修复则封缸运行。

四、柴油机紧急停车操作步骤

1.接到驾驶台由前进三至后退三的车钟指令，即紧急刹车指令时，当值轮机员立即回车钟应答，同时将紧急刹车指令及时间记入车钟记录簿，作为海事处理的依据，此后每个车钟指令及时间必须准确无误地记入车钟记录簿。

2.当接到紧急刹车指令时，在应答及记录的同时，以最快速度拉动操纵手柄（轮）至停油位置，及时切断主机燃油供应使主机降速。

3.切断燃油供应的主机转速逐渐下降但仍然正转。

4.根据主机型式的不同应在换向转速或应急换向转速下及时换向，使燃油凸轮、进排气凸轮及空气分配器凸轮按倒车正时控制相对应的设备。

5.倒车起动，利用压缩空气进行刹车，注意刹车时机的选择。

6.倒车起动并供油，注意倒车转速的限制，防止轴系遭到损伤。

第二节 ◉ 船舶应急措施

一、船舶搁浅应急措施

所谓船舶搁浅，指的是船舶进入浅水域航行时，船体底部落在水底的情况。当船体底部部分落在水底时称为部分搁浅；当船体底部全部落在水底时称为全部搁浅。

根据搁浅的程度，对船舶及其相关设备可能造成的损坏包括：

1.海水系统吸进泥沙或堵塞。

2.船体底部破损使相应的舱柜进水。

3.船体变形使运转设备的对中性改变。

故发生搁浅事故时应采取相应的应急安全措施。

（一）应急措施

船舶发生搁浅或擦底时，轮机部应采取的应急处理措施包括：

1.轮机长迅速进入机舱。

2.转换主机的操纵方式为集控室操纵，命令值班轮机员迅速进行相应的操作，使机舱的相应设备处于备车状态。

3.根据主机的负荷情况，适时地降低主机转速。船舶进入浅水区，因为船舶阻力增加，主机转速下降，或者在全制式调速器作用下会自动增加油门使柴油机超负荷运行，所以当值班轮机员发现主机转速和功率变化异常时,应考虑到搁浅的可能,主动向驾驶台联系询问情况,并采取降速措施。

4. 使用机动操纵转速操纵主机。搁浅后,无论驾驶台采取冲滩还是退滩措施,机舱所给车速都应使用机动操纵转速或系泊试验转速,防止主机超负荷。

5. 换用高位海底门。搁浅时值班轮机员应立即将低位海底门换为高位海底门,防止海水泵吸入泥沙,堵塞海水滤器。

(二)主机运转时的检查内容及处理措施

1. 推进装置及其附属系统

(1)清洗海水滤器。持续检查主海水系统的工作情况,如果发现海水压力较低,尽快清洗海水滤器,清除积存的泥沙;避免因发生海水低压报警,冷却系统无法工作,出现主机不能正常运行、发电机因高温停止工作等情况。

(2)连续检查滑油循环柜的液位,关注主机滑油压力和主机滑油冷却器的滑油进、出口温度。

(3)检查曲轴箱的温度。

(4)检查中间轴承和尾轴的温度,观察尾轴在回转运动中是否有跳动现象,地脚螺栓是否有松动情况。

(5)倾听齿轮箱(如果适用)的声音是否正常。

(6)检查舵机工作电流及转动声音是否正常。

2. 其他设备及系统

(1)搁浅时双层底舱柜可能变形破裂,要注意检查和测量各舱柜的液位变化,注意海面有无油花漂浮等,并做好机舱排水准备工作。

(2)停止非必须运行的海水冷却系统的工作,避免由于船舶搁浅而吸入的泥沙造成大范围的海水系统堵塞。

(三)停止主机运转后的检查

搁浅可能引起船体变形,造成柴油机轴系中心线的弯曲,影响柴油机运转,所以船舶搁浅后必须检查轴系的情况。判断轴系状态可用下列方法:

1. 盘车检查

停车后为判断轴系是否正常,尾部搁浅时可用盘车机盘车检查,检查轴系运转是否受阻,查看盘车机电流的变化情况是否正常。

2. 柴油机曲轴臂距差的测量

搁浅后应尽快创造条件测量曲轴臂距差,通过曲轴臂距差来判断曲轴中心线的变化和船体的变形,决定脱险后主机是正常运行还是减速运行。

3. 舵系的检查

搁浅时舵系有可能被擦伤和碰坏,因此搁浅后必须对舵系进行仔细检查:

(1)进行操舵试验,检查转舵是否受阻。

(2)检查舵机负荷是否增加,电机电流和舵机油压是否正常。

（3）检查舵柱有无移位,转舵时舵柱是否振动。

4. 做好事故记录

记录搁浅发生的时间和脱浅的时间；记录所采取的各项应急措施；记录所造成的直接损失和间接损失等,以便为海事处理提供正确和必要的法律依据。

二、船舶碰撞应急措施

船舶碰撞是指船舶与船舶或船舶与海上固定物或漂浮物之间发生受力接触,使船体破损进水,并引起船身倾斜,甚至沉船等后果的情况。

根据船舶碰撞的程度,对船体及其相关设备可能造成的损坏包括：

1. 使船体破损进水,引起船身倾斜,甚至沉船。

2. 如果碰撞发生在船体燃油舱部位,会造成燃油的泄漏,给环境造成污染。

3. 有时会伴有火情产生,危及船舶及人员生命的安全。

（一）应急措施

1. 轮机长迅速进入机舱。

2. 如为航行状态,命令当值人员做好备车工作,使主机处于随时可操纵状态。

3. 如为停泊状态,停止甲板作业（装卸货中）,或加开一台发电机（锚泊中）。

4. 监督值班轮机员按照船长命令操纵主机,做好轮机日志、车钟记录簿的记录。

5. 其他人员应到指定地点（航行中到机舱）集合听候分配。

（二）非机舱部位发生碰撞的应急措施

1. 视情切断碰撞部位的油、水、电、气、汽源,关闭有关油、水柜的进、出口阀,尽量减轻油、水污染并为抢救工作创造一个安全的现场。

2. 如有火情、进水现象发生,各职责人员应按应变部署表的规定迅速进入各自应变岗位。

3. 反复测量受损部位及其附近油、水舱的液位高度变化情况。如发现有进水现象,应关闭该油、水舱的进、出口阀以切断舱柜之间的通道。对于油舱,还应设法封闭该舱的透气管,尽量减少污染。

4. 碰撞发生在非机舱部位,除值班人员外应一律参加由甲板部组织的抢救工作。

（三）机舱部位发生碰撞的应急措施

若碰撞发生在机舱部位,且有进水现象,则应按机舱进水应急操作程序处理。（详见本节第五部分机舱进水应急措施。）

三、船舶溢油污染事故应急措施

船舶造成环境污染的种类很多,其中最为常见的危害是油类物质造成的污染。油类物质对内河水域的污染可以分为以下三个主要途径：

1. 船舶含油舱底水的排放；

2. 船舶营运作业时的排油、溢油；

3. 船舶发生碰撞、搁浅、触礁等交通事故时引发的溢油。

其中,第一种船舶含油舱底水的排放和第二种船舶营运作业时的排油、溢油可以归为操作性排放引发的污染,第三种交通事故引发的溢油可以归为事故性排放引发的污染。

(一)引起油污染的原因

1.操作性排放

操作性排放主要是指油舱的压载水、洗舱水以及动力装置运转中排出并漏入舱底的油料所形成的舱底水的排放。此外,还有操作失误造成的排油。这些含油污水的形成和排放与油类物质的运输工艺操作以及动力装置的管理有关。

(1)压载水

由于货油舱内部结构复杂,不利于清洗和抽吸,货油卸载后必然在舱壁上黏附一定的油层,油船如果卸载后空载航行需要利用货油舱压载,必然造成相应压载水的污染。

(2)洗舱水

船舶由于更换货品、检验等诸多原因需要对油舱进行清洗,清洗后的洗舱水中不可避免地含有大量油类物质。

(3)含油舱底水

船舶的燃油系统、滑油系统、动力装置在运转中的渗漏油,以及检修和保养工作产生的漏油等,一般都混入船舶的舱底水中。

(4)油渣

由于内河船舶禁止使用焚烧炉,燃油、滑油分油机运转时产生的油渣和油水分离器分离出来的污油等,均需送岸处理。

(5)操作不当引起的排放

操作不当引起的排放是指船舶加装燃润油料、油船装卸油以及油舱调驳作业中因操作不当造成的排油。

2.事故性排放

事故性排放主要是指船舶发生碰撞、搁浅、触礁、火灾或爆炸、船壳破损、严重横倾等严重事故导致的货油舱或燃油舱的溢油。其特点是多半靠近港口和码头,事故造成的污染危害严重。

事故性排放还包括为营救船舶、货物或人员生命而进行的应急排放。

(二)油污染的预防

1.船舶应当按照国家有关规定配备相应的防污设备和器材,并持有合法有效的防止水域环境污染的证书与文书;

2.在内河水域航行的船舶应当遵守内河的船舶油类污染物排放标准;

3.内河船舶的残油、废油应当回收,禁止排入水体;

4.内河船舶进行涉及油污染物排放的作业,应当严格遵守操作规程,并在相应的油类记录簿上如实记载;

5.内河船舶进行残油、含油污水、污染危害性货物残留物的接收作业,或者进行装载油类、污染危害性货物船舱的清洗作业前,应当编制作业方案,采取有效的安全和防污染措施,并报作业地海事管理机构批准。

（三）减少或控制油污染排放的应急措施

1. 操作性溢油

（1）管系泄漏

船舶在加装燃油作业期间，如果发生了燃油管系泄漏，应立即采取以下措施：

①立即停止有关操作，关闭管系上所有阀门；

②发出溢油报警信号，实施最初的溢油应急反应程序；

③将事故情况通知供油船/供油设施。

进一步措施：

①查明泄漏原因，清除溢油和甲板上的积油；

②将破裂管系中的油驳入空油舱或其他燃油舱；

③妥善处理收集的残油。

（2）舱柜满溢

船舶在加装油料或油舱内部调驳的作业期间因舱柜的满溢发生溢油，应立即采取以下措施：

①立即停止有关操作，关闭管系上所有阀门；

②发出溢油报警信号，实施最初的溢油应急反应程序；

③将事故情况通知供油船/供油设施。

进一步措施：

①将满溢舱柜内的燃油驳入空油舱或其他燃油舱；

②进行清除溢油和甲板上积油的工作；

③妥善处理收集的残油。

（3）船体泄漏

船舶在加装油料或油舱内部调驳的作业期间如果发现船舶临近的水面有油，应怀疑是船体发生了泄漏，应立即采取以下措施：

①立即停止有关作业，关闭所有有关阀门；

②发出溢油报警信号，实施最初的溢油应急反应程序；

③确定泄漏油舱，随时测量油位，掌握漏油情况；

④查出船体破损的部位和原因，如果破损点在水线以下，应请潜水员做进一步检查；

⑤将油舱中的油驳入空油舱或其他未满油舱，必要时将油转驳到他船或岸上设施；

⑥调整船舶倾斜角度，以减轻泄漏；

⑦进行溢油清除工作；

⑧择地抛锚，避开自然保护区、城市取水口等重要区域。

2. 事故性溢油

（1）搁浅时的溢油

如果船舶发生搁浅，并同时造成溢油，应采取如下措施：

①发出应急警报，实施应急反应程序；

②测量搁浅船舶四周的水位，确定搁浅的部位，了解水域的水文情况；

③测量所有油水舱、空隔舱的液位变化；

④如发现船底破损进水,应查清破口部位和破损程度,并考虑船体应力和稳性的影响,决定是否采取堵漏、减载过驳或将破损油舱中的油驳入其他舱室等措施,以免进一步溢油;

⑤如果船舶尝试自行脱险,应评估由此造成的额外损坏情况是否大于停留在原地直至获得援救的损坏情况。

（2）火灾/爆炸时的溢油

如果船舶发生火灾/爆炸,并同时有溢油事故发生,应采取如下措施:

①发出应急警报,实施应急反应程序;

②如果火灾是由溢油导致的,应首先采取关闭油阀、转驳油舱等方法控制溢油,并及时采取灭火措施;

③如果是由火灾/爆炸造成的溢油,在灭火的同时,应派人迅速查明溢油源,设法转驳破损油舱中的油料。

（3）碰撞时的溢油

①发出应急警报,实施应急反应程序;

②探明本船和他船的受损情况,测量碰撞部位附近的油水舱、空隔舱的液位;

③如果发现船体破损进水,应立即查清破口部位和破损情况,评估对船舶整体结构的影响,并视情采取排水、堵漏、补焊等措施;

④如果发现破口部位有油外溢,应迅速查明溢油源,采取转驳措施,设法将破损油舱中的油料驳入其他舱室,并采取有效措施控制溢出的油料。

四、全船失电时的应急措施

船舶电站突然中断对船舶主要设备及系统的电力供应,导致其无法正常运行的故障情况,称为全船失电。

根据船舶类型、主机及其系统的特点,全船失电可导致的故障包括:

1. 主机停车。

2. 舵机失灵。

3. 助航设备失灵。

（一）全船失电的主要原因

发电机跳闸造成全船失电的原因十分复杂,常见的有:

1. 电站本身故障,如空气开关故障、相复励变压器故障等。

2. 大电流,过负荷,如大功率泵的起动或电气短路等。

3. 大功率电动辅机故障或起动控制箱的延时发生变化。

4. 发电机及其原动机本身的故障,如调速器故障和滑油低压、冷却水低压、燃油供油中断等。

5. 操作失误。

（二）全船失电时的应急措施

1. 船舶在正常航行中全船失电时的应急措施

（1）立即通知驾驶台,通知轮机长下机舱。

（2）同时起动备用发电机,合上电闸并以最短时间恢复供电。

（3）若另一台备用发电机自动起动,则应立即合闸供电。

（4）恢复保证正常航行必需的各主要设备的供电。

（5）重新起动主机,恢复正常航行。

（6）如情况特殊,船舶因避碰急需用车,只要主机有可能短期运转则应执行驾驶台命令。

（7）若备用发电机组不能起动供电,则应起动应急发电机。应急发电机是自动起动、自动供电的,能够保证机舱关键设备和助航设备的供电。

（8）待发电机恢复正常供电后,再起动各辅助设备,起动主机,保持正常航行。

2. 船舶在狭窄水道或进出港航行中全船失电时的应急措施

（1）立即通知驾驶台。

（2）同时起动备用发电机,合上电闸并以最短时间恢复供电。

（3）若另一台备用发电机自动起动,则应立即合闸供电。

（4）尽大可能以最短时间恢复主机所需的转速。

（5）主机操纵应有专人看护,并随时同驾驶台取得联系。

（6）如果情况紧急,船长必须用车,可按车令强制起动主机而不必考虑主机后果。

3. 船舶在锚泊中或靠泊装卸货中全船失电时的应急措施

（1）起动备用发电机,合上电闸并以最短时间恢复供电。

（2）若另一台备用发电机自动起动,则应立即合闸供电。

（3）切除非重要负载,如起货机、通风机等。

（4）待确认正常后恢复供电。

对于以上几种情况的船舶失电,均应在恢复正常供电后,仔细分析、检查故障原因,及时排除故障。

（三）防止船舶失电的安全措施

1. 做好配电板、控制箱等的维护保养工作。

2. 做好各电机及其拖动设备的维护保养工作,及时修理与更换有关部件。

3. 做好发电机及其原动机的维护保养工作。

4. 在狭窄水道、进出港航行时,增开一台发电机并联运行以策安全。

5. 在装卸货物期间,如增加开工头数（开工头数一般是指装卸货使用船吊的数量）,值班驾驶员应提前通知机舱。

6. 在狭窄水道、进出港等机动航行时应做到:尽量避免配电板操作,尽量避免同时使用几台大功率设备,如起货机等。

五、机舱进水应急措施

（一）机舱进水时的排水措施

1. 一旦发现机舱进水,值班人员应立即发出警报并报告轮机长、驾驶台或船长,同时应迅速采取紧急措施,不得擅离机舱。

2. 轮机长或值班轮机员接到报告后,应立即进入机舱现场检查并按应急部署组织抢救。

3. 轮机长与船长经协商后根据需要操纵主机。

4. 尽力保持船舶电站正常供电和电气设备不受损坏,必要时起动应急发电机。

5. 根据机舱进水情况使用舱底水系统或应急排水系统。

6. 机舱大量进水时应急吸入阀及其海水泵系的应急操作:

(1)根据轮机长的命令,按照应急吸入阀阀盘所示方向全开吸入阀;

(2)起动与应急吸入阀相连的应急海水泵向舷外排水。

7. 根据进水部位、进水速率判断排水措施的有效性,进一步采取相应措施或请求外援。

(二)机舱进水时的应急堵漏措施

1. 执行排水措施的同时,船长和轮机长立即组织人员确定破损部位、进水流量,拟定有效的堵漏措施。

2. 风浪天应关好水密门窗及通风口。

3. 尾轴管及其密封装置破损,应酌情关闭轴隧水密门。

4. 海底阀及阀箱、出海阀或应急吸入阀等破损,应关闭相应的阀,并选用有效的堵漏器材封堵。

5. 冷却器、海水滤器或管路等破损,应关闭相应的阀,组织修复或堵漏。

6. 机舱部位船壳破损,按应急部署投入抢险。

(三)机舱的油、水舱柜破损时的应急操作

1. 尽力查明受损部位、受损程度与油水舱柜及相邻舱柜液位的变化。

2. 封堵受损舱柜的测量管口及透气管口,延缓和阻止舷外水继续涌入。

3. 注意舷外水是否出现油污,防止污染区扩大。

4. 做好机舱应急排水工作。

(四)机舱进水事故报告

1. 值班人员立即将现场情况报告轮机长,轮机长立即报告船长,报告内容如下:

(1)破损的部位、程度与原因;

(2)已经采取的应急措施;

(3)舱底水位与排水情况。

2. 轮机长将抢修、抢救情况报告船长,报告内容如下:

(1)人员安排情况;

(2)堵漏措施及堵漏效果;

(3)机舱进、排水情况;

(4)所需支援与要求。

3. 船长向港务监督和公司的报告内容:

(1)机舱进水的时间、船位与海况;

(2)破损的部位、程度和原因;

(3)应急排水和堵漏的效果;

(4)所需支援与要求。

4. 事故处置后应向港务监督和公司报告,报告内容如下:

(1)进水的原因与性质;

（2）采取的应急措施及效果；

（3）进水对船舶营运的影响及损失估计。

（五）弃船

1. 一旦机舱进水抢救无效，船舶陷入极端危险必须弃船时，听候船长命令实施弃船。

2. 发出弃船命令后，轮机长按应急部署组织机舱人员，关停锅炉和机电设备，封闭油舱柜等，最后撤离机舱，并携带轮机日志、车钟记录簿和重要文件等到指定地点集合待命。

六、机舱火灾应急措施

（一）机舱发生火灾时的指挥与报警

1. 轮机长在船长的领导下行使机舱应急消防现场指挥职责。

2. 机舱某处所一旦发生火灾，无论火灾大小，值班人员必须首先激发火警报警装置并立即报告轮机长、驾驶台或船长。

3. 机舱值班人员应迅速在火场附近使用适宜的灭火器材及时灭火，不得擅离机舱。

4. 船舶火警警报发出后，全体人员应迅速按照消防部署到达各自的岗位。

（二）机舱灭火、探火和救援

1. 轮机长立即行使机舱应急消防指挥职责，并保证随时与船长的通信联络

（1）起动消防泵（必要时起动应急消防泵）立即供水，接好消防水带、水枪待命。

（2）应视火情迅速派出熟悉现场情况的两名探火员，身着消防员装备，携带必要的消防用具，探明火源位置、火势和火灾性质。

（3）轮机长应迅速做出趋势判断并报告船长采取果断措施，船长应迅速报告港务监督、船公司，对外发出火警救援请求。

（4）尽力保持发电机正常供电，必要时起动应急发电机。

（5）必要时切断火场电源，防止引发电气火蔓延。

（6）如果火灾或抢救措施危及主机安全运行，应报告船长，正确操纵船舶，尽力使火场处于下风处。

2. 按照船长的指示轮机长下达灭火命令

（1）采用有效的灭火措施控制火势蔓延，使火势减小至最低程度直至熄灭。

（2）隔离火场并保护好机电设备。

（3）对邻近舱室采取冷却措施的同时，应采取排水措施。

（4）轮机长下令操纵机舱应急消防设备时，应充分考虑到保持动力供应的可能性和人员安全，及时控制下列设备：

①机舱风机、燃油泵运转；

②关闭火场附近燃油舱柜速闭阀、滑油柜速闭阀；

③关闭机舱天窗和风道挡板；

④确保人员安全撤离机舱，关闭轴隧水密门和脱险通道水密门。

3. 救援

（1）随时准备进入火场抢救人员和重要物资。

（2）船长指派专人组成抢救组。

（3）抢救组人员进入火场须穿着消防员装备。

（4）应做好对进入火场抢救人员的支援、通信联络工作。

（5）必要时做好救助和补充抢救人员的工作。

（三）确认机舱必须释放 CO$_2$（包括规范允许的与 CO$_2$ 释放要求相近的其他气体灭火剂）灭火

1. 船长发出释放 CO$_2$ 的警报和命令前，须通知进入机舱的所有人员撤离机舱，轮机长应携带轮机日志及重要文件。

2. 清点船员人数，确认机舱无人存在。

3. 确认主机、发电机、锅炉及其他辅机停止运转，切断电源，用机舱外部遥控设施关闭机舱所有燃油舱速闭阀和滑油柜速闭阀。

4. 确认机舱风机停止运转。

5. 确认机舱已被封闭。

6. 确认 CO$_2$ 系统转换阀通至机舱。

7. 确认需要向机舱释放 CO$_2$ 的瓶（组）数后，起动 CO$_2$ 系统向机舱内喷洒 CO$_2$ 灭火剂。

8. 及时观察 CO$_2$ 灭火效果。

9. 应将向机舱释放 CO$_2$ 灭火剂的时间、容量分别记入航海日志和轮机日志。

（四）机舱火灾扑灭后的处理工作

1. 轮机长应将发现起火和灭火的时间记入轮机日志。

2. 封舱灭火后，探火员组对机舱进行检查，确认火灾彻底扑灭，严防死灰复燃。

3. 机舱应充分通风，防止进入机舱的人员窒息或烫伤。

4. 及时清点施救人员并救护伤员。

5. 注意保护火灾现场，经主管部门同意后方可指派专人彻底清理火场。保留现场必要的实物、照片或录像带等有效证据。

6. 尽快恢复供电，检查设备的损坏情况。

（五）他救配合

1. 如需他救，船长应及时发出他救请求。

2. 他救人员登船后，船方应介绍火情、火场位置、已经采取的措施和接近火场的行动路线，以便使他救设备和人员尽快投入灭火。

3. 应将他救人员下机舱的人数和时间记入轮机日志。

（六）机舱火灾事故报告

1. 值班人员立即将火灾情况报告轮机长，轮机长立即报告船长，报告内容如下：

（1）火灾的时间、处所与情况；

（2）已经采取的应急灭火措施。

2. 轮机长将探火及灭火情况报告船长，报告内容如下：

（1）灭火人员的分配，抢救组和后备人员的分工；

（2）灭火措施及效果；

（3）所需支援与要求。

3.船长向港务监督和公司应急报告的内容：

（1）机舱火灾的发生时间、船位与海况；

（2）应急灭火措施、效果及火灾情况；

（3）根据实际情况请求他救的要求。

4.机舱火灾事故处理后，应向港务监督和公司报告，报告内容如下：

（1）火灾发生的时间、船位与海况；

（2）火灾的原因与性质；

（3）采取的应急措施及效果；

（4）火灾对船舶营运的影响及损失估计等。

（七）弃船

1.一旦机舱灭火失败，船舶陷入极端危险状态必须弃船时，听候船长命令实施弃船。

2.轮机长应按弃船部署协助船长指挥机舱人员，携带轮机日志、车钟记录簿及其他重要文件，最后撤出机舱到指定地点集合待命。

七、船舶在航行中舵机失灵时的应急措施

船舶在定速或机动航行过程中，舵机无舵效或虽然有舵效但不能达到设计舵效要求时的舵机故障称为舵机失灵。

舵机失灵，对船舶的操纵可能产生以下影响：

1.船舶无法完成规定的转向动作。

2.船舶的转向速度无法满足要求。

船舶在航行时，舵机失灵将导致船舶失控，此时驾驶台与轮机部应密切配合，采取正确有效的应急措施以避免造成其他重大事故。

（一）航行中舵机失灵的主要原因

1.船舶失电导致舵机无法正常工作。

2.液压动力系统故障导致舵机无法正常工作。

3.轴承故障导致舵机无法正常转动。

4.船舶擦底或搁浅等导致舵机、舵叶损坏故障。

（二）航行中舵机失灵时应采取的应急措施

1.一般应急措施

（1）航行中发现舵机失灵，驾驶台应先转换为辅助操舵系统，并通知船长和机舱值班人员。

（2）机舱值班人员立即起动辅助或应急操舵装置，同时通知轮机长。

（3）轮机长迅速到舵机房，组织机舱人员进行相应的操作和抢修。

（4）船长到驾驶台，按照舵机的损坏情况指挥船舶的应急操纵。

2.舵机因控制系统故障而失灵时采取的应急措施

舵机的控制系统故障，是指驾驶台不能有效地通过主、辅操舵装置操纵舵机的紧急状态。

此时应采取如下应急措施：

（1）在舵机应急操纵过程中，值班轮机员不能远离操纵台，应按车令操纵主机，执行船长和轮机长的命令。

（2）船长应安排一名驾驶员和水手到舵机房，负责接听驾驶台的舵令，配合轮机员操纵舵机。

（3）轮机员应指导值班水手操舵，尽快使其能独立操作应急操舵装置。

（4）机舱人员应加强轮机值班，尽全力抢修驾驶台主、辅操舵装置，使其尽快恢复功能。

（5）向公司汇报驾驶台主、辅操舵装置失灵的经过，并请求驶向最近海岸有能力修复主、辅操舵装置的有关港口进行修复。

（6）轮机长做详细的事故报告：发生故障的时间、海况、地点、原因、抢修经过和采取的措施及可能需要的支援。

3.舵机因电源故障而失灵时采取的应急措施

1）船长应上驾驶台亲自指挥，并召集甲板部人员采取应急措施。

（1）若船舶在海上航行，则：

①值班驾驶员应按《中华人民共和国内河避碰规则》的规定显示号灯、号型；

②加强瞭望，并用 VHF 发布通告；

③可利用主机操纵船舶，安全离开航线，若水深合适，应随时准备抛锚；

④应换用任何备用转舵装置。

（2）若船舶正在进、出港或在狭水道航行，则应：

①立即备锚，尽快选择合适地点抛锚；

②按《中华人民共和国内河避碰规则》显示号灯、号型；

③加强瞭望并用 VHF 发布通告，提醒来往船只注意安全；

④必要时要求港方派拖船协助拖航。

2）如果轮机部自行抢修困难或无效，轮机长应立即报告船长，说明舵机失灵的原因、已经进行的抢修措施、需提供的支援和准备进一步采取的措施。

【实操训练】

一、船舶搁浅应急演习

1.发出报警，采取行动。

2.假如船舶搁浅后，船舶不能操作，所有可能着火的火源均应予以消除，并采取行动防止易燃气体或有毒气体进入机舱或起居处所。

3.船长应尽快确定损坏的详情，选择正确的措施来确保船舶和船员的安全。

①进行目视检查。

②应对所有油舱和液货舱进行测量。

③所有与海水接触的其他处所均应进行测量，以确认其完整性。

④所有舱柜测量的数值均应与上次测量的数值进行比较，检查其是否可能渗漏。

⑤任何记录都应被重视并作为报告的辅助材料。

4. 同时应考虑：

①船舶滑离搁浅现场,对船舶完整性的危害。

②船舶因大风大浪引起断裂的危险。

③有害物质的释放积聚到危险浓度时,对船员健康的危害和周围环境的污染。

④渗漏的可燃物质及由无法控制的火源引起的火灾。

5. 另外,船长在采取行动时应进行如下考虑：

①船舶是否在航道上触礁。

②船舶是否经常振动。

③测量船舶周围水深以确定船舶所在位置的海底状况。

④搁浅现场是否有很大的潮差,搁浅区域是否有大潮流。

⑤船舶是否可能由于大潮、大风和大浪冲击而漂移到岸上。

6. 船长应估计船舶损坏对环境的影响,并采取各种行动,以减少船舶进一步损坏所造成的排放,例如：

①船舶内部燃油驳运。

②在潮汐变化期间,有关舱应气密隔离,以确保舱内压力稳定。

③评估将燃油驳运到油驳或其他船上的必要性和请求相应的协作。

④估计额外泄漏的可能性。

7. 船长在考虑用本船能力起浮前,必须对下述情况进行评估并做出决定：

①起浮后,是否会造成船舶损坏,如下沉、断裂、倾覆,因此应参考破损稳性计算书、破损控制图和破损控制手册。

②起浮后,船舶是否能用自己的机动能力从危险区域离开。

③如果船舶可以进行机动操纵,为便于进行应急修理或减载操作,或者为了减轻对特别敏感区域海岸的威胁,船长在得到岸上有关管理机关的允许后,可考虑将船开到较为安全的地方。这种机动操纵必须在沿海国家的监督下才能进行。

④当判定没有救助不可能起浮时,迅速通知船东安排海上救助事宜。

⑤如试图靠自身进行起浮,应注意机器、舵或螺旋桨是否因搁浅遭到损坏,或可能因起浮而损坏。

⑥为减少来自其他舱的额外污染,是否可以采用调整船舶首尾吃水或足够的减载来避免其他舱柜的损坏。

8. 如果估计船舶靠自身来起浮将会造成进一步的损坏,那么应使船舶停留在搁浅位置,直到专业队来帮助。为此,船长应尽可能采取如下措施确保船舶安全：

①抛锚。

②有可能时,将空压载舱打入压载水。

③撤走所有火源,减少火灾危险。

④分析船舶损坏后,船长应决定采取什么样的措施以避免进一步溢漏。

⑤当船舶损坏到无法计算稳性时,船长应立即通知船东或"破损稳性和剩余结构强度岸基电脑计算程序"服务提供者(如有)寻求岸上协助。

⑥在规定的时间间隔内,应对每一液舱的液位进行测量,若有任何变化均应报告。

⑦在潮差大的情况下,应隔离损坏的液舱,以减少燃油的额外损失。

⑧当船舶因搁浅进水时,必须采取防进水措施,如关闭水密门以减少进水。

9. 如果油类或有毒液体物质发生泄漏,船长应参考"水域污染应急演习"。

10. 负责搁浅应急响应的各有关人员的职责见表8-1。

表8-1 搁浅应急响应职责表

所采取的行动	船长	轮机长	大副	值班驾驶员	代理
报告事故				●	
船上船员待命行动				●	
执行应急响应计划程序	●				
着手清除溢出的油和确定溢油数量			●		
查明船舶位置				●	
按要求通知代理和公司	●				
隔离管路阀件			●		
测量内部处所和着手结构损坏检查		●	●		
内部调驳货物和/或考虑减载协助	●		●		
确定是否需要商业救捞援助	●	●	●		
密切注意天气、海况及潮汐			●	●	
查明事故原因	●	●	●		

二、船舶碰撞应急演习

1. 当船舶发生碰撞时,船长应命令所有船员到油类或有毒液体物质溢漏应变站集合。

2. 调查船舶损坏区域和进水率,并采取应急措施以防止事态恶化。

3. 测量碰撞附近舱柜和货舱的污水井。

4. 下述检查记录将有助于船长了解情况:

①有哪些舱在水线以上被穿透? 有哪些舱在水线以下被穿透?

②如果船舶碰撞后在水中成为死船且两船连在一起,最应慎重考虑的是将它们分开还是保持连在一起。

③现在是否泄漏? 泄漏量少还是多? 将船分开时溢油是否比连在一起还要多?

④如果溢漏,船舶分离产生的火花是否会点燃油或点燃从船上漏出的其他可燃物质?

⑤船舶连在一起比分开是否对当地交通影响更大?

⑥如果船舶碰撞部位在水线以下,部分舱柜损坏相当严重,以致浮力减少,那么在分开时哪一条船沉没的可能性要大?

⑦如果船要分开,各自如何操纵自己的船?

5. 若调查结果发现是因损坏引起进水,则根据进水位置和进水量采取必要的防进水措施或泵出进水。这些措施包括关闭水密门,嵌入木塞,使用防撞垫、水泥箱、舱壁加强板和泵水等。

6. 当采取各种对策后，船舶因进水仍有沉没危险时，应考虑选择适当位置进行抢滩。

7. 若发生泄漏，船长应执行"水域污染应急演习""事故性溢漏应变措施"。

8. 负责碰撞应急响应的各有关人员的职责见表8-2。

表 8-2　碰撞应急响应职责表

所采取的行动	船长	轮机长	大副	值班驾驶员	代理
报告事故				●	
船上船员待命并通知附近船舶				●	
执行应急响应计划程序	●				
同与事故有关的船进行联络				●	
采取措施控制损坏		●	●		
隔离影响船舶受损区域的货物、燃油管路		●	●		
确定船舶结构完整性（破损稳性和船体应力）		●	●		
按要求通知代理和公司	●				
确定是否需要商业救捞援助	●				
着手清除溢出物和确定溢出数量			●		
联系岸上协助清除	●				●
查明事故原因	●	●	●		

三、水域污染应急演习

（一）一般要求

为确保本计划的实施，本节主要指导船长和其他高级船员在发生溢漏事故时，如何迅速采取有关控制排放措施，以制止和减少排放。为此，所有船员无论在什么时候，一旦发现船上溢漏事故，应立即报告船长或船上其他负责人。而船长及其他负责人接到事故报告后，应立即发出溢漏报警信号：一短、两长、一短（●——●），并组织船员按表8-3做出应急响应。（人员分工、警报信号以及集合地点可根据本船具体情况来确定，表8-3仅供参考。）

表 8-3　溢漏应变部署表

溢漏报警信号：●——●　　　　　　　　　　　　　　　　　　　集合地点：主甲板

职　务	负责部位	职责
船长	驾驶台/现场	总指挥，对外联系
大　副	驾驶台/现场	协助轮机长做好溢漏现场指挥工作
二　副	驾驶台/现场	驾驶台值班，采取应急措施，做好现场记录
三　副	溢漏现场	提供并携带防污器材。艇长，指挥放艇，回收溢出物
水手长	溢漏现场	提供并携带防污器材，指挥放艇，回收清除溢出物
木　匠	溢漏现场	检查甲板排水孔，关闭有关通道，回收溢出物

续表

溢漏报警信号：● ── ●　　　　　　　　　　　　　　　　集合地点：主甲板

职　务	负责部位	职责
一　水	溢漏现场	艇员，协助放艇，随艇下，回收溢出物
轮机长	溢漏现场	现场指挥，组织人员回收溢出物
大管轮	机舱/现场	管理机舱设备和电站，回收溢出物
二管轮	溢漏现场	控制有关阀门，防止溢出物扩散，做好现场记录
三管轮	溢漏现场	协助放艇，随艇下，操纵艇机，回收清除溢出物
电机员	机舱/现场	管理电站
机匠长	溢漏现场	提供并携带应急工具和防污器材，现场回收溢出物
机　工	溢漏现场	艇员，协助放艇，随艇下，回收清除溢出物
大　厨	厨房/现场	检查厨房火情，关闭有关通道，现场回收清除溢出物

（二）操作性溢漏

操作性溢漏是指在正常装卸和内部驳运油或有毒液体物质过程中所引起的管路泄漏、舱柜溢出以及船体破裂而产生的排放。

1. 管路泄漏应变措施

（1）发出报警，采取行动并通知有关方面。

（2）尽快停止燃油/有毒液体物质的驳运作业。

（3）释放泄漏管路内的油压，用重力方法将管路上的油转移到适当的舱柜内，并关闭有关阀。

（4）使用吸油毡、木屑和棉纱等清洁材料来清除甲板的泄漏物，以减少向船舶外部的泄漏。

（5）由大副和轮机长负责查明泄漏来源及原因。

（6）若本船无能力处理，则通知岸上协助。

（7）泄漏事故未查明或事故未排除前不能恢复工作。

（8）将使用过的清洁材料和收集的漏油送至处理公司进行有效的处理。

（9）事故处理完需报港口当局确认后才能恢复工作。

（10）负责管路泄漏应急响应的各有关人员的职责见表8-4。

表 8-4　驳运系统泄漏应急响应职责表

所采取的行动	船长	轮机长	大副	值班驾驶员	代理
关闭泵或产生溢流的设施		●	●		
关闭隔离阀			●		
检查排水孔关闭程度			●		
通知驳运设施/船只			●		

续表

所采取的行动	船长	轮机长	大副	值班驾驶员	代理
报告事故			●	●	
船上船员待命			●		
执行应急响应计划程序	●				
按要求通知代理和公司	●				
着手清除溢出物和确定溢出数量			●		
检查事故程度		●	●		
联系岸上协助清除	●				●
查明事故原因	●	●	●		
确定正确行动	●	●	●		

2. 舱柜溢出应变措施

（1）发出报警，采取行动并通知有关方面。

（2）停止操作或停止驳运。

（3）关闭有关阀。

（4）将溢流舱内的油或有毒液体物质转移到空舱，以降低溢流舱内的压头。

（5）将甲板上的油或有毒液体物质收集到空桶内或使用空气驱动手提泵将它们直接泵入舱内，然后用吸油毡、木屑、棉纱清洁甲板上的油或有毒液体物质。

（6）使用过的清洁材料和收集的泄漏物应送至处理公司进行有效处理。

（7）当油类或有毒液体物质泄漏事故发生时，船长应根据规定程序将上述情况迅速通知有关方面。

（8）必要时，船长应请求岸上援助队进入泄漏现场。

（9）当漏油事故发生时，如果可能，立即操纵小艇准备和布置围油栏以防油类扩散，同时用吸油材料尽量回收漂浮的油。

（10）使用化学药剂处理海上污染时，船长应先获得沿岸国家的批准。如果没有得到管理当局的批准，不允许使用化学药剂。

（11）事故处理完需报港口当局确认后才能恢复工作。

（12）负责舱柜溢流应急响应的各有关人员的职责见表8-5。

表8-5　舱柜溢流应急响应职责表

所采取的行动	船长	轮机长	大副	值班驾驶员	代理
关闭泵或产生溢流的设施		●	●		
检查排水孔已关闭			●		
通知驳运设施/船只			●		
报告事故		●	●	●	

续表

所采取的行动	船长	轮机长	大副	值班驾驶员	代理
船员待命			●		
执行应急响应计划程序	●				
按要求通知代理和公司	●				
通知该区域的船只	●				
清除溢出油类或有毒液体物质和确定溢流数量			●		
检查事故程度			●		
检查周边有关设施			●		
联系岸上协助清除	●				
查明事故原因		●	●		
确定正确行动	●	●	●		

（三）事故性溢漏应变措施

当船舶发生搁浅、火灾、爆炸、碰撞、船体损坏和严重横倾等事故引起溢漏时,必须立即采取如下行动:

1. 船长应召集全体船员进入其所处的溢漏应变位置,参考表8-3。

2. 对发生的任何海洋污染事件,船长均应向最近的沿海国家和地区、港口当局和船舶重要联系人报告。

3. 为了防止更多的溢漏,应采取下列措施:

①确定泄漏区域。

②减少泄漏油舱内部压力。

③关闭或切断通向损坏舱柜的管路以隔离损坏的舱柜。

④考虑破损稳性和船舶应力,通过调整压载水使船舶处于最佳状态。

⑤考虑破损稳性和船舶应力,从损坏的舱柜内部将油类或有毒液体物质驳送到未受损坏的完整舱柜。

4. 必要时,将船上损坏舱柜或部分舱柜的油类或有毒液体物质驳到其他船上,此时应注意下列事项:

①船对船驳运前,应事先与最近海岸国家磋商船与船过驳事宜。

②与前来驳运的船舶协商其过驳安全程序和靠船位置。

③与前来驳运的船舶联系天气、海况和靠泊的情况。

④确认前来驳运的船舶的详细资料,如船上油类或有毒液体物质的种类、数量、温度、比重和舱里已装载的货物容积。

⑤检查输送软管的长度和直径以及要用的渐缩接头。

⑥在驳运准备中,要求主要环节统一协调,如"备车""慢速""起动""停车"等。

⑦关于软管的使用,应注意避免扭折、牵引,并使用足够长的软管。

5. 使用吸附材料尽可能收集溢出的油类或有毒液体物质,尽快采取措施防止污染扩散。

6. 如采取减缓措施,事先需同沿海国当局取得联系获得批准。

7. 当使用化学药剂处理海上污染时,应考虑它们对周围环境的影响。因此,只有征得最近海岸国家同意后才能使用。

8. 当弃船时,应关闭燃油管路上的加油阀或考克和所有燃油舱或液货舱空气管上的开口。

9. 设有应急拖缆的船,在弃船前,应将船上的应急拖缆系固在船头和/或船尾,另一端放置在水线附近。

四、机舱进水应急演习

1. 值班人员发现险情后应立即报警。

2. 船长在接到值班人员报告后,发出遇险信号。

3. 确认所有人员都已集合完毕。

4. 确保关闭有关水密门。

5. 船长评估船驳损坏程度,如果是船体损坏,可参考"机舱进水应急措施"。

6. 采取措施减少船舶进水。

7. 如果发生污染事故,船长要立即通知船公司和沿海国家。

8. 考虑隔离损坏区域;如必要,考虑调驳燃油、压载水或淡水;考虑调驳货物(如可能),尽可能减少污染。

9. 准备救生艇。

10. 如果船舶部分或全部浸水,采取所有措施疏散船上所有的人员,避免接触溢出的货物或油类。提请其他船舶或最近的沿岸国家协助救生。

五、机舱灭火应急演习

1. 机舱值班人员发现 2 号发电副机起火,在最近处的报警点启动报警,并向驾驶台值班驾驶员报告(起火位置、火势以及火灾种类),然后手提灭火器灭火。灭火失败后放弃,穿着紧急逃生呼吸器通过机舱应急通道离开机舱到集合站报到。

2. 驾驶台值班人员报告船长并发出火警,同时公共广播通知全船:"消防演习,消防演习,机舱 2 号发电副机失火,B 类火。"所有人员按应变部署表到集合站集合。(途中要大喊"机舱失火啦"互相提醒。)

3. 值班驾驶员检查船位,保证船舶安全并报告船长。船员关闭所有的机舱通风机并切断电路,关闭机舱天窗,关闭所有通往机舱的门,模拟关闭各油舱柜速闭阀,并向现场指挥报告。

4. 现场指挥向船长报告通风机及其他设备都已关闭。

5. 探火员准备就绪报告现场指挥,并报船长。

6. 一名船员在 3 次检查机舱门外温度后打开门,1、2 号消防员进入机舱。灭火 25 s 后,1 号消防员向 2 号消防员用手势发出返回信号,2 号消防员明白并返回。到集合站向现场指挥报告不能灭火,并报告船长。

7. 船长决定释放固定式 CO_2 灭火。

8. 船长命令现场指挥准备释放固定式 CO_2 灭火。

9. 现场指挥命令检查机舱并关闭所有出口。

10. 现场指挥报数,并报告船长所有出口已关闭。

11. 船长命令释放固定式 CO_2 灭火。

12. 船长命令现场指挥查看机舱火情(释放后 $15\sim20$ min)。

13. 现场指挥命令探火员进入机舱探火,探火员再次下去检查火情,并返回报告火已经熄灭。

六、舵机失灵应急演习

(一)船舶准备工作

船长应按"船舶应急训练和演习计划"的要求,做好以下工作(但不仅限于以下工作):

(1)保持通信畅通。

(2)有关应急准备:熟悉 SMS 文件中"船舶失控时的应急行动指南"的内容。每次演习时,船长应选择在合适的海区进行,演习前应将船舶调整到合适的航速、航向。

(3)演习期间应保证船舶安全值班、人员安全。

(4)演习期间和过往船舶保持联络,不应使他船造成误会。

(二)舵机失控演习计划

1. 演习时间:年月日时。

2. 演习海区:N/E—N/E。

3. 演习内容:模拟"×××"轮在海上发生船舶舵机失控。

4. 演习程序:

×时×分,船长通过全船广播系统发出船舶舵机失灵演习警报,并亲自操纵船舶,采用最佳航向。

听到警报后:

×时×分,机舱值班人员立即备车,备妥后即报驾驶台。

×时×分,船长接到报告后即减速或停车。

×时×分,值班水手悬挂或发出规定的号型、号灯、声号(模拟)(白天:垂直两个黑球;夜间:垂直两盏环照红灯)。值班驾驶员负责记录。

×时×分,大副及水手长到达船首备锚,并报告船长锚已备妥,听从船长指令随时准备松出锚链或抛锚。

×时×分,非值班甲板部船员至驾驶台甲板集中(夜间尽可能带照明用具),驾驶员检查并报告船长。

×时×分,轮机长、大管轮、电工到达舵机间,检查舵机。

×时×分,其他轮机部人员到机舱,检查各设备,确保其正常运行。

×时×分,船长下令改操应急舵。

×时×分,驾驶台转换妥应急舵。相关人员携带对讲机等用具到达舵机室,应急舵备妥后报告驾驶台并按船长的指令进行操舵。

×时×分,船长按规定,模拟向公司报告本船失控及相关情况。

×时×分,轮机长报告,舵机故障已查明,预计约×小时可恢复。

　　船长在驾驶台指挥,密切注意气象、潮汐的变化,评估对船舶影响的程度,根据实际情况,在船舶失控期间决定采取正确的措施,谨慎操纵船舶到较宽阔水域,漂航或锚泊。

　　×时×分,轮机长报告,舵机故障解决,舵机恢复正常,可试验。

　　×时×分,船长指令转换手操舵。

　　×时×分,驾驶台转换成手操舵,妥后报船长。

　　×时×分,在船长的指挥下逐渐加大舵角、加速试验。

　　×时×分,船长指令大副:紧急情况消除,将锚收妥后回来。大副将锚收妥后报告船长。

　　船长指令值班水手撤销已悬挂的号型、号灯,值班水手撤销悬挂的号型、号灯后报告船长。

　　船长指令机舱设备恢复正常航行状态,主机定速。完成后报告船长。

　　×时×分,船长模拟向公司报告,舵机故障已排除。

　　×时×分,船长公布人员集中地点,进行讲评。

　　×时×分,演习结束,发布演习解除警报。

(三)演习评价

演习结束,船长应认真进行讲评,对演习中暴露的不足应及时指出和纠正。

(四)演习相关记录

"×××"轮船长

年　月　日

第九章

轮机部日常工作安排及各种
作业安全注意事项

第一节 ◉ 轮机部日常工作安排

轮机部的日常工作安排，根据 SMS 的要求，分为航行状态和停泊状态。

一、航行中

1. 航行中每天开工前（一般在七点五十左右），轮机长或大管轮应召开班前会，将当天的检修计划及人员安排、工作重点、工作注意事项讲清楚。

2. 航行中值班轮机员应确保船舶设备及其系统安全有效地运行。值班机工须服从值班轮机员的安排和指挥，并且同样要执行本岗位的值班职责。

3. 确保本班人员熟悉值班区域内消防设备的所在位置、使用方法及安全注意事项。

4. 按时巡回检查各机械设备的运行状况，发现异常应及时处理，如不能处理应及时报告轮机长或大管轮。随时清除油污、废弃的棉纱、破布和其他易燃物。

5. 迅速准确地执行驾驶台的指令。根据大副的通知进行注、排压载水及洗舱水，应特别注意正确操作系统和阀门，严格防止压载水倒灌，并将起、止时间记入轮机日志。

6. 根据大管轮的安排，按计划执行、安排、督促和记录不会影响航行安全的日常检查、维修保养工作。

7. 做好各项防污染工作，不得擅自将污水或污油排出海，不得擅自乱扔垃圾。值班人员只能将污水排入污水柜，垃圾要分类放入各自的垃圾桶内。

二、停泊中

1. 通过船长，轮机长了解所在港口有关安全和防污染等的最新规定。督促值班人员执行有关规定，做好运行设备及其系统的检查工作和记录。确保机电设备的正常运行。

2. 确保本班人员熟悉值班区域内消防设备的所在位置、使用方法及安全注意事项。

3. 迅速准确地执行驾驶台的指令。根据大副的通知进行注、排压载水，应特别注意正确操作系统和阀门，严格防止压载水倒灌或将压载水溢出甲板。并将起、止时间记入轮机日志。

4. 在早上和晚上就寝前应巡回检查机舱和舵机房的安全状况及各机电设备的运行情况。

5. 发生紧急情况时，以最快的方式向驾驶台报告并根据自己的判断决定是否发出警报声响，然后采取一切可行的措施防止船舶、货物和船员的损失。若轮机长和船长不在船，则听从大副、大管轮或值班驾驶员的统一指挥，组织轮机部所有在船的人员全力投入抢救工作。

6. 根据船长和值班驾驶员的通知，做好移泊和备车准备，并具体负责移泊。主机试车前必须征得值班驾驶员的同意。

7. 船在厂修期间，要特别注意监督落实安全和防火的有关规定。了解在发生火警或船员受伤时同厂方有关部门紧急通信联系的途径和方法。

8. 根据大管轮的安排，参加日常维修保养工作。

9. 做好各项防污染工作，不得擅自将污水或污油排出海，不得擅自乱扔垃圾。值班人员只能将污水排入污水柜，垃圾要分类放入各自的垃圾桶内。同时要注意维持生活污水处理装置的正常运转，不得私自将生活污水直接排出海。

10. 每天开工前，轮机长或大管轮应召开班前会，将当天的检修计划及人员安排、工作重点、工作注意事项讲清楚。

第二节 ◉ 轮机部安全操作注意事项

遵守安全作业方法，目的是顺应事物的客观规律，安全地完成作业任务。船上的安全规章制度是成文的安全作业方法。而不成文的安全作业方法是指船员在长期的水上实践中总结出来的行之有效的常规做法。

不遵守安全作业方法导致的损害后果有：不戴安全帽被高空坠物砸伤砸死；高空坠落摔伤；违章明火作业引发火灾爆炸等。

一、船员日常防火防爆须知

船舶防火防爆关系到船舶、人命和货物的安全。火灾导致的船舶全损率高于碰撞和搁浅事故。船舶应经常进行消防培训、演习和消防设备检查，消除火灾和爆炸危险。

船舶防火防爆主要应防明火、烟火、电火、摩擦火、化学作用引起的火灾或爆炸。船舶装运易燃易爆货物时，应遵守危险货物运输的有关规定。

全体船员均应执行本须知，油船船员还应遵守《油船安全生产管理规则》：

1. 吸烟时,烟头、火柴杆必须熄灭后投入烟缸,不能乱丢或向舷外乱扔,也不准扔在垃圾桶内。离开房间时应随手关闭电灯和电扇等电器,风雨或风浪天气应将舷窗关闭严密,航行中禁止锁门睡觉。

2. 禁止在机舱、货舱、物料间或储藏室内吸烟,在卧室内禁止卧床吸烟。装卸货或加装燃油时禁止在甲板上吸烟。

3. 规定必须集中保管的易燃、易爆物品,不准私自存放;禁止任意烧纸或燃放烟花爆竹,严禁玩弄救生信号弹。

4. 禁止私自使用移动式明火电炉。使用电炉、电水壶、电熨斗、电烙铁等电热器具时,必须有人看管,离开时必须拔掉插头或切断电源。不准擅自接拆电气线路和电器,不准用纸或布遮盖电灯,不准在电热、蒸汽器具上烘烤衣服、鞋袜等。

5. 废弃的棉纱头、破布应放在指定的金属容器内,不得乱丢乱放;潮湿或油污的棉毛织物应及时处理,不准堆放在闷热的地方,以防自燃。

6. 货舱灯必须妥善保管。使用时要检查灯泡及护罩,如有损坏应及时换新。货舱灯电缆要通畅,防止被他物压坏,用后应放在指定地点妥善保管。

7. 明火作业须经船长同意(港内必须经海事管理机构批准),作业前须查清周围及上、下邻近各舱有无易燃物,特别要查明焊接处是否通向油舱。当进行气焊作业时,要严防回火,为避免事故,须派专人备妥消防器材在旁监护。作业完毕后,要仔细检查有无残留火种及有无复燃的可能。

8. 油船除应遵守《油船安全生产管理规则》外,其货油泵间必须保持清洁,不得堆放杂物,污油应经常清除。货油泵要定期检查,并应按规定进行注油。装卸期间,司泵员或轮机员不得擅离值守;禁止使用闪光灯照相和在甲板阳光下戴花镜。

9. 严格遵守与防火防爆有关的安全操作规程和有关规定。当发现任何不安全因素时,每个船员均有责任及时报告上级,对违章行为,人人有责任及时制止。

二、明火作业规程

明火作业是指电焊、气焊、喷灯或其他有明火的作业。船上进行明火作业,须由部门长事先填写书面申请,经轮机长同意后报告船长审批;船舶在港口应报经海事部门批准。

明火作业人员必须经过培训,持有合格操作证书。至少指定一名作业监督员负责监督与防护。作业前监督员必须认真进行安全检查。作业前应清理作业场地,移去易燃易爆物品,除去油类、油漆、面纱,保证通风良好,确认作业区下方无电缆通过,附近无忌热仪器设备;在油舱附近作业必须除油脚和清洗油舱,彻底通风,经测爆,油气浓度必须在爆炸下限的1%以下时,才允许作业。备妥消防器材,部门长负责明火作业实施过程中的检查、监督和指导,保证明火作业安全进行。

(一)电焊作业

1. 操作前准备

(1)船舶进行电焊作业时,作业负责人应对现场进行检查并报告船长。港内作业应向海事部门申报。

(2)电焊作业负责人应按检查表进行检查,并填写电焊作业许可证,报船长批准后方可进行。

（3）施焊人员必须持有有效的焊工证,熟悉电焊技术。

（4）施焊前应检查电焊机、电缆绝缘、电焊钳是否良好。

（5）施焊前应认真清理施工现场,尤其是易燃易爆物品;确认相邻隔壁、地板背面、隔层内无危险,被施焊管系内无易燃气体和油类。

（6）施焊现场应准备好足够的灭火器材,并由专人看护。

（7）尽可能在专门场所和绝缘台上施焊。

2. 实施操作

（1）施焊人员必须穿戴好所有的防护工具。

（2）施焊中应随时注意电焊机温升等情况,电焊钳不可与地板接触,施焊中不得调节电焊机电流。

（3）施焊人员施焊完毕后应清理现场,确认无火灾危险后方可离开现场。

（4）船舶厂修期间的热工作业执行厂方的有关规定。

（二）气焊作业

1. 操作前的准备

（1）氧气瓶与乙炔瓶必须垂直放置并固定;两瓶间距应大于 3 m,瓶与烧焊处距离应大于 5 m。

（2）胶管连接各部分焊具前,应先吹净阀口,检查并确认各阀门无漏气。

（3）注意焊枪一端的颜色标志,蓝色或黑色接氧气,黄色或红色接乙炔,不能反接。

（4）胶管接口要紧密,不可用铁丝捆扎胶管口,以免使胶管穿孔或断裂。

（5）烧焊时胶管不应拉得过紧,并尽量远离火焰和焊件。

2. 实施操作

（1）打开氧气瓶总阀,开度不超过 1/2 圈,以便应急关闭,调节减压阀使氧气压力为 0.3~0.5 MPa,乙炔为 0.01~0.05 MPa。

（2）打开焊枪上的乙炔阀门,稍开氧气阀,在喷嘴的侧面点火。

（3）点着后慢慢开大氧气阀,调节控制阀观察焊具喷嘴以及火焰状况,直到满足施焊要求。

（4）任何时候,气瓶阀口和焊枪喷嘴均不应对人。

（5）熄灭时应先关小氧气阀,再关闭乙炔阀,火即熄灭,然后关闭氧气阀。（如果使用割炬,则应先关切割氧气阀,再关乙炔阀和预热氧气阀。）

（6）施焊中有时会出现爆响,随之火焰熄灭,同时焊枪有"吱吱"响声,这种现象被称为回火。发生回火应迅速将胶管曲折握紧,先关焊具上的氧气阀,再关闭乙炔阀。

（7）钢瓶内气体不能用空,剩余气压应保持大于 100 kPa。

（8）施焊结束应立即关闭钢瓶上的总气阀,收集胶管焊具,放回气瓶,清洁场地,确认冷却、无隐患后方可离开现场;施焊时若发生火险,在无法扑灭时应先搬走钢瓶。

3. 在使用和管理焊接用气瓶时应注意的问题

（1）氧气和乙炔钢瓶是高压容器,而乙炔又是易燃易爆的危险性气体,故在装卸或搬运时不准跌落或抛扔,避免碰撞。插好瓶口钢帽,取下钢帽时不准敲击。

（2）钢瓶不准在电焊间存放,应放在阴凉处,禁止暴晒或靠近锅炉、火焰等热源。

（3）待灌的空瓶应做好明显标记并按原来气体充灌,不准互换使用或改灌气体。

（4）钢瓶在开阀前应仔细检查,特别要注意阀门是否反螺牙。

（5）钢瓶如冻结,不能用明火烘烤,但可用蒸汽或热水适当加温。一般瓶体温度不得超过30~40 ℃。

（6）监督员必须认真检查,作业结束确认无火灾隐患后向部门长汇报。部门长应到现场检查操作质量和有无安全隐患。

三、上高作业时的安全注意事项

1. 上高作业是指在工作基面2 m以上的高空作业。上高作业用具如系索、滑车、座板、脚手架、保险带、安全绳、绳梯等在使用前必须严格检查,确认良好。脚手架上应铺防滑的帆布或麻袋。

2. 上高作业人员应穿防滑软底鞋、系保险带并系在牢固的地方,必要时应在作业处的下方铺张安全网。

3. 上高作业和多层作业时,上高作业所有的工具和所拆装的零部件应放在工具袋或桶内,或用软细绳索缚住,以防落下伤人或砸坏部件。

4. 当上层有人作业时,其他人员应尽量避免在其下方停留或作业,如属必需,应戴好安全帽。

5. 上高作业人员易发生坠落或重物落下砸人等伤亡事故。在强风中或有涌浪时,除非特殊需要,禁止上高作业。

四、吊运作业时的安全注意事项

1. 严禁超负荷使用起吊工具。在吊运部件或较重的物件前,应认真检查起吊工具、吊索、吊钩以及受吊处,确认牢固可靠方可吊运。禁止使用断股钢丝、霉烂绳索和残损的起吊工具。吊起的部件,除非需要,应立即在稳妥可靠的地方放下,垫以衬垫并绑系稳固。

2. 起吊时,应先用低速将吊索绷紧,然后摇晃绳索,注意观察是否牢固、均衡,起吊物是否已经松动,再慢慢起吊。如发现起吊吃力,应立即停止,进行检查或采取相应措施,防止超负荷。

3. 在吊运过程中禁止任何人员在其下方通过;如非必要,也不得在吊起的部件下方进行工作,如确属必须,应采取各种有效的防范措施。

4. 使用气动吊车时应派专人看守压缩空气阀,以便一旦失控立即切断气源,以免发生事故。

5. 严禁使用起重设备运送人员。

五、检修作业时的安全注意事项

1. 检修主机时,必须在主机操纵处悬挂"禁止动车"的警告牌并应合上转车机,以防水流带动推进器。检修中如需转车,须征得驾驶员同意。应特别注意检查各有关部位是否有人或影响转车的物品和构件,并应发出信号或通知周围人员注意,以防伤人或损坏部件。

2. 检修副机和各种辅助机械及其附属设备时,应在各相应的操纵处或电源控制部位悬挂"禁止使用"或"禁止合闸"的警告牌。

3. 检修发电机或电动机时,应在配电板或分电箱的相应部位悬挂"禁止合闸"的警告牌,如有可能还应取出控制箱内的保险丝。

4. 检修管路及阀门时,应事先按需要将有关阀门置于正确状态,并在这些阀门处悬挂"禁动"的警告牌,必要时用锁链或铁丝将阀扎住。

5. 在锅炉、油水舱内部工作时,应打开两个导门并给予足够通风。作业期间应经常保持空气流通,并悬挂"有人工作"的警告牌;派专人守望配合,注意在内部工作的人员的情况。

6. 在锅炉、机器和舱柜等内部工作时,应使用可携式低压照明灯,但在油柜内应使用防爆式,使用前必须认真检查并确保其状态良好。

7. 拆装带热部件时,要穿长袖衣裤并戴安全帽及手套。

8. 检修汽门室、气缸、涡轮内部、减速齿轮以及其他较为隐蔽或不易接近的部位时,作业人员衣袋中不得携带任何零星杂物,以免落入机内造成事故。检查减速齿轮时,必须在主管检修的轮机员亲自监督指导下方可打开探视门,收工以前必须盖好;严禁在无人看守时敞开探视门。

9. 柴油机在运转中如发现喷油器故障需立即更换时,应先停车,打开示功阀,泄放气缸内压力,禁止在运转中或气缸尚有残存压力时拆卸喷油器。

10. 试验柴油机喷油器时,禁止用手探摸喷油器的油嘴或油雾。

11. 裸露的高压带电部位必须悬挂危险警告牌或用油漆书写危险标记。除非绝对必要,严禁带电作业;确需带电作业时,必须使用绝缘良好的工具。禁止单人作业,只有一名电机人员时,轮机长应指派一名合适的人员进行协助。作业中注意防止工具、螺栓、螺帽等物掉入电器或控制箱内。看守人员应密切注意工作人员的操作情况,随时准备采取切断电源等安全措施;作业完毕后,应再次认真检查。

12. 一切电气设备,除主管人员和电气人员外,任何人不得自行拆修。

13. 禁止使用超过额定电流的保险丝。

14. 一切警告牌均由检修负责人挂、卸,其他任何人不得乱动。

15. 因检修而移走栏杆、花铁板或盖板后,应在周围用绳子拦住,以防人员不慎踏空而伤亡。

六、清洗和油漆作业时的安全注意事项

1. 油管及过滤器、加热器等如有泄漏应尽快清除,并注意防止漏油流散。

2. 机舱地板上的油污必须随时抹去。在用水冲洗机舱底部时,要防止水柱和水珠冲到电机设备上而引起损坏,并防止人员滑倒跌伤。

3. 使用易燃或有刺激性的液体清洗部件时,一般应在尾部甲板等下风处进行,不宜在机舱进行,同时要注意防止发生污染海面的事故。

4. 在处理酸、碱或其他化学品,或进入有毒气体处所时,需相应地戴手套、防护眼镜、口罩、

面罩等。

5. 处理化学品时,要按规定的步骤操作,避免引起剧烈的反应,损伤人体。如身体上溅到液体,要迅速地用水清洗或做相应的处理。

6. 油漆空气瓶内部或其他封闭处所不能同时多人作业,且时间不能太久,应轮流作业并相互照顾,防止油漆中毒。

七、船舶安全用电

(一)触电

触电是指人体触及带电的物体,受到较高电压和较大电流的伤害,而引起的局部受伤或死亡的现象。按伤害程度不同,可分为电伤(外伤)和电击两类。电路放电时,电弧或飞溅物使人体外部发生烧伤、烫伤的现象叫电伤;人体触到带电物体,电流通过人体内部器官而造成的伤害叫电击。

(二)触电的预防措施

1. 不带电操作:电工应尽量不进行带电操作。特别是在危险的场所,应禁止带电作业。若必须带电操作,应采取必要的安全措施,如有专人监护及采取相应的绝缘措施。

2. 对电气设备采取保护措施:电气设备的金属外壳(如电机、变压器)可利用保护接零或保护接地等安全措施,但绝不允许在同一电力系统中一部分设备采用保护接零,另一部分设备采用保护接地。

3. 建立安全检查制度:各种电器,尤其是移动式电器,应建立经常的与定期的检查制度,若发现不安全,应及时加以处理。

4. 严格执行安全操作规程:为了保证作业安全,必须在电源、开关或线路等处悬挂各种警告牌。电工操作应严格遵守操作规程和制度。

八、电气设备防火

(一)电气设备起火的原因

1. 电气设备及电缆的绝缘强度下降或损坏,通电时发生短路、断路、接地等故障而造成起火。

2. 电气设备或电缆长期过载,温升超过允许值,甚至燃烧。

3. 直流电机换向不良,在电刷下引起火花;继电器及接触器触头通断时引起电弧。

4. 导体接触不良,局部过热引起火花或燃烧。

(二)电气设备防火的要求

为了防止电气设备引起火灾,必须做到:

1. 经常检查绝缘电阻,发现问题及时处理。

2. 限制电气设备和导线的载流量,不允许长期过载。

3. 严格按照安装要求装设电气设备,保证安装质量符合要求。

4. 易燃易爆的场所要使用防爆电气设备。

5.电缆及其他导体连接要牢固,防止松动。铜-铝导线连接时,要注意电化学腐蚀。

6.对于已切断电源的大面积火灾,可用水和常规灭火器材。对于未切断电源的电气火灾应采用绝缘性好、腐蚀性小的灭火器材。

九、船员进入密闭空间的注意事项

（一）进入封闭场所期间的安全防护措施

1.进入舱室作业或检测时,必须安排监护人员。作业人员与监护人员应事先规定明确的联络信号,监护人员始终不得离开工作点,随时按规定的联络信号与作业人员取得联系。

2.对作业过程中易发生氧气、二氧化碳浓度变化的舱室和作业过程长的舱室,应随时监视空气中的氧气、二氧化碳的浓度变化情况,应保持必要的检测次数或连续检测,并根据检测结果采取相应的通风换气措施。

3.在货舱内作业应严格遵守卸货程序规定。对必须定位分层拆卸作业的,要采取阶梯式拆卸方法,并检测每层每处作业点的氧气浓度。

4.作业中不得以任何理由离开工作场所和擅自进入货舱深处。作业工具落入舱内不准私自下舱拾取,必须重新领取使用。

5.当处所内有人时和在暂时休息期间,应继续保持通风。在休息结束再次进入之前,应对处所内再次进行测试。万一通风系统失灵,处所内所有人员应立即离开。

6.万一出现紧急情况,在救助人员尚未到达和尚未对情况做出评估,确保进入处所进行救助作业的人员的安全之前,照应的船员无论如何都不得进入处所内。

7.作业人员进入舱室前和离开舱室时,应清点人数。

（二）发生事故的应急防护措施

1.当发现舱内有异常情况或有缺氧危险可能性(如发生不明原因的突然晕倒、坠落等)或发生缺氧窒息事故时,必须立即停止作业,应组织作业人员迅速撤离现场,在安全处清点人数并迅速向有关机关报告。

2.发生缺氧窒息事故时,港、船双方应积极营救遇险人员,对已患缺氧症的作业人员应立即在空气新鲜处施行现场抢救(人工心肺复苏),并尽快与医疗单位联系,以便进一步抢救和治疗。

3.进舱抢救人员必须佩戴自给式空气呼吸器等救生用具,不允许佩戴过滤式防毒面具下舱救人。

4.舱内发生缺氧窒息事故时应封锁通道,在危险解除前,非抢救人员以及未配备安全救护器的救护人员不得进入事故现场。

十、防止船员疲劳值班

船员疲劳是指在船上工作负荷和生活环境综合影响下,船员身体机能和工作能力下降到某种程度时,反映出来的生理和心理现象。防止船员疲劳和及时消除疲劳,避免在过度疲劳的情况下作业,是确保船舶保持安全状态的必要条件之一。

疲劳会降低作业的效率和质量,更为重要的是疲劳会使船员无意识地产生不安全的行为而引发事故,或危及船舶的安全,或影响到船员的人身安全。疲劳更会妨碍船员对危险的感知和判断,妨碍其消除危险的能力的发挥,使得危险不能够及时有效地消除和抑制,从而危及船员和船舶的安全。

　　船员可以通过适当的休息、补充营养和娱乐来消除和减轻疲劳的程度。船公司、船长和部门长也有责任采取措施防止和消除船员疲劳,以避免发生事故。

十一、酗酒与毒品

　　《中华人民共和国内河船舶船员值班规则》第十五条规定:严禁船员酗酒,值班船员在值班前 4 h 内及值班期间禁止饮酒,且值班期间血液中的酒精浓度不得超过 0.05% 或者呼吸中酒精浓度不高于 0.25 mg/L。严禁值班船员服用可能导致不能安全值班的药物。严禁船员有吸毒行为。

第十章

船舶修理业务

　　船舶是水上运输生产的主要工具,船舶机械设备技术状况的好坏,直接关系到能否维持再生产的根本问题。因此,除正确地使用外,及时做好船舶机械设备的保养和定期的修理是保证运输安全、提高运输质量、降低运输成本的重要措施。

　　船舶修理是保证船舶正常营运的重要环节,其目的是消除船舶存在的缺陷、恢复或维持船舶的原有性能及强度,从而保证船舶处于良好的技术状态,在营运期间能够优质、低耗、安全运转,同时满足保持船级及适航性的要求。

　　修船质量的好坏,关系着船舶的使用寿命和经济性,因此,必须做好修理前的准备、修理时的监修和修理后的验收三个主要工作环节,以确保短修期、低修费、高质量的船舶修理。

第一节 ◉ 编制修船计划

一、修船的工作要求和目的

（一）船舶机械设备保养和修理工作的要求

1.解体拆检设备,发现隐患应及时消除,并做好测量记录。为力求测量数据准确,测量中应注意:

（1）正确选用和使用量具;

（2）正确选择测量点。

2.拆装设备前,必须弄清楚工作要求和关键问题,工作要仔细,防止损坏零部件。

3.拆装重要机械或设备时,主管负责人要亲自参加,以确保检修质量。

4.储备必要的配件,新件使用前,应彻底清洁,复测尺寸,不合格者坚决不用。

5.主要设备拆装检修或更换主要零部件后,应活车试验。

6.保养和检修设备时,要时刻注意安全,防止发生机件损坏或伤人的事故。

7.凡船员能自修解决的工程,力争自修解决。

8.认真做好设备原始记录、工作记录、损坏修理记录、预防检查测量簿、备件记录簿以及锅炉检查记录簿的记载工作。

（二）保养和修理后船舶各机械设备应达到的要求

1.运转性能好。起动迅速灵活,运转平稳可靠,能满足额定工况的技术要求。

2.零部件完整无缺、无变形、无裂损,主要仪表齐全可用。

3.装配间隙正确,调整正常,部件安装牢靠,转动灵活。

4.设备无油垢、无积炭、无锈蚀,无漏油、漏水、漏气、漏电。

船舶机械设备的保养和修理,需要定期进行。一般柴油机的维修保养周期以运转小时计算,对维修周期与计划修理期吻合的项目,可结合船舶计划在修理时进行。

维修保养周期可参照技术说明书的要求结合实船机械设备装置的环境、运转时间、管理人员的业务水平等确定。

二、船舶计划修理的类别

根据目前我国内河航运单位的实际情况,船舶修理分为船舶预防检修和船厂修理两大类。

（一）船舶机电设备预防检修

船舶机电设备的维修保养即船舶预防检修,其目的是贯彻"养修并举,以养为主"的轮机管理方针。轮机人员的工作重点是管理好设备,防止和减少故障发生,应遵照使用说明书的规定,进行正确的使用、维护和保养。

1. 航行中设备的日常保养

船舶在航行中,凡工作中不使用的机械设备,应按航次保养计划,由机动人员进行检查、测量和修复。值班人员应严格搞好管理工作,遵守操作规程,注意监视油、水、气的压力和温度变化,并及时调整到规定范围。做好设备、机舱的清洁,保证机器运转正常。

2. 航次到港保养

按确定的预防检修计划,对停泊中不使用或可交替使用的以及在航行中不能进行检查测量的机械设备,可利用到港停泊时间进行检修保养。部门负责人或主管人员应按规定的检修项目预先分配每人的工作,并详细交代检查要求和注意事项。到港保养,一般是对设备进行局部解体检查、调整和清洁,同时消除在营运中发现的隐患。船舶停泊时,若需对主机的气缸进行检查测量,一般每次不应超过气缸总数的 1/4,整个保养工作应在规定的停泊时间内,使机械设备处于运转准备状态。

内燃机船舶,单机功率在 220.6 kW(300 马力)以上者,到港保养检修时间一般不少于 5 h;单机功率在 220.6 kW(300 马力)以下者,到港检修保养时间一般不少于 3 h。

各类型船舶,在中途港停泊时,应抓紧时间检修保养设备,详细检查各活动及固定部位,保证航行安全。

3. 停航检修保养

对航次到港不能进行的较大的检修保养项目,按保养周期规定,进行船舶停航检修,一般间隔期为 4~6 个月左右,以船员自行检修为主。凡不能自行检查测量的项目,可请维修站点、船厂协助,其检查测量的正确性由测检单位负责,但轮机人员仍应参加检测。

4. 厂修

凡在水线以下的部位及船员平时无法进行检查测量的机械设备,符合船舶进厂修理期限的,按船舶计划修理的规定执行。

船舶机械设备的日常保养和检修,是按预防检修计划实施的。预防检修计划一般分年度计划、月度计划和航次计划三种。年度预防检修计划是根据设备维修保养周期的要求,结合各检查测量记录,由轮机长在上一年度 11 月底前编制,并报主管机务部门批准。月度和航次计划按年度计划的要求,结合实航运输情况分别编制。编制时必须严格认真。计划实施的过程不得无原则推迟。

(二)船舶机电设备的厂修

在我国,船厂和航运单位规定的船舶修理类别及名称也并不完全一致。船厂依照中国船舶工业总公司的船舶修理分类方法,分为坞修、小修、中修和大修,而交通运输部制定的有关修船规定,则分为航修、小修、检修及事故修理。以下以交通运输部的规定予以介绍。

1. 航修

航修是修理航行中发生的零部件局部过度磨损或一般性事故。期限、范围视缺陷情况定,属临时修理,临时列修理单。修理一般利用航次到港停泊时间,由维修站点协助进行,如遇站点不能解决的工程,可请船厂协助解决。必要时随船抢修,尽可能不影响船舶航行生产。

2. 小修

小修是按主机运转小时或规定的周期并结合年度检验进行的厂修工程,对设备进行不拆开或少拆开的常规检查、调整、研磨、更换零部件和清洁等工作。目的是消除机械设备在船舶营运中产生的过度磨耗,保证船舶机械设备安全运行到下次计划修理期。

小修间隔期:一般客货船为 12 个月。若船舶技术状态良好不需要修理,经验船师检验认可后,可以延长 6 个月,但最多不超过 12 个月。

（1）小修的内容

小修包括船体、主机、辅机、锅炉、轴系、舵设备、海底阀及工程船舶专用设备等的重点检查和修理;对原有设备进行调整、研磨、更换零部件和清洁保养工作。对推广已鉴定合格的技术革新项目,工厂应在规定修期内完成。小修不得对生活设施及设备进行添装改建。

（2）小修的基本工程范围

①船体部分:船体除锈油漆,对已超过损耗极限的壳板、甲板、船体构件或其他板材做合理的拆换或挖补,但换补总量,机动船不得超过 10%,驳船不得超过 15%。

②锅炉:内部清洗,检查附件,修换部分炉管、小牵条,铆和焊补裂缝。

③主机:主机前后齿箱、离合器、减速箱、调速器、鼓风机、增压器等拆检校正,修换零部件。无特殊情况,主机曲轴不出舱(184 kW 以下的柴油机除外)。

④辅机、电气设备、管系进行一般检查和修换零部件,但一般不改装移位。

3. 检修

检修是船舶修理最大的级别,每隔 2~3 次小修进行一次检修,结合船舶的换证检验,拆开必要的机器设备,对船体和全船各主要设备及系统进行全面的检查、修复,处理小修中不能解决的缺陷,使之能够运转至下次检修。维持类船舶不安排检修。

检修基本工程范围:

（1）特别检验规定项目。

（2）船体除锈油漆,对超过损耗极限的壳板、甲板、船体构件或其他板材做合理拆换,但拆换总量,机动船不应超过 15%,驳船不应超过 25%。

（3）主机更换部件,辅机必要时可以整台更换。

4. 事故修理

事故修理是指船舶发生碰撞、触礁等意外事故后,根据损坏情况和验船部门意见进行的修理。

三、厂修工程的组织

（一）厂修的准备工作

厂修的准备工作包括编制修船计划,编制修船技术文件,修船备件、工具和物料的准备,交厂修工程的现场标识等。

1. 编制修船计划

修船计划按年度、季度、月度计划的要求,由公司机务部门负责编制。

2. 编制修船技术文件（包括编制修理单和编制部分设备更新改造项目文件）

按轮机、电气、坞修和工程专用设备分别编制修理单,确定修理范围和程度。若修船中有部分设备更新改造项目,需准备好设计任务书、施工图纸等技术文件。

3. 修船备件、工具和物料的准备

（1）根据需要，预订备件。重大部件提前6个月申请预订；订货困难需船厂制造加工的配件，以及所需的大量材料或特殊材料，应提前通知厂方。

（2）对修船中使用的工具、物料及自修项目的备件，应有计划地向公司物资管理部门申领。

4. 明确责任、加强协调

与厂方协商确定分工项目和配合项目，如拆装、保管、验收过程及验收方法、标准等。

5. 船方做好物品准备

船方对物料、燃料、水等物品进厂前做好调整或驳出。

6. 交厂修工程的现场标识

进厂前，轮机长应会同各主管轮机员对厂修项目按修理单的序号进行现场标识，尤其是管路、阀件、舱底设备等。

（二）监修和验收工作

船公司一般选派主管到船厂进行监修，负责与船厂联系，确定修理工程，处理修船中发生的问题，并代表船方签署文件。船方负责具体的修理项目的检修和验收工作。

轮机部修理工程由轮机长组织人员监修，重要工程由轮机长亲自监修。监修工作主要包括以下事项：

1. 施工工艺的监督

（1）监督厂修的施工范围、施工工艺、材料等是否按照船舶修理单指定的范围和要求施工，是否符合技术要求；监督是否存在不安全因素，如有不妥应及时逐层报告，提出整改意见。

（2）做好必要的修理记录，为验收和审核账单准备材料。

（3）试验、试航和工程验收，应按厂方和船方事先商定的内容和船检的标准进行。试验和试航中船检和船方提出的属于船厂修理工作的缺陷和遗漏，船厂应及时消除；不属于船厂修理工程范围而又需要船厂修理的，按追加工程办理。

（4）船厂应对承修的工程质量完全负责，修理工程的保修期，固定部件为6个月，运动部件为3个月。保修期内，如属船厂修理的质量问题，由船厂及时免费修复；若船在其他港口，船厂不便派人前往修理，船方可将船厂应负责的项目修妥，然后将账单交船厂审核，由船厂支付费用。如双方有分歧，可在听取船检意见后协商解决。

2. 工程进度的监督

船舶进厂修理工程开工后，每天的机舱碰头会之前，每位主管轮机员应向轮机长汇报厂修项目的开工及进度情况，轮机长应将没有开工的项目、进度过慢的项目、施工困难的项目以及修船过程中发现的新问题需要追加的项目汇总后，及时报公司主管和船厂，督促其安排人员保质保量完成修理工作。

3. 修理设备的验收

（1）验收的目的是检查修理质量是否达到技术要求。

（2）船厂施工完毕，应交船方验收。验收时厂、船双方代表应在场，验收后由验收人签字

认可,对船检要求检验的项目,应由船厂申请验船师检验。

（3）单项工程完毕后,可进行单项验收,需要运转试验的设备,应进行运转试验。必须试航才能验收的项目,可留待试航时进行验收。凡不符合要求的项目,船厂应负责处理,双方如有争议,应协商解决,必要时可申请船检部门仲裁。

（4）修理完工后,根据修理范围决定是否试航或码头试车。试航时双方拟定试航大纲,明确试航安全责任。试航中发现的问题,应及时解决。

（5）未经船厂交验的项目,船方人员不得擅自试验和使用。

（6）修理完毕,应立即组织力量,认真审核完工单。完工单是编制账单的主要依据,应严格把关。质量未达到要求的项目应用文字注明,双方签字认可。

（三）船舶修理的原则和要求

1. 船舶修理以恢复机械、设备原有性能为目的,以船舶使用年限为重要依据。船舶修理以原样修复为主,为提高经济效益而进行的工程项目或为营运需要而改变船舶用途等工程,必须由上级部门和验船机构批准。

使用年限(船龄)是修船的重要参考依据,对不同船龄的船舶的修理要求如下:

（1）对营运期不到 1/3 使用年限的船舶,按设计要求进行修理,尽可能保持其基本性能良好。

（2）对营运期在 1/3~2/3 使用年限的船舶,修理时在原结构和设计的基础上,按营运期的要求进行修理,保持其使用年限和满足船检要求。

（3）对营运期超过 2/3 使用年限的船舶,在减载或限制功率条件下进行维持性修理,充分利用其剩余价值,但必须满足船检最低要求和营运安全。

2. 坚持日常保养与计划修理、船员自修与厂修相结合的原则。轮机人员值班时,应巡视机舱中所有机器的运转参数和工作情况。对任何机器的运转失常现象进行分析、判断、处理和记录,妥善地保养,保持机械设备技术性能正常发挥。当船机设备的性能下降、状态不良或发生故障失效时,及时采取修理措施,保持或恢复原有技术性能。

良好的保养和船员自修可以有效地延长设备的使用寿命,并减少修理时间和修理费用。

3. 保证修船质量。修理必须达到质量标准,满足验船规范、修理标准、技术说明书等有关规定,使船舶牢固可靠、经久耐用、性能良好。质量的保修期为固定件 6 个月,运动件 3 个月。

4. 本着节约的原则,节省修船费用、缩短修船时间、控制修船成本。修船费用直接影响运输成本,是航运单位的重要经济指标。修船时间直接影响船舶营运率,是船舶运力的重要指标,缩短修船时间,可减少对船舶营运和利润造成的损失。修船应勤俭节约,重点把主要设备修好,努力降低各类船舶不同类别修理费限额。

四、自修工程的组织

船员在自修工作的过程中,可以摸清管理设备的技术状况,对及时消除故障隐患、节约修理费用、缩短修理期、延长船舶使用寿命、提高船员技能和保障船舶安全都有重要的作用。大力开展船员自修,也是认真贯彻"养修并举,以养为主"方针的重要措施。

（一）自修工程的组织

1. 凡进行厂修的船舶,在编制修理单的同时,应根据船舶船员的人数、技术能力和计划修期等因素,编制切实可行的船舶自修工程项目和所需材料、配件清单,送交主管机务部门审定批准后执行。

2. 机务部门应加强对船员自修工作的技术指导,为船员圆满地完成自修工程创造条件。

3. 船员自修应充分利用船上已有的设备和工具,机务和供应部门应有计划地向船舶提供必要的电动、风动和小型机械化工具。

4. 船员自修工作所需的材料、物料,由主管单位的供应部门负责,其费用在总修费中开支。

5. 为保证自修工作顺利开展,人事部门不应调动厂修船舶的轮机长、大副(驳船驾长),并尽量维持船舶原有编制人数。船员必须调动时应征得机务部门的同意,以保证自修力量。

6. 船厂应积极支持厂修船舶船员的自修工作,及时按计划解决自修的毛坯、备件和部件的加工以及船员临时所需的零星材料。

(二)自修的目的和范围

船员自修工程范围见表10-1。

表 10-1　船员自修工程范围(轮机部分)

序号	设备或部位名称	修理内容
一	内燃机部分	
1	气缸盖及其附件	拆装、检查、清洁、阀件拂磨校正间隙、更换配件
2	活塞、活塞环	拆装、清洗、检查、测量、更换配件
3	气缸套	拆装、检查、清洗、测量、更换配件
4	主轴承、曲柄销轴承	拆装、清洗、检查、测量,调整间隙或更换配件
5	曲轴	检查、测量轴颈及曲轴、曲柄臂距差
6	喷油器	拆装、检查、研磨、校正、更换备件
7	调速器及超速限制器	拆装、清洗、检查、研磨、校正
8	主机带动滑油泵、柴油泵、淡水泵及海水泵	拆装、清洗、检查、调整、更换填料
9	油水过滤器	拆装、清洗、检查、更换过滤器材料
10	油水管系、排气管系	检查、更换部分接头及垫片
11	起动装置	拆装、清洗、检查,起动阀及配气阀拂磨修整或更换配件
12	润滑油及淡水冷却器	检查、清洗、试漏
13	油水温度调节器	检查及调整
二	内燃机辅机及电动辅机的船员自修部分	
1	机炉舱、工具间等,机炉舱内壁及舱底	敲铲、清扫、油漆
2	工具配件、电瓶油漆、灯具间	敲铲、清扫、油漆

续表

序号	设备或部位名称	修理内容
三	电气部分	
（一）	发电机及电动机	
1	磁力线圈及转子	吹灰、刷净、检查、测量绝缘
2	整流子	检查、清洗
3	炭刷	磨合或更换配件、炭刷架和弹簧调整
（二）	配电屏	
1	电器接头、空气开关控制装置	检查、清洁、螺帽紧固、调整
2	指示装置	检查、清洁、修理、更换配件
（三）	其他	
1	变压器、电阻器、绝缘物	检查、清洁、测量、更换
2	蓄电瓶（充电设备）	检查、清洁、测量、紧固接线头
3	分电箱、开关箱熔断器	检查、清洁、测量、更换

（三）自修工程的检验

为了确保船员自修工程的质量，对自修工程实行三级质量检查制，即检修人员、设备主管负责人和部门（或机务部门）负责人严格分工，明确职责。检查工作必须深入细致，把好质量关。对一般设备的检修，如内燃机进风道清洁，机座、机架螺栓检查，柴油、润滑油过滤器清洗，应由施工人员对质量负责。对较重要的机件，如吊缸、进排气阀研磨，喷油器研磨、试验调整，由主管人员检验；对于曲轴臂距差测量、调整，推力轴轴向间隙测量、调整，液压调速器的解体检查等工作，轮机长应亲自指导或参与检修，并与机务部门有关人员共同验收。

第二节 ● 编制主要工程摘要单及修理单

修理文件是编制船舶修理计划的原始资料，分为年度修船主要工程摘要单和修理单。

一、主要工程摘要单

（一）主要工程摘要单编写说明

1. 主要工程摘要单是机务部门、船厂或维修站安排下年度修船计划和申请机电设备、特殊材料及加工预制件的依据。

2. 编写应简明扼要，可以"五不写"：不写零星工程；不写易损件经常修配的工程；不写工艺方法;不写技术标准;不写因修理而引起的附带工程。

3. 主要工程项目系指船体及其构架、锅炉、主机、舵机、锚机、电气设备、工程船专用设备、管系、水线等工程中的重大项目。如船体钢板换新 3 张以上,大面积除锈刷漆,推进器换新,尾轴换新、校正,主机曲轴修换、光车,气缸镗孔,锅炉壳板挖补、炉胆修换,发电机组解体或其他机电设备更新等。

有些工程虽不属主要工程,但需要特殊材料、机电设备和铸锻件等也要作为主要工程列出。

4. 一般特殊材料系指锅炉钢板、锅炉点火电极、炉通管、工字钢、槽钢、合金钢、黄铜管、大型锻件、锚链、舵链、电缆、钢丝绳等。

机电设备系指发电机、电动机、变流机、变压器、柴油机、泵类、压缩机、通风机、齿轮箱、蓄电池、滚珠轴承、电动葫芦、消防机械、无线电通信设备、航行设备等。

5. 如需委托船厂及设计部门设计,或利用其他船的旧设备等,应在工程摘要单中注明。

6. 小修工程如无主要项目,也不需要机电设备和特殊材料者,主要工程摘要单除填写封面外,只需在"主要工程摘要"栏中简略写上"一般维修工程"即可。

7. 主要工程摘要单由主管轮机员编制,轮机长汇总、审核,一式 4 份,按规定时间报机务部门,机务部门审定后,留底 1 份,送船厂 2 份,返船舶 1 份。

(二)主要工程摘要单格式

主要工程摘要单格式见表 10-2。

表 10-2　主要工程摘要单

序号	主要工程摘要	备注

主要工程摘要单封面

＿＿＿＿＿＿＿ 公司

＿＿＿＿＿＿＿ 轮(驳).

修理类型＿＿＿＿＿＿＿

计划进厂日期＿＿＿ 年＿＿ 月＿＿ 日

修理费预算＿＿＿＿＿＿＿ 万元

船舶主要规格

总长＿＿＿＿＿ 船宽＿＿＿＿＿ 型深＿＿＿＿＿ 空船排水量＿＿＿＿＿ 吨

空船吃水　首＿＿＿米　尾＿＿＿米　载货定额＿＿＿＿＿ 吨　载客＿＿＿＿＿ 人

动力设备

锅炉形式＿＿＿＿ 规格＿＿＿＿ 台数＿＿＿＿工作压力＿＿＿＿

主机型号＿＿＿＿＿＿＿＿ 台数＿＿＿＿＿＿ 功率＿＿＿＿＿ kW(马力)

船长＿＿＿＿＿＿＿ 轮机长＿＿＿＿＿＿＿ 大副 ＿＿＿＿＿＿＿

机务科＿＿＿＿＿＿＿＿＿＿

填报日期 年 月 日

二、修理单

（一）修理单编写说明

1. 修理单是船舶和机务部门向船厂、航修站提出的修理文件,是机务部门、船厂和航修站安排季度和月度修船计划的依据,船厂、维修站点凭修理单做好船舶进厂的施工准备工作。

2. 修理单的编写要简单明了,修理项目要力求准确,重大工程必须和年度提出的主要工程摘要单相符,机电设备、特殊材料和预制件不能随意更改。修理内容要明确,应包括修换或拆检对象名称、部位、规格、数量、材料等,如在技术上有特殊要求,须加注明。

3. 不能确定修理内容的项目(即隐蔽工程),只写"拆卸检查后决定修理内容",但应估计需修换的部件名称、规格、数量。

4. 对可以预制的部件(包括毛坯),应在修理单上绘制草图,或由机务部门供应图纸,必要时可注明船厂派人上船测绘。

5. 船员自修项目和所需的配件、材料,应另列清单报机务部门,不能写在厂修的修理单内。

6. 修理单按坞修、甲板、轮机、电气设备、工程专用设备的顺序编写,一式 5 份,按规定的时间送机务部门审核,机务部门应将审核后的修理单按规定时间送船厂 3 份,退船舶 1 份。

7. 船厂、维修站点接到修理单后,应会同机务部门上船核实,核对后的修理单,作为编制施工单、估价单和签订协议(或合同)的依据。

8. 对于隐蔽工程,船厂、航修站应提出拆检报告,经机务部门或船舶鉴认后,作为补充修理项目。

（二）修理单编写格式

修理单编写格式的封面与主要工程摘要单封面相同,其格式见表 10-3。

表 10-3 修理单

序号	工程内容	要求

（三）编制修理单要点

编制修理单,首先要说明机械设备的类别、功率、气缸直径、行程及每分钟转数等主要参数,此外,还需明确注明下列各项:

1. 名称部位

注明是哪一台机器(如主机、发电原动机、起锚机或空气压缩机)和修理机件的名称及规格。

2. 损坏情况

如碎裂、过度磨损、泄漏、锈蚀、腐烂或变形等。

3. 修理办法

注明换新、光车、浇白合金、拂磨、调校或拉线等。若完工后需进行试验,在修理单上要说明试验要求。

4. 材料规格和数量

机器修理所需的材料品种繁多,因此,材料规格应尽量详细说明。一般材料只说明重量或几何尺寸,但对特别重要(如尾轴、舵杆等)的材料,需要厂方提供材料的化学成分和物理性能证明书者,应在修理单上说明。

5. 附带工程

附带工程即施工时,与施工工程有牵连的需拆装而又要厂方施工的其他设备,必须在修理单中详细写明。

(四)如何编好修理单

详细准确地开好修理单,就能使船厂提前做好思想准备和各种配件的预制工作,保证修船质量,缩短修期。为此,编写修理单应注意下列事项:

1. 积累资料。一方面要认真研究历次船舶修理出厂提交的文件,同时要求做好日常检修中各种机械设备的测量记录和船舶营运中的故障记录。

2. 编写的各项修理工程不能超出相应的大、中、小修的修理范围。

3. 对各种机械的换新件应预先绘出草图,标明大小尺寸及材料质量。

4. 对各种机械的装配间隙及精度可提出船方的要求,但一般不应低于"部标"规定。

5. 对各台机械设备应根据实际情况提出不同的修理范围,如有的要解体检查,有的则需修配几个零部件。

6. 尽可能修旧利废和修复现有设备。

(五)修理单实例见表10-4。

表 10-4　修理单

序号	工程内容	要求
(一)	柴油机主机 型号 8NVD48A-2U;功率(双机):2 640 匹(马力);转速 428 r/min;气缸直径 320 mm;行程 480 mm	
1	机油冷却器 2 台,淡水冷却器 2 台,共 4 台	拆装运厂,解体清洁,除垢检查,密封橡皮换新,试水压 0.1 MPa 运船装复
2	左右主机增压器 2 台,型号:PDH50V 废气透平(拆换的旧弹子盘交船)	拆装运厂,解体清洁检查。磨损、损坏机件修复、组装、调整间隙。测量记录、资料交船
3	左右主机活塞连杆组件共 16 套(活塞与连杆不得调错,做好标记)	拆检清洁连杆 16 根,检查大小头孔平行线,组装间隙超过"部标"规定者,换新备件。间隙测量记录交船,组装好运船安装

序号	工程内容	要求
4	左右主机曲轴 2 根第一挡（靠飞轮端处）	测量曲柄臂距差,测量调整,要求在规定范围以内,记录交船
（二）	柴油发电机工程	
1	型号 6135ZCA-1 发电柴油机 3 台。每台功率:160 匹(马力);转速 1 500 r/min;油泵调速器总成 3 台 (1)油泵滚轮体组件 3 台,共 18 套滚轮衬套,销子 (2)总成组装后测定和调整喷油量 (3)校正喷油定时 (4)调速器飞铁销子及衬套共 6 副磨耗	解体检查,磨损过度者换新件,要求在规定范围内
2	气缸套 18 只,q>135,按规定测量直径、圆度及圆柱度	如超出规定,则吊拉出换新件,备件船供,测量记录交船
（三）	水线工程	
1	海水闸门阀 D250×4 只,D150×2 只,主机进水阀 4 只 φ50 mm	送船装复后校正换新,材料:不锈钢
2	左右尾轴拆装运厂;(D210×9 105 mm)油管清洁试压	磨光,测量螺距、直径,校静平衡,记录交船
（四）	轴系工程	
1	左右轴系连轴螺栓(在上船台前施工),测量轴系位移与曲折值(施工前及完工后分别进行)	拆装运厂解体清洁拂磨,运船装复。拆装如超过规范,另行商量解决工程内容,测量记录交船
2	左右尾轴拆装运厂;(D210×9 105 mm)油管清洁试压	拆装与尾轴锥体拂磨浇环氧树脂。焊补上车床校调不漏
3	尾轴与衬套间隙测量超过 0.65 mm 时,衬套拉出	浇减磨合金,光车
4	防腐衬套及全部橡皮密封圈上船坞后现场检查,另行开账	换新
（五）	电气工程	
1	90 kW 发电机 3 台拆装运厂,发电机滑环磨损共 6 只	解体清洁检查,浸漆烘潮绝缘测量装妥后按规定交船,记录交船。轴颈光车
2	冰机交流电动机 8 kW,1 台	整套拆装
（六）	管系工程	
1	舱底水白铁管 D80 mm×2 m(长)锈烂,法兰 D150 mm 橡皮布垫片 2 只	换新

第三节　⦿　坞修工程

坞修工程系指船舶水线以下,与江(海)水接触的设备和船体的修理工程。一般这项工程可结合船舶的修理期在船坞或船排上施工。

一、坞修工程的内容

1.轴系及螺旋桨坞修项目:

(1)尾轴:尾轴一般产生的缺陷是弯曲、裂纹和腐蚀。检查时要特别注意锥体根部和轴颈部位。

(2)尾管轴承:检查轴承是否有裂纹,测量轴承与轴颈的配合间隙。

(3)尾管密封装置:检查密封装置构件的配合情况,一般换新密封材料,并压油试验。

(4)螺旋桨:检查是否产生裂纹,锥孔、键槽是否碰伤以及桨叶是否弯曲。测量螺旋桨直径、螺距,并做静平衡试验。

2.舵设备坞修内容主要有检查舵叶的腐蚀情况,舵杆是否有裂纹以及弯曲和扭曲变形。测量舵轴承间隙,换新舵杆密封装置填料和橡皮圈。

3.拆检拂磨海底阀。

4.船体变形的测量检查以及钢板测厚,检查船体焊缝情况。

5.船体除锈、油漆及更换阴极保护锌板。

6.压载舱保养。

二、进坞前的准备工作

(一)防止船体变形

1.卸去船上所有的货物、液体、燃油和润滑油。若需要留少量燃润油料供使用,必须征得主修工程师同意。

2.放掉锅炉和管系中的蒸汽和积水,排尽舱底水和污泥垃圾。

3.船体搁置在墩木上,其倾斜度不得超过5°,注意撑木是否牢靠,检查船体是否均匀地平卧在墩木上,不允许船体搁置处有腾空现象。

4.在船坞内,未经允许不得擅自移动墩木、撑木以及各种油、物料。

(二)确保轴线质量

1.船舶在进坞前的浮泊期,应进行一次曲轴臂距差和轴线测量,并做好测量记录,作为船舶出坞后检查轴线变化的依据。

2.船舶进出坞前,须用固紧装置将尾轴固定,防止拖船时尾轴向外移动。

3.船舶出坞后,需漂浮24 h,以消除船体的弹性变形;然后进行轴线校正工作,其偏移和曲折值,不得超过规范要求;最后把连接各轴法兰用的拂螺栓装上并拧紧。

（三）注意安全和防火

1. 船上可移动物品，如锚、舢板、两舷的靠把，应放置牢固，必要时可用钢丝、绳索捆牢，以免发生伤人事故。

2. 封闭船上所有的卫生设备，不得使用炉灶。

3. 在船舶出坞过程中机舱各部分应进行详细检查，并密切注意有无漏水现象。

4. 油船应预先做好熏舱、清洁工作。一般船舶的油舱进行焊补工作前，应事先将油料抽干净，并将门盖打开，彻底洗舱，用强力通风驱散油汽，使舱内不含爆炸气体。

5. 各舱室或机舱在焊接施工中，应派出专人巡回检查，特别在收工以后，还应进行全面检查，以杜绝火种。

三、坞修项目的验收

（一）主要坞修项目的修理标准

1. 螺旋桨的修理

（1）修理前的勘验

①拆卸螺旋桨时，检查尾轴和螺旋桨锥孔、键和键槽的接触情况及键槽有无损伤。

②清除螺旋桨及导流帽表面污物，检查螺旋桨及导流帽表面是否有裂纹、剥蚀、腐蚀、缺口等情况，并做好记录。

③对于桨叶有弯曲等损坏的螺旋桨，应测量螺距和直径；对于叶面腐蚀和磨损较严重的螺旋桨，应测量桨叶厚度。

（2）螺旋桨叶面分区及允许缺陷

①根据缺陷在桨叶不同部位所产生的危害程度，将螺旋桨叶面分为三个区域，见图10-1。

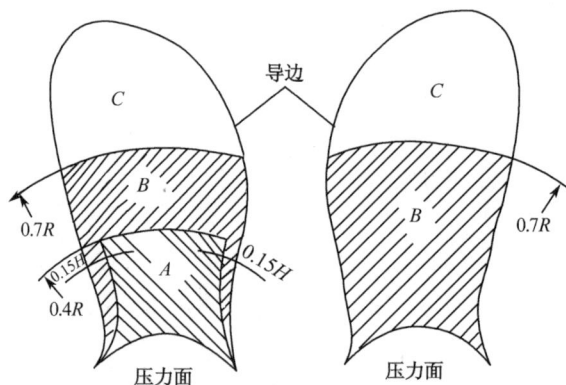

图10-1　螺旋桨叶面分区

②螺旋桨表面不允许存在裂纹，否则应进行修理。

（3）螺旋桨叶面缺陷的处理

①在 A 区一般不允许进行焊补，但对深度小于 $t/40$（t 为局部厚度），最深不超过 4 mm 的缺陷允许磨去；直径小于 2 m 的螺旋桨的短小裂纹，长度不超过该处叶宽的 1/8 时可以焊补。

②在 B 区长度不超过该处叶宽的 1/4 的裂纹及 C 区的裂纹允许焊补。

③桨叶边缘小缺口，凡大于该处叶厚 1/2 时（最深不超过 10 mm）应进行修补，对微小锯齿缺口允许磨削光顺后继续使用。

④对于不严重的气蚀、孔眼及凹陷，在不便补焊的情况下，允许用塑料或环氧树脂填补，也可喷涂金属，使桨面达到平整光顺。

（4）缺陷的焊补

①应在无风条件下焊补，并尽可能采用平焊。

②焊补可采用氧乙炔方法。推荐采用手工钨极氢弧焊、自动和半自动亚弧焊及电弧焊。

③完全清除焊补区的裂纹、氧化皮、污物，并使金属焊补量最少。

④焊接坡口应平滑无毛刺。

⑤目视和着色检查裂纹等缺陷是否完全清除，清洁工作是否符合要求。

⑥预热焊补区域，预热温度要符合要求，预热范围从焊接部位向各个方向伸展 100 mm。预热推荐采用远红外加热器，也可用软气焰和炭火炉。预热温度应保持到焊接终了。

⑦焊前用小榔头或风动工具锤击焊补坡口区，以后每焊一段适当长度的焊道都要锤击焊缝和热影响区。锤击力要适当，锤击密集且分布均匀。

⑧焊后应进行退火处理，退火温度符合规定要求。退火推荐采用远红外加热器，也可采用软气焰和炭火炉。

（5）桨叶断块的修理

①允许用浇铸铁水的办法补充铸铁螺旋桨断叶部分，但断口长度不得超过叶片总长的 1/2（最长不超过 400 mm）。浇铸前应预热接补的叶片，浇注后应仔细检查接缝质量，不应有冷隔、焊接不良和裂纹等缺陷。

②铜质和钢质桨叶的断叶部分，可用焊补和接补的方法修理。但长度不超过叶片长度的 1/2（最长不超过 400 mm），接缝的最大厚度不超过 50 mm。接块及焊补材料性能一般需与原材料相同或比原材料更好，宜采用人字型接口和双 V 型焊缝对接。焊补时应按规定温度和时间预热。

（6）桨叶弯曲的修理

①桨叶边缘弯曲较小（20°以内）、弯曲处较薄（厚度 15～20 mm）的钢质和铜质螺旋桨，可在冷态下进行校正，若超过此范围则应热校正。

②热校正时，应将弯曲处及周围较大面积用炭火炉进行缓慢均匀加热，加热温度应符合规定要求。

③校正小角度的弯曲一般采用手锤锤击，校正大角度或桨叶较厚的弯曲时建议采用液压机或其他压力方法。

（7）桨毂和导流罩的修理

①对于小型螺旋桨桨毂上微小裂纹允许进行焊补修理，但裂纹较长时，应更换螺旋桨。

②锥孔表面及键槽侧面的损伤、咬伤和擦伤较小时，允许将其磨光，继续使用。但键槽缺损长度超过键槽长度的 1/3 或横截面宽度差超过 0.15 mm 时，其键槽应重新修制，并配新键。

（8）修复后的检验

①凡经弯曲校正、焊补的桨叶，完工后应用着色法检查修理区域及附近有无新裂纹产生。

②螺旋桨修复区域表面粗糙度可按 GB/T 12916—2010 有关要求降低一级，但不得低于无损处的粗糙度。

③几何参数的检查

修理后螺旋桨的半径、螺距公差可照新制螺旋桨技术要求适当放宽，但不得大于表10-5的数值。

表 10-5　螺旋桨修理后的半径、螺距公差

项目	1级	2级	3级	项目	1级	2级	3级
半径 R	±0.5%	±1%	±2%	叶片螺距 P_b	±1.5%	±5%	±4%
截面螺距 P_j	±2.5%	±3.5%	±5%	总平均螺距 P	±1%	±2%	±3%

注：导流管内螺旋桨半径 R 偏差应从严控制。

（9）静平衡试验

①静平衡的要求和试验方法参见 GB/T 12916—2010 的有关部分。

②对钢质和铜质螺旋桨，允许采用焊补边缘方法达到静平衡。铸铁螺旋桨可采用修割随边的方法调整平衡。

（10）螺旋桨的换新

当桨叶表面因剥蚀、腐蚀、磨损等原因减薄严重，或桨叶出现严重裂纹、断块等无法修理时，应予换新。

（11）提交文件

①修理后螺旋桨几何尺寸、表面粗糙度测量报告。

②修理缺陷部位示意图及修理说明报告。

③静平衡试验报告。

④热处理报告。

⑤螺旋桨焊补材料的材质报告。

2. 尾轴与尾轴承的装配

尾轴承的型式有采用油润滑的白合金尾轴承、采用水润滑的铁梨木及层压胶木尾轴承和橡胶尾轴承等。装配时，应确保轴承的间隙 Δ 大于等于安装间隙 Δa，小于极限间隙 Δj，即：$\Delta a \leq \Delta < \Delta j$。

轴承的安装间隙和极限间隙，从内河船舶建造规范中可以查得，或按下列经验公式估算。

（1）白合金尾轴承安装间隙计算公式：

$$安装间隙\ \Delta a = 0.001d + 0.50\ (d > 100)$$

$$极限间隙\ \Delta j \approx 4\Delta a$$

（2）铁梨木尾轴承安装间隙计算公式：

$$安装间隙\ \Delta a = 0.03d + (0.50 \sim 0.75)\ (层压胶木的安装间隙可取式中较小值)$$

$$极限间隙\ \Delta j \approx 4\Delta a$$

（3）金属板条橡胶尾轴承安装间隙计算公式：

$$\Delta a = 0.002d + 0.50$$

整铸式橡胶尾轴承安装间隙计算公式：

$$\Delta a = 0.002d + 0.20$$

橡胶尾轴承老化或脱壳严重时应予更换。

3. 尾轴与螺旋桨的装配

（1）尾轴锥体与螺旋桨锥体的装配。尾轴锥体与螺旋桨锥孔应经研制配合，接触应均匀，在销键装配后检查时65%以上的面积应均匀接触，且每25 mm×25 mm的面积上不得少于2~4点接触油粉斑。

对沿海及内河船舶，当螺旋桨直径 $D>4.5$ m时，允许采用环氧树脂胶合安装。此时只要求锥孔两端各有40~60 mm长度的环面积上能均匀接触。

对小型船舶，当螺旋桨直径 $D<1.5$ m时允许采用环氧树脂无键胶合安装。

（2）平键与键槽的配合。键与键槽应进行单独修刮配准，要求能将键轻轻打入槽内而不松脱。两侧应均匀接触，在80%周长上插不进0.05 mm的塞尺。键与孔键槽应进行配制，要求两侧面接触均匀，按表10-6的塞尺厚度检查时所插进的部分不超过接触长度的40%，且两端两倍于键宽的长度上应接触良好。为了刮配工艺的需要，对大型螺旋桨孔槽及键两端的宽度允许有0.05~0.10 mm的对应差值，配合质量亦应满足上述要求。键与轴、孔槽装配后，顶部与桨槽间的空隙为0.20~0.50 mm。

表 10-6　键槽孔的检验塞尺厚度（mm）

平键宽 d	< 30	30~50	0~80	80~120
检验塞尺的厚度	0.05	0.06	0.07	0.08

采用环氧树脂胶合安装螺旋桨时，对键与桨槽的配合要求可适当降低，允许将键两侧与桨槽配合的部位单面刨窄0.25~0.50 mm（根据轴颈大小而选用）。

（3）具有铜保护套的尾轴和具有防蚀衬套者，与螺旋桨装配的水密橡胶圈，其尺寸应符合规定要求。

（4）螺旋桨与轴锥体装配的压紧力

采用液压装配螺旋桨时，其压力根据说明书进行设定。采用锁紧螺母时，要保证其轴向压进量。

4. 尾轴密封装置的装配（橡皮环式）

（1）更换要求。防腐衬套经修理光车后，外圆尺寸小于标准橡皮环产品要求者应更换；但光车后尚可继续使用的，应适当收紧橡皮环弹簧以增加唇边压力。

橡皮环凡有下列情况应换新：

①橡皮环碎裂损伤；

②唇边硬化裂纹；

③唇边严重磨损；

④橡皮环老化。

（2）装配。防腐衬套和橡皮座体与其相配部件的两平面应接触良好，不允许漏油。尾密封环组与座体轴向间隙不应大于0.60 mm，以免引起密封环疲劳损坏。

（3）坞内试压。对回油管在水线以上的船舶，以油从回油管回油起继续泵油3 min；对回油管在水线以下的船舶，泵油压力为轴系中心线至船舶载重水线间距的1.5倍，一般不得大于0.1 MPa。

油压试验时，密封装置不准有滑油泄漏。此刻允许微微转动轴系检查。

试车检查首端密封装置时,允许有少量(滴漏)滑油渗出,以润滑唇边。

(二)质量检查与验收

坞修中的各种海底阀和出海阀必须解体清洁,研磨完好。阀与阀座的密封面经轮机员检查认可后,才能装复。

安装尾轴和螺旋桨时,轮机长应到现场监督进行。

对坞修中的各项修理项目,应按修理单的要求检查修理质量,必要时应做水压试验和运行试验。

(三)测量记录并交验

坞修的测量记录,如尾轴下沉量、螺旋桨螺距测量和静平衡试验、尾轴承间隙、舵承间隙、轴系校中等和其他年度检验测量记录,应提交给轮机长。

四、出坞前的准备工作

出坞前,轮机长应对下列修理工程进行仔细检查,认可后方可允许出坞。

1.检查海底阀箱的格栅是否装妥,箱中是否有遗忘的工具、杂物。检查所有海底阀和出海阀是否装妥。

2.检查舵、螺旋桨和尾轴是否装妥,尾轴密封装置装妥后做油压试验、转舵试验。检查保护将军帽是否涂好水泥。

3.检查船底塞及各处锌板是否装好。

4.坞内放水前应关闭全部通海阀,坞内进水后应检查各通海阀及管路,然后分别开启各阀检查所有管路是否漏水。

5.坞内进水后对海水系统进行冲水排气。

6.冷却系统、燃油系统和滑油系统正常工作后,起动柴油发电机,切断岸电自行供电。

7.出坞后,船静止漂浮24 h以上,使船舶恢复弹性变形后,进行轴线检查。

第四节 ◉ 船舶试验

一、一般规定

1.内河营运船舶在执行初次检验、换证检验时,应进行系泊和航行试验;在执行中间、年度、附加检验时,若有重大项目修理、改建及验船师认为必要时,也应进行相应项目的系泊和航行试验。

2.系泊试验前,修船部门应提交更换新设备、材料的清单及其船检产品证书、安装和试验记录。

3.一般应在系泊试验合格后,方可进行航行试验。对需做倾斜试验的船舶,其倾斜试验报告书应经验船师确认,并经稳性校核(必要时)合格后方可进行航行试验。

4.系泊和航行试验结束后,船厂应及时将试验报告和有关技术文件提交船舶检验机构和船东,并作为检验、交船的技术依据。

5.试验中所使用的各种测试仪器和仪表,应具有国家计量部门或经其认可的机构所签发的有效校验合格证。

6.试验应按经船舶检验机构认可的试验大纲或要求进行。试验由船厂主持,并会同船舶检验机构和船东参加进行。

7.航行试验中若出现影响安全航行的重大问题,应经消除后重新进行试验。

二、系泊试验

系泊试验目的:检查船舶各种机电设备和系统在修理后是否满足船舶检验规程的有关要求和能否进行航行试验。

(一)电源系统的试验

1.单台发电机组负荷试验

(1)试验负荷及时间见表10-7。主要检查电机轴承温度(滑动轴承温度≤70 ℃,滚动轴承温度≤80 ℃)和电流、电压、频率、功率因数及温升数据,试验后立即测定热态绝缘电阻。

表 10-7　单台发电机组试验负荷及时间

确定试验负荷条件	试验时间	机组额定功率	试验负荷
长途客船或急流航段的船舶	1 h		≥90%P
一般船舶	1 h		≥75%P,条件限制时可为正常航行常用最大负荷
电机经解体、清洗烘潮或小修	2 h		≥90%P,对于长途客船或急流航段的船舶
发电机组经过修理或更换绕组	2 h	<100 kW	≥90%P
	4 h	≥100 kW	

注:P——发电机额定功率,kW。

(2)若发电机换新或发电机线组经过拆绕,励磁装置经过修理或换新,应测定发电机的稳态电压变化率,测定发电机稳态电压变化率应符合表10-8的规定。

表 10-8　发电机稳态电压变化率

允许最大变化率　　电机种类　　检验项目	交流发电机	应急发电机
稳态电压变化率	≤ +2.5% (P≥40 kW)	±3.5%
	≤ +5% (P<40 kW)	

注:① P——发电机额定功率,kW。
② 对保证全船正常供电,而无重要动力用电设备的发电机组,稳态电压变化率一般不做要求。
③ 柴油发电机组的调速性能试验方法按规定要求进行。

(3)发电柴油机起动试验应在冷态下进行

用电力起动的辅机,蓄电池组的总容量在不补充充电的情况下,辅机每台连续起动不少于

10 次。

用压缩空气起动的辅机,辅机空气瓶容量在不补充空气的情况下,起动一台最大功率的辅机连续 6 次以上。

2. 发电机组并联运行试验

检查机组并联运行的稳定性及负荷分配均匀性。当负荷在总功率的 20% ~ 90%（或机组并联运行的最大使用负荷）内变动时,其功率分配误差应符合表 10-9 的规定。对设计不要求并联运行的机组,仅做负荷转移试验。

表 10-9　发电机并联运行功率分配误差表

电机种类	功率分配误差允许值	发电机功率相等	发电机功率不相等
交流发电机组	有功功率	≤±15%	≤±15%（大电机） ≤±25%（小电机）　取其较小值
	无功功率	≤±10%	≤±12%（大电机） ≤±25%（小电机）　取其较小值
直流发电机组		≤±12 %	≤±10%（大电机） ≤±25%（小电机）　取其较小值

3. 发电机各保护装置整定值测试

检验卸载装置和过载、逆功率（或逆电流）、欠电压保护装置的整定值是否符合表 10-10 的规定。

表 10-10　发电机各保护装置整定值

检验项目	整定值允许范围	分断时间和方式
过载保护	$(110\% \sim 150\%)I$	≤2 min
逆功率（逆电流）保护	$(8\% \sim 15\%)P(I)$	≤3~10 s（瞬间或不大于 1 s）
欠电压保护	$(35\% \sim 70\%)V$	能自动分断

注:①I、V、P 分别为发电机额定电流、额定电压和额定功率;
②建议过载整定值为发电机额定电流的 125% ~ 135%,延时 15~30 s 自动开关分断。

4. 其他试验

（1）转速控制试验,检查转速遥控装置的效用（若设有）。

（2）超速保护试验,装有超速保护装置的柴油机,若试验条件允许,应进行试验。

（3）电站稳定性试验,检查电站在最大负载工况下起动该工况最大功率电动机,不致引起运行中发电机失速、停转和发电机主开关自动脱扣。

（4）船电与岸电连锁试验,检查连锁装置和灯光显示。

（5）配电系统对地绝缘试验,检查对地绝缘。

（6）应急电源、临时应急电源、应急变流机组转换供电试验,检查自动供电的效用。应急蓄电池组（变流机组）做 0.5 h 的效用试验,临时应急电源做 0.25 h 的效用试验。测量蓄电池组的放电电流和试验前后蓄电池组的电压。检查蓄电池组试验前后的电解液密度和液位高度。

（二）舵设备

1.液压系统密性试验,按相关要求进行。

2.操舵试验前检查如下项目:

① 安全阀、溢流阀的开启压力。

② 舵角指示器误差。

③ 舵角限位装置。

3.舵机、蓄压器操作及运行试验包括:

(1)动力舵机每台连续操舵运行1 h;由应急蓄电池组供电时,运行0.5 h。检查舵机系统有无异常振动、冲击、响声和有无明显的跑舵现象,冲舵角应不大于2°(适用于阀控型液压舵机),滞舵时间应不大于1 s(适用于液压或机械操舵)。

(2)人力舵机进行左、右满舵各3次操舵。

(3)检查舵机控制系统、操舵装置及其转换的灵敏性和可靠性。

(4)检查失电、过载及低液位等报警的效用。

（三）锚设备

1.液压锚机液压系统密性试验,按相关要求进行。

2.检查液压锚机安全阀、溢流阀的开启压力,应不大于1.1倍工作压力。

3.空载运行试验包括:

(1)电动锚机以额定转速挡正、倒车连续运行15 min;液压锚机试验时每隔5 min正、倒车变换1次,各运行30 min,其他各挡次正、倒车各运行5 min;人力锚机仅做转动试验。

(2)离合器接合、脱开各3次,检查其灵活性与可靠性,并试验刹车装置。

(3)动力和人力都可操纵的锚机,做转换试验。

(4)检查锚机电控设备零位保护、过载保护、调载保护(用模拟方法试验)。

（四）消防系统

1. 消防设备检查和试验

(1)核对消防用品配备数量、规格及设置位置。

(2)进行火灾报警器效用试验。

(3)在机舱外试验风机、油泵遥控切断装置的效用。

(4)对舱室通风、空调系统进行室外关闭效用试验。

(5)对柴油机与锅炉的排烟火星熄灭器做效用试验(油船)。

(6)检查货油舱压力/真空阀的状况($+0.021$ MPa 排气/-0.007 MPa 进气)和油舱透气管防火网是否完整(油船)。

2. 水灭火系统

(1)水灭火系统的效用试验:检查消防管路的畅通性和消火栓、消防水带、消防水枪的数量与规格及技术状况、试验要求,确保其符合相关规定。

(2)甲板洒水系统的效用试验:检查洒水面积是否能覆盖整个货油舱甲板(油船)。

（3）对消防泵与备用泵做转换试验。

3. 二氧化碳灭火系统

（1）用 2.47 MPa 压缩空气做管路畅通性试验。

（2）对预报警做效用试验。

4. 泡沫灭火系统

（1）对控制阀进行操作试验，并用水对所有泡沫混合器或空气泡沫发生器、分配管系进行畅通性试验。

（2）检查通往各被保护处所的水压和水流畅通性。

（五）燃、滑油及冷却水系统

1. 对燃、滑油及冷却水系统做效用试验，检查泵的使用性能及输送和驳运系统的管路畅通性和效用。

2. 对备用泵（包括手动泵）或应急备用泵（若设有）做转换及效用试验；对燃油驳运泵电动机应急遥控切断做效用试验。

（六）舱底、压载系统和通风系统

1. 对舱底泵、压载泵做抽吸和调驳试验，检查管路、吸口（包括舱底水应急吸口）的畅通性和效用。

2. 对油水分离器进行效用试验，检查油水分离器的使用技术状况，并取样检查，其排放水的含油量应小于 15ppm。对油水分离器的报警装置（如设有）做模拟试验。

3. 对通风机做效用试验，检查其通风效果和有无异常振动、噪声及过高的温升。

（七）压缩空气系统

1. 压缩空气系统的密性试验应按相关的规定进行。

2. 对空气压缩机（包括主机带动的空气压缩机）做效用试验，并检查各运动部件的温度、振动、噪声有无异常；检查空气压缩机自动起动、停止的功能。

3. 空气压缩机、空气瓶和空气管路上的安全阀的校验应符合规定；校验安全阀的开启压力，应不大于 1.1 倍的工作压力。

4. 空气瓶的易熔塞每次换证检验时应抽验，易熔塞熔化温度约为 100 ℃，一般为 90±5 ℃。

（八）主推进装置

1. 主机负荷试验前的检查包括：

（1）主机冷车起动试验。用压缩空气起动的主机，每部主机起动的空气瓶的总容量在不补充充气的情况下，对可换向的主机，连续起动 12 次以上，试验时正、倒车交替进行；对不可换向的主机，连续起动 6 次以上。对用电起动的主机，蓄电池组的容量在不补充充电的情况下，连续起动 12 次以上。记录每次起动的时间、每次起动的压力降及最低起动空气压力或起动前及试验终了的蓄电池组电压。

（2）各种保护装置的工作可靠性，如盘车机构与起动装置的连锁、主机手动操纵与轴向刹车装置的连锁。

（3）各种仪表的工作情况及其量程是否符合要求。

（4）机旁紧急停车装置和超速保护装置（如设有）的效用和可靠性。

2. 对仅能测转速的主机，负荷试验的时间、工况建议按表 10-11 的规定或根据实际情况进行。各热工参数均应在柴油机热负荷状态稳定的情况下测量。

表 10-11　主机系泊负荷试验的时间及工况

工况序号	试验时间(h) 单机功率 试验转速	换证检验		中间检验	
		≤220 kW	>220 kW	≤220 kW	>220 kW
1	正车 $n=(75\%\sim85\%)n_H$	2	≥3	2	2~3
2	倒车 $n=(60\%\sim70\%)n_H$	1/4	1/4	1/4	1/4

注：n——主机系泊试验的转速；n_H——主机额定转速，对于达不到额定转速的船舶主机，额定转速为主机最大常用转速。

3. 主推进装置的换向试验应在负荷试验结束后进行。换向次数为 3 次，换向时间不大于 15 s。

4. 主推进装置系泊试验时应检查如下项目：

（1）主机在各种试验工况下的运转情况和参数，各运动部件有无不正常的敲击声和其他的异常现象。

（2）为主机服务的各系统及辅助设备的效用。

（3）各增压及排气系统的工作情况，增压器不允许出现喘振。

（4）调速器的工作情况。

（5）减振器、弹性联轴器、齿轮箱、离合器及轴系等的工作情况，有无异常响声和振动。各轴承有无过热现象：滑动轴承温度不大于 70 ℃，滚动轴承温度不大于 80 ℃，高速柴油机的油润滑的尾轴首填料函与压盖温度不大于 70 ℃。

（6）齿轮箱及离合器脱排或合排时，主机不致引起超速或熄火。

（7）对油润滑的尾轴管首端密封，一般应不漏油，如有渗漏，每分钟不超过 1~2 滴时，允许使用。

5. 主推进装置系泊试验后，必要时应打开导门检查机械摩擦部件有无异常发热现象。

（九）车钟设备

1. 检查驾驶台与机舱传令钟（包括备用车钟）显示的指令的准确性。

2. 检查传令钟的听觉和视觉信号的响度及亮度。

3. 对发讯器转换及连锁装置（当设有时）、失电听觉和视觉报警装置、主机错向报警装置等进行效用试验。

4. 测量系统的热态绝缘电阻值。

（十）船舶自动控制和遥控设备

1. 主机遥控装置检验

（1）检查驾驶台与机舱各仪表指示的一致性，如主机转速、换向、起动空气压力等指示。

（2）检查收发信机、备车及报警信号的效用。

（3）检查主机遥控操纵系统的效用。按其设备的操作功能，进行主机起动、变速、停车、换向或离合器离合、紧急停车等遥控操纵,检查其工作的可靠性和主机工作程序或操纵机构动作是否准确。

（4）试验主机遥控系统电源转换和进行各控制处所之间的控制转换。

（5）切断遥控系统动力源,检查主推进系统维持原运行状态的可靠性。

2. 监控室、监视室检验

（1）检查转速表、压力表、温度表、电气仪表等的显示值是否与驾驶台、机舱的相应仪表一致。

（2）各自动控制和遥控装置按控制顺序对控制对象的起动、运行或并联运行、停止等进行效用试验。

（3）对温度、压力、液压、电参量和火警等报警系统进行试验;检查报警系统的自检功能、人工检测装置及报警点的参数设定值(可用模拟法)。

（4）校验重要用途的传感器。

（5）检测控制、监测、报警和安全系统的备用动力源自动投入及紧急停车装置的效用。

3. 其他检验

一人值班的监控室,尚应在机舱出口处或监控室,检查消防泵遥控起动的效用。

（十一）锅炉

1. 检查锅炉的燃油泵、给水泵、鼓风机的工作状况和锅炉蒸汽压力是否正常,并试验给水泵在锅炉最高工作压力时向锅炉内供水的可靠性。

2. 校验锅炉安全阀;试验要求按规定进行;试验安全阀手动开启装置的可靠性。

3. 锅炉自动控制装置的效用试验按表 10-12 进行。

表 10-12　锅炉自动控制装置的效用试验

检查项目	检验内容
点火系统	1. 点火前扫气（≥30 s）和自动点火动作准确可靠
	2. 点火若无火焰,则鼓风机、燃油泵应能自动停止工作且发出报警
	3. 熄火后,鼓风机自动延续一段时间（≥20 s）运转后再停止,并检查喷油装置有无漏油现象
给水系统	1. 锅炉水位低于低水位时能自动供水
	2. 锅炉水位高于高水位时即自动停止供水
	3. 锅炉水位低于最低极限水位时,应自动停止供油和燃烧,并报警
燃烧系统	1. 蒸汽压力高于工作压力,且低于安全阀起跳压力时,能自动熄灭;若失败,则发出警报信号
	2. 蒸汽压力低于工作压力时即能自动点火
其他	1. 废气锅炉,检测主机至废气锅炉排气自动调节阀及水位自动调节的效用
	2. 测定线路的热态绝缘电阻

三、航行试验

航行试验是指在系泊试验的基础上，检查机械装置和船舶操纵性能是否符合安全航行和作业的技术条件。

1. 锚设备

抛、起锚试验。检查抛、起锚的效用和刹车装置制动的可靠性：动力锚机单锚起锚速度应不小于 9 m/min（急流航段起锚速度不小于 12 m/min）。

检查电控设备的过载保护、电流及温升。

锚抛好后，用制链器闸住锚链，船舶以最低工作转速倒车（对急流航段不做倒车），检查锚链张紧时制链器的效用及甲板局部强度是否足够。

2. 舵设备

（1）船舶在最大营运前进航速时，测定舵从一舷的 35° 转到另一舷 30° 的转舵时间应不超过表 10-13 的规定，且正反方向的操舵时间不应出现过大差别。

表 10-13　舵设备转舵时间

舵机种类	船长（m）	转舵时间（s）	
		急流航段	非急流航段
动力舵机	>30	12	20
	≤30	15	20
人力舵机（舵轮手柄力 ≯147 N）		15	20

（2）电动或液压操舵装置的动力设备转换应迅速、可靠，转换时间应不大于 10 s。

（3）蓄压器作为应急动力源时，在停止油泵工作后，舵从一舷满舵至另一舷满舵的操舵次数应不少于 6 次。

3. 柴油主机

（1）主机航行试验时间及转速建议按表 10-14 的规定。

表 10-14　主机航行试验时间及转速

工况序号	工　况　特　性			试　验　时　间（h）		
	功率（对额定值%）	扭矩（对额定值%）	转速（对额定值%）	<220 kW	220~735 kW	>735 kW
1	75	83	91	0.5	0.5	0.5
2	100	100	100	2	2~4	4
3	110		103	0.25	0.25	0.25
4	倒车		70	0.25	0.25	0.25

注：①表中的功率值指单机功率。

②做倒车试验时，倒车试验的累计时间应不少于 0.25 h。急流航段倒车试验时间视航道具体情况而定。

③主机在额定转速下试验时，因故障停车每次应不超过 15 min，累计应不超过 30 min。

④主机经大修后，在航行试验时应进行最低稳定转速试验。

⑤对单机功率大于 735 kW 的主机，经大修后，其试验时间应适当增加，但不必大于 4 h。

⑥年度检验和附加检验可根据检验内容和船舶技术状况决定航行试验时间。

⑦对于达不到额定转速的船舶主机，则额定转速为主机常用最大转速。

（2）各工况下的参数均应在柴油机热负荷状态稳定的情况下测量。试验时测定并调整各气缸的主要工作参数的不均匀度应不大于下列规定：

①压缩压力：±2.5%；

②最大爆发压力：4%；

③排气温度：±5%（中、高速柴油机±8%）。

其他参数可按说明书的要求检查。若柴油机的结构不具备测试条件，则可少测或免测。

（3）航行试验结束后，若柴油机工况正常，一般不进行拆检；如主机大修，则拆检一个缸，曲轴的臂距差应符合有关规定；打开导门检查机械摩擦部件有无异常发热现象。

4. 轴系和传动装置

（1）航行试验时，主推进轴系、减速齿轮箱、离合器、弹性联轴器、减振器等的检查应符合规范。

（2）主推进装置的结构、尺寸和设备有重大改动时，应要求对轴系进行扭转振动测试。

5. 船舶自动控制和遥控设备

（1）主推进遥控装置进行各运转工况的控制试验。

（2）当主机正车和倒车运行时，应进行控制处所的转换试验，以及由各控制处所控制主机按原设计要求进行功能试验。

（3）检查安全保护装置的可靠性。遥控系统设有越控功能时，试验越控功能和检查越控功能撤除后主机各保护功能相应的自动恢复效用。

（4）试验为主机服务的泵和备用设备的手动起动或自动起动功能。

（5）航行试验时，检查主推进遥控装置的监测和报警功能是否正确有效。

（6）监控室由一人值班的船舶，检查备用发电机组的自动控制系统的有效性；要求发电机紧急供电时，应检查供电投入时间，当其时间超过要求时，应报警；检查控制、监测、报警和安全系统由蓄电池组电源供电的可靠性。

6. 电气设备

（1）检验全船电气设备的工作情况。

（2）检查三相照明变压器次级各相负载的不平衡度。

（3）利用配电板上的测量装置测量电气设备和电缆网络的热态绝缘电阻。

第五节 ◉ 厂修值班有关要求

一、船舶厂修（检修）安全管理规定

1. 凡是进厂修理或在港检修的船舶，必须严格遵守操作规程和公司各项规章制度，厂修船舶还应遵守船厂的各项规定。

2.船舶厂修(检修)由船长对全船的安全工作负责,大副、轮机长要对部门的安全工作负责。机务代表要积极支持全船的安全工作并有权对安全工作提出要求和督促检查各项安全工作的落实。

3.船舶进厂,船长要负责对厂方所提供的舷梯等设施进行安全确认,舷梯必须有护栏,踏板牢固可靠、防滑,下设安全网并有足够的照明。

4.无舷墙的船舶上船台后,应立即在船边设置防护绳。

5.船员在作业现场和坞底工作时必须戴安全帽。船员登高作业和舷外作业时要系安全带、戴安全帽和穿防滑鞋,传递工具时用工具包或吊具容器并检查跳板是否处于良好的安全状态。

6.船员在进行除锈保养时,应戴好个人防护用品,并要戴护目镜和口罩。

7.船员在机舱作业时要穿戴好个人防护用品和安全帽。进行吊装作业时要有专人指挥,吊索具及起重设备必须安全可靠,不得超负荷。

8.船员因其他事情上、下船时,要认真观察作业现场,严禁在有高空作业的下方以及起重吊臂下通过,以防高空落下的物体击伤人。

9.交叉作业时,双方负责人事先要就安全事宜进行协商,制定安全防范措施,做到"三不伤害"。

10.船员在对机械设备进行维修保养和试运转时,严格执行操作规程,严禁身体任何部位接触正在运转的部件。

11.船员在检查油柜、曲轴箱或清洗油舱、水柜等舱柜时,应事先加强通风,有专人负责看护联络,防止人员窒息或中毒。使用的照明必须是安全、可靠的低压防爆灯。

12.机舱花铁板因工作和维修需要拆除的,须留出人员通道或搭跳板,并确认已固定且安全可靠(宽度不应少于 400 mm),并有足够的照明。

13.船舶修理任何电线及电气设备,应切断电源,拿掉熔断器,并在电闸处挂上警告牌。修毕通电前,应先查看这一线路有无他人在工作,确认无误方可装上熔断器合上开关。凡电闸处挂上警告牌的,任何人不得擅自送电。

14.对一时无法修复的线路和电气设备,要采取足够的安全防范措施。

15.修船明火作业实行审批制度,由施工项目负责人申报,厂、站主管消防和安全的职能部门审批。在消防重点部位和危险处所进行明火作业,还应当报经厂、站防火负责人核准。审批人员应当在审批前到动火现场进行检查,确认符合安全要求后方可批准。明火作业前应清理附近易燃易爆物品,并严格按照有关规定办理动火证。动火时要有专人携带灭火器材看护,密切注视舾装材料受热变化,避开电器线路。确需在电气线路附近动火,应切断电源,必要时移开电线,工作完毕后,确认无火灾隐患时,方可离开。

16.如需对油舱进行明火作业,应进行通风和清洗,同时,向有关部门申请测爆,经测爆符合安全标准方可进行,测爆合格 4 h 后没能作业的在作业前应重新测爆。在作业时应有专人看护,灭火器材到位,有防火、防爆措施。

17.无论厂修还是检修船舶,每天工作和每项工作结束后,要及时清除甲板(机舱花铁板)梯道上的油污和杂物。冬季应及时清除甲板、梯口及跳板上的冰和积雪。

18.在坞台上,废弃物集中存放在指定容器内,严禁将任何废弃物抛向舷外。船舶在修理期间应遵守各项防污染规定。

19. 从事修船作业的电工、电气焊工等特种作业人员，须持有证书方可上岗操作。

二、船舶高空、舷外作业规定

凡在桅杆、吊柱、上层建筑、烟囱、货舱等坠落高度基准面 2 m 以上进行的作业，均称为高空作业；舷外作业指在舷外水线以上进行作业。在这些作业中，容易发生坠落、淹溺、摔伤、砸伤、踏空梯子等事故。因此，在作业中必须严格遵守操作规程，注意人身安全。

（一）高空作业

1. 作业人员应选身体适宜、熟练掌握操作规程、熟悉业务技术的人员。作业前对各种工具、索具（高空作业专用）进行严格检查，发现变质、老化、锈蚀和磨损严重及不符合要求的禁止使用。

2. 除特殊需要外，在强风中或因海浪造成船身晃动明显的情况下，严禁高空作业。作业时严禁鸣放汽笛，必要时应切断汽笛电源。暂时中止作业时，严禁高空吸烟、嬉闹。

3. 在无线电天线及雷达天线附近作业时，应事先采取挂牌或其他必要的安全措施；在烟囱部位作业时，安全带和绳子不能用尼龙绳，防止受热融化；严禁机舱排放蒸汽。

4. 要正确使用各种绳结，指挥和操作者要密切配合，切勿扰乱操作者情绪。

5. 严禁抛掷物件，严禁将保险绳和座板升降绳系在同一滑车或钩子上。安全带要系在作业者上部牢固的位置上，用座板时要系腰绳，并在保暖的基础上着装轻便，要穿软底鞋。

6. 上、下工作梯时，严禁一手携物，一手抓梯，要面向梯子，注意上、下方，在放置可移动的硬性梯时要采取有效的防滑措施，要以安全角度（斜率 4∶1）放置。

（二）舷外作业

1. 除特别需要外，在强风中或因海浪而船身摇摆明显的情况下，禁止舷外作业。

2. 必须选派身体好、业务熟练的人员参加。

3. 作业前必须对所用工具、索具及座板、脚手板、绳梯、安全带等进行严格检查，不符合要求的，禁止使用。

4. 作业中禁止一手携物，一手抓梯上、下，必须使用工具袋递送工具，严禁抛扔，要按规定穿着携带好防护装具。

5. 整个舷外作业过程中，甲板上要有专人呼应照顾。

第十一章
船舶检验及安全检查

第一节 ◉ 机舱应急设备

一、机舱应急设备种类

轮机部负责的应急设备按功能可分为下列几类。

(一)应急动力设备

1.应急电源

(1)应急电源的一般要求

①应急电源应选用独立的蓄电池组或发电机组。

②应急电源应能在主电源失效时自动供电,在主配电板或机舱主机操纵台附近或机舱有人值班处所应设有标明应急电源正在供电的听觉和视觉信号,并附有消音装置。

③当应急电源为发电机组时,在主电源失效的情况下,应急发电机组应能自动起动、自动投入电网供电,应急发电机组自动起动、自动投入电网供电的全过程应不超过 30 s(起动次数不限制),自动起动、自动投入电网供电失败后应能发出听觉和视觉报警信号,原动机应能在船舶横倾 15°和纵倾 10°时正常工作。

④应急电源的容量必须保证在主电源失效时,应至少向应急供电设备的应急负载同时供电 1 h;如需要向应急消防泵供电,则至少向应急消防泵供电 3 h。若应急电源为蓄电池组,在主电源失效时,应至少向应急供电设备供电 0.5 h,该蓄电池组应能承载应急负载而不必充电,在整个供电期间蓄电池的电压变化应能保持在其额定电压的±12%之内。

⑤在应急照明线路上不应设置开关（驾驶台除外），应急照明灯应有明显的红色标志或在结构上与一般照明灯不同。

（2）应急电源的安装

①应急发电机组或应急蓄电池组及其配电装置应安装在防撞舱壁机炉舱之外，干舷甲板上或干舷甲板以上的舱室内。

②应急蓄电池组与应急配电板和充电装置不应安装在同一舱室内，但应尽量靠近，当主配电板所在处所发生火灾或其他事故时，不致妨碍应急配电板的功能。

③应急发电机组应与应急配电板安装在同一舱室内。

2. 应急操舵装置

（1）《内河船舶法定检验技术规则》：每艘船舶应配备主操舵装置和辅助操舵装置，并且两者之一发生故障，不能导致另一装置不能工作。但如果主舵机有两台并可分别工作，可不设辅助操舵装置。

（2）辅助操舵装置应能于紧急时迅速投入工作。

（3）对于辅助操舵装置，其操作在舵机舱进行，如系动力操纵，也应能在驾驶台进行，并应独立于主操舵装置的控制系统。

（4）驾驶台与舵机室之间应备有通信设施。

（二）应急消防设备

应急消防泵是当机舱进水、失火或全船失电时，用来提供消防水的设施。应急消防泵的排量应不少于所要求的消防泵总排量的40%，且任何情况下不得少于 25 m³/h。

（三）应急关闭装置

1. 通风机的关闭和停止装置

（1）一切通风系统的主要进风口及出风口应能在通风处所外部加以关闭。

（2）一切动力通风系统应设有能在失火时从其所服务的处所外易于到达的位置将其停止的装置，此位置在其服务处所失火时不应被隔断。

2. 机器处所的特殊布置

（1）机器处所排气通风用的天窗、门、通风筒以及其他开口的数量，应减少到符合通风及船舶正常安全运行所需的最少数目。设有气体灭火系统保护的机器处所的上述所有的开口，应能在机器处所失火时，从该处所外部予以关闭。

（2）机器处所的天窗应为钢质框架，其玻璃应有金属丝加强，并有格栅防护，应设置附连于其上的钢质外盖，并应能从该处所的外部予以关闭。

（3）机器处所位于干舷甲板上的两舷的窗，应具有由钢材或其他适宜材料制成的框架，玻璃应以金属镶边并加以固定。设有气体灭火系统保护的机器处所的窗或开口应设有钢质的外盖。

（4）机器处所的限界面除（2）、（3）的规定外，均不应设窗，但不排除在机器处所内的控制室上使用玻璃。

（5）主机功率大于 440 kW 的船舶，其主机锅炉及其发电机所在处所的下列设备，应在该处所外设有控制设施，以便使该处所失火时能予以关停或关闭。

①燃油驳运泵、燃油装置所用的泵、滑油供应泵、热油循环泵和分油机（净油器），但不包括油水分离器。

②双层底以上的燃油舱柜供油管的截止阀或旋塞。

③对于客船，其双层底以上的滑油舱柜供油管的截止阀或旋塞。

（四）应急救生设备

应急救生设备包括救生艇发动机、脱险通道（逃生孔）、机舱进水时的应急设备。

机舱进水时的应急设备主要有：

（1）应急舱底水吸口及吸入阀

机舱处所应设一个应急舱底水吸口。该吸口应与舱底泵以外的排量最大的泵吸口相连，吸口直径应不小于该泵的进口直径，主机功率不超过 440 kW 的船舶可免设应急舱底水吸口。

若设有应急舱底水吸口，直通舱底水吸口和应急舱底水吸口所抽吸的水应分别从各自的排水孔排水，且两个排水孔尽可能分置于两舷。

所有舱底水吸水，直至与泵连接为止，应与其他管路独立。应急吸口与泵的连接管路上装设截止止回阀，阀杆应适当延伸，使阀的开关手轮在花铁板以上的高度至少为 460 mm。

（2）水密门

①水密门应为滑动门或铰链门或其他等效形式的门。任何水密门操作装置，无论是否为动力操作，均须于船舶向左或向右倾斜至15°时能将门关闭。

②水密门的关闭装置应能两面操纵和远距离操纵。在远距离操纵处应设有水密门开关状态的指示器。

二、机舱应急设备检查、使用、管理

按照检修分工明细表规定，机舱应急设备分别由各轮机员分工负责。

应急发电机、应急消防泵、救生艇发动机应定期检查、养护和试验。一般应每周试运转一次，并将情况记入轮机日志。

1. 应检查应急发电机的柴油柜油量、冷却水箱及曲轴箱液位是否正常，润滑点要加油；检查起动电瓶或起动空气瓶，进行起动和并车供电试验（包括遥控起动）。冬季要做好保温防冻措施。

2. 应急消防泵应做起动和泵水试验，检查排水压力。试车后关闭海底阀和进口阀，放出消防管中的残水，防止冬季冰冻。

3. 要检查救生艇的发动机和离合器，进行起动试验。冬季做好防冻措施。应定期清洁机舱应急舱底水吸口，防止污物堵塞；截止止回阀阀杆应定期加油，防止锈死。

水密门、速闭阀、风机油泵应急开关、应急蓄电池应定期保养和检验，并进行就地操纵试验和遥控试验。各种应急设备必须随时保持良好工作状态。

第二节 ◉ 船舶证书种类和管理

船舶证书指证明船舶国籍、所有权、技术状况、航行性能及船舶营运必备条件的各种文件的总称。根据国际公约和我国法规的规定，内河船舶证书分为登记后取得的证书和检验后取得的证书。登记后取得的证书包括船舶所有权证书和船舶国籍证书；内河船舶按其适用情况在法定检验合格后获取下列相应的法定证书：

1. 内河船舶吨位证书；
2. 内河船舶载重线证书；
3. 内河船舶适航证书；
4. 内河船舶防止油污证书；
5. 内河船舶防止生活污水污染证书（适用时）；
6. 内河船舶防止垃圾污染证书；
7. 内河船舶防止空气污染证书；
8. 内河船舶乘客定额证书；
9. 内河船舶船员舱室设备证书（适用时）；
10. 内河船舶装运危险货物适装/推或拖证书；
11. 内河船舶散装运输危险化学品适装证书；
12. 内河船舶散装运输液化气体适装证书；
13. 内河高速船船舶安全证书；
14. 内河船舶浮船坞安全证书；
15. 内河船舶最低安全配员证书；
16. 临时证书。

内河船舶有关的法定证书格式由中国船舶检验局制定，并定期公布有效证书的格式，证书应以中文写成。

一、船舶所有权登记证书和国籍证书

（一）船舶所有权登记证书

船舶所有人申请船舶所有权登记，根据《中华人民共和国船舶登记条例》的规定，应当向船籍港船舶登记机关交验足以证明其合法身份的文件，并提供有关船舶技术资料和船舶所有权取得的证明文件的正本、副本。中华人民共和国海事局是船舶登记的主管机关，各港口的海事管理机构是具体实施船舶登记的机关，其管辖范围由中华人民共和国海事局确定。

1. 购买取得的船舶申请船舶所有权登记的，应提供下列文件：
（1）购船发票或者船舶的买卖合同和交接文件。
（2）原船籍港船舶登记机关出具的船舶所有权登记注销证明。
（3）没进行抵押的证明文件或者抵押权人同意被抵押船舶转让他人的文件。

2. 新建造船舶申请船舶所有权登记的,应当提供船舶建造合同和交接文件。但是就建造中的船舶申请船舶所有权登记的,仅需提供船舶建造合同;就自造自用船舶申请船舶所有权登记的,应当提供足以证明其所有权取得的文件。

3. 因继承、赠予、依法拍卖以及法院判决而取得的船舶申请所有权登记的,应当提供具有相应法律效力的船舶所有权取得的文件。

船籍港船舶登记机关应当对船舶所有权登记申请进行审查核实;对符合《中华人民共和国船舶登记条例》规定的,应当自收到申请之日起 7 日内向船舶所有人颁发船舶所有权证书,授予船舶登记号码,并在船舶登记簿中载明下列事项:

(1)船舶名称、船舶呼号。

(2)船籍港和登记号码、登记标志。

(3)船舶所有人名称、地址及其法定代表人的姓名。

(4)船舶所有权的取得方式和取得日期。

(5)船舶所有权登记日期。

(6)船舶建造商名称、建造日期、建造地点。

(7)船舶价值、船体材料和船舶主要技术数据。

(8)船舶的曾用名、原船籍港以及原船舶登记的注销或者中止日期。

(9)船舶为数人共有的,还应当载明船舶共有人的共有情况。

(10)船舶所有人不实际使用和控制船舶的,还应当载明光船承租人或者船舶经营人的名称、地址及其法定代表人的姓名。

(11)船舶已设定抵押权的,还应当载明船舶共有人的共有情况。

船舶登记机关对不符合本条例规定的,应当自收到申请之日起 7 日内书面通知船舶所有人。

船舶所有权登记证书长期有效,船舶所有权的取得、转让和消灭,应当向船舶登记机关登记;未经登记的,不得对抗第三人。

(二)船舶国籍证书

船舶国籍证书是指船舶登记机关签发的用以证明船舶的国籍、船籍港、船舶所有权的一种证书。国内航行的船舶,船舶所有人应当根据船舶的种类交验法定的船舶检验机构签发的船舶检验证书和其他有效的船舶技术证书。从境外购买的具有外国国籍的船舶,船舶所有人在申请船舶国籍时,还应当提供原船籍港船舶登记机关出具的注销原国籍的证明书或者将于重新登记时立即注销原国籍证明书。

对经审查符合《中华人民共和国船舶登记条例》规定的,船籍港船舶登记机关予以核准并发给船舶国籍证书。

境内异地建造的船舶,需要办理临时国籍证书的,船舶所有人应当持船舶建造合同和交接文件以及有效的船舶技术证书,到建造地船舶登记机关申请办理临时船舶国籍证书。

船舶国籍证书的有效期为 5 年,临时船舶国籍证书的有效期一般不超过 1 年,以光船租赁条件从境外租进的船舶,临时船舶国籍证书的期限可以根据租期确定,但最长不得超过 2 年。光船租赁合同期限超过 2 年的,承租人应当在证书有效期内,到船籍港船舶登记机关申请换发临时船舶国籍证书。有效期届满时,船舶所有人持原国籍证书到登记机关换发新的船舶国籍证书。

临时船舶国籍证书和船舶国籍证书具有同等的法律效力。

二、船舶技术证书

(一)内河船舶吨位证书

所有新船和经改装或改建影响到吨位变更的现有船舶,需按照吨位丈量规则确定总吨位和净吨位后,签发内河船舶吨位证书。

(二)内河船舶载重线证书(包括免除证书)

内河船舶除另有规定外,应按照《内河船舶法定检验技术规则》的规定在检验和勘划载重线标志后,签发内河船舶载重线证书或者免除证书。

现有船舶,如航区、航段、装载状态等发生变化,应按《内河船舶法定检验技术规则》的有关规定重新核定和勘划载重线。

签发或签署内河船舶载重线证书应进行下列检验:

1. 初次检验;

2. 年度检验;

3. 换证检验。

(三)内河船舶适航证书

按照《内河船舶法定检验技术规则》的有关要求进行相应的检验后,签发内河船舶适航证书。

签发或签署内河船舶适航证书应进行下列检验:

1. 初次检验;

2. 年度检验;

3. 中间检验;

4. 换证检验。

(四)完整稳性手册

船长 24 m 及以上的所有船舶,应在完工后做倾斜试验,确定它们的稳性要素,并向船长提供一本稳性手册,其中包括认为必需的资料,以便使他能采用迅速而简便的方法获得各种装载情况下船舶稳性的正确指导。

(五)内河船舶最低安全配员证书

自 2011 年 1 月 1 日起,船舶登记机关应按照新修订的"内河船舶最低安全配员表"核发配员证书,配员证书中的"证书"栏目所填写的船员类别,按照《内河船舶船员适任考试和发证规则》确定,分为一类、二类、三类。海事管理机构在日常监督检查中对配员证书与船上任职船员所持内河船舶船员适任证书类别的对应性,根据《内河船舶船员适任考试和发证规则》及相关规定确定。

(六)内河船舶防止油污证书

对 150 总吨及以上的任何油船以及 400 总吨及以上的任何其他船舶,经检验合格后签发内河船舶防止油污证书。按照适应情况,该证书应附有油船以外船舶构造和设备记录或油船构造和设备记录。

签发或签署内河船舶防止油污证书应进行下列检验:

1. 初次检验;

2. 年度检验;

3. 中间检验;

4. 换证检验。

(七)内河船舶防止生活污水污染证书

为防止船舶生活污水污染内河水域,内河船舶应符合《内河船舶法定检验技术规则》的相关规定,并备有相应的内河船舶防止生活污水污染证书。

签发或签署内河船舶防止生活污水污染证书应进行下列检验:

1. 初次检验;

2. 年度检验;

3. 中间检验;

4. 换证检验。

(八)内河船舶防止垃圾污染证书

为防止船舶垃圾污染内河水域,内河船舶应符合《内河船舶法定检验技术规则》的相关规定,并备有相应的内河船舶防止垃圾污染证书。

签发或签署内河船舶防止垃圾污染证书应进行下列检验:

1. 初次检验;

2. 年度检验;

3. 中间检验;

4. 换证检验。

(九)内河船舶防止空气污染证书

内河船舶应符合《内河船舶法定检验技术规则》的相关规定,并备有相应的内河船舶防止空气污染证书。

签发或签署内河船舶防止空气污染证书应进行下列检验:

1. 初次检验;

2. 年度检验;

3. 中间检验;

4. 换证检验。

(十)内河船舶装运危险货物适装/推或拖证书

装载危险货物的内河船舶应符合《内河船舶法定检验技术规则》的相关规定,并备有相应的内河船舶装运危险货物适装/推或拖证书。内河船舶装运危险货物适装/推或拖证书上,应注明按有关要求检验合格后的船舶所准予装运的货物类别、数量及装货处所。对非专门设计用于载运危险货物的船舶签发危险货物适装/推或拖证书应进行附加检验,附加检验参照专门设计用于载运危险货物船舶的初次检验的要求进行。

签发或签署内河船舶装运危险货物适装/推或拖证书应进行下列检验（适用于专门设计用于载运危险货物的船舶）：

1. 初次检验；

2. 年度检验；

3. 中间检验；

4. 换证检验。

（十一）内河船舶乘客定额证书

内河客船应符合《内河船舶法定检验技术规则》的相关规定，并备有规定的内河船舶乘客定额证书。

内河客船因改建或其他原因而影响乘客定额时，应按相关要求进行检验和发证。

签发或签署内河船舶乘客定额证书应进行下列检验：

1. 初次检验；

2. 年度检验。

（十二）内河船舶船员舱室设备证书

船员舱室设备应符合《内河船舶法定检验技术规则》的相关规定，并备有规定的内河船舶船员舱室设备证书。

签发或签署内河船舶船员舱室设备证书应进行下列检验：

1. 初次检验；

2. 换证检验。

（十三）内河高速船船舶安全证书

内河高速船应符合《内河船舶法定检验技术规则》的相关规定，并备有相应的内河高速船船舶安全证书。

签发或签署内河高速船船舶安全证书应进行下列检验：

1. 初次检验；

2. 年度检验；

3. 中间检验；

4. 换证检验。

三、证书有效期

内河船舶吨位证书、内河船舶乘客定额证书在正常情况下为长期有效。

内河船舶适航证书、内河船舶载重线证书、内河船舶防止油污证书、内河船舶防止生活污水污染证书、内河船舶防止垃圾污染证书、内河船舶防止空气污染证书、内河船舶船员舱室设备证书、内河船舶浮船坞安全证书、内河高速船船舶安全证书的有效期限不超过规定的换证检验的间隔期。对有冰封期水系的船舶（包括自航船和非自航船），其内河船舶适航证书的有效期为每年度船舶通航期免除证书的有效期限，并应不超过相应证书的有效期。

第三节 ◉ 船舶检验

　　《船舶检验管理规定》于 2016 年 4 月 1 日经交通运输部第一次部务会议以第 2 号令的形式通过,自 2016 年 5 月 1 日施行。此规定的颁布是对《船舶检验工作管理暂行办法》的沿袭与总结,是我国首部船舶检验方面的部门规章。规定除了对船舶检验机构和人员、法定检验、入级检验、船舶法定检验技术规范、检验管理、法律责任等内容做了阐述外,也对船舶所有人和经营人提出了相关要求,明晰了各方权责。

一、检验种类及要求

(一)船舶检验的定义

　　船舶检验是船舶检验机构按照公约、规范或规则的要求,对船舶的设计、制造、材料、机电设备、安全设备、技术性能及营运条件等技术状态所进行的审核、测试、检查和鉴定。

(二)船舶检验的目的

　　1. 通过检验,确定船舶及其设备适合预定的用途,促使船公司保持船舶良好的技术状态,具备在一定航区安全航行及营运的能力和条件。

　　2. 保持船旗国和港口国对船舶实施有效的管理和控制。

　　3. 为船舶所有人提高船舶在航运市场的竞争力,降低保险费率。

　　4. 为公证、索赔、海事处理等提供必要的技术数据。

(三)船舶检验的分类(按检验性质)

　　1. 法定检验——根据国际公约、国家法律及法规规定对船舶进行检验并签发船舶法定证书。法定检验必须由政府主管机关或其授权的组织或个人进行,是政府为保证船舶安全而强制实施的,是技术监督性质的检验。

　　2. 船级检验——根据船级社的验船规范和技术标准进行检验并签发船级证书,是船舶所有人为了投保、索赔和处理海事纠纷的便利而自愿进行的,是技术鉴定性质的检验。

　　3. 公证检验——船级社应客户的申请,指派验船师对所申请检验的项目进行的一种证明客观技术状况的检验。

二、法定检验

　　法定检验主要包括建造检验、定期检验、初次检验、临时检验、拖航检验、试航检验等。

　　1. 在中华人民共和国登记的船舶、水上设施的所有人或者经营人,有下列情形之一的,应当向国内船舶检验机构申请建造检验:

　　(1)建造船舶、水上设施的。

　　(2)改变船舶主尺度、类型、分舱水平、承载能力、乘客居住处所、主推进系统,影响稳性等涉及船舶主要性能及安全的重大改建，或者涉及水上安全设施重大改建的。

2. 营运中的中国籍船舶、水上设施的所有人或者经营人，应当向签发船舶检验证书的国内船舶检验机构申请定期检验。定期检验可以委托营运地国内的船舶检验机构代为进行。

3. 初次（营运前）检验是船舶在投入营运前，对某一特定证书涉及的所有项目进行一次完整的检查和必要的试验，以保证这些项目符合有关法规的要求，并且能满足船舶要从事的营运业务。初次检验分为新船的初次检验和现有船舶的初次检验。中国籍船舶、水上设施的所有人或者经营人，有下列情形之一的，应当向国内船舶检验机构申请初次检验：

（1）外国籍船舶、水上设施改为中国籍船舶、水上设施的。

（2）体育运动船艇、渔业船舶改为《船舶检验管理规定》中适用的船舶的。

（3）营运船舶检验证书失效时间超过一个换证周期的。

（4）老旧营运运输船舶检验证书失效时间超过一个特别检验周期的。

为第（3）、（4）项所列情形之一的，新的检验周期按照原证书检验周期计算。

4. 中国籍船舶、水上设施的所有人或者经营人，有下列情形之一的，应当向国内船舶检验机构申请临时检验：

（1）因发生事故，影响船舶适航性能的。

（2）改变证书所限定的航区或者用途的。

（3）船舶检验机构签发的证书失效时间不超过一个换证周期的。

（4）涉及船舶安全的修理或者改装，但重大改建除外。

（5）变更船舶检验机构的。

（6）变更船名、船籍港的。

（7）存在重大安全缺陷影响航行和环境安全，海事管理机构责成检验的。

对于第（3）项所列情形，船舶、水上设施申请检验时，国内船舶检验机构需对失效内应当进行的所有检验项目进行检验，检验周期按照原证书检验周期计算。

5. 在内河水域作业的内河船舶需进行海上作业拖航时，应当向船舶检验机构申请拖航检验。

6. 船舶试航前，船舶所有人或者经营人应当向国内船舶检验机构申请试航检验，并取得试航检验证书。

三、营运中的检验

营运中的检验包括：年度检验、中间检验、换证检验、船底外部检验（坞内检验）、附加检验、特别定期检验、搁置检验。船舶在营运期间应予适当维修保养，以使船舶的技术状况处于良好的状态，并适合于预定的用途。

内河营运船舶检验的间隔期限见表11-1。

表 11-1　内河营运船舶检验的间隔期限

船舶种类	间隔期限(年)　换证检验次数 检验种类	第一次	第二次	第三次	第四次及以后各次
客船、Ⅰ-Ⅱ型客滚船、车客渡船、餐饮趸船、滚装货船、油船(包括沥青船)、油推(拖)船	换证检验	6	6	6	4
	中间检验	3	2	2	2
	年度检验	1	1	1	1
高速船	换证检验	4	4	4	4
	中间检验	2	2	2	2
	年度检验	1	1	1	1
以上未包括的其他自航船	换证检验	6	6	6	4
	中间检验	3	3	3	2
	年度检验	1	1	1	1
油驳、油趸	换证检验	8	8	4	4
	中间检验	4	4	2	2
	年度检验	2	2	1	1
非自航工程船	换证检验	8	8	8	4
	中间检验	4	4	2	2
	年度检验	—	2	—	1
以上未包括的其他非自航船	换证检验	8	8	8	6
	中间检验	4	4	2	2
	年度检验	—	2	—	—

1. 年度检验——在船舶检验证书签发之日每周年前或后 3 个月内进行,并且符合船舶预定的营运业务要求的检验。年度检验只对船体、轮机和电气设备等进行一般性检查,以确认其是否处于良好的技术状态。

2. 中间检验——中间检验是签证检验,在证书有效期内至少进行一次。其检验内容比定期检验少,比年度检验要多,它是对营运中的货船船体结构、主辅机机械设备(包括电气设备)、锅炉及受压容器、防污设备等进行检验。如果是油船,还包括对货油泵、油舱等的检验。如果中间检验在有关证书有效期内只进行一次,则应在该证书有效期中前后 6 个月内进行。中间检验合格后应在相应证书上签署。

3. 换证检验——在船舶证书到期之前,对与特定证书有关的项目进行检验,以确保船舶处于良好状态,适合船舶预定的营运业务,并颁发新证书的检验。其检验内容和要求基本和初次检验相同,是一次全面的检验。经检验,船舶结构、设备、各种系统、附件、布置和材料完全符合要求,则重新签发检验证书。

4. 船底外部检验(坞内检验)——对船体水下部分和有关项目进行检验,以确保船舶处于良好的状态,并且适合船舶预定的营运业务的检验。坞内检验通常在坞内或船台上进行。坞内检验应对船壳板,包括船底板、平板龙骨、舷侧外板、龙骨、船首板、船尾框架等,螺旋桨和舵,海水阀箱、海水阀、舷外排出阀及其在船壳上的连接件以及海水进口处的格栅,螺旋桨轴承间隙和轴封装置等机械和设备进行总体检查。按其用途进行检验处于满意状态后,应在相应证书上签署。

5. 附加检验——在因调查而进行的修复之后或进行了任何修理或更换之后或有下列情形之一时,内河船舶的所有人和经营人应向中国海事局授权的船舶检验机构申请附加检验。

①因发生事故而影响船舶适航性能。

②改变船舶证书所限定的用途或航区。

③法定证书失效。

④船舶所有人或经营人变更及船名或船籍港变更。

⑤涉及船舶的修理或改装(包括证书中注明的遗留项目的消除)。

6. 特别定期检验——对老旧运输船舶,按其船舶种类达到规定的船龄之日起,对与特定证书有关的项目进行检验,以确保其处于良好的状态,且适合船舶预期的营运业务,并颁发新证书。

老旧内河运输船舶的分类:

(1)船龄在 10 年以上的高速客船,为一类老旧河船。

(2)船龄在 10 年以上的客滚船、客货船、客渡船、客货渡船(包括旅客列车轮渡)、旅游船、客船,为二类老旧河船。

(3)船龄在 16 年以上的油船(包括沥青船)、散装化学品船、液化气船,为三类老旧河船。

(4)船龄在 18 年以上的散货船、矿砂船,为四类老旧河船。

(5)船龄在 20 年以上的货滚船、散装水泥船、冷藏船、杂货船、多用途船、集装箱船、木材船、拖船、推船、驳船(包括油驳)等,为五类老旧河船。

特别定期检验河船船龄的标准见表 11-2。

表 11-2　特别定期检验河船船龄标准

船舶类别	购置、光租外国籍船船龄	特别定期检验船龄	强制报废船龄
一类船舶	10 年以下	18 年以上	25 年以上
二类船舶	10 年以下	24 年以上	30 年以上
三类船舶	16 年以下	26 年以上	31 年以上
四类船舶	18 年以下	28 年以上	33 年以上
	18 年以下	33 年以上	39 年以上
五类船舶	20 年以下	29 年以上	35 年以上
	20 年以下	35 年以上	41 年以上

注:黑龙江水系四类船舶特别检验船龄为 33 年以上,五类船舶特别检验船龄为 35 年以上。

7. 搁置检验——当正常营运的船舶停止其经营活动,并在一段时间内不再营运时,即将船舶搁置,船舶在搁置阶段开始、搁置期间和结束搁置期重新营运前进行的检验。

四、船级检验

船级是评定船舶技术状况的国际通用形式,船级检验由船级社执行。中国船级社是国家的船舶技术检验机构,是中国唯一从事船舶入级检验业务的专业机构,是国际船级社协会(IACS)10家正式会员之一,总部设在北京。中国船级社(CCS)的主要业务有:承担国内外船舶、水上设施、集装箱及相关工业产品的入级检验、公证签证检验和经中国政府、外国(地区)政府主管机关授权执行法定检验等具体检验业务,以及经有关主管机关核准的其他业务。

船级检验指船舶所有人或经营人、管理人在法定检验的基础上,为进一步提高船舶性能上的可靠性和竞争力,向船级社申请,由船级社对船舶所进行的检验。船级检验的依据是船级社发布的入级规范等。

船级检验根据船舶检验的性质,可分为船舶入级检验和保持船级检验。

1. 船舶入级检验

入级检验是指应船舶、水上设施的所有人和经营人自愿申请,按照拟入级的船舶检验机构的入级检验技术规范对船舶、水上设施进行的检验,并取得入级船舶检验机构的入级标识。

下列中国籍国内航行船舶加入船级的,应当向中国船级社申请入级检验:

(1)在海上航行的乘客定额100人以上的客船。

(2)载重量1 000 t以上的油船。

(3)滚装船、液化气体运输船和散装化学品运输船。

(4)船舶所有人或经营人申请入籍的其他船舶。

2. 保持入级检验

保持入级检验包括年度检验、中间检验、特别检验、循环检验、坞内检验、螺旋桨轴与尾管轴检验、锅炉与热油加热器检验及其他检验,以确保船舶随时保持其应有的性能。

五、公证检验

应船舶所有人、承租人、保险人或其他有关方面的申请,船级社派验船师以第三方身份独立公正地对所申请的检验项目进行一种证明或鉴定的检验,称为公证检验。对于公证检验没有规定的检验项目和间隔期,检验后签发相应的检验报告。公证检验包括:

1. 起、退租检验:对船舶起租和退租时船舶技术状况和油水存量等进行的检验。

2. 索赔检验:对购买的新船及机械设备等,由于其设计、材料、制造工艺不当等原因造成的损坏,在质量保证期内进行的证明损坏状况的检验,以作为船舶所有人索取赔偿的依据。

3. 海损检验:对遭受海损的船舶进行的确定海损范围、程度、性质和原因,以及对安全航行影响程度的检验,以作为海损理赔和裁决的依据之一。这种海损检验包括提出合理和(或)保持船级的修理要求。

4. 其他公证检验:应买方或者卖方(甲方或乙方)的申请,对某项产品进行的证实其性能、试验及制造情况等的检验,作为买卖双方的证明文件。

5. 质量体系论证:根据申请方的申请,按国际标准ISO9000系列《质量管理和质量保证》的要求,审核质量体系文件及现场记录,合格后颁发质量体系认证证书。

六、冰封期水系营运船舶（包括自航船和非自航船）的检验

1.年度检验

（1）船舶的年度检验每周年进行一次，船舶适航证书有效期为船舶通航期。执行年度检验时采取"两次检验制"，即开江前做船体结构（包括水下部分的外板）及设备的检查，并了解拆检修理情况；开江后进行第二次检查，主要检查船舶设备的安装及进行效用试验。

（2）年度检验的项目可由验船师根据本规程的规定和船舶的技术状况适当调整。

2.中间检验

船舶中间检验间隔期应按表 11-1 执行。执行检验时，按中间检验项目采用上述年度检验"两次检验制"进行检验。

3.换证检验

（1）船舶的换证检验间隔期限应按表 11-1 执行。如船东提交检验确有困难，可向船舶检验机构申请展期，经船舶检验机构同意可延期最多不超过 12 个月。

（2）船舶的换证检验项目应按各章的换证检验具体要求执行。对提交检验确有困难的项目，船舶检验机构可以在换证检验完成后最近的一次年度检验时对该项目进行检验。

第四节 ● 船舶安全检查

船舶安全检查是海事主管机关为了保障水上人命、财产安全，防止船舶造成水域污染，规范船舶安全监督工作，对船舶技术设备状况和船员配员及适任状况进行的安全监督检查。

为规范船舶安全监督检查活动，保障水上人命、财产安全，防治船舶造成水域污染，根据《中华人民共和国海上交通安全法》《中华人民共和国海洋环境保护法》《中华人民共和国港口法》《中华人民共和国内河交通安全管理条例》《中华人民共和国船员条例》等法律法规和我国缔结或者加入的有关国际公约的规定，交通运输部于 2017 年以中华人民共和国交通运输部令（2017 年第 14 号）发布了《中华人民共和国船舶安全监督规则》（以下简称《安全监督规则》），并于 2017 年 7 月 1 日起正式施行。

一、安全监督程序

根据《安全监督规则》，交通运输部主管全国船舶安全监督工作，国家海事管理机构统一负责全国船舶安全监督工作，其他各级海事管理机构按照职责和授权开展船舶安全监督工作。

船舶安全监督是指海事管理机构依法对船舶及其从事的相关活动是否符合法律、法规、规章以及有关国际公约和港口国监督区域性合作组织的规定而实施的安全监督管理活动。船舶安全监督分为船舶现场监督和船舶安全检查。

船舶现场监督是指海事管理机构对船舶实施的日常安全监督抽查活动。船舶安全检查是

指海事管理机构按照一定的时间间隔对船舶的安全和防污染技术状况、船员配备及适任状况、海事劳工条件实施的安全监督检查活动,包括船旗国监督检查和港口国监督检查。

船舶现场监督应当由具备相应职责的海事行政执法人员实施。

二、船舶进出港报告

中国籍船舶在我国管辖水域内航行应当按照规定实施船舶进出港报告。

船舶应当在预计离港或者抵港 4 h 前向将要离泊或者抵达港口的海事管理机构报告进出港信息。航程不足 4 h 的,在驶离上一港口时报告。

船舶在固定航线航行且单次航程不超过 2 h 的,可以每天至少报告一次进出港信息。

船舶应当对报告的完整性和真实性负责。

船舶报告的进出港信息应当包括航次动态、在船人员信息、客货载运信息、拟抵离时间和地点等。

船舶可以通过互联网、传真、短信等方式报告船舶进出港信息,并在船舶航行日志内做相应的记载。

三、船舶安全监督

海事管理机构对船舶实施安全监督,应当减少对船舶正常生产作业造成的不必要影响。

国家重要节假日、重大活动期间,或者针对特定水域、特定安全事项、特定船舶需要进行检查的,海事管理机构可以综合运用船舶安全检查和船舶现场监督等形式,开展专项检查。

(一)船舶现场监督

1. 中国籍船舶自查情况。
2. 法定证书文书配备及记录情况。
3. 船员配备情况。
4. 客货载运及货物系固绑扎情况。
5. 船舶防污染措施落实情况。
6. 船舶航行、停泊、作业情况。
7. 船舶进出港报告或者办理进出港手续情况。
8. 按照相关规定缴纳相关费税情况。

(二)船舶安全检查

1. 船舶配员情况。
2. 船舶、船员配备和持有有关法定证书文书及相关资料情况。
3. 船舶结构、设施和设备情况。
4. 客货载运及货物系固绑扎情况。
5. 船舶保安相关情况。
6. 船员履行其岗位职责的情况,包括对其岗位职责相关的设施、设备的维护保养和实际操作能力等。
7. 海事劳工条件。

8. 船舶安全管理体系运行情况。

9. 法律、法规、规章以及我国缔结、加入的有关国际公约要求的其他检查内容。

海事管理机构完成船舶安全监督后应当签发相应的《船舶现场监督报告》《船旗国监督检查报告》或者《港口国监督检查报告》，由船长或者履行船长职责的船员签名。

《船舶现场监督报告》《船旗国监督检查报告》《港口国监督检查报告》一式两份，一份由海事管理机构存档，一份留船备查。

船舶现场监督中发现船舶存在危及航行安全、船员健康、水域环境的缺陷或者水上交通安全违法行为的，应当按照规定进行处置。

发现存在需要进一步进行安全检查的船舶安全缺陷的，应当启动船舶安全检查程序。

（三）船舶安全缺陷处理

海事行政执法人员在船舶安全监督过程中发现船舶存在缺陷的，应当按照相关法律、法规、规章和公约的规定，提出下列处理意见：

1. 警示教育。

2. 开航前纠正缺陷。

3. 在开航后限定的期限内纠正缺陷。

4. 滞留。

5. 禁止船舶进港。

6. 限制船舶操作。

7. 责令船舶驶向指定区域。

8. 责令船舶离港。

安全检查发现的船舶缺陷不能在检查港纠正时，海事管理机构可以允许该船驶往最近的可以修理的港口，并及时通知修理港口的海事管理机构。

修理港口超出本港海事管理机构管辖范围的，本港海事管理机构应当通知修理港口海事管理机构进行跟踪检查。

修理港口海事管理机构在收到跟踪检查通知后，应当对船舶缺陷的纠正情况进行验证，并及时将验证结果反馈至发出通知的海事管理机构。

由于存在缺陷，被采取滞留、禁止船舶进港、限制船舶操作、责令船舶离港等措施的船舶，应当在相应的缺陷纠正后向海事管理机构申请复查。被采取其他措施的船舶，可以在相应缺陷纠正后向海事管理机构申请复查，不申请复查的，在下次船舶安全检查时由海事管理机构进行复查。海事管理机构收到复查申请后，决定不予本港复查的，应当及时通知申请人在下次船舶安全检查时接受复查。

复查合格的，海事管理机构应当及时解除相应的处理措施。

海事管理机构在实施船舶安全监督中，发现航运公司安全管理存在问题的，应当要求航运公司改正，并将相关情况通报航运公司注册地海事管理机构。

海事管理机构应当将影响安全的重大船舶缺陷以及导致船舶被滞留的缺陷，通知航运公司、相关船舶检验机构或者组织。

船舶存在缺陷或者隐患，以及船舶安全管理存在较为严重的问题，可能影响其运输资质条件的，海事管理机构应当将有关情况通知相关水路运输管理部门，水路运输管理部门应当将处理情况反馈给相应的海事管理机构。

水路运输管理部门在市场监管中,发现可能影响到船舶安全的问题,应当将有关情况通知相应海事管理机构,海事管理机构应当将处理情况反馈给相应水路运输管理部门。

船舶以及相关人员,应当按照海事管理机构签发的《船舶现场监督报告》《船旗国监督检查报告》《港口国监督检查报告》等的要求,对存在的缺陷进行纠正。

航运公司应当督促船舶按时纠正缺陷,并将纠正情况及时反馈给实施检查的海事管理机构。

船舶检验机构应当核实有关缺陷纠正情况,需要进行临时检验的,应当将检验报告及时反馈给实施检查的海事管理机构。

中国籍船舶的船长应当对缺陷纠正情况进行检查,并在航行或者航海日志中进行记录。

船舶应当妥善保管《船舶现场监督报告》《船旗国监督检查报告》《港口国监督检查报告》,在船上保存至少2年。

除海事管理机构外,任何单位和个人不得扣留、收缴《船舶现场监督报告》《船旗国监督检查报告》《港口国监督检查报告》,或者在上述报告中进行签注。

任何单位和个人,不得擅自涂改、故意损毁、伪造、变造、租借、骗取和冒用《船舶现场监督报告》《船旗国监督检查报告》《港口国监督检查报告》。

四、船舶安全责任

航运公司应当履行安全管理与防止污染的主体责任,建立、健全船舶安全与防污染制度,对船舶及其设备进行有效维护和保养,确保船舶处于良好状态,保障船舶安全,防止船舶污染环境,为船舶配备满足最低安全配员要求的适任船员。

中国籍船舶应当建立开航前自查制度。船舶在离泊前应当对船舶安全技术状况和货物装载情况进行自查,按照国家海事管理机构规定的格式填写《船舶开航前安全自查清单》,并在开航前由船长签字确认。

船舶在固定航线航行且单次航程不超过2 h的,无须每次开航前均进行自查,但一天内应当至少自查一次。

《船舶开航前安全自查清单》应当在船上保存至少2年。

海事行政执法人员在开展船舶安全监督时,船长应当指派人员配合。指派的配合人员应当如实回答询问,并按照要求测试和操纵船舶设施、设备。

五、法律责任

违反本规则,有下列行为之一的,由海事管理机构对违法船舶所有人或者船舶经营人处1 000元以上1万元以下罚款;情节严重的,处1万元以上3万元以下罚款。对船长或者其他责任人员处100元以上1 000元以下罚款;情节严重的,处1 000元以上3 000元以下罚款,并可扣留船员适任证书6个月至12个月。

1. 拒绝或者阻挠船舶安全监督的。
2. 弄虚作假欺骗海事行政执法人员的。
3. 未按《船舶现场监督报告》《船旗国监督检查报告》《港口国监督检查报告》的处理意

见纠正缺陷或者采取措施的。

4. 按照规定应当申请复查而未申请的。

5. 涂改、故意损毁、伪造、变造、租借、骗取和冒用《船舶现场监督报告》《船旗国监督检查报告》《港口国监督检查报告》的。

船舶未按照规定开展自查或者未随船保存船舶自查记录的，对船舶所有人或者船舶经营人处1 000元以上1万元以下罚款。

船舶未按照规定随船携带或者保存《船舶现场监督报告》《船旗国监督检查报告》《港口国监督检查报告》的，海事管理机构应当责令其改正，并对违法船舶所有人或者船舶经营人处1 000元以上1万元以下罚款。

船舶进出内河港口，未按照规定向海事管理机构报告船舶进出港信息的，对船舶所有人或者船舶经营人处5 000元以上5万元以下罚款。

第五节 ◉ 船舶机电设备效用试验

一、舵设备的试验

（一）转舵试验

在坞内或船台上转动舵叶，检查舵的灵便性，是否有卡住及过紧等异常现象，并校正舵叶的正中位置。下水后，校对舵角，舵叶位于正中位置时，舵机上和驾驶台的舵角指示器的偏差应不超过1.5°。如系电舵角指示器，则不超过1°。

（二）效用试验

舵机效用试验内容参照航行试验相关内容。

二、锚设备

1. 机动锚机

抛锚试验可结合航行试验进行。具有单链轮的锚机，要求左、右锚单抛单起，以及左、右锚分别抛出，在左、右锚分别出土后同时绞起。在锚破土后单锚起锚速度不小于9 m/min，对起锚速度有特殊要求的急流航段船舶，其起锚速度不小于12 m/min。

抛锚试验时，当锚抛出未到水底前做刹车试验，检查刹车效能。当慢倒车将锚链拉紧时，检查制链器效用。起锚时检验锚链在链轮内有无跳链及扭转现象。

2. 人力锚机

左、右锚分别单抛单起。当锚链快速放出时，对起锚机做刹车试验，检验刹车效能。起锚要求灵便、可靠，并检查防止倒轮的棘齿及制链器的效用。

三、消防设备

（一）阀件和各开口的检查和效用试验

1. 燃油、滑油和其他易燃油类舱柜上阀件的遥控切断装置的检查和效用试验。

2. 机器处所天窗、门、窗、排烟口、烟囱围空间和通风开口及其关闭装置的检查和操作试验，以及停止通风系统的操作试验。

（二）探火和失火报警系统

1. 对失火手动报警按钮系统应做效用试验：随机按下消防报警按钮，看驾驶台报警器是否显示和显示位置是否正确。

2. 对自动探火和失火报警系统应进行模拟试验。随机抽查报警探头：如果是温感探头，可用电吹风将热风对着探头吹；如果是烟感探头，可用嘴吸口烟后将烟对着报警探头吹；看驾驶台报警器是否报警、报警显示位置是否正确、打印机是否打印。

（三）水灭火系统

1. 消防水泵的效用试验：对设在最高处的消火栓，除船长大于或等于 30 m 的客船及客滚船、功率大于或等于 220 kW 的推（拖）船、大于或等于 300 总吨的货船、所有油船和大于或等于 2 000 总吨的油驳等要求同时射出两股水柱外，其余船舶均要求射出一股水柱。其射程均不小于 12 m，水枪口径应不小于本法规中的规定和要求。

2. 应急消防泵（排量应不少于 25 m^3/h）及兼作消防的泵均应做效用试验，且在任何消火栓处两股水柱的射程不小于 12 m。

四、船用泵

1. 全部安装完成后才能进行。
2. 水泵旋转方向是否正确。
3. 管道是否有泄漏。
4. 排出压力是否达到要求。
5. 试验 30 min 后，测量泵电机的温度、泵轴承的温度、热绝缘值，判断是否达到要求。

五、锅炉装置

（一）锅炉自动控制系统的检验

锅炉自动控制系统的检验应与锅炉的外部检验同时进行，包括以下内容：

1. 控制系统。
2. 监测、警报系统。
3. 手动控制装置。

上述系统、装置功能的每种动作应做 2~3 次试验。

（二）控制系统

1. 在燃烧器点火失败或因故障火焰熄灭时，检查火焰监测装置自动切断供油的效用及其自动控制切断燃油的延时。

(1)直接点火失败不大于 6 s。

(2)以引火油头间接点火失败不大于 16 s。

(3)运行中因故障火焰熄灭时不大于 6 s。

(4)对燃烧器点火阶段设有的暂时旁路火焰监测系统,应检查其旁路的效用,一般从燃油进入燃烧器起到火焰到达旁路所需时间应不超过 15 s。

2.检验燃烧器初始点火的定时前扫气,点火前的扫气时间应保证炉膛和烟道的换气次数不少于 4 次,一般前扫气时间应不少于 30 s。

检查全部燃烧器熄火后的后扫气,一般应不少于 20 s,并检查扫气期间空气调节门是否保持在全开位置。

3.检查锅炉在下列情况下自动切断供油的效用是否可靠:

(1)炉膛燃烧熄火。

(2)炉水降至极限低位。

(3)强力通风失败。

(4)蒸汽压力超过预定值。

(5)燃油喷油压力下降。

(6)燃油温度低至预定下限值。

4.动作的效用是否准确可靠。

(三)监测、报警系统的效用试验

对监测、报警系统进行效用试验。

(四)检查自动控制转为手动控制的效用

检查锅炉由自动控制转为手动控制的效用是否正常。

(五)检查自动调节的效用

检查废气锅炉排气自动调节及水位自动调节的效用。

(六)校验安全阀

1.锅炉安全阀的开启压力可为大于实际允许工作压力的 5%,但应不超过锅炉的设计压力。安全阀调整合格后,应予以铅封。

2.安全阀开启后,汽压降到工作压力的 90%时,应能立即关闭,并保持气密。

3.经修理或换新后的安全阀,其排气流通面积和通向大气的管径,均应不小于原有的面积和直径。对换新或改变原结构的安全阀,应做升压试验。试验时,锅炉给水只需补给至足以保持安全使用的水位上,在气阀关闭和充分燃烧的情况下,当锅炉安全阀开启后,水管锅炉 7 min内、火管锅炉 15 min 内,锅炉压力的升高值应不超过锅炉工作压力的 10%。

六、主柴油机

主机的效用试验参见第十章第四节船舶试验相关内容。

七、发电柴油机

1.检查发电柴油机在各种工况下的运行状况,各运动部件有无不正常的发热、异响、振动等现象,燃油、滑油、冷却系统的工作是否正常。

2.对发电柴油机应做调速特性试验。当突然卸去负荷和在空负荷下突然加上 50% 负荷,稳定后再加上余下 50% 负荷时,其调速特性应符合下列规定:

瞬时调速率 $\not> 10\%$;

稳定调速率 $\not> 5\%$;

稳定时间 $\not> 5$ s。

对应急发电柴油机及非增压柴油机则还应做突加额定负荷试验。

对于老旧运输船舶发电柴油机,调速器的稳定时间可不大于 9 s。

3.检查超速、滑油失压、冷却水高温等安全保护装置是否灵敏可靠。

八、空气压缩系统

1.对空气压缩机进行效用试验时,应无异常响声及振动,必要时拆开检验。

2.校验安全阀的开启压力,应不大于 1.1 倍的工作压力;关闭压力应不小于 87% 工作压力。

3.做效用试验时,应从大气压力开始,向主机起动用空气瓶组充气,在 1 h 内达到额定的工作压力。

4.检查压力控制器和报警装置的可靠性。

5.空气瓶在工作压力下经过 24 h 后,其压力降应不大于工作压力的 2%,且最多不大于 0.1 MPa。

6.空气瓶连同管系和附件在工作压力下,密性试验时间不少于 2 h,系统中的压力降应不大于 0.1 MPa。

九、电气设备

1.对应急蓄电池组进行效用试验,检查其供电的有效性和系统的完整性。当主电源失效后应能自动投入供电。

下列设备应进行效用试验:

(1)电传令钟。

(2)驾驶台与机舱、监视室或监控室、舵机舱、消防集中控制室之间的电话。

(3)扩音(广播)装置。

(4)紧急(集合)报警装置。

(5)探火和失火报警系统。

(6)二氧化碳释放和预报警装置。

(7)航行灯及其声光报警信号装置、信号灯。

(8)正常照明和应急照明。

2. 主电源注意事项：

（1）对营运使用状态的发电机应进行不少于 1 h 的负荷试验,试验负荷不小于机组额定功率的 75% 或者船舶正常航行常用的最大负荷。

（2）长途客船和航行于急流航段的船舶,若主要辅机为电力拖动,负荷试验的时间不少于 1 h,试验负荷不小于机组额定功率的 90%。

（3）对解体、清洗烘潮或小修的发电机应进行不少于 2 h 的负荷试验,试验负荷为船舶正常航行常用的最大负荷,但最低应不小于机组额定功率的 75%;对长途客船和航行于急流航段的船舶,试验负荷应不小于机组额定功率的 90%。

（4）对绕组经过拆绕或更换的发电机,负荷试验时间为:机组额定功率小于 100 kW 者,不少于 2 h;机组额定功率等于或大于 100 kW 者,不少于 4 h。试验负荷应不小于额定功率的 90%。

（5）若发电机的原动机经拆检修理,应结合原动机的检验要求进行负荷试验。

3. 需要并联运行的发电机组,应在单机试验后进行负荷转移试验及并联运行试验。对设计仅要求负荷转移的机组做负荷转移试验,试验时应检查:

（1）并联运行的稳定性。并联运行试验一般以总额定功率的 75% 为基调点(也可以以总额定功率的 20% 为基调点)。固定调速器手柄的位置并按下列程序缓慢改变总功率:

75%→90%(或机组并联运行的最大使用负荷)→75%→50%→20%→50%→75%;

每一工况稳定 5 min,应能稳定运行。

（2）功率分配的均匀性。

（3）发电机组负荷转移的可靠性。

4. 当发电机(或励磁机)绕组经过拆绕或电压调整装置经过修理(或换新)时,应测定发电机的稳态电压变化率,并应满足下列要求:

（1）额定功率大于或等于 50 kWA 的交流发电机,其稳态电压变化率应不超过额定电压的 ±2.5%。

（2）额定功率小于 50 kWA 的交流发电机,其稳态电压变化率应不超过额定电压的 ±5%。

（3）仅供照明用的发电机,稳态电压变化率一般不做要求。

5. 检查和试验发电机各控制和保护装置工作的可靠性。发电机保护装置的整定值应尽实际可能校核;若保护装置进行了修理或在营运过程中出现过误动作,保护装置的整定值应进行校核。

（1）过载保护

当过电流在额定电流的 100%~150% 时,自动开关应能延时分断,其延时时间应不超过 2 min;建议整定为发电机额定电流的 125%~135%,延时 15~30 s 自动开关分断。

（2）逆功率(或逆电流)保护

并联运行的发电机应检查逆功率(交流发电机)或逆电流(直流发电机)保护,保护整定值应调整在 5%~15% 额定功率(或额定电流)范围内动作,逆功率保护应延时 3~10 s,逆电流保护应瞬时或延时少于 1 s 动作。

（3）欠电压保护

并联运行的发电机应检查欠电压保护,当电压降至额定电压的 75%~35% 时自动开关应能自动分断。

欠电压保护装置用于自动开关脱扣时应具有延时,并与短路保护延时相协调。

6. 用作船舶主电源的主机轴带发电机的试验注意事项:

(1)在主机转速正常变化范围内,空载和接入主机轴带发电机供给船舶所需的最大负载,测量轴带发电机的输出电压、频率,其电压和频率的波动应能保持在规定的范围内。

(2)当主机转速低于设计转速变化范围的低限值时,检查主发电机组自动起动和自动供电或蓄电池组自动供电的可能性。

7. 用作船舶主电源的蓄电池组的试验注意事项:

(1)用作船舶主电源的蓄电池组应进行充放电试验。

(2)接入蓄电池组负荷(用作船舶主电源的最大负荷),供电 2 h,放电后的终止电压不得低于其标称电压的 88%。

8. 变电设备(变压器、变流器或变流机)应进行效用试验,效用试验时变电设备不应有异常发热、噪声及电压波动。

9. 应急电源或临时应急电源注意事项:

(1)应急电源为发电机组时,应急发电机的稳态电压变化率应不超过额定电压的±5%。

(2)应急电源为蓄电池组时应进行放电试验,试验时间为 0.5 h;测量试验前、后蓄电池组电压和放电电流,蓄电池的电压变化率在放电过程中应能保持在其额定电压的±12%以内,检查电解液密度和液位高度。作为临时应急电源的蓄电池组应进行放电试验,试验时间为 0.25 h。

10. 核查配电系统过电流保护装置或熔断器的保护值是否与被保护电路的热容量相适应。

11. 对地绝缘的配电系统,应检查对地绝缘电阻监测或报警装置工作的有效性。

12. 检查船电与岸电的连锁。

13. 测量配电系统的热态绝缘电阻。

从配电板处测量各电缆网络的热态绝缘电阻值,见表 11-4。

表 11-4　电气设备最低热态绝缘电阻允许值(MΩ)

序号	设备名称	工作电压	
		<100 V	≥100 V
1	电动机	0.2	0.4
2	配电装置	0.2	0.4
3	变压器	0.2	0.4
4	控制电器	0.2	0.4
5	照明线路	0.2	0.4
6	船内通信系统	0.2	0.4
7	航行信号线路	0.2	0.4

注:①工作电压≥100 V 时,用 500 V 及以上兆欧表测量;工作电压<100 V 时,用 250 V 兆欧表测量。

②测量绝缘电阻,包括测量各级(相)之间和各级(相)与地之间。

③由 24 V 电流供电的电气设备的热态绝缘电阻的测量可参照本表的规定。

十、主推进遥控装置的效验

1. 主推进遥控装置应进行如下功能试验：起动主机、离合器合上与脱开、换向、变速及停止等，检查其工作的可靠性，并检查离合器离合时主机运转是否平稳。

2. 检查主推进遥控装置的控制转换及连锁是否灵活可靠，对机旁控制的优先权予以确认。模拟控制系统动力源故障，检查转换为机旁控制是否准确，报警及显示是否正常。

3. 检查主推进遥控装置换向时间，即从最低转速转换到相反转向，其所需时间应不大于15 s。

4. 对设有重复起动功能的，应进行效用试验，并模拟连续三次失败的故障，检查其自动停止主机起动的有效性。

5. 对设在驾驶台的主机紧急停车装置进行效用或模拟试验。当在驾驶台按下紧急停车按钮时，应急停车机构应动作，并发出相应的报警和指示。

6. 对柴油主机、齿轮箱应模拟滑油压力过低、油温过高或冷却水温过高等故障，检查其声光报警信号和安全、自动控制系统功能的有效性。

7. 电磁、气动及液压离合器和液压可变螺距螺旋桨，应模拟在动力源不足，而装置尚能维持运行时，检查声光报警信号是否有效。

8. 测量主推进装置遥控系统的电气设备热态绝缘电阻。

9. 安全系统的试验主要包括：

（1）检查主机遥控装置由两路馈电线供电的可靠性，检查两路电源手动或自动转换的效用；对要求设置应急电源的船舶，则必须检查主电源供电中断时，自动转换为应急电源供电的效用。

（2）在驾驶台和监控室或监视室检查紧急停车装置及其他安全装置失去正常电源时，自动转换至蓄电池组供电的效用，以及柴油主机紧急停车时，机舱声光报警的效用。

（3）柴油主机超速保护装置（如条件许可和设有）应进行超速保护动作的效用试验，检查主机超速时，保护装置能否自动切断燃油停车，并报警。

（4）当转车机啮合、轴被制动器刹住时，检查主机应不能被遥控起动的功能。

（5）试验和检查越控装置的功能，并在越控操作撤除后，检查该设备的安全系统保护功能是否能自动恢复。

（6）必要时，对装有自动防止主机长期在临界转速的范围内运转的控制装置或声光信号报警装置，进行效用试验。

（7）在试验主机安全系统保护功能时，还应试验安全系统的手动复位功能，以检查在未手动复位前，主机应不能被起动的功能。

（8）模拟主推进装置控制系统失效等故障，检查主机、螺旋桨轴或可调螺距螺旋桨是否基本保持在原工作位置而不致出现不安全状态；并检查其报警装置的效用。

（9）检查液压和气动控制设备的安全阀开启压力，其开启压力应不大于工作压力的 1.1 倍。

十一、探火系统的效验

1. 对机舱固定式自动探火和失火报警系统的自检和故障报警功能进行模拟试验。

2. 检查固定式自动探火和失火报警系统在正常供电中断后,应能自动接至蓄电池组的电源,并在驾驶台发出声光报警的功能。

3. 对手动报警系统进行效用试验。

4. 对探火和(或)烟气探测系统进行效用试验,按探测器的种类采用不同方式进行模拟试验,检查探测器的可靠性。

5. 在机舱出口处和监控室遥控消防泵的起动。

第六节 ◉ 船舶应变部署

船舶在航行中可能遇到各种紧急情况,如何在遇到紧急情况时进行自救,取决于船员在平时的训练情况和为各种紧急情况编制的应急预案的可行性。船舶为适应各种可能发生的救生、消防、堵漏、人落水、油污染等紧急情况,事先根据船舶设备和人员情况对各种紧急情况都编制了应急预案。SOLAS 公约将同时包含消防和救生部署的行动方案称为应变部署表,为其他紧急情况编制的行动方案称为应急计划,它们都属于船舶的应急预案。

一、应变部署表及应变警报

(一)应变部署表的编制

船舶应变部署表由船长总负责,大副具体负责进行编制,船长审定签字后公布实施。应变部署表公布在船员或旅客经常到达的地方,如驾驶台、机舱、会议室、餐厅、走廊、起居处所、救生艇筏的位置,在其附近还应有本船的防火控制图。

应变部署表的编制应遵循下述原则:

1. 关键部位、关键动作派得力人员。

2. 根据本船情况,可以一人多职,也可以一职多人。

3. 人员的编排应最有利于应变任务的完成。

中国籍 200 总吨以上的运输船舶必须配备应变部署表。150 总吨及以上的油船、油驳和 400 总吨及以上的非油船、非油驳的拖驳船队应当按规定格式制订船上油污应急计划,其他应急计划可根据公司的实际情况编制。

(二)应变部署表/应急计划的基本内容

1. 船舶及公司名称、船长署名及公布日期。

2. 紧急报警信号的应变种类及信号特征,信号的发送方式和持续时间。

3. 职务与编号、姓名、艇号、筏号的对照一览表。

4. 航行中驾驶台、机舱、电台的固定人员及其任务。

5. 消防应变、弃船求生、施放救生艇筏的详细分工内容和执行人员编号。

6. 每项应变具体指挥人员的接替人。

7. 主要救生、消防设备的位置。

对上述项目做适当的修改，就是其他应急计划的内容框架。

应变部署表中的执行人只填船员编号，不填船员具体姓名。船员编号是按各船编制人数的具体职务顺序编排，驾驶部在先，其次是轮机部，最后为其他部门人员。如船长为 1 号，政委为 2 号，轮机长为 3 号，大副为 4 号等，每个船员都有自己的船员编号。如有人员调离则相应顶替该船员编号。

（三）船舶应变警报信号

我国统一规定了船舶各项应变警报信号。其规定如下：

弃船警报	● ● ● ● ● ● ● ——	七短一长
救生警报	—— ● —— ●	一长一短一长一短
救火警报	★ ★ ★ ★ ★ ★ ★	乱钟或连放短声汽笛 1 min
前部失火	★ ★ ★ ★ ★ ★ ★　★	乱钟后敲一响
中部失火	★ ★ ★ ★ ★ ★ ★　★ ★	乱钟后敲二响
后部失火	★ ★ ★ ★ ★ ★ ★　★ ★ ★	乱钟后敲三响
机舱失火	★ ★ ★ ★ ★ ★ ★　★ ★ ★ ★	乱钟后敲四响
上甲板失火	★ ★ ★ ★ ★ ★ ★　★ ★ ★ ★ ★	乱钟后敲五响
人落水营救警报	—— —— ——	三长声
人自右舷落水	—— —— —— ●	三长一短
人自左舷落水	—— —— —— ● ●	三长二短
进水抢险警报	—— —— ●	二长一短
溢油警报	● —— —— ●	一短二长一短
解除警报	——————	一长声持续 6 s

手动火警按钮用途广泛，除主要用于火灾报警外，当人员在遇到任何需要向全船报警的紧急情况时，可方便使用就近的火警报警按钮以及时发出警报。手动火警报警按钮遍布于起居处所、工作场所和控制站，每一通道出口都装有手动火警按钮，每一层甲板的走廊的手动火警按钮的距离最多为 20 m。

除手动火警按钮外，船上召集船员一般使用汽笛或有线广播，必要时船钟、雾锣、口哨等均可用于报警、进行应变演习的警报。为避免其他船舶的误会，只限于用口令、哨子、警铃和广播来表示，实际遇险时，应按有关规定使用信号。

（四）船员应变部署卡

每个船员都有一张船员应变任务卡，放置于床头或系在自己保管的救生衣上。卡片正面写明各项应变部署的岗位、任务以及船员编号、救生艇位等；卡片背面印有各项应变警报，以使每个船员都能明确和熟悉自己在各项应变部署中所承担的任务。船员应变部署卡式样见表11-5。

表 11-5　船员应变部署卡式样（正面）

应变编号：	姓名：	职务：		艇/筏号：
弃船				
灭火				
进水抢险				
人落水				
溢油				
停泊值班	灭火：		人落水：	

二、船舶各项应变部署的要求

（一）消防应变部署要求

船舶火灾事故发生数量虽然位居碰撞、搁浅/触礁之后，但全损率却高于这些事故，船舶一旦发生火灾，即应：

1. 船员发现火灾应立即发出消防警报，就近使用灭火器材进行灭火。

2. 全体船员听到警报后，应按应变部署的规定于 2 min 内到达指定的集合地点，并按船舶应变部署表的分工进行灭火，机舱应迅速起动消防泵，确保 5 min 内消防水带出水。

3. 探火员应在大副或轮机长的指挥下，迅速探明火源。掌握燃烧物的名称、特性、火烧面积、火势蔓延方向等，并迅速报告船长。

4. 如有人在火场受到威胁，应立即采取抢救措施，如确定火场无人，应关闭通风口和其他开口，停止通风机并切断电源，然后控制火势。

5. 在港外或航行时，应注意减速操纵船舶并使火区处于下风方向，并按《国际信号规则》和《中华人民共和国内河避碰规则》的要求显示号灯、号型。若在港内发生火灾，应立即向公司和就近的海事部门报告。

6. 船长应根据具体情况确定灭火方案，并对是否可能引起爆炸做出判断，消防人员应根据应变部署表的分工和船长的指示全力扑救。

7. 如火势严重，当外援帮助灭火时，船长应详细地介绍火场情况，并予以配合。

8. 如采用封闭窒息的方法灭火后，必须经过相当长的时间，并组织足够的消防力量做好各种扑灭再燃的准备，才能逐步打开封闭设施，再根据情况予以通风。

（二）救生和弃船应变部署要求

1. 弃船的原则

（1）船舶触礁大量进水，导致机舱被淹无法排水（堵漏），失去一切自救能力，随时有倾覆、折断、沉没的危险,且外援未能及时赶到的情况。

（2）火灾涉及机舱、船舶动力、灭火管系,火势继续蔓延危及整个船舶,非抢救所能及的情况。

（3）发生爆炸、严重碰撞,有立即沉没的危险。

2. 弃船救生的演习动作

（1）弃船由船长下达命令和统一指挥。进行弃船救生演习时,鸣放七短一长声持续 1 min 警报信号,并下达弃船命令。全体船员接到船长的指令后穿好救生衣,并按应变部署的分工,分别携带重要物品（如航行日志、轮机日志、国籍证书、船舶检验证书、机密文件、现款、账本、重要单据等重要资料及国旗）、其他物品到集合站集合（2 min 内完成全部动作）。

（2）如果通信设备完好,应保持与外界的联系。

（3）船长或指派驾驶员检查携带物品和救生衣的穿着情况,根据人员状况（如有伤员,派水性较好的船员协助其优先离船）确定靠岸地点、联系方式,组织安全离船时船员之间应互相照应。跳水逃生时,应选择远离船身缺口和破口跳水,跳水后向上风（水）一侧游离船体。若遇水面上有游离的油体（其他可燃物或其他危险）时,尽可能潜泳到油面（危险面）之外,以确保人身安全。

（4）船长应坚守岗位,合理调配人员,最后撤离船舶。

（5）弃船前应尽量操纵船舶处于浅水区或非经济航线范围,以免阻碍船舶航行安全,形成障碍物。

（6）演习结束后,释放解除演习警报。

（7）船舶靠（系）泊好后由船长组织进行总结讲评,有关人员发言总结,演习情况按规定分别记录在安全管理记录簿、航行日志中,参加人员分别签名确认,最后由船长核实后签署,并归类存档。

（三）人落水营救部署的要求

1. 船上任何人发现有人落水或水中有落水者（船与落水者相距 50 m 内）,应立即抛出救生圈或其他浮具营救,并应注意跟踪瞭望,同时迅速报告船长:"报告船长,××位置发现有××人落水,请指示!"船长接到报告后,立即停车向落水者操舵,用车向落水者上风（上游）驶去,并发出三长声报警信号（右舷落水三长一短,左舷落水三长二短,并持续 1 min）,以防交叉相遇或追越船舶从落水者一侧经过而发生危险。

2. 船员按应变部署表分工。携带救生器材（救生圈、救生绳、钩竹等）到应变岗位执行任务（全过程在 2 min 内完成）,整个过程中参加救助的人员要穿着救生衣,以便必要时下水救援,同时根据船长指令悬挂"O"旗。

3. 船长操舵停车,向落水者一侧操满舵（夜间开启探照灯对准落水者）,使船尾甩开,以免螺旋桨伤及落水者。配备有通信设备的应与外界保持联系,以求必要时取得救援。

4. 驾驶员迅速赶到落水者一侧指挥,如果第一个救生圈抛出后与落水者之间超过 3 m 的范围,则施救无效。当船接近落水者时,救助人员应迅速向落水者的上风或上游位置再抛落第二个救生圈,救生圈应尽量接近落水者,但不能抛到落水者的身上,以防伤人（所抛救生圈与落水者之间的距离一般不超过 3 m）。然后用救生绳或救生钩竹进行施救,必要时下水救助。下水救助的船员一手执救生绳,采用有效的方法靠近落水者进行施救（应特别注意防止被落水者抱紧),并由船上的人员合力抢救上船。

5. 落水者被救上船后,视情况组织人员抢救,拿医药箱待用,并将落水者俯卧于膝盖或垫起物上,使其将吸入腹内的水呕吐出来,然后做人工呼吸,必要时送医院进行抢救。

6. 演习完成后,由驾驶员向船长报告:"报告船长,落水者已安全救起,本船人员安全,设备设施完好,按要求完成演习任务。"船长确认无误后解除演习警报。

7. 演习情况按规定分别记录在安全管理记事簿、航行日志中,参加人员分别签名确认,最后由船长核实后签署,并归类存档。

(四)进水抢险部署的要求

1. 船员发现船舶进水,应立即向船长报告:"报告船长,××部位发现进水,需要立即抢救。"同时查找漏洞位置及进水、受损程度。

2. 船长接到报告后,立即发出警报(二长一短,持续 1 min)。

3. 各船员听到警报信号后,按应变部署表的分工,立即携带堵漏器材(破布、棉被、木塞、木板、铁钉等)到达进水部位现场(2 min 内完成以上动作)。

4. 驾驶员(轮机员)详细检查破损部位、程度,决定采用的堵漏方法,指挥船员进行堵漏。

(1)少量进水:立即减速(使进水部位处于下水/下风位置),必要时停车,采取有效的方法进行堵漏。

(2)大量进水:应停车,操纵船舶尽可能使漏洞处于下水/下风位置,采取有效的方法进行堵漏,必要时迅速操舵向就近浅滩搁浅自救或在自救的前提下求救。

(3)现场堵漏人员应穿救生衣,舱口较小操作困难的可不穿,但救生衣要跟随人员到现场,随时备用。

5. 轮机员接到船长指令后立即起动排水系统,向进水舱照明系统供电(2 min 内完成全部动作并实施排水)。

6. 漏洞堵塞后,驾驶员/轮机员向船长报告:"报告船长,漏洞已堵塞。"船长下达指令由专人监护堵漏部位是否牢固,检查船舶机械设备、人员状况并进行清洁卫生,然后鸣放解除警报信号(一长声,持续 6 s)。

7. 船舶靠(系)泊成功后由船长组织进行总结讲评,有关人员发言总结,演习情况按规定分别记录在安全管理记录簿、航行日志中,参加人员分别签名确认,最后由船长核实后签署,并归类存档。

三、船舶应变部署演习规定及注意事项

1. 船舶必须按规定数量配置应变器材设备,并按有关规定进行养护和定期检查使之随时处于良好状态。

2. 各种演习周期:

(1)消防救生演习每个月(客滚船每周)进行一次;若在一港调换船员达 25% 以上,应在离港后 24 h 内进行一次。

(2)防油污演习每个月进行一次。

(3)应急操舵演习每三个月进行一次。

(4)船舶进水演习每六个月进行一次。

（5）主机失灵、全船失电、人员落水/搜救、碰撞、搁浅、人员伤病、防海盗/防偷渡/防毒品/防暴力、货物移动演习每年一次。

（6）每一季度应有一次夜间和停泊中的演习。

3.演习一定要从实际出发，可以是单项的，也可以是综合的。例如由消防转入救生，或由消防转入堵漏，再转入救生等。演习不但要在白天进行，而且还要在黑夜进行。每次演习后应认真总结，不断提高。在演习中检查出的有关器材设备问题，应立即解决。

第七节 ◉ 船舶安全管理体系

船舶安全管理体系是船舶所有人或经营人依据《中华人民共和国船舶安全营运和防止污染管理规则》（国内规则或 NSM 规则）的要求建立的,安全管理体系建立必须充分考虑主管机关、船舶检验机构和水运行业组织建议适用的有关规定、规则、指南和标准。

2003 年 1 月 1 日,内河"四客一危"船舶作为国内航行船舶第一批建立并运行了安全管理体系。安全管理体系的建立在船舶安全管理、水上交通安全、防止人员伤亡、保护水域环境和财产安全方面起到了重大的作用。2018 年交通运输部公告（第 83 号）规定,内河 3 000 总吨及以上散货船和其他货船必须于 2020 年 12 月 31 日前取得符合证明（DOC）或临时符合证明及安全管理证书（SMC）或临时安全管理证书。

一、体系的概念及内容架构

安全管理体系（简称 SMS）是指能使公司人员有效执行公司安全和环境保护方针的结构化和文件化的体系。

安全管理体系相关文件包括安全管理手册、程序文件、须知文件和体系运行记录等。安全管理手册全面描述了公司的安全管理体系,阐述了公司安全和环境保护方针,规范了公司安全管理和防止污染的所有活动,明确了安全管理和防止污染的要求,是船公司的法规性、纲领性文件;程序文件是为进行某项活动所规定的、用文件表述的工作程序;须知文件是对某项活动、某个岗位或操作所规定的并通过文件表述的具体要求;体系运行记录是记载所有与安全和防污染相关的活动的客观证据。

安全管理体系强调了船长在船舶安全和防污染方面的绝对权力,突出了岸基支持的重要性,将所有参与安全和防污染活动的相关人员都纳入体系进行控制。

二、体系的组织机构

进入安全管理体系的组织机构有总经理、指定人员、船务部、机务部、人力资源部、体系办和船舶。公司所属船舶均应严格按照国家法律、法规的要求足额配备船员。

三、体系的运行

1. 确保公司新聘/转岗人员在上岗前熟悉其职责。

2. 使公司所有从事安全和防污染工作的人员都能够接受安全管理体系的培训。

3. 保证安全管理体系信息交流畅通。

4. 加强对船员的考核和管理,保证所配备的船员适任、健康。

5. 为船舶安全和防止污染的操作方案和须知制定方法和要求,提供规范的操作。

6. 规范船上关键性设备及技术系统的标准、依据及方法,能使船员正确快速地操纵设备及系统,避免发生事故,保障安全。

7. 保证船舶和设备得以维护保养,处于良好的技术状态。

8. 为船舶紧急情况的标明、阐述和反应提供标准和依据。

9. 确保不符合规定情况、事故和险情能够及时报告公司并进行调查和分析以便及时制定和实施纠正措施,验证纠正措施的有效性,防止同类情况再次发生,以改进安全和防污染工作。

10. 确保与安全管理体系有关的所有文件和资料处于受控状态,以便对各类文件和资料进行控制。

11. 为了确保安全管理体系得以持续、有效地运行和改进,需定期对船岸进行监控检查、内部审核和有效性评价以及必要时的管理复查。

12. 保存所有安全和防污染活动的客观证据。

第十二章
轮机部文件与技术资料管理

轮机部文件与技术资料是供轮机人员掌握船舶建造质量、产品结构、工作原理、使用维修的技术要求，以及营运中发生的机损事故、处理措施等的重要依据，以便轮机管理人员对所管理的机电设备的技术状况做到心中有数，确保船舶的安全营运。

一、轮机部文件资料

（一）文件资料的种类

文件资料系指船舶建造、安装及各种试验的资料。主要包括船体部分文件资料和轮机部分文件资料两部分。

1.船体部分的文件资料

船体部分的文件资料主要有船体设计建造图纸及表格，其中包括船体总布置图、肋骨线型图、基本结构图、外板展开图、静水力曲线图以及重心、稳性计算等各种表格。了解掌握这部分资料，对于轴系及海损事故的分析及应急处理是极有利的。

2.轮机部分的文件资料

（1）设备证书，包括制造厂的保证书。

（2）规章制度，包括公司颁发的各种规章制度以及本船自定的规章制度。

（3）函件，包括上级的通知和指示。

（4）各类修船计划。

（5）航次报告等各项报告。

（6）备件、属具、材物料的领用计划、申领单、报销单据等。

（7）修理单。

（8）其他有关文件和船内联系报表、单据等。

（9）公用书籍、资料。

（二）文件资料的管理

1. 轮机长是轮机部档案的汇集建档和保管者。

2. 全部档案应建立清册。各项文件应按其内容性质分类立卷，且有目录附在卷首。

3. 不论发出文件的底稿或收入的文件，均须由轮机长审阅签署，注明日期，处理完毕后方能入卷。

4. 所有密件均需设立专卷，由轮机长亲自保管。

5. 除特殊情况外，档案一般不得外借，如因特殊原因借出档案，保管人必须取得借条并负责收回。

6. 档案内的文件部分存船5年，如无需要，可送公司保存。

二、轮机部技术资料

（一）技术资料的种类

1. 船舶资料簿。

2. 技术图纸。

3. 设备说明书。

4. 验船师检验报告。

5. 试验报告。

6. 化验报告。

7. 检修及测量记录。

（二）技术资料的管理

1. 技术资料保管由轮机长总负责，具体可按分工明细表同各主管轮机员分别负责保管。

2. 技术资料均应编号并记载在清册和清单中，轮机长应定期清点。

3. 若技术图纸和说明书有短缺，可申请公司设法补齐。

4. 轮机长应领导船员做好各种部件的测量和检修记录并负责核对，以保证其正确性。

5. 技术资料应保持完整和清洁，不得擅自外借。

6. 技术资料保管人在离职时，均应根据清单向接替人逐件点交。

三、机舱各种记录簿的使用、保管要求

1. 各种设备的出厂资料和新船试航资料应作为标准数据，是比较和计算的基点。

2. 注意记录的参数是在修理前还是修理后测量的，进行过何种修理，更换过何种备件。

3. 注意动力机械所用燃料和润料的种类、数量以及是否更换过型号。

4. 注意船舶是处于正常营运状态还是停航状态,以便分析参数是否与船舶状态相符。
5. 注意测量的时间、航区和季节,便于比较不同的环境条件。

第十三章

船舶油料、物料及备件的管理

第一节 ◎ 燃油的管理

一、燃油的主要性能指标

内河船舶所用燃油基本上有三种:轻柴油、重柴油和重油(燃料油)。燃油种类不同,其理化性能指标也不相同,对燃油系统及其维护管理工作的要求也不同。这些性能指标从不同方面反映了燃油的品质。根据其对柴油机工作的影响,这些指标大致可分为三类:影响燃油燃烧性能的指标有十六烷值、馏程、黏度和热值;影响燃烧产物成分的指标有硫分、灰分、沥青分、钒和钠的含量以及残炭值;影响燃油系统管理工作的指标有闪点、密度、凝点、浊点、倾点、水分和机械杂质等。

1.十六烷值

十六烷值是评定燃油自燃性能的指标。在标准四冲程柴油机上,将所试柴油的自燃性同正十六烷与 α-甲基萘(十六烷值为零)混合液相比较,当两者相同时,混合液中的正十六烷的容积百分数,即为所试燃料的十六烷值。十六烷值越高,燃油的自燃性能越好。

对燃油十六烷值的要求是要适当。十六烷值过高,燃油容易发生高温裂化而生成游离碳,使柴油机排气冒黑烟,并使燃油费用增加;十六烷值过低,会使燃烧粗暴,不易起动,低负荷运转性能不好。高速柴油机由于燃烧过程时间极短,对燃油的自燃性能要求较高,所用燃油的十六烷值为 40~60;中、低速柴油机燃烧时间较高速柴油机长,其十六烷值分别为 35~50、25~35。在实际中,一般燃油都能满足中、低速机燃烧的要求。特别是低速柴油机,在直接使用船用燃料油燃烧过程中不会有特殊困难。因此除轻柴油外,重柴油、燃料油在燃油规格中均不对十六烷值做出规定。

2. 馏程

馏程表示在某一温度下所能蒸发掉的百分数,它是燃油的蒸发性指标。轻馏分(250 ℃以下)蒸发快,容易与空气混合和发火,但轻馏分过多时将使柴油机工作粗暴;重馏分(350 ℃以上)蒸发慢,易使燃烧不完全而产生积炭。品质好的燃油应是轻馏分和重馏分都很少,而在250~350 ℃之内的中馏分最多,且馏分组成的温度范围较窄为好。

3. 黏度

燃油的黏度表示燃油自身流动时的内阻力,它是燃油最重要的特性之一。黏度过大,使雾化恶化,燃烧不良,流动和过滤困难;黏度过小,则会引起喷油泵柱塞偶件及喷油器针阀偶件因润滑不良而加剧磨损。

国际标准化组织(ISO)规定,以50 ℃时的运动黏度值(mm^2/s)作为燃油的黏度值。

燃油的黏度受其温度和压力的影响。压力升高,则黏度增大;温度升高,则黏度降低。典型船用燃油黏度随温度的变化关系可见图13-1。

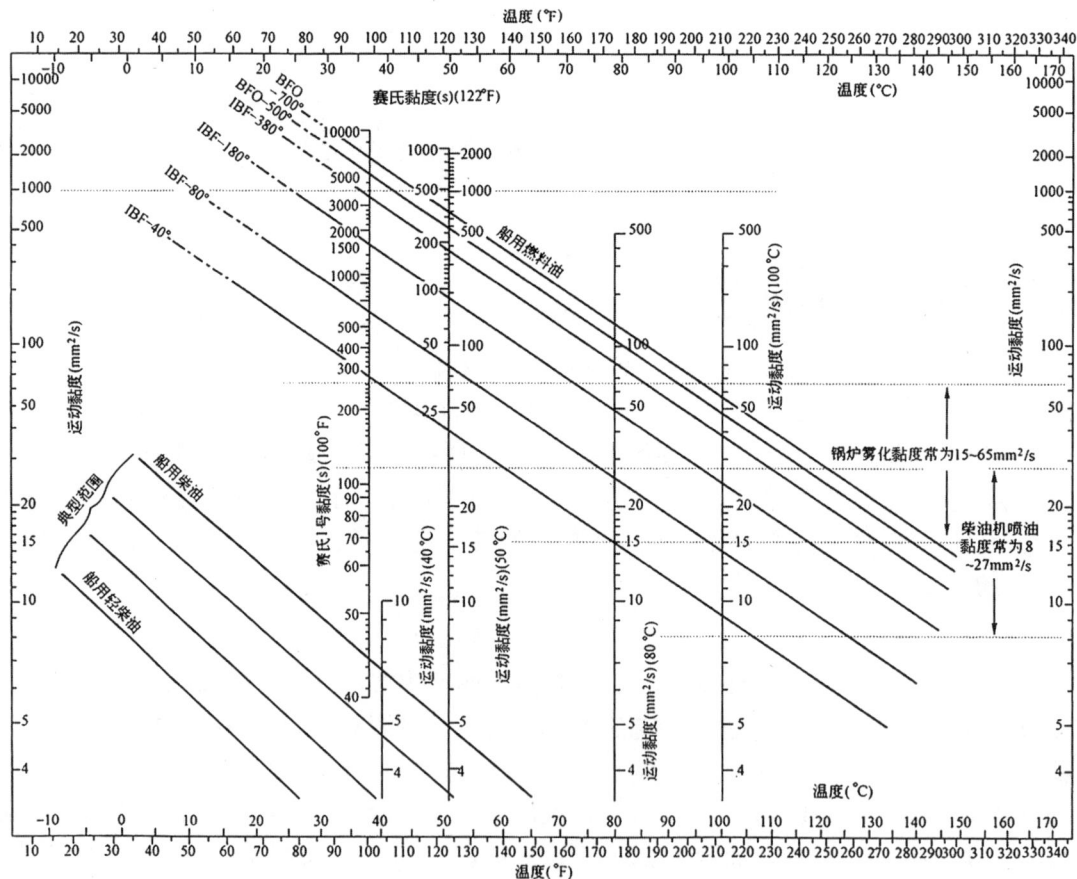

图 13-1　典型船用燃油黏温图

4. 热值

1 kg 燃油完全燃烧时所放出的热量称为燃油的热值或发热量。其国际单位是 kJ/kg。不计入燃烧产物中水蒸气的气化潜热的热值称为低热值,用 H_u 表示。

5. 硫分

硫分是指燃油中所含硫的质量百分数。燃油中含的硫是以硫化物的形成存在的,其危害有四:其一,液态的硫化物(如硫化氢等)对燃油系统的管道、容器及喷射设备产生腐蚀;其二,硫的燃烧产物 SO_3 和水蒸气(H_2O)在缸壁温度低于其露点时,会生成硫酸附着在缸壁表面,产生强烈的腐蚀作用,由于这种腐蚀只发生在低温条件下,故称为低温腐蚀;其三,燃烧产物 SO_3 能加速碳氢化合物聚合而结炭,而且此结炭很硬,不易除去;其四,燃烧后产生的 SO_2 是柴油机排放的主要有害成分。我国大气污染防治法已经发布,并于 2016 年 1 月 1 日正式实施。该法对船舶燃料油的要求是,内河和江海直达船舶应当使用符合标准的普通柴油。目前《珠三角、长三角、环渤海水域船舶排放控制区实施方案》正式生效。分 4 个阶段(4 年)完成目标,目前主要控制燃油含硫量达到<0.5%(质量分数 50ppm),到 2019 年年底达到<0.1%。

6. 灰分

燃油的灰分为在规定的条件下燃油完全燃烧剩余物的质量百分数。灰分中含有各种金属氧化物,易使燃烧室部件发生高温腐蚀和腐料磨损。

7. 残炭值和沥青分

残炭值是指燃油在规定实验条件下加热干馏最后剩下的残留焦炭占试验油质量的百分数。它表示燃油在燃烧过程中形成炭渣的倾向。气缸内结炭使热阻增大,引起过热和磨损,严重时造成柴油机部件损坏。

沥青分表示沥青占燃油质量的百分数。沥青很难燃烧,致使排气冒黑烟,易于在气缸中形成坚硬的炭垢及在喷油器喷孔处产生喇叭状积炭,使雾化变差。同时在正常分油温度下,沥青悬浮于油中不易分离。

8. 钒、钠含量

燃油中所含钒、钠等轻金属占其质量的百万分数,用 mg/L 表示。钒、钠燃烧后生成低熔点的化合物。缸壁和排气阀温度高于它们的熔点时,就会受到它们的腐蚀而损坏。这一腐蚀发生在高温区域,故称为高温腐蚀。

9. 闪点

燃油蒸气与空气的混合气同火焰接触而闪火的最低温度称为燃油的闪点。它是衡量燃油的挥发成分引起爆炸或火灾危险性的指标。闪点按测量器具和方法不同分为开口闪点和闭口闪点。开口闪点高于闭口闪点,常用的是闭口闪点。船用燃油闪点应不低于 60 ℃,重质燃油闪点高于轻质燃油。倾倒燃油或敞开燃油容器应在低于其闪点 17 ℃ 的环境温度下进行,以确保安全,防火、防爆。

10. 密度

燃油的密度是在一定温度时单位体积的质量,常用单位是 kg/m³ 或 g/cm³。燃油在 20 ℃ 时的密度称为标准密度。

密度对燃油的管理有很大意义。其一,在装载燃油时应根据密度和油舱容积计算燃油的装载量;其二,根据燃油密度正确选择分油机比重环,一般分油机只能净化密度小于 0.991 g/cm³ 的燃油;其三,由于喷油泵的喷油量是以容积为基准的,所以更换不同密度的燃油时,应适当调整油泵的油量调节机构。

11. 凝点和浊点

燃油冷却到停止流动时的最高温度称为凝点。燃油在标准条件下冷却至开始呈现混浊时的温度称为浊点。一般燃油的浊点高于凝点 8.5 ℃。当燃油的温度低于浊点时,从燃油中析出的石蜡结晶将使滤器堵塞,供油中断。从使用的角度看,浊点比凝点重要。燃油的浊点至少应比使用温度低 3~5 ℃。

12. 机械杂质和水分

燃油中所含不溶于汽油或苯的固体颗粒或沉淀物的质量百分数称为机械杂质。燃油中的机械杂质不能燃烧,容易造成供油管路、滤器和喷油器喷孔堵塞,并使喷油泵和喷油器产生严重磨损。

燃油中的水分以容积百分数表示。水分会降低燃油的热值,并容易破坏正常的发火。

二、燃油的种类及牌号

船舶柴油机所使用的燃油有轻柴油、重柴油、重油(船用燃料油),目前我国内河船舶主要燃用轻柴油。

我国生产的轻柴油有国家标准规定。轻柴油按照其凝点的不同分为 10 号、0 号、-10 号、-20 号和 -35 号五个等级,也就是说它们的凝点分别高于 10 ℃、0 ℃、-10 ℃、-20 ℃ 和 -35 ℃。所以选用轻柴油要根据当地冬天最低环境温度而定,一般最低环境温度应高出凝点温度 5 ℃ 以上。

三、燃油的加装

(一)加油前的准备工作

1. 加油前派专人测量油舱、油柜的存油量,并做好记录。尽可能清舱、并舱,以免因新旧燃油不相溶而引起沉淀,并与大副商定,配合吃水安排好加油舱位、数量。用于补加燃油的油舱、油柜最好是空的,并抽空燃油溢油柜的存油。

2. 检查船上甲板两舷燃油注入管上的防止超压设施。(如安全阀作为防止超压设备,则该阀的溢油应排至溢油舱或其他安全舱柜中。)

3. 检查受油舱、受油柜的甲板透气管是否畅通,并在透气管处放置盛油器和吸油物品以防溢油,出口阀应处于正确的开启或关闭位置。堵塞甲板上的所有流水孔。

4. 在油气可能扩散的区域,挂醒目的"禁止烟火"警告牌,注意防火防爆。

5. 供油船靠妥受油船后,受油船应按港口规定,在加油过程中悬挂"B"字旗,夜间开亮桅顶灯。

(二)加油前的必备条件

1. 供方代表应向受方代表递交加油申请确认表、油舱测量确认表、船舶供受燃油防污染检查表及确认书。

2. 供受油双方必须按照相关要求,对船舶供受燃油防污染检查表所列项目逐一进行检查。经双方确认符合要求时,填好确认表。

3. 加装前和供油人员商定供油速度和联络信号,以船方为主,双方切实执行,以免发生跑油事故。

4. 加油期间严禁气、电焊明火作业,以防火灾。

(三)加油过程的安全注意事项

1. 装油时应有专人负责值班,做到勤测算、及时调换舱位。换油舱时要先开后关阀门,防止油压突增,造成油管破裂。要根据加油速度估算加油量,如发现油位上升过慢等异常情况,应立即通知停装,待查明原因后才能通知继续装油,严防跑油和错装。

2. 油舱不能装得过满,以免加热温度升高后油液膨胀而发生溢油事故。

3. 停止装油后,应关闭有关阀门。拆卸输油软管前要事先用盲板将管口封妥,倒吸管内存油或采取其他措施,防止管内存油倒流入海。要重新测算各油舱实际存油量,并上供油船测量油位,核对加油数量,索取油样。油样应具有代表性,应于双方在场时取,取妥后当场铅封,双方各留一瓶,以备有问题时交有关单位化验,进行交涉索赔。封妥的油样要妥善保存至该油品留船量全部用完为止,并且所有油样自取样日起至少保存60天。

4. 受油方代表确认供油方在加油前后所有油舱的测量数据无误后,应在供油方代表备妥的加油签收单上确认签字。

5. 供油方和受油方单独或共同申请加油公证时,双方都应允许公证人员对供受油船的所有油舱和油柜的油位、油温进行测量或对流量计计量数值进行核准。申请加油公证时的加油数量,应以公证人员的测量数据或计算出的加油数量为准。

四、燃油的测量、驳运、净化及使用

1. 燃油的测量

燃油的测量可通过各燃油舱柜的测量孔进行,若燃油舱柜装有测深仪表,也可通过测深仪表测量。测出液位高度后,对照舱容表并经过船舶吃水差修正,可查出燃油的体积,再乘上燃油的密度,就可算出油舱的存油量。

2. 燃油的驳运

燃油管系中设有驳运泵和调驳阀箱,可以将燃油在油舱之间进行调驳,以便更好地控制各油舱存油量,并且可以以此调整船舶浮态。

3. 燃油的净化

燃油的净化主要有重力沉淀、滤器过滤和离心分离三种方法。

燃油在油柜中储存的同时进行重力沉淀。为保证沉淀效果,要使燃油在油柜中有足够的停留时间,则应控制油柜的液位始终在3/4以上,并且定期对油柜进行放残。

滤器过滤是最为普遍的净化手段,滤器过滤杂质后会出现滤芯脏堵,要定期清洗。滤器脏堵情况可以通过滤器进、出口的压力表压差来判断:若压差增大超过正常值,表明滤器已脏堵,需立即清洗;若无压差或压差变小,表明滤器滤网破损或滤芯装配不对,需立即拆卸检查。

分油机是净化效果最好的设备，一般设置1~2台，可以根据油中含水分和杂质的数量来决定分油机的使用情况。分油机可单独工作，也可串联或并联工作。设有分油机的船舶，在从油舱向日用油柜中调驳时，必须经过分油机。

4. 燃油的使用

燃油使用中，每天都要将燃油消耗情况准确无误地记入轮机日志，有流量表的要定时记录流量表读数。

主管轮机员还应在加油前后、抵离港及长航中间测量燃油存油量，也可定期进行。存油量要记录在燃油存量记录簿中，轮机长要定期检查并签字确认。

第二节 ◉ 滑油的管理

一、润滑油的主要性能指标

润滑油的性能指标主要有黏度、黏度指数、闪点、凝点、残炭、灰分、酸值（总酸值与强酸值）、腐蚀性、抗氧化安定性、热氧化安定性、总碱值、抗乳化度、机械杂质和水分等十余种。这些指标均按国家规定的试验方法进行测定。它们基本上反映出滑油品质的优劣，对船舶选择和使用滑油有着重要作用。上述指标中有些与燃油性能指标相同，以下仅介绍滑油特有的一些指标。

1. 黏度和黏度指数

黏度是滑油最重要的指标。它在很大程度上决定着两个摩擦表面间楔形油膜的形成。滑油的黏度随温度的升高而降低，这种性能称为滑油的黏温特性。船舶航行在不同季节和不同纬度时，柴油机在冷车起动和正常运转时，滑油的工作温度会不同，其黏度的大小也不相同，这对保证可靠的润滑影响很大。因而仅以测定温度下的黏度来判断滑油的品质是不够的，还必须注意黏度随温度的变化规律。黏温特性常用黏度指数（VI）来说明，黏度指数越大，说明该油品温度变化时其黏度变化越小。

2. 酸值和水溶性酸或碱

滑油中的酸可分为有机酸和无机酸两种。少量的有机酸，对金属无多大腐蚀作用，反而能增加滑油的油性以保持较好的边界润滑性能。当其含量较多时，就会对一些轴承材料（有色金属及其合金，特别是铅）产生腐蚀作用。无机酸指硫酸，它对金属有强烈的腐蚀作用。滑油中一般不允许有硫酸存在，新鲜滑油中可能含有的硫酸是在精制过程中经酸洗和中和后残留下来的；使用中的滑油由于含硫燃油的燃烧产物漏入曲轴箱而可能出现硫酸。

我国用酸值表示滑油中的有机酸含量，用水溶性酸或碱表示无机酸或强碱的有无。酸值用中和1 g滑油中的酸所需要的氢氧化钾毫克数来表示，单位为 mgKOH/g。水溶性酸指能溶于水的无机酸（强酸）及低分子有机酸，这种酸几乎对所有金属都有腐蚀作用；水溶性碱指在油品加工时碱洗剩余物或贮存中因污染而生成的碱，它对铅有腐蚀作用。水溶性酸或碱只说明油品呈酸性或碱性,仅用于定性检查。

3. 抗乳化度

海水或淡水漏入滑油经搅拌后使滑油形成乳浊液并生成泡沫,这个过程叫乳化。乳浊液影响润滑性能,加速滑油变质,并在两相界面上吸附机械杂质,污损摩擦表面,加剧部件磨损。滑油的抗乳化度是指滑油在乳化后自动分层(油层和水层)所需的时间(min),即滑油的破乳化时间。破乳化时间短,抗乳化度就好,反之则差。

4. 腐蚀度

腐蚀度用来衡量高温条件下工作的滑油在与氧气充分接触时,对金属(铅)的腐蚀程度。它是柴油机滑润油的一个重要指标。现代柴油机中的铜、铅等合金轴承材料对腐蚀十分敏感,只要滑油中有少量酸就能严重腐蚀轴承。我国标准规定腐蚀度试验用"品克维奇"法,即把试验油加热到 140 ℃,用特制的一定面积的金属片以每分钟 15~16 次的速度交替地浸在油中和露置在空气中,经过 50 h 后,测定金属片每平方米减少的重量(g/m^2)。金属片减少重量越多,滑油的腐蚀性越强,品质越差。

5. 热氧化安定性和抗氧化安定性

这两个指标都用来衡量滑油在使用条件下抵抗空气氧化的能力,只是试验方法和应用对象不同。前者,属于薄油层在高温条件下氧化试验,用氧化形成漆膜所需时间(min)来表示。我国标准规定使用"巴包克"法,系指在规定的高温 250 ℃ 条件下,空气自由流过薄油层试验油,测定试验油由氧化而生成 50% 的漆状物所需时间(min),用此时间来评定试验油的热氧化安定性。这种试验方法是模拟气缸壁上的油膜工作条件的,适用于柴油机润滑油。抗氧化安定性属于较低温度条件下的厚油层氧化试验,用氧化后生成的沉淀物酸值来表示。按我国规定,该试验方法系指在 125 ℃ 条件下,向试验油中通入一定流速的空气或纯氧 4 h 或 8 h,分别测定试验油氧化后生成的沉淀物(%)和酸值(mgKOH/g)。如氧化后沉淀物少、酸值小,则试验油的抗氧化安定性好。这种试验方法模拟液压系统中滑油的工作条件,故用于液压油和透平油等品种。

6. 总碱值

总碱值表示滑油碱性的高低。它的单位和酸值相同,也用 mgKOH/g 表示,但意义不同。总碱值表示 1 g 滑油中所含碱性物质相当于氢氧化钾的毫克数。天然矿物油本身无碱性,只有加入碱性添加剂后才呈现碱性。在使用过程中,由于添加剂的损耗,总碱值会逐渐降低。

7. 浮游性

浮游性表示用含添加剂的滑油清洗零件表面胶质炭渣,使之分散为小颗粒而悬浮携带的能力。通常是在专用试验机上在规定条件下进行一定时间的试验,然后根据活塞的漆膜情况,按 0 到 6 七个级别进行评定。0 级为活塞非常清洁,没有漆膜形成;6 级为严重脏污,活塞完全为漆膜覆盖。

8. 抗泡沫性

抗泡沫性表示在规定试验仪器内以专用泡沫头并通入一定数量的空气,测量试验油的起泡沫体积和消泡沫时间。滑油在运转时受激烈搅动,使空气混入油中形成泡沫。泡沫过多,除损失滑油外,还会使油泵和轴承引起空泡腐蚀,润滑效能降低,造成轴承烧毁。

二、润滑油种类及选用

（一）曲轴箱油

曲轴箱油又叫柴油机油或系统油。通常,曲轴箱油主要是对柴油机曲轴箱内各轴承润滑,在筒形活塞式柴油机中还可兼作气缸润滑油(飞溅润滑)和活塞冷却液,有时它还用作液压控制油。这种润滑油在使用中的最大特点是循环使用,因而它在使用中将逐渐污染变质,所以对曲轴箱油的要求较高。

1. 高温工作时的清净性。在高温下应能保证各种沉淀物不黏附在机件上而应悬浮在油中。

2. 热氧化安定性好。

3. 有足够的碱性。要求能中和劣质燃油燃烧后产成的硫酸。一般要求 TBH = 22~34 mgKOH/g。

4. 黏度要求较高。在选用曲轴箱油时,应首先根据制造厂的推荐牌号选用曲轴箱油。若无法获得推荐牌号滑油,可选用一种与推荐用油的黏度等级和质量等级相近的滑油,而且要注意不可随意与其他油品混兑。

（二）透平油

透平油在柴油机中主要用来润滑废气涡轮增压器和调速器,也可代替液压油用于舵机和起重机的液压系统,还可代替齿轮油用于轻负荷的齿轮箱。对这种油的要求是:有良好的抗氧化安定性,能长期使用而不生沉淀;抗腐蚀性强,应能防止金属表面腐蚀;抗乳化性能好,容易与水分离;因润滑齿轮,故要求边界润滑性能(油性)好;黏度的等级多,以便于选择。

三、润滑油变质的原因与危害

曲轴箱油在循环使用中其性质不可避免地会发生变化。当它变化到不能满足使用要求时需进行处理与更换。在正常使用条件下,润滑油变质速度较慢,如管理不当、操作失误或长期工作不良,润滑油变质速度就会加快。

（一）润滑油变质的原因

润滑油变质原因虽然很多,但主要有混入外来物和滑油本身氧化两类。

1. 混入外来物:混入的外来物主要有淡水和海水,灰尘、各种金属磨屑和焊渣等硬质颗粒,油漆、石棉和棉纱等软质杂物,燃油和气缸中的燃烧产物等。

(1)海水或淡水混入会使润滑油乳化,破坏其润滑性能,腐蚀金属表面,加速部件磨损,同时还能加速润滑油的氧化,使润滑油过早变质。

(2)燃油漏入会改变润滑油的黏度和降低闪点。一方面使润滑油难以形成油膜,另一方面使曲轴箱内存积大量油气,易引起曲轴箱爆炸。

(3)燃烧产物漏入润滑油中将使润滑油的酸值和炭渣增加,燃烧产物中的硫酸与滑油反应生成含硫和氧的固体沉淀物,加速润滑油的变质。这一现象在筒形活塞式柴油机中尤为明显。

2.本身氧化:润滑油在使用条件下与空气接触将逐渐氧化而生成有机酸、酚、酯类及多种不溶于油的沉积物,导致润滑油的变质。此时润滑油的颜色变深、变暗,总酸值增加,黏度和密度增加。润滑油在正常工作温度(不超过 65 ℃)下,氧化并不明显。但下列三项因素将加快其氧化过程。

(1)工作温度过高。如活塞环密封不良,润滑油被燃气加热,温度升高。又如轴承因某种原因发生过热,也会使油温升高。

(2)空气进入滑油。当氧浓度(气压)高时,滑油氧化加快。润滑油与空气接触表面积大,润滑油氧化也加快。柴油机的平均有效压力越高,润滑油工作时所受的压力就越大,油中的气泡所受压力也越大,则润滑油的抗氧化性能应该更好。

(3)催化剂作用。如果油内有氧化催化剂存在,氧化将加快。铜的磨损微粒催化作用特别强,铁的磨损微粒和铁锈也是很活泼的催化剂,铅有时也有很强的催化作用。此外,油本身的酯、胶质等氧化产物也有加快氧化的作用。因此,应持续不断地将淤积物(油泥)分离出去。

(二)润滑油变质的危害

1.润滑油变质后,易在柴油机部件表面生成积炭、漆膜、油泥,使柴油机易产生爆震,造成材料局部过热、烧熔、黏环,活塞过热卡死等故障。

2.润滑油变质后,由于润滑油中酸性物质和不溶性物质增加,润滑性能变坏,造成磨损和腐蚀加剧。

3.润滑油变质后,会使润滑油的黏温性和冷态起动性能变差,甚至造成破坏性故障。

四、润滑油的检查方法

为了能及时掌握润滑油变质规律以便相应采取有效的措施,需对曲轴箱润滑油进行定期检验。通常,有以下几种方法。

(一)经验法

根据轮机人员的使用经验,通过对曲轴箱油的直观检查,如摸(黏性)、嗅(气味)、看(颜色)以及检查滑油分油机中的沉积油泥,观察溅在曲轴箱壁面上的滑油颜色、活塞冷却腔内的积炭等,可大致定性判断滑油的变质情况。

(二)油渍试验法

这种方法是把待检滑油滴在特殊试纸上,待该油滴干燥后,将其扩散状况和颜色的变化与提供的标准图像(或新油的扩散和颜色)比较,可大致判断滑油的变质情况。如油渍中心黑点较小,颜色较浅,四周黄色油渍较大,则表明滑油仍可使用;如黑点较大,且黑褐色均匀无颗粒,则表明滑油已变质。

(三)化验法

化验法可对滑油性能进行定量分析。由轮机人员在船舶上取出油样,送交陆地实验室(通常为油品供应商)进行定量化验分析,轮机员可根据化验分析单进行综合分析并决定处理措施。通常,化验分析单上已有对滑油的分析结论及相应的处理措施。

曲轴箱油应在使用中每隔 3~4 个月取油样化验一次。所取油样应有代表性,一般应在滑油进入滑油分油机(或滤器)前取样,而且最好在进港前运转中取样。取样时应使用专用取样瓶并放掉两倍于取样旋塞管路中的存油,以消除旋塞管路中的杂质。取样瓶应加以密封并注明使用累计小时等项目参数。取样时,要做记录,记下取出试样的年月日、油样取处和时间、柴油机的功率和转速、滑油压力和温度、滑油品种和牌号、从更换新油到取样时柴油机的运转时间、所用的燃油以及轴承的腐蚀和磨损等情况。经过长期而反复地工作,就可以找出滑油变质的规律,从而正确地确定滑油使用期限。

目前,化验项目及各指标允许限值还没有统一标准,一般多由各油公司拟定。化验项目和允许各指标变化限值大致为:

1. 黏度

使用中的滑油,其黏度可能降低(混入柴油)或增高(混入重油或自身氧化)。一般认为,滑油黏度变化不得超过初始值的20%。

2. 总酸值

滑油自身氧化和燃烧产物中的酸性产物漏入均会使总酸值增高。总酸值的变化速度比其绝对值更为重要,因为它可以说明滑油是否有迅速恶化以及产生沉淀物和变黑的倾向。总酸值有一个缓变时期,缓变后期总酸值可能增加很快。通常,若总酸值变化迅速,则此值不允许超过 2.5 mgKOH/g;如总酸值变化缓慢,则可允许为 4 mgKOH/g;但若出现强酸值,则只允许总酸值达到 2.5 mgKOH/g。

3. 强酸值

燃烧产物中的酸性物质漏入将造成强酸值增加。正常使用的滑油不允许出现强酸值,如出现强酸值,应引起足够重视,立即查明原因,采取有效措施(如水洗等)。

4. 总碱值

滑油在使用中,随着碱性添加剂的消耗,总碱值逐渐减小。不允许总碱值为零或出现强酸值。

5. 水分

滑油中的水分系由冷却系统泄漏所致。当水分超过 0.5%时,应查明原因,同时用滑油分油机予以处理。

6. 盐分

海水漏入滑油会出现盐分,盐分具有腐蚀作用。应查明原因,采取处理措施。水洗法可排除盐分,但应考虑滑油中的添加剂是否溶于水。

7. 沉积不溶物

不溶物含量是表示润滑油被杂质污染和滑油本身氧化程度的指标。滑油中的沉积不溶物包括燃烧产物、磨屑、铁锈和氧化物等,这些污染物会使滑油黏度增加并生成泥渣。

使用纯矿物滑油并具有连续分离净化设备的十字头式柴油机,其滑油的沉积不溶物一般不超过 0.5%;若超过 1%,说明滑油污染严重。使用添加剂滑油的筒形活塞式柴油机,其滑油的沉积不溶物允许高达 3%,因为此种滑油具有悬浮携带固体微粒的能力。

8. 闪点

燃油漏入将降低滑油的闪点。一般,当闪点降低 40 ℃或更多时,应查明原因。在分析以上化验指标时,应综合分析各指标变化,不应只强调某一指标的变化。

第三节 ◉ 物料的管理

一、物料的种类

物料是指各种用品。船舶物料的种类繁多,一般分为:

1. 燃润油料及水,包括各种燃料、润滑油、润滑油脂和蒸馏水。

2. 黑白金属,包括各种型钢、钢板、无缝钢管、焊接钢管、镀锌钢管、优质碳素钢材等。

3. 有色金属,包括有色金属原材及合金、紫铜材、黄铜材和铅、铝、锌材等。

4. 金属制品,包括各种阀件、管路接头、螺母、螺栓、垫圈、开口销、焊接材料等。

5. 化学品,如各种化学原料、添加剂、试剂、油漆、清洁剂等。

6. 电工材料。

7. 各种工具。

8. 仪器仪表。

9. 安全设备、劳保用品。

10. 垫料、橡胶及纤维品。

11. 各种杂品。

二、物料的保管

为保证物料存储的安全和计划使用,避免丢失和浪费现象的发生,根据物料的化学性质、价值和使用对象,一般分别集中储存。如设有电器物料存储间、易燃易爆物料存储间、易耗物料存储间等。轮机部物料一般由大管轮负责总管。可根据船舶类型和船员配员情况指派轮机人员分别负责不同物料的具体保管工作。

第四节 ◉ 备件的管理

一、备件的管理

(一)备件的作用

轮机部的备件是指船舶主机、副机、辅机以及电气设备的备用零部件。备件一般有固定备件和零配件之分。固定备件是指针对主要设备的备件、船级社提出最低限度要求的备件。其常为重要的且价格昂贵的部件,如主机缸套、活塞连杆机构、缸盖等,这种备件一般由造船厂出厂时提供或由公司按修理计划配置,平时不能申领。零配件是指经常使用的易损件,如活塞环、轴瓦、燃油喷射系统偶件等。

（二）船舶备件管理

1. 固定备件由轮机长造册,零配件由大管轮造册。重大备件消耗应说明设备损坏原因。

2. 备件申请时,申请单必须准确注明机型、出厂号、名称、备件号、规格和数量。

3. 各种备件由主管轮机员负责保管,并根据消耗情况填写备件清册,半年统计一次,列出清单交轮机长审查上报公司。

4. 零配件要分门别类、井井有条地放在专门的备件间,备件间要干燥、通风良好。

5. 尚能使用的旧件应登记入册,注明质量、规格和成色,并与新备件分开保管。

二、备件的申请与订购

（一）备件申领计划的制订

制订备件的申领计划时,必须根据设备的保养检修计划、备件定额、船存数量和实际技术状况,并结合实船管理水平和消耗规律进行认真研究,由各主管轮机员提出,大管轮汇总,经轮机长审核后及时上报公司,以便在日常管理中或设备修理时,有足够的备件供更换使用。这就要求:

1. 设备的保养检修计划要准确、细致

设备的保养检修计划是领取备件的重要依据,必须准确、细致才能够保证备件的申领计划完整合理,既不致造成品种不全、数量不足,使设备失修失养;又不会积压和浪费。

2. 全面掌握管理人员的管理水平

管理人员的管理水平与机电设备的使用寿命和零部件的磨损速率有很大关系,技术水平低,就不能及时发现和排除隐患,以致造成设备故障或机损事故,或者保养检修质量差,使零件提前过度磨损,使备件的需求量增加。

3. 掌握机械零件的磨损规律和使用寿命

零部件的使用寿命与其磨损规律有关,掌握了零部件的磨损规律后,就可推断出零部件的使用寿命。因此,在制订备件和物料的申领计划时,一定要考虑到磨损规律和使用寿命,以便更准确地申领。

（二）备件的申领

备件的申领由主管轮机员提出并填写备件申请单,由轮机长审核,公司负责采购供船。备件申请单具体应包含以下内容:

1. 所属设备的制造厂名、机型和出厂号。

2. 备件名称、编号、规格。

3. 船存数量和申请数量。

4. 备件或物料需要的时间。

【实操训练】

燃油加装及测量模拟训练

一、加油人员工作分配

1. 值班轮机员负责通知驾驶员挂"B"旗,亮红灯。

2. 大管轮负责通知水手长堵甲板下水孔,准备好防污染用具,检测加油舱室(是否到指定油舱)。

3. 三管轮负责向供油方发送加油起、停泵信号,加油管路连接与拆除,加油期间取油样。

4. 二管轮负责:

(1)张贴加油计划;

(2)测量供油方油量(掌握两船吃水差以便于计算加油量)、加油型号、油质(是否含水),约定加油速度与加油期间起、停信号;

(3)现场指挥加油速度,加油起、停(随时与大管轮联络更换加油舱室),测量加油量。

二、情景模拟

船舶在港停靠时,驾驶员通知轮机部加油船来了,开始准备加油。

三、训练内容

驾驶台通知加油船靠好,准备加油。

(一)加油前准备

1. 轮机长负责指挥整个加油工作,所有轮机员现场配合。

2. 大管轮负责联系驾驶员挂"B"旗,亮红灯;通知水手长堵甲板下水孔,准备好防污染用具。

3. 二管轮负责张贴加油计划,联系加油船,商定起、停信号。

4. 三管轮准备加油管路。

(二)加受油过程

1. 二管轮负责加油现场协调指挥。

2. 大管轮负责监视燃油进舱情况。

3. 三管轮通知加油船起、停,全程提取油样。

(三)加油结束

1. 二管轮实测加油量,并向轮机长汇报。

2. 三管轮拆除加油管。

3. 轮机长核对加油单据并签字。

4. 大管轮通知驾驶台加油结束。

第十四章
内河船舶轮机团队管理

第一节 ● 船上人员管理

内河船舶船员的职业素质和技术技能,直接影响着水上人命、财产和水域环境的安全。政府应通过制定相应的法规来加强对内河船员的管理,从而有效控制船员的身份、职业素质和行为。

中华人民共和国海事局是我国船员管理的主管机关,通过对船员服务簿,培训、考试和发证,安全配员及值班标准等立法来管理船员。船员服务簿用以加强对船员的监督管理,核定其在船上的服务资历;培训、考试和发证用以控制船员的技术素质;安全配员规定用以确保船舶在航行和停泊时,配有数量足够的合格船员以保证船舶作业和安全;内河船舶船员值班标准用以加强船员值班管理。

一、船员服务簿

船员服务簿是记录船员本人的在船服务资历、违法记分以及参加有关专业训练和体格检查情况的证件,是船员申请考试、办理职务晋升和换证(船员适任证书)的证明文件之一。要求凡在 100 总吨及以上和主推进动力装置 300 kW 及以上的船舶上工作的现职船员都要办理。

船员服务簿"任职和解职记载"栏的各项内容,都必须正确无误,不得谎报或涂改,对由船长负责填写的栏目,船长应认真负责。签发机关如发现谎报或涂改任职和解职记载的各项内容,可收回、注销该船员的船员服务簿,并责令该船员写出检查后,方可申请新的船员服务簿。并可同时对该船员进行相应的处罚。

二、船员培训、考试和发证

中华人民共和国海事局是全国船员考试、发证的主管机关,负责监督实施船员考试和发证工作,监督指导船员专业训练。船员适任证书由中华人民共和国海事局统一印制,正式授权官员署名签发,有效期最长不超过 5 年。

第二节 ◉ 树立团队精神

一、团队与团队工作

船舶是一个整体,船员是一个团队,整体有整体的大局,团队有团队的利益,任何个体只有依托整体和团队才能有效发挥其作用。一个没有组织纪律性、没有服从意识的船员,即使他的能力再强,也势必会给船舶的整体工作带来危害;一个没有团队精神的船员,只能致使船舶产生不和谐的工作局面。这方面的教训是极为深刻的。

(一)团队的含义

所谓团队,指的是具有不同知识、技术、技巧、技能,拥有不同信息,相互依赖紧密的一流人才所组成的一种群体。

1.目标

团队应该有一个既定的目标,为团队成员导航,使其知道何去何从。没有目标,这个团队就没有存在的价值。

2.人

人是构成团队最核心的力量。3 个(包含 3 个)以上的人就可以构成团队。

3.团队的定位

团队的定位包含两层含义:(1)团队的定位,团队在组织中处于什么样的位置,由谁选择和决定团队的成员,团队最终应该对谁负责,团队应该采取什么方式激励下属;(2)个体的定位,作为成员在团队中扮演什么样的角色,是制订计划还是具体实施或评估。

4.权限

团队当中领导人的权力大小跟团队的发展阶段有关,一般来说,团队越成熟,领导者所拥有的权力应越小;在团队发展的初期,领导权是相对比较集中的。

5.计划

计划包含两层含义:(1)目标最终的实现,需要一系列具体的行动方案,可以把计划理解成目标的具体工作程序;(2)提前按计划进行可以保证团队工作顺利进行。只有在计划的引导下团队才会一步一步地贴近目标,从而最终实现目标。

（二）高绩效团队

高绩效团队除了具备上述 5 个基本要素外，还应当具备以下一些特征。

1. 清晰的目标

高绩效团队对所要达到的目标有清晰的了解，并坚信这一目标包含着重大的意义和价值。而且，这种目标的重要性还激励着团队成员把个人目标升华到群体目标中去。

2. 充分的人际技能

高绩效团队的成员之间的角色是经常发生变化的，这就要求团队成员具有充分的人际技能，即勇于面对并协调成员之间的差异。由于团队中的问题和关系时常变换，成员必须能面对和应付这种情况。

3. 相互的信任

成员间相互信任是高绩效团队的显著特征，也就是说，每个成员对其他人的品行和能力都确信不疑。而信任这种东西是相当脆弱的，它需要花大量的时间去培养而又很容易被破坏。而且，只有信任他人才能换来他人的信任。

4. 一致的承诺

高绩效团队成员对团队表现出高度的忠诚和承诺，为了能使团队获得成功，他们愿意去做任何事情。我们把这种忠诚和奉献称为一致的承诺。

5. 良好的沟通

良好的沟通是团队一个必不可少的特征。团队成员之间以他们可以清晰理解的方式传递信息，包括各种语言和非语言信息。此外，良好的沟通还表现在管理者与团队成员之间健康的信息反馈上，这种反馈有助于管理者对团队成员的指导，以及消除彼此之间的误解。

6. 成员的工作自主性和精神状态

在高绩效团队中，成员被分配了合适的角色，并对其工作具有一定的自主权。成员有较强的工作动机和良好的精神状态，充满自信和自尊。目前，一些非传统型企业实行灵活的工作时间制度，正是为了充分调动员工的工作自主性和精神状态。

7. 有效的领导

高绩效团队的领导者能为团队建立愿景，指明前途，鼓舞成员的信心，帮助他们更充分地挖掘自己的潜力。

8. 内部支持和外部支持

高绩效团队必须有一个支持环境。从内部条件来看，团队应拥有一个合理的基础结构，其中包括：适当的培训，一套清晰而合理的测量系统用以评估总体绩效水平，一个报酬分配方案用以认可和奖励团队的活动，一个具体起支持作用的人力资源系统。恰当的基础结构应能支持团队成员，并强化那些取得高绩效水平的行为。从外部条件看，管理层应该给团队提供完成工作所必需的各种资源。

（三）团队成员的角色及作用

"天生我材必有用"讲的是人们在人类社会活动过程中，任何人都会有自己的价值和贡献。其实,团队中的各种成员更是如此。从团队成员的性格和行为的角度,可以将团队成员分成如下8种类型,如图14-1所示。

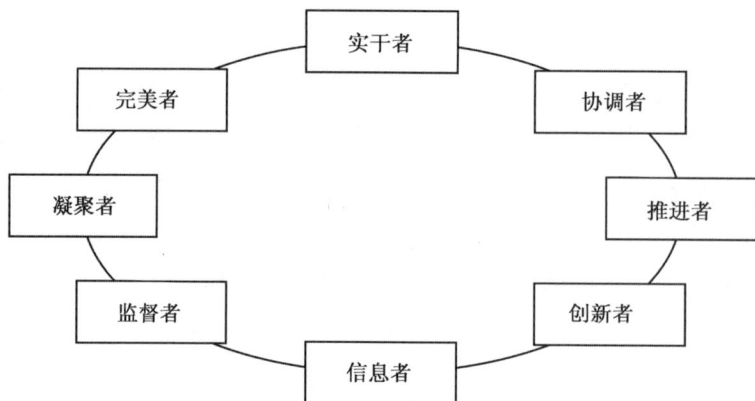

图14-1　团队成员的角色类型

以下分别从角色描述、典型特征、作用、优点、缺点几个方面简单分析一下这8种角色。

1. 实干者

角色描述:实干者非常现实,很传统甚至有点保守。他们崇尚努力,计划性强,喜欢用传统的方法解决问题。实干者有很好的自控力和纪律性,对团队忠诚度高,为团队整体利益着想而较少考虑个人利益。

典型特征:有责任感,高效率,守纪律,但比较保守。

作用:由于其可靠、高效率及处理具体工作的能力强,因此在团队中作用很大。实干者不会根据个人兴趣而是根据团队需要来完成工作。

优点:有组织能力,务实,能把想法转化为行动;工作努力,自律。

缺点:缺乏灵活性,可能会阻碍变革。

2. 协调者

角色描述:协调者能够引导一群不同技能和个性的人向着共同的目标努力。他们代表成熟、自信和信任,办事客观,不带个人偏见;除权威之外,更有一种个性的感召力。其在团队中能很快发现各成员的优势,并在实现目标的过程中妥善运用各成员的优势。

典型特征:冷静,自信,有控制力。

作用:擅长领导一个具有各种技能和个性特征的群体,善于协调各种错综复杂的关系,喜欢平心静气地解决问题。

优点:目标性强,待人公平。

缺点:个人业务能力不会很强,比较容易将团队的努力归为己有。

3. 推进者

角色描述:推进者做事说干就干,办事效率高,自发性强,目的明确,有高度的工作热情和成就感;遇到困难时,总能找到解决方法;推进者大都性格外向并且干劲十足,喜欢挑战别人,好争执,而且一心想取胜,缺乏人际间的相互理解,是一个具有竞争意识的角色。

典型特征:具有挑战性,好交际,富有激情。

作用:推进者是行动的发起者,敢于面对困难,并义无反顾地加速前进;敢于独自做决定而不介意别人的反对。推进者是确保团队快速行动的最有效成员。

优点:随时愿意挑战传统,厌恶低效率,反对自满和欺骗行为。

缺点:有挑衅嫌疑,做事缺乏耐心。

4. 创新者

角色描述:创新者拥有高度的创造力,思路开阔,观念新,且富有想象力,是点子型的人才。他们爱出主意,其想法往往比较偏激和缺乏实际感。创新者不受条条框框约束,不拘小节,难守规则。

典型特征:有创造力,个人主义,非正统。

作用:提出新想法和开拓新思路,通常在项目刚刚启动或陷入困境时,创新者显得非常重要。

优点:有天分,富有想象力,智慧,博学。

缺点:好高骛远,不太注重工作细节和计划,与别人合作本可以得到更好的结果时喜欢过分强调自己的观点。

5. 信息者

角色描述:信息者经常表现出高度热情,是反应敏捷、性格外向的人。他们的强项是与人交往,在交往过程中获得信息。信息者对外界环境十分敏感,一般最早感受到变化。

典型特征:外向,热情,好奇,善于交际。

作用:有与人交往和发现新事物的能力,善于迎接挑战。

优点:有天分,富有想象力,智慧,博学。

缺点:当初的兴奋感消逝后,容易对工作失去兴趣。

6. 监督者

角色描述:监督者严肃,谨慎,理智,冷血质,不会过分热情,也不易情绪化。他们与群体保持一定的距离,在团队中不受欢迎。监督者有很强的批判能力,善于综合思考、谨慎决策。

典型特征:冷静,不易激动,谨慎,判断精确。

作用:监督者善于分析和评价,善于权衡利弊来选择方案。

优点:冷静,判别能力强。

缺点:缺乏超越他人的能力。

7. 凝聚者

角色描述:凝聚者是团队中最积极的成员,他们善于与人打交道,善解人意,关心他人,处事灵活,很容易把自己同化到团队中。凝聚者对任何人都没有威胁,是团队中比较受欢迎的人。

典型特征:合作性强,性情温和,敏感。

作用:凝聚者善于调和各种人际关系,其社交和理解能力在冲突环境中会成为资本。凝聚者信奉“和为贵”,有他们在的时候,人们能协作得更好,团队士气更高。

优点:随机应变,善于化解各种矛盾,促进团队合作。

缺点:在危机时刻可能优柔寡断,不太愿意承担压力。

8. 完美者

角色描述:完美者具有持之以恒的毅力,做事注重细节,力求完美。他们不大可能去做那些没有把握的事情；喜欢事必躬亲，不愿授权；他们无法忍受那些做事随随便便的人。

典型特征：埋头苦干，守秩序，尽职尽责，易焦虑。

作用：对于那些重要且要求高度准确性的任务，完美者起着不可估量的作用；在管理方面崇尚高标准、严要求，注意准确性，关注细节，坚持不懈。

优点：坚持不懈，精益求精。

缺点：容易为小事情而焦虑，不愿放手，甚至吹毛求疵。

从以上的描述中可知：实干者善于行动，团队中若缺少实干者，则团队会太乱；协调者善于寻找到合适的人，团队中若缺少协调者，则领导力不强；推进者善于让想法立即变成行动，团队中若缺少推进者，则工作效率不会高；创新者善于出主意，团队中若缺少创新者，则思维会受到局限；信息者善于挖掘最新"情报"，团队中若缺少信息者，则团队会比较封闭；监督者善于发现问题，团队中若缺少监督者，则工作绩效会不稳定甚至大起大落；凝聚者善于化解矛盾，团队中若缺少凝聚者，则人际关系会变得紧张；完美者强调细节，团队中若缺少完美者，则工作会比较粗糙。

（四）轮机部团队工作

团队工作又称小组工作，是指与以往每个人只负责一项完整的工作的一部分（如一道工序、一项业务的某一程序等）不同，由数人组成一个小组，共同负责完成这项工作。在小组内，每个成员的工作任务、工作方法以及产出速度等都可以自行决定。在某些情况下，小组成员的收入与小组的产出挂钩，这样一种方式就称为团队工作方式。其基本思想是全员参与，从而调动每个人的积极性和创造性，使工作效果尽可能好。

第三节 ● 培养领导能力

所谓领导，是指管理者运用其权力和管理艺术，指挥、引导、带动、激励和影响组织成员，协调他们的行动，激发他们的积极性和创造性，使他们为实现组织目标而做出努力和贡献的过程。

具体地说，领导职能是指领导者对组织成员施加影响，使他们以高昂的士气、饱满的热情为实现组织的目标而努力，具体包括沟通和激励等工作。

一、沟通

（一）沟通的含义和特征

1. 沟通的含义

沟通也称为信息交流，是指发讯者把信息（也包括发讯者的思想、知识、观念、意图、想法等）按照可以理解的方式传递给收讯者，达到相互了解和协调一致的效果，以确保组织目标的实现。

沟通应具备以下基本特征：

（1）沟通必须在两个或两个以上的人之间进行。

（2）沟通必须有一定的沟通客体，即沟通情况等。

（3）沟通必须有一定的传递信息情报的手段，如语言、文字等。

2. 沟通的特征

（1）主要通过语言或非语言渠道进行。

（2）人际沟通不仅仅传递情报、交换信息，还包括交流思想、情感、观念、态度等。

（3）人际沟通涉及双方的动机、目的等特殊需要，这使人际交流变得更加复杂，需要相应的沟通技巧和艺术。

（4）在人际沟通过程中，会出现特殊的沟通障碍——心理障碍。

（二）沟通的分类与作用

1. 沟通的分类

（1）正式沟通与非正式沟通。

（2）上行沟通、下行沟通和平行沟通。

（3）单向沟通和双向沟通。

（4）口头沟通和书面沟通。

2. 沟通的作用

（1）沟通有利于消除误会，确立互信的人际关系，营造良好的工作氛围，增加组织的凝聚力。

（2）沟通有利于协调组织成员的步伐和行动，确保组织计划和目标的顺利实现。

（3）沟通有利于领导者准确、迅速、完整地了解组织及部属的动态，获取高质量的信息，有助于提高领导工作的效率。

（4）沟通有利于加强组织与外部环境的联系，同外部环境进行物质、信息及能量的交换，保证组织与环境协调一致。

（5）沟通有利于激励下属的斗志，激发整体创新智慧，增强组织可持续发展的动力。

（三）有效沟通

1. 有效沟通的内涵

达成有效沟通必须具备两个必要条件：首先，信息发送者能清晰地表达信息的内涵，以便信息接收者能确切理解；其次，信息发送者重视信息接收者的反应并根据其反应及时修正信息的传递，免除不必要的误解，两者缺一不可。

2. 有效沟通的原则

（1）能听话：不要随意打断对方的话，应听懂别人的想法。

（2）能赞美：对沟通对象所说的话，有道理的地方，应适当予以赞美。

（3）能平心静气：沟通双方如无平心静气的心理准备，沟通起来就容易斗气。

（4）能变通：解决事情的方案绝对不止一个。

（5）能幽默：幽默感能决定一个人事业成功的程度。

3. 沟通障碍

沟通障碍指的是信息在传递和交换过程中，受噪声的干扰而失真或中断。沟通障碍包括传送障碍、接收障碍和信道障碍。

4. 提高全员沟通的技巧

组织全员沟通技巧的培训,促进员工的沟通能力。

（1）仔细倾听

要专注、耐心、深入理解式地倾听发言者的全部信息,做到多听少说。

（2）清晰和有策略地表达

对不同的事情,采取不同的表达方式。

口语沟通要做到简洁、清晰,对事不对人,注重对方感受;同时多利用身体语言及语音语调等,使对方容易理解,并产生亲和感。

书面沟通要做到层次分明、清晰、有条理,学会运用先"图"后"表"再"文字"的表达方式。

（3）改变沟通心态

要建立平等、尊重、设身处地、欣赏、坦诚的沟通心态。

（4）积极反馈

对信息发送者所表达的信息给予积极的反馈(书面或口语回复、身体语言反馈、概括重复、表达情感等)。

（四）外部沟通和内部沟通

沟通在管理上分为外部沟通和内部沟通。

1. 外部沟通

外部沟通是指通过公共关系手段,利用大众传媒、内部刊物等途径,与客户、政府职能部门、周边社区、金融机构等,建立良好的关系,争取社会各界的支持,创造好的发展氛围。

2. 内部沟通

内部沟通是指为了实现组织的目标,组织内部领导班子成员之间、领导与下属之间、组织各部门之间以及职工之间的关系的协调与信息的交流。

二、激励

（一）激励的含义

从心理学的角度来讲,激励是指激发人的行动动机的心理过程,是一个不断朝着期望的目标前进的循环过程。简而言之,就是在工作中调动人的积极性的过程。

为了便于理解激励这一概念,我们可以从以下三个方面来解释:

1. 激励具有时效性。每一种激励手段的作用都有一定的时间限度,超过时限就会失效。因此,激励不能一劳永逸,需要持续进行。

2. 激励是一个过程。人的很多行为都是在某种动机的推动下完成的。对人的行为的激励,实质上就是通过采用能满足人的需要这个诱因条件,引起行为动机,从而推动人采取相应的行为,然后再根据人们新的需要设置诱因,如此循环往复。

3. 激励过程受内外因素的制约。各种管理措施,应与被激励者的需要、理想、价值观和责任感等内在因素相吻合,才能产生较强的合力,从而激发和强化工作动机,否则不会产生激励作用。

（二）激励的原则

激励是一门科学,正确的激励应遵循以下原则。

1.组织目标与个人目标相结合的原则

在激励机制中,设置目标是一个关键环节。

2.物质激励与精神激励相结合的原则

员工存在着物质方面的需要和精神方面的需要,相应的激励方式也应该是物质激励与精神激励相结合。

3.外在激励与内在激励相结合的原则

在激励中,领导者应善于将外在的激励与内在的激励相结合,以内在激励为主、外在激励为辅,才能收到事半功倍的作用。

4.正激励与负激励相结合的原则

领导者在激励员工时应该把正激励与负激励巧妙地结合起来,坚持以正激励为主、负激励为辅。

5.按员工需要激励的原则

激励的起点是满足员工的需要,但员工的需要存在着个体的差异性和动态性,因人而异、因时而异,并且只有满足最迫切需要的措施,其激励强度才大。

6.坚持民主公正的原则

公正是激励的一个基本原则。如果不公正,奖不当奖、罚不当罚,不仅收不到预期的效果,反而会造成许多消极的后果。公正就是赏罚分明,并且赏罚适度。赏罚严明就是铁面无私,不论亲疏,不分远近,一视同仁。

第四节 ◉ 情景意识培养

情景意识是人们对事故发生的一种预知和警惕,是指在一个特定的时间对影响机器的因素和条件的准确感知,能敏捷地察觉和了解周围情况的变化及影响,能正确考虑或预测到即将面临的局面,能随时知晓与团队任务相关的即将发生的事情,能够识别失误链和在事故发生前将其破断的能力等。

一、情景意识的原理

情景意识是人脑的产物,因此大脑是情景意识的物质基础,它有四个功能系统。人的各种行为和心理活动,都是这四个功能系统相互作用和协同活动的结果。

二、情景意识对安全的影响

情景意识是安全意识的一个重要组成部分,在船舶安全中起着相当关键的作用。情景意识是指识别一个过失链和事故并在其发生前将其破断的能力,可随时知晓与团队任务相关的将要发生的事情,识别和找出失误。情景意识对安全有很大的影响,如工作人员的理解力、判断力和适应性越强,情景意识就越高,事故风险就越小,安全系数就越高;工作人员身体不好和心理状况差、经验与操作技能差、领导与管理技能低,导致低情景意识的产生,安全性就低,发生事故的可能性就大。

三、机舱管理中情景意识的培养

(一)轮机知识的积累是情景意识培养的基础

轮机人员应自觉地进行系统性的轮机理论知识的学习,将设备说明书研究透彻,弄清各种运行参数的具体内涵,结合公司安全管理体系搞清方方面面的规定标准和安全裕量;并随着新科技在船舶上的广泛运用,不断更新专业知识与技术,从而使自己储备足够数量的专业知识。

(二)加强轮机管理的关联研究是培养情景意识的关键

轮机本身就是一个多学科的共同结晶,设备种类纷繁多杂,运行环境变化多端,这些便造就了各船有各船的情景,不同的时段有不同时段的情景。轮机人员工作在这样一个不断变化的情景当中,如何去把握这样一个庞大的系统的种种变化呢? 这就要靠轮机人员对整个系统进行关联研究,能"窥一斑而知全豹",形成对应的情景意识。

(三)重视注意力的分配是情景意识培养的重要环节

情景意识形成的整个映射过程是由轮机人员感官所收集的信息触发的,并且感官收集的信息的数量及其质量对形成的情景意识正确与否有着决定性的影响。这些信息可能包括:船舶驾驶台信息,如船舶位置,航向、航速,载货状况,风、流的方向及强弱,航道环境和交通状况,驾驶台用车用舵情况等;轮机部信息,如主机、副机、锅炉、甲板机械、其他设备的各种技术参数状态及轮机人员的操作信息等。收集的信息太少,可能遗漏判据,难以形成相应的情景意识;质量不高的信息太多,可能产生干扰,影响情景意识的形成质量。而收集的信息太少或太多本质上均是由注意力分配不合理而引起的。

(四)良好的工作态度的形成是培养情景意识的保证

工作态度包括轮机人员对轮机管理工作的认可要素、情感要素以及行为倾向要素。当轮机人员认识到自身工作的重要性和对轮机管理安全的意义时,就会对工作充满热情和兴趣,表现出工作认真踏实、责任心强、积极主动的特点,能够迅速地注意到异常信息,形成相应的情景意识,便于及时发现问题和解决问题。

(五)加强对轮机管理案例的学习研究是情景意识培养的捷径

轮机运行工况变化多端,影响轮机安全的因素千千万万,而公司安全管理体系、设备说明书等只能够提供有限的程序帮助,而且其中大多还是在其他系统、外部环境都正常的逻辑基础之上建立的;另外,单靠自己的经验,不但许多特殊情况个人体验不到,而且由于经历局限于某些常用的情况,还会使某些思维通道因频数效应而畸形发展,导致思维定式的缺陷。所以,要想更多地获得各种情况下的情景意识,学习和研究人的轮机管理案例不失为一个快捷而有效的途径。

(六)做好轮机管理中特殊情景意识的预想是培养情景意识的助推器

情景意识其实是一种触景生"情"的反应能力,只掌握大量的知识是不够的,从"知道"到"做到"看似咫尺之遥,实际却是两重境界。

【实操训练】

情景一:机舱检修工作中轮机长、轮机员之间的协调与配合

目的:通过此情景培训,使团队领导能按正确的优先顺序分配任务,增强轮机部门之间的沟通能力;使团队领导具有良好的决断力、领导力和情景意识,团队成员具有良好的领悟能力、情景意识及服从意识。培养整个团队精神。

内容:

1. 轮机长、轮机员之间良好的团队情景意识。

2. 轮机长、轮机员之间良好的沟通协调能力。

3. 轮机长、轮机员良好的领导力和科学的决断力。

4. 检修工作中团队经验的运用。

情景二:常规工况下轮机长、轮机员之间的协调与配合

目的:通过此情景的训练,使学员达到熟练掌握轮机部人员之间在备车、完车、机动航行过程中合理的通信与沟通的方式,将正确的信息按照适当的渠道传递给接收者,能够正确选择沟通方式,掌握有效沟通原则。能够将正确合理的通信与沟通在轮机部备车、完车、机动航行中体现出来。

内容:

1. 备车:轮机长、轮机员之间良好的团队情景意识。

2. 机动航行:轮机长、轮机员之间良好的沟通协调能力。

3. 完车:轮机长、轮机员良好的领导力和科学的决断力。

情景三:轮机部与外部人员的通信与沟通

目的:通过本项目培训,使学员掌握轮机部与验船师、修造船厂工程师沟通的方式,将正确的信息按照适当的渠道传递给接收者。能够正确选择沟通方式,掌握有效沟通的原则。能够将正确合理的通信与沟通在验船、船舶修造过程中体现出来。

内容:

1. 与验船师的沟通:有关船机状态的报告;船舶检验项目;证书;检验报告;设备运行数据、维修记录、状态报告等。

2. 与修造船厂工程师的沟通:修船计划、项目修理单、临时修理或计划修理、有关设备安全和性能的特殊情况报告;修船组织、监修、验收等。

情景四:机舱与驾驶台的通信与沟通

目的:通过此情景的培训,使学员认识到机舱与驾驶台沟通的重要性,熟练掌握机舱与驾

驶台之间合理的通信与沟通的方式,将正确的信息按照适当的渠道传递给接收者。能够正确选择沟通方式,掌握有效沟通的原则。能够将正确合理的通信与沟通在船舶开航、备车、停泊中体现出来。

内容:

1. 开航前:开航通知及开航时间变更;主要机电设备情况;燃油存量通告。

2. 开航前1h:核对船钟、车钟,试舵;航海日志、轮机日志及车钟记录簿的记载。

3. 备车:主机盘车、冲车、试车;转驾控。

4. 航行中:互换正午报告;甲板作业、机舱作业;各种应变情况下的信息互通。

5. 停泊中:压载的调整、加装燃油、装卸货情况信息互通。

附录

附录一 垃圾告示牌、船舶垃圾管理计划和垃圾记录簿

一、垃圾告示牌

垃圾告示牌

1. 禁止向内河水域排放船舶垃圾,船舶垃圾必须排放到港口接收设施或者由垃圾接收单位接收处理。

在允许排放垃圾的海域,根据船舶垃圾类别和海域性质,分别执行相应的排放控制要求。

2. 本船配备的垃圾收集容器分为三类,其标识及功能分别为:

食品类船舶垃圾:用于收集食品废弃物;

塑料类船舶垃圾:用于收集塑料和混有塑料制品的垃圾;

其他船舶垃圾:用于收集其他垃圾。

船舶上所产生的垃圾(包括旅客登船期间产生的垃圾)均应按照上述原则分类,并分别存储在相应的储存容器中。

3. 来自疫区船舶的船舶垃圾应当经检疫部门检疫合格后,方可进行接收和处理。

4. 对带有病菌的食品废弃物及其用具、有毒有害垃圾,应与其他垃圾分开,储存在专用容器中妥善保存,有条件的要先进行消毒。到港后按照有关规定送往港口接收设施处理。

5. 违反规定处理船舶垃圾的,海事管理机构将依据有关法律、法规,视情节不同处 3 000 元以上20 万元以下罚款。

二、船舶垃圾管理计划（样本）

船舶垃圾管理计划（内河船舶适用）

船　　名：⋯⋯⋯⋯⋯⋯⋯⋯⋯⋯⋯⋯⋯⋯⋯⋯⋯⋯

船 籍 港：⋯⋯⋯⋯⋯⋯⋯⋯⋯⋯⋯⋯⋯⋯⋯⋯⋯⋯⋯⋯

（首页）

前言

1. 本"计划"根据《中华人民共和国水污染防治法》《中华人民共和国海洋环境保护法》《防治船舶污染海洋环境管理条例》《中华人民共和国防治船舶污染内河水域环境管理规定》《船舶水污染物排放控制标准》及其他有关法律、法规编写。

2. 本"计划"旨在指导船员正确管理和处置船舶垃圾,防止船舶垃圾污染水域,保护水域环境。

3. 本船全体船员应严格按本"计划"的要求,认真管理和处置船舶垃圾,防止船舶垃圾污染水域。

4. 本"计划"供本船船员在船上使用。

第 1 页

船舶概况

船舶种类	
船舶识别号	
船体材料	
建造厂	
建造年月	
总长	
型宽	
型深	
总吨	
航速	
定员	
核定航区	
乘客定额	
所有人	
经营人	

第2页

中华人民共和国内河船舶船员适任考试培训教材

目录

第一章　管理要求

1 船上应设置符合格式要求的垃圾告示牌并张贴在明显的位置。

2 船舶垃圾管理计划应被船员所了解和熟悉。

3 垃圾记录簿的记录。

3.1 每次排放操作,均要记录在垃圾记录簿上并签字,每页用完后,需要船长签字。

3.2 每次排放至港口接收设施或接收船舶,须在垃圾记录簿中填写垃圾接收日期及时间、港口接收设施或接收船舶的名称、垃圾的分类、每类垃圾的估算量(以立方米计)。

3.3 垃圾记录簿应作为文件存放在船上便于检查所需,并从最后一则记录日期起在船上保存两年。

3.4 垃圾因意外或其他异常情况排放或落失水域时,应在垃圾记录簿中记录该排放或落失水域时的日期及时间、港口或船位(经纬度和水深)、原因、种类和估算量,以及为防止和尽量减少该排放或意外落失业已采取的合理措施和大致说明。

第二章　船舶垃圾管理计划实施人员及其职责

1 船舶垃圾管理计划实施总负责人及其职责

1.1 本船船舶垃圾管理计划实施的总负责人是本船船长(或履行船长职责的人)。

1.2 船舶垃圾管理计划实施总负责人的职责:

● 负责船舶垃圾管理计划在船上的全面贯彻实施;

● 指定实施船舶垃圾管理计划的具体负责人员;

● 负责组织全体船员进行有关船舶垃圾管理和处置的培训、教育工作;

● 船舶发生垃圾污染事故时,组织船员进行应急处理并及时报告主管机关。

2 船舶垃圾管理计划具体实施负责人及其职责

2.1 本船船舶垃圾管理计划具体实施负责人由船舶垃圾管理计划实施总负责人指定。

2.2 船舶垃圾管理计划具体实施负责人名单见附表。

2.3 船舶垃圾管理计划具体实施负责人的职责:

● 负责指定船舶垃圾管理与处置人员,并监督其工作的执行情况;

● 负责组织船舶垃圾管理人员具体实施本船垃圾管理计划;

● 负责本船垃圾管理人员的垃圾管理培训、训练、演习等工作;

● 船舶发生垃圾污染事故时,作为现场指挥,组织进行应急处理工作;

● 负责联系船舶垃圾的陆上接收处理事宜;

● 负责船舶垃圾记录簿的记录和保管;

● 负责对船员、旅客进行防止船舶垃圾污染水域的宣传工作。

3 垃圾管理与处置人员及其职责

3.1 垃圾管理与处置人员由船舶垃圾管理计划具体实施负责人指定。

3.2 垃圾管理与处置人员名单见附表。

3.3 垃圾管理与处置人员的职责:

●负责日常垃圾收集、处理工作；

●负责分类、收集、处理垃圾；

●保持垃圾收集容器、垃圾储存点的卫生，防止发生污染，或产生腐烂、恶臭气味；

●负责所分管的垃圾管理与处置设备的维修与保养，使其处于良好技术状态，并严格按照垃圾管理程序进行操作；

●船舶发生垃圾污染事故时，按现场指挥的指令参加应急处理工作。

第三章　船舶垃圾分类及说明

船舶垃圾分类及说明见下表。

船舶垃圾分类表

序号	类别	说明
1	塑料废弃物	含有或包括任何形式塑料的固体废弃物，其中包括合成缆绳、合成纤维渔网、塑料垃圾袋和塑料制品的焚烧炉灰
2	食品废弃物	船上产生的变质或未变质的食料，包括水果、蔬菜、奶制品、家禽、肉类产品和食物残渣
3	生活废弃物	船上起居处所产生的各类废弃物，不包括生活污水和灰水（洗碟水、沐浴水、洗衣水、洗澡水以及洗脸水等）
4	废弃食用油	废弃的任何用于或准备用于食物烹制或烹调的可食用油品或动物油脂，但不包括使用上述油进行烹制的食物
5	废弃物焚烧炉灰渣	用于垃圾焚烧的船用焚烧炉所产生的灰和渣
6	操作废弃物	船舶正常保养或操作期间在船上收集的或是用以储存或装卸货物的固态废弃物（包括泥浆），包括货舱洗舱水和外部清洗水中所含的清洗剂和添加剂，不包括灰水、舱底水或船舶操作所必需的其他类似排放物
7	货物残留物	货物装卸后在甲板上或舱内留下的货物残余，包括装卸过量或溢出物，不管其是在潮湿还是干燥的状态下，或是夹杂在洗涤水中。货物残留物不包括清洗后甲板上残留的货物粉尘或船舶外表面的灰尘
8	动物尸体	作为货物被船舶载运并在航行中死亡的动物尸体
9	废弃渔具	放弃使用的渔具，含布设于水面、水中或海底用于捕捉水生生物的实物设备或其部分部件组合
10	电子垃圾	废弃的电子卡片、小型电器、电子设备、打印机墨盒等

第四章　船舶垃圾管理与处置的原则

1 禁止向内河水域排放船舶垃圾，船舶垃圾必须排放到港口接收设施或者由垃圾接收单位接收处理。

在允许排放垃圾的海域，根据船舶垃圾类别和海域性质，分别执行相应的排放控制要求。

1.1 在任何海域，应将塑料废弃物、废弃食用油、生活废弃物、废弃渔具和电子垃圾收集并排入接收设施。

1.2 对于食品废弃物，在距最近陆地 3 n mile 以内（含）的海域，应收集并排入接收设施；在距最近陆地 3~12 n mile（含）的海域，粉碎或磨碎至直径不大于 25 mm 后方可排放；在距最近陆地 12 海里以外的海域可以排放。

1.3 对于货物残留物，在距最近陆地 12 n mile 以内（含）的海域，应收集并排入接收设施；在距最近陆地 12 n mile 以外的海域，不含危害海洋环境物质的货物残留物方可排放。

1.4 对于动物尸体，在距最近陆地 12 n mile 以内（含）的海域，应收集并排入接收设施；在距最近陆地 12 n mile 以外的海域可以排放。

1.5 在任何海域，对于货舱、甲板和外表面清洗水，其含有的清洁剂或添加剂不属于危害海洋环境物质的方可排放；其他操作废弃物应收集并排入接收设施。

1.6 在任何海域，对于不同类别船舶垃圾的混合垃圾的排放控制，应同时满足所含每一类船舶垃圾的排放控制要求。

2 内河船舶应当配备有盖、不渗漏、不外溢的垃圾储存容器，或者实行袋装，以满足航行过程中存储船舶垃圾的需要。

3 本船垃圾在船舶离港前应尽可能排放到港口接收设施或由垃圾接收单位接收处理，以减少船上垃圾的存量。

4 进行垃圾处理作业时按要求如实填写船舶垃圾记录簿。

5 全体船员应尽量少携带容易产生垃圾的物品上船。

6 船舶及其成员应尽量选用可重复使用的包装和容器，进行物品的包装或储存，以减少垃圾的产生量。

7 尽可能选用可重复使用的盖布、垫板、衬板和填充材料。

第五章　船舶垃圾的收集和处置

1 本船在_____等处按规定设置垃圾告示牌。

2 本船配备垃圾收集容器_____只，分别放在_____等处所。

3 本船配备的垃圾收集容器分为三类，其标识及功能分别为：

食品类船舶垃圾：用于收集食品废弃物；

塑料类船舶垃圾：用于收集塑料和混有塑料制品的垃圾；

其他船舶垃圾：用于收集其他垃圾。

4 船舶上所产生的垃圾均应按照上述原则分类，并分别存储在相应的储存容器中。

5 船舶将含有有毒有害物质或者其他危险成分的垃圾排入港口接收设施或者委托船舶污染物接收单位接收的，应当提前向对方提供此类垃圾所含物质的名称、性质和数量等信息。

6 船舶到港前，船舶垃圾管理计划实施负责人做好垃圾接收计划，到港后及时将垃圾排放到港口接收设施或交付船舶垃圾接收单位处理。

7 船舶垃圾交付垃圾接收单位的，垃圾管理计划实施负责人应向接收方索要接收处理凭证，并在船舶垃圾记录簿上做好记录。

第六章　发生垃圾污染事故时的应急反应

1 当发生垃圾污染事故时,应及时向就近的海事主管机关报告。

2 报告的主要内容有以下几项:船名、船籍港、船舶位置、污染发生的时间、污染状况(垃圾种类及估计数量)、污染的原因和已经采取的应急措施以及拟采取的措施。

3 船舶垃圾管理计划具体实施负责人应立即组织有关人员进行应急反应行动。采取措施防止污染范围的扩大,并尽可能及时对入水的垃圾进行打捞。

4 对于带有病菌的食品废弃物及其用具、有毒有害垃圾造成的污染,应按照垃圾种类采取防止污染扩大的措施,避免污染事故对人类及其他生物造成危害。

第七章　培训、教育与演习

1 船上定期组织全体船员学习船舶垃圾管理计划有关内容及国家关于船舶垃圾管理的法律、法规,教育全体船员严格贯彻落实国家的法律、法规,按船舶垃圾管理计划要求管理和处置船舶垃圾。

2 首次到达一个新的港口时,船舶垃圾管理计划实施总负责人应及时组织向全体船员宣传港口对垃圾管理的规定和特殊要求等。

3 主管垃圾处理设备的船员,须先经培训后再上岗工作。新到岗的船员应及时进行船舶垃圾管理的教育。

4 船上定期组织船舶垃圾污染水域应急处置演习。

附表

附表 1:本船垃圾管理计划实施人员名单

附表 2:内河水域各有关港口船舶垃圾接收单位联系名录

附表 3:海事管理机构联系名录

附表1

本船垃圾管理计划实施人员名单

船舶垃圾管理计划实施总负责人
姓名：＿＿＿＿＿＿＿＿＿职务：＿＿＿＿＿＿＿＿＿
船舶垃圾管理计划具体实施负责人
姓名：＿＿＿＿＿＿＿＿＿职务：＿＿＿＿＿＿＿＿＿
船舶垃圾管理与处置人员
姓名：＿＿＿＿＿＿＿＿＿职务：＿＿＿＿＿＿＿＿＿ 姓名：＿＿＿＿＿＿＿＿＿职务：＿＿＿＿＿＿＿＿＿ 姓名：＿＿＿＿＿＿＿＿＿职务：＿＿＿＿＿＿＿＿＿

附表2

内河水域各有关港口船舶垃圾
接收单位联系名录

单位名称	地址	联系电话	联系人

附表3

海事管理机构联系名录

机构名称	地址	联系电话

船舶垃圾管理计划（样本）（结束）

垃圾记录簿
（内河船舶适用）

船名：

船舶登记号：

船籍港：

使用期自：　　　　　　至：

签注机关(印章)

年　　月　　日

1 引言

内河船舶垃圾的管理应严格按照《中华人民共和国环境保护法》《中华人民共和国水污染防治法》《中华人民共和国海洋环境保护法》《中华人民共和国防治船舶污染内河水域环境管理规定》《船舶水污染物排放控制标准》等法律法规和标准的要求,有关船舶垃圾的作业情况应按照要求记入船舶垃圾记录簿。

2 垃圾和垃圾管理

垃圾系指产生于船舶正常营运期间,需要连续或定期处理的废弃物,包括各种塑料废弃物、食品废弃物、生活废弃物、废弃食用油、操作废弃物、货物残留物、动物尸体、废弃渔具和电子垃圾。垃圾不包括以下活动过程中的鱼类(含贝类)及其各部分:

(1)航行过程中捕获鱼产品(含贝类)的活动;

(2)将鱼类(含贝类)安置在船上水产品养殖设施内的活动;

(3)将捕获的鱼类(含贝类)从船上水产品养殖设施转移到岸上加工运输的活动。

内河水域禁止排放船舶垃圾。江海直达船舶在允许排放垃圾的海域,根据船舶垃圾类别和海域性质,分别执行相应的排放控制要求。有关垃圾的操作,按照垃圾管理计划执行。

3 垃圾种类

对于本记录簿而言,垃圾分类如下:

A 塑料废弃物

B 食品废弃物

C 生活废弃物

D 废弃食用油

E 操作废弃物

F 货物残留物

G 动物尸体

H 废弃渔具

I 电子垃圾

以上垃圾种类的具体说明见附表。

4 垃圾记录簿条目

4.1 发生下列情况时,须在垃圾记录簿上记录:

4.1.1 当垃圾被排放至岸上接收设施或其他船舶[①]时:

.1 排放的日期和时间;

.2 港口或设施,或船名;

.3 排放的垃圾的种类;

.4 各类垃圾的排放估算量(以立方米计);

.5 船长或负责人员签名。

4.1.2 当根据《船舶水污染物排放控制标准》第 7 条将垃圾排放入水域时:

.1 排放的日期和时间;

---

① 船舶污染物接收单位在垃圾接收作业完毕后,应当向船舶出具污染物接收处理单证。船舶应当将船舶污染物接收单证与垃圾记录簿一并保存。

.2 船舶位置(经纬度);

.3 排放的垃圾的种类;

.4 各类垃圾的排放估算量(以立方米计);

.5 船长或负责人员签名。

4.1.3 垃圾因意外排放或落失水域①时的情形:

.1 发生的日期和时间;

.2 发生时船舶所在港口或位置(经纬度、水深,如知道);

.3 排放或落失的垃圾的种类;

.4 各类垃圾的估算量(以立方米计);

.5 排放或落失原因及一般说明。

4.2 垃圾量

船上的垃圾量应以 m^3 (立方米)估算,如可能,按照种类分别估算。估算量在垃圾处理前后会有不同。一些处理程序可能无法进行数量估算,比如,食品废弃物的连续处理。在记录和解释既有记录时应对这些因素予以考虑。

---

① 垃圾意外排放或落失适用以下情形:a. 船上排放垃圾,是为保障船舶及船上人员安全或救护水上人命;b. 垃圾留存船上会明显对船上人员产生即刻的健康风险;c. 渔具从船上意外落失,且已采取了一切合理的预防措施。

附表　船舶垃圾分类说明

	种类	说明
A	塑料废弃物	含有或包括任何形式塑料的固体废弃物,其中包括合成缆绳、合成纤维渔网、塑料垃圾袋和塑料制品的焚烧炉灰
B	食品废弃物	船上产生的变质或未变质的食料,包括水果、蔬菜、奶制品、家禽、肉类产品和食物残渣
C	生活废弃物	船上起居处所产生的各类废弃物,不包括生活污水和灰水(洗碟水、淋浴水、洗衣水、洗澡水以及洗脸水等)
D	废弃食用油	废弃的任何用于或准备用于食物烹制或烹调的可食用油品或动物油脂,但不包括使用上述油进行烹制的食物
E	操作废弃物	船舶正常保养或操作期间在船上收集的或是用以储存和装卸货物的固态废弃物(包括泥浆),包括货舱洗舱水和外部清洗水中所含的清洗剂和添加剂,不包括灰水、舱底水或船舶操作所必需的其他类似排放物
F	货物残留物	货物装卸后在甲板上或舱内留下的货物残余,包括装卸过量或溢出物,不管其是在潮湿还是干燥的状态下,或是夹杂在洗涤水中。货物残留物不包括清洗后甲板上残留的货物粉尘或船舶外表面的灰尘
G	动物尸体	作为货物被船舶载运并在航行中死亡的动物尸体
H	废弃渔具	放弃使用的渔具,含布设于水面、水中或海底用于捕捉水生生物的实物设备或其部分部件组合
I	电子垃圾	废弃的电子卡片、小型电器、电子设备、打印机墨盒等

垃圾排放记录

日期/时间	船位(经纬度)或垃圾接收港口、码头或垃圾接收船舶名称	垃圾种类	排放估算量		排入水域的开始和结束位置	船长或负责船员证明/签字
			排入水域(m^3)	排放到接收设施或其他船舶(m^3)		

注：内河水域禁止排放船舶垃圾。

船长签名：　　　　　　　　日期：

意外排放或落失水域的记录

日期/时间	港口、码头或船位(经纬度和已知水深)	垃圾种类	估算的排放或意外落失量(m^3)	垃圾排放或落失的原因申明和一般说明(例如防止或尽量减少垃圾排放或意外损失的预防措施)	船长或负责船员证明/签字

注：内河水域禁止排放船舶垃圾。

船长签名：　　　　　　　　日期：

附录二　内河船舶防污相关证书

一、内河船舶防止油污证书（样本）

样本

格式 ZYW

№

中华人民共和国

内河船舶防止油污证书

船名　　　　　船舶识别号　　　　　船检登记号

船舶种类	非油船	建造日期	2014年11月05日
主柴油机总功率（kW）		894.00	

一、根据　　　年　　　《内河船舶法定检验技术规则》，

于　　　　　　　在　　　港，对本船进行检验，查明本船的防止油污染结构和设备符合上述规范的有关规定。

二、本证书有效期至　　　2020年04月10日　　　止。

三、记事：

发证单位：中国船级社　办事处　　　　　主任验船师：

检验编号：　　　　　发证日期：2018年11月16日　　发证地点：

№:0JP49V+CJC44A2M+v6

二、内河船舶防止垃圾污染证书（样本）

样本

格式 ZLJ

中华人民共和国

内河船舶防止垃圾污染证书

船名 _____ 船舶识别号 _____ 船检登记号 _____

活动式垃圾收集容器数量	3	活动式垃圾收集容器总容积（m3）	0.40
固定式垃圾收集容器数量	—	固定式垃圾收集容器总容积（m3）	—
垃圾压制装置型式	—		

一、根据 ____ 年 _____《内河船舶法定检验技术规则》 _____，于 _____ 在 _____ 港，对本船进行检验，查明本船的防止垃圾污染的结构和设备符合上述规范的有关规定。

二、本证书有效期至 _____ 2020年04月10日 _____ 止

三、记事：

—

发证单位：中国船级社 ____办事处 _____ 主任验船师：_____

检验编号：_____2 发证日期：2018年11月16日 发证地点：_____

No:83P49V+CJC44JYK++k

样本

格式 ZKQ

中华人民共和国

内河船舶防止空气污染证书

船名 _____ 船舶识别号 _____ 船检登记号 _____

一、根据 ____ 年 《内河船舶法定检验技术规则》 ，于 ____ 在 ____ 、 ____ 港，对本船进行检验，查明本船的防止空气污染的设备、系统、装置、布置和材料符合上述规范的有关规定。

二、下列含有氢化氯氟烃（HCPCs）的装置或系统在2020年1月1日前可以继续使用：

设备名称	数　　量	船上位置
—	—	—

三、船舶上安装的单机额定功率超过130kW的柴油机数量为 ____ 2 ____ 台；

四、本证书有效期至 2020年04月10日 止。

五、记事： —

发证单位： 中国船级社____办事处　　　　　　主任验船师：

检验编号：　　　　　　发证日期：2018年11月16日　发证地点：

No:0JP49V+CJC44J4P++v6

附录三 《内河船舶最低安全配员标准》及《中华人民共和国内河船舶最低安全配员证书》格式

一、《内河船舶最低安全配员标准》

（一）内河船舶最低安全配员一般标准

表1 一般船舶最低安全配员标准

船长和甲板部					
总吨位	总吨位3 000及以上	总吨位1 000及以上至未满总吨位3 000	总吨位600及以上至未满总吨位1 000	总吨位300及以上至未满总吨位600	总吨位100及以上至未满总吨位300	总吨位100以下
一般规定	船长1人、大副1人、二副或三副1人、普通船员1人	船长1人、大副或二副1人、普通船员1人	船长1人、驾驶员1人	船长或驾驶员1人（集装箱船、多用途船舶须为船长1人、普通船员1人）	船长或驾驶员1人（集装箱船、多用途船舶须为船长1人）	驾驶员1人
附加规定	连续航行作业时间超过16小时，须增加二副或三副1人，普通船员1人	连续航行作业时间超过16小时，须增加三副1人	连续航行作业时间超过16小时，须增加驾驶员1人；连续航行作业时间不超过10小时或定线航行航程不超过100公里的船舶可减免驾驶员1人	连续航行作业时间超过10小时，须增加驾驶员1人	连续航行作业时间超过10小时，须增加驾驶员1人	连续航行作业时间超过10小时，须增加驾驶员1人
轮机部					
主机总功率	500千瓦及以上		150千瓦及以上至未满500千瓦		75千瓦及以上至未满150千瓦	75千瓦以下
一般规定	轮机长1人、大管轮或二管轮或三管轮1人		轮机长或轮机员1人		普通船员1人	无
附加规定	连续航行作业时间超过16小时，须增加普通船员1人		无		无	无

表2　客船类、液货船类船舶最低安全配员标准

船长和甲板部						
	总吨位	总吨位2 000及以上	总吨位1 000及以上至未满总吨位2 000	总吨位600及以上至未满总吨位1 000	总吨位300及以上至未满总吨位600	总吨位100及以上至未满总吨位300	总吨位100以下
客船类	一般规定	船长1人、大副1人、二副1人、普通船员2人	船长1人、大副1人、普通船员2人	船长1人、驾驶员1人、普通船员2人	船长1人、驾驶员1人、普通船员1人	船长1人、普通船员1人	驾驶员1人
	附加规定	连续航行作业时间不超过4小时,可减免二副1人;连续航行作业时间超过10小时,须增加二副1人、普通船员1人	连续航行作业时间超过10小时,增加二副1人;连续航行作业时间超过16小时,须再增加二副1人、普通船员1人	连续航行作业时间超过10小时,须增加驾驶员1人	连续航行作业时间超过10小时,须增加驾驶员1人	连续航行作业时间超过10小时,须增加驾驶员1人	连续航行作业时间超过10小时,须增加驾驶员1人
液货船类	一般规定	船长1人、大副1人、二副或三副1人、普通船员2人	船长1人、大副1人、普通船员2人	船长1人、驾驶员1人、普通船员2人	船长1人、普通船员1人	船长1人	驾驶员1人
	附加规定	连续航行作业时间超过16小时,须增加二副或三副1人、普通船员1人	连续航行作业时间超过16小时,须增加三副1人	连续航行作业时间超过16小时,须增加驾驶员1人	连续航行作业时间超过10小时,须增加驾驶员1人	连续航行作业时间超过10小时,须增加驾驶员1人	连续航行作业时间超过10小时,须增加驾驶员1人

轮机部				
主机总功率	500千瓦及以上	150千瓦及以上至未满500千瓦	75千瓦及以上至未满150千瓦	75千瓦以下
一般规定	轮机长1人、大管轮或二管轮或三管轮1人、普通船员1人	轮机长或轮机员1人、普通船员1人	普通船员1人	无

注:

1. 一般船舶是指除客船类、液货船类之外的船舶。

2. 连续航行作业时间是指连续24小时之内,船舶保持航行和作业状态的持续时间(船舶持续停泊不超过4小时的,视为保持航行和作业状态)。

3. 普通船员是指除船长、高级船员外的其他船员。

4. 废钢船需航行时按其报废前最后一次检验时所核定的船舶种类及相关参数核定配员。

5. 主机总功率500千瓦及以上的拖(推)船,甲板部配员按照总吨位1 000及以上至未满总吨位3 000的一般船舶甲板部配员标准核定;主机总功率150千瓦及以上至未满500千瓦的拖(推)船,甲板部配员按总吨位600及以上至未满总吨位1 000的一般船舶甲板部配员标准核定;主机总功率150千瓦以下的拖(推)船,甲板部配员按照总吨位100及以上至未满吨位300的一般船舶甲板部配员标准核定;拖(推)船船队的驳船如未配备普通船员,则拖(推)船在按照上述规定进行配员的基础上,驳船数2艘及以下的增加普通船员1人,3艘及以上的增加普通船员2人。

6. 总吨位300及以上除拖船外的港内作业一般船舶和主机总功率150千瓦及以上的港内作业拖船,可按每个工班船长或甲板部高级船员1人、轮机部高级船员1人、普通船员2人的标准配员;总吨位300以下除拖船外的港内作业一般船舶和主机总功率150千瓦以下的港内作业拖船,可按每个工班船长或甲板部高级船员1人、普通船员1人的标准配员。

7. 航行时间不超过30分钟,总吨位300及以上的客渡船、车客渡船和拖船主机总功率150千瓦及以上的拖船拖带客渡驳、汽渡驳用于渡运的专业组合体(以下简称"车客渡运拖带组合体"),可按客船类船舶标准配员或按客船类船舶每个工班船长或甲板部高级船员1人、轮机部高级船员1人、普通船员3人的标准配员;航行时间不超过30分钟,总吨位100及以上至未满总吨位300的客渡船、车客渡船或拖船主机总功率75千瓦及以上至未满150千瓦的车客渡运拖带组合体,可按客船类船舶标准配员或按客船类船舶每个工班船长或甲板部高级船员1人、普通船员2人的标准配员;航行时间不超过30分钟,总吨位100以下的客渡船,船舶所有人(或者其船舶经营人、船舶管理人)应视安全情况实际需要,按客船类船舶标准配员或按客船类船舶每个工班船长或甲板部高级船员1人、普通船员1人的标准配员;航行时间不超过30分钟,总吨位100以下的车客渡船和拖船主机总功率75千瓦以下的车客渡运拖带组合体,按客船类船舶每个工班船长或甲板部高级船员1人、普通船员1人的标准配员。

8. 总吨位1 000及以上的液货船、载运集装箱的船舶,甲板部在一般规定基础上须增配普通船员1人。

9. 客船类船舶由船舶所有人(或者其船舶经营人、船舶管理人)按船舶实际载客人数配备专职负责旅客安全和应急工作的普通船员。实际载客30人及以上的至少配专职负责旅客安全和应急工作的普通船员1人,每满150名乘客增加普通船员1人,航程不超过10公里或航行时间不超过30分钟的,可按每满300名乘客增配普通船员1人。因船舶上层建筑设计不同,驾驶员不能在驾驶台通视客舱或设有双层及以上载客甲板客舱的船舶,即使实际载客未满30人,也应至少配普通船员1人。

10. 高速客船配员按照《中华人民共和国高速客船安全管理规则》确定配员人数,按照《内河船舶船员特殊培训考试和发证办法》确定配员的职务类别。

11. 未满总吨位50且主机总功率未满220千瓦的载客不超过12人的船艇(包括游艇、摩托艇、快艇、交通艇、舷外挂机船舶、公务船),可只配驾驶员1名;未满总吨位50且主机总功率220千瓦及以上的载客不超过12人的船艇(包括游艇、摩托艇、快艇、交通艇、舷外挂机船舶、公务船),配驾驶员1名和普通船员1名。

(二)J级航段及长江葛洲坝以上水域船舶最低安全配员标准

表3　一般船舶最低安全配员标准

船长和甲板部						
总吨位	总吨位3 000及以上	总吨位1 000及以上至未满总吨位3 000	总吨位600及以上至未满总吨位1 000	总吨位300及以上至未满总吨位600	总吨位100及以上至未满总吨位300	总吨位100以下
一般规定	船长1人、大副1人、二副或三副1人、普通船员2人	船长1人、大副1人、普通船员2人	船长1人、驾驶员1人、普通船员1人	船长1人、普通船员1人	船长或驾驶员1人(工程类船舶、集装箱船、多用途船舶须为船长1人)	船长或驾驶员1人

续表

船长和甲板部					
附加规定	连续航行作业时间超过16小时，须增加二副或三副1人、普通船员1人	连续航行作业时间超过16小时，须增加三副1人	连续航行作业时间超过16小时，须增加驾驶员1人；连续航行作业时间不超过4小时可减免驾驶员1人	连续航行作业时间超过10小时，须增加驾驶员1人	连续航行作业时间超过10小时，须增加驾驶员1人	连续航行作业时间超过10小时，须增加驾驶员1人

轮机部				
主机总功率	500千瓦及以上	150千瓦及以上至未满500千瓦	75千瓦及以上至未满150千瓦	75千瓦以下
一般规定	轮机长1人、大管轮或二管轮或三管轮1人	轮机长或轮机员1人、普通船员1人	普通船员1人	无
附加规定	连续航行作业时间超过16小时，须增加普通船员1人	无	无	无

表4 客船类、液货船类船舶最低安全配员标准

		船长和甲板部					
	总吨位	总吨位2 000及以上	总吨位1 000及以上至未满总吨位2 000	总吨位600及以上至未满总吨位1 000	总吨位300及以上至未满总吨位600	总吨位100及以上至未满总吨位300	总吨位100以下
客船类	一般规定	船长1人、大副1人、普通船员2人	船长1人、大副1人、普通船员2人	船长1人、驾驶员1人、普通船员2人	船长1人、驾驶员1人、普通船员1人	船长1人、普通船员1人	驾驶员1人
	附加规定	连续航行作业时间超过4小时，须增加大副1人、普通船员2人；连续航行作业时间超过10小时，须再增加二副1人、普通船员2人	连续航行作业时间超过4小时，须增加二副1人、普通船员2人；连续航行作业时间超过10小时，须再增加大副1人、普通船员2人	连续航行作业时间超过4小时，须增加驾驶员1人、普通船员1人；连续航行作业时间超过10小时，须再增加驾驶员1人、普通船员2人	连续航行作业时间超过10小时，须增加驾驶员1人	连续航行作业时间超过10小时，须增加驾驶员1人	连续航行作业时间超过10小时，须增加驾驶员1人

续表

船长和甲板部							
液货船类	一般规定	船长1人、大副1人、二副或三副1人、普通船员2人	船长1人、大副1人、普通船员2人	船长1人、驾驶员1人、普通船员2人	船长1人、普通船员1人	船长1人	驾驶员1人
	附加规定	连续航行作业时间超过16小时,须增加二副或三副1人、普通船员1人	连续航行作业时间超过16小时,须增加三副1人	连续航行作业时间超过16小时,须增加驾驶员1人	连续航行作业时间超过10小时,须增加驾驶员1人	连续航行作业时间超过10小时,须增加驾驶员1人	连续航行作业时间超过10小时,须增加驾驶员1人

轮机部				
主机总功率	500千瓦及以上	150千瓦及以上至未满500千瓦	75千瓦及以上至未满150千瓦	75千瓦以下
一般规定	轮机长1人、大管轮或二管轮或三管轮1人、普通船员1人	轮机长或轮机员1人、普通船员1人	普通船员1人	无

注:

1. 本标准适用于全国含 J 级航段的水域及长江宜昌左岸镇江阁与右岸孝子岩连线长江上游航道里程 4.5 千米以上长江干线、支流及重庆、四川、云南、贵州所辖西南山区河流船舶。

2. 一般船舶是指除客船类、液货船类船舶之外的船舶。

3. 连续航行作业时间是指连续 24 小时之内,船舶保持航行和作业状态的持续时间(船舶持续停泊不超过 4 小时的,视为保持航行和作业状态)。

4. 普通船员是指除船长、高级船员外的其他船员。

5. 废钢船需航行时按其报废前最后一次检验时所核定的船舶种类及相关参数核定配员。

6. 主机总功率 500 千瓦及以上的拖(推)船,甲板部配员按照总吨位 1 000 及以上至未满总吨位 3 000 的一般船舶甲板部配员标准核定;主机总功率 150 千瓦及以上至未满 500 千瓦的拖(推)船,甲板部配员按总吨位 600 及以上至未满总吨位 1 000 的一般船舶甲板部配员标准核定;主机总功率 150 千瓦以下的拖(推)船,甲板部配员按照总吨位 100 及以上至未满总吨位 300 的一般船舶甲板部配员标准核定;拖(推)船船队的驳船如未配备普通船员,则拖(推)船在按照上述规定进行配员的基础上,驳船数 2 艘及以下的增加普通船员 1 人,3 艘及以上的增加普通船员 2 人。

7. 总吨位 300 及以上除拖船外的港内作业一般船舶和主机总功率 150 千瓦及以上的港内作业拖船,可按每个工班船长或甲板部高级船员 1 人、轮机部高级船员 1 人、普通船员 2 人的标准配员;总吨位 300 以下除拖船外的港内作业一般船舶和主机总功率 150 千瓦以下的港内作业拖船,可按每个工班船长或甲板部高级船员 1 人、普通船员 1 人的标准配员。

8. 航行时间不超过 30 分钟,总吨位 300 及以上的客渡船、车客渡船和拖船主机总功率 150 千瓦及以上的拖船拖带客渡驳、汽渡驳用于渡运的专业组合体(以下简称"车客渡运拖带组合体"),可按客船类船舶标准配员或按客船类船舶每个工班船长或甲板部高级船员 1 人、轮机部高级船员 1 人、普通船员 3 人的标准配员;航行时间不超过 30 分钟,总吨位 100 及以上至未满总吨位 300 的客渡船、车客渡船或拖船主机总功率 75 千瓦及以上至未满 150 千瓦的车客渡运拖带组合体,可按客船类船舶标准配员或按客船类船舶每个工班船长或甲板部高级船员 1 人、普通船员 2 人的标准配员;航行时间不超过 30 分钟,总吨位 100 以下的客渡船,船舶所有人(或者其船舶经营人、船舶管理人)应视安全情况实际需要,按客船类船舶标准配员或按客船类船舶每个工班船长或甲板部高级船员1人、普通船员1人的标准配员;航行时间不超过30分钟,总吨位100以下的车客渡船和拖船主机总功率75千瓦以下的车客渡运拖带组合体,按客船类船舶每个工班船长或甲板部高级船员1人、普通船员1人的标准配员。

9. 总吨位1 000及以上的液货船、载运集装箱的船舶,甲板部在一般规定基础上须增配普通船员1人。

10. 客船类船舶由船舶所有人(或者其船舶经营人、船舶管理人)按船舶实际载客人数配备专职负责旅客安全和应急工作的普通船员。实际载客30人及以上的至少配专职负责旅客安全和应急工作的普通船员1人,每满150名乘客增加普通船员1人,航程不超过10公里或航行时间不超过30分钟的,可按每满300名乘客增配普通船员1人。因船舶上层建筑设计不同,驾驶员不能在驾驶台通视客舱或设有双层及以上载客甲板客舱的船舶,即使实际载客未满30人,也应至少配普通船员1人。

11. 高速客船配员按照《中华人民共和国高速客船安全管理规则》确定配员人数,按照《内河船舶船员特殊培训考试和发证办法》确定配员的职务类别。

12. 未满总吨位50且主机总功率未满220千瓦的载客不超过12人的船艇(包括游艇、摩托艇、快艇、交通艇、舷外挂机船舶、公务船),可只配驾驶员1名;未满总吨位50且主机总功率220千瓦及以上的载客不超过12人的船艇(包括游艇、摩托艇、快艇、交通艇、舷外挂机船舶、公务船),配驾驶员1名和普通船员1名。

(三)相关省级地方海事局、直属海事局辖区内河船舶最低安全配员标准

1. 上海地区未满总吨位600内河公务船最低安全配员标准

表5 公务船最低安全配员标准

船长和甲板部			
总吨位	总吨位300及以上至未满总吨位600	总吨位100及以上至未满总吨位300	总吨位100以下
一般规定	船长或驾驶员1人	船长或驾驶员1人	驾驶员1人
附加规定	连续航行作业时间超过8小时,须增加驾驶员1人	连续航行作业时间超过8小时,须增加驾驶员1人	连续航行作业时间超过8小时,须增加驾驶员1人
轮机部			
主机总功率	500千瓦及以上	150千瓦及以上至未满500千瓦	150千瓦以下
一般规定	轮机长1人、大管轮或二管轮或三管轮1人	轮机长或轮机员1人	普通船员1人
附加规定	总吨位未满300的内河公务船,连续航行作业时间不超过4小时,可减免大管轮或二管轮或三管轮1人	无	无

注:

1. 本标准适用于仅在上海地区通航水域内航行的总吨位未满600的内河公务船。总吨位600及以上的内河公务船及本标准未明确的其他船舶,其最低安全配员标准按照《内河船舶最低安全配员标准》之(一)、(二)执行。

2. 连续航行作业时间系指连续24小时之内,船舶保持航行和作业状态的持续时间(船舶持续停泊不超过4小时的,视为保持航行和作业状态)。

3. 本标准中的普通船员是指水手或机工,可从事船上水手或机工工作。

4. 执行本标准时不免除船舶所有人或船舶管理人为保证船舶、货物、人员安全,保护水域环境,保证值班船员得到充分休息,防止疲劳值班,而增加配员的责任。

2. 浙江省内河小型船舶最低安全配员标准

表 6　小型船舶最低安全配员标准

甲板部		
总吨位类别	总吨位 100 以下	
一般规定	驾驶员 1 人	
附加规定	连续航行作业时间超过 10 小时,须增加驾驶员 1 人	
轮机部		
主机总功率类别	150 千瓦及以上至未满 500 千瓦	75 千瓦及以上至未满 150 千瓦	75 千瓦以下
一般规定	轮机长或轮机员 1 人	普通船员 1 人	无
附加规定	总吨位 100 以下的小型船舶,连续航行作业时间不超过 2 小时,可减免轮机长或轮机员 1 人	总吨位 100 以下的小型船舶,连续航行作业时间不超过 4 小时,可减免普通船员 1 人	无

注:本标准所称"小型船舶",是指符合内河船舶建造规范,仅在浙江省内河航行的总吨位 100 以下的机动船舶,但不包括高速客船、游艇、军事船舶、渔船、地效翼船及体育运动船舶。

3. 云南省地方海事局澜沧江 C 级航区 J 级航段船舶最低安全配员标准

表 7　一般船舶最低安全配员标准

船长和甲板部							
总吨位	总吨位 5 000 及以上	总吨位 3 000 及以上至未满总吨位 5 000	总吨位 1 000 及以上至未满总吨位 3 000	总吨位 600 及以上至未满总吨位 1 000	总吨位 300 及以上至未满总吨位 600	总吨位 100 及以上至未满总吨位 300	总吨位 100 以下
一般规定	船长 1 人、大副 1 人、二副 1 人、三副 1 人、普通船员 3 人	船长 1 人、大副 1 人、二副或三副 1 人、普通船员 3 人	船长 1 人、大副 1 人、普通船员 3 人	船长 1 人、驾驶员 1 人、普通船员 2 人	船长 1 人、驾驶员 1 人、普通船员 2 人	船长 1 人、普通船员 2 人	驾驶员 1 人、普通船员 1 人
轮机部							
主机总功率	1 000 千瓦及以上		500 千瓦及以上至未满 1 000 千瓦		150 千瓦及以上至未满 500 千瓦		150 千瓦以下
一般规定	轮机长 1 人、大管轮或二管轮或三管轮 1 人		轮机长 1 人		轮机长 1 人		轮机长 1 人或轮机员 1 人

注:澜沧江干线库区内的一般船舶的配员标准按照《内河船舶最低安全配员标准》之 (一)、(二)执行。

表8　客船、液货船、集装箱船、自卸式沙船最低安全配员标准

船长和甲板部							
船舶种类	总吨位	总吨位2000及以上	总吨位1000及以上至未满总吨位2000	总吨位600及以上至未满总吨位1000	总吨位300及以上至未满总吨位600	总吨位100及以上至未满总吨位300	总吨位100以下
客船	一般规定	船长1人、大副1人、普通船员3人	船长1人、大副1人、普通船员3人	船长1人、驾驶员1人、普通船员3人	船长1人、驾驶员1人、普通船员3人	船长1人、驾驶员1人、普通船员2人	船长或驾驶员1人、普通船员1人
客船	附加规定	连续航行作业时间超过4小时，须增加大副1人、普通船员2人；连续航行作业时间超过10小时，须再增加二副1人、普通船员2人	连续航行作业时间超过4小时，须增加二副1人、普通船员2人；连续航行作业时间超过10小时，须再增加大副1人、普通船员2人	连续航行作业时间超过4小时，须增加驾驶员1人、普通船员1人；连续航行作业时间超过10小时须再增加驾驶员1人、普通船员2人	连续航行作业时间超过10小时，须增加驾驶员1人、普通船员1人	连续航行作业时间超过4小时，须增加驾驶员1人、普通船员1人	连续航行作业时间超过4小时，须增加驾驶员1人、普通船员1人
液货船、集装箱船、自卸式沙船	一般规定	船长1人、大副1人、二副或三副1人、普通船员3人	船长1人、大副1人、普通船员3人	船长1人、驾驶员1人、普通船员3人	船长1人、普通船员2人	船长1人、普通船员1人	船长或驾驶员1人、普通船员1人
液货船、集装箱船、自卸式沙船	附加规定	连续航行作业时间超过4小时，须增加二副或三副1人、普通船员1人	连续航行作业时间超过4小时，须增加三副1人	连续航行作业时间超过4小时，须增加驾驶员1人、普通船员1人	连续航行作业时间超过10小时，须增加驾驶员1人	连续航行作业时间超过10小时，须增加驾驶员1人	连续航行作业时间超过10小时，须增加驾驶员1人

轮机部				
主机总功率	1000千瓦及以上	500千瓦及以上至未满1000千瓦	150千瓦及以上至未满500千瓦	150千瓦以下
一般规定	轮机长1人、大管轮或二管轮或三管轮1人	轮机长1人	轮机长1人	轮机长1人或轮机员1人

注：澜沧江干线库区内的客船、液货船、集装箱船、自卸式沙船的配员标准按照《内河船舶最低安全配员标准》之（一）、（二）执行。

4. 甘肃省总吨位300或主机总功率500千瓦以下内河客船最低安全配员标准

表9　客船最低安全配员标准

船长及甲板部		
总吨位	总吨位 100 及以上至未满总吨位 300	总吨位 100 以下
一般规定	船长或驾驶员 1 人	驾驶员 1 人
附加规定	连续航行作业时间超过 10 小时,须增加驾驶员 1 人	连续航行作业时间超过 10 小时,须增加驾驶员 1 人
轮机部		
主机总功率	150 千瓦及以上至未满 500 千瓦	75 千瓦及以上至未满 150 千瓦	75 千瓦以下
一般规定	轮机长或轮机员 1 人	无	无
附加规定	无	设有单独机舱的为轮机员 1 人	设有单独机舱的为普通船员 1 人

注:

1. 连续航行作业时间是指连续 24 小时之内,船舶保持航行和作业状态的持续时间(船舶持续停泊不超过 4 小时的,视为保持航行和作业状态)。

2. 未满总吨位 100 且主机总功率未满 300 千瓦的船艇(包括摩托艇、快艇、交通艇、舷外挂机船舶),可只配驾驶员 1 名(设有单独机舱的客船除外)。

3. 客船类船舶由船舶所有人(或者其船舶经营人、船舶管理人)按船舶实际载客人数配备专职负责旅客安全和应急工作的普通船员。实际载客 30 人及以上 100 人以下的船舶,专职负责旅客安全和应急工作的普通船员可由轮机部船员兼任;实际载客 100 人及以上的按照《内河船舶最低安全配员标准》之(一)、(二)执行。

4. 参与夜航的客船,在满足《甘肃省总吨位 300 或主机总功率 500 以下内河客船最低安全配员标准》规定的最低配员要求基础上,须增加普通船员或安全工作人员 1 人。

5. 其他内河一般船舶、液货船、总吨位 300 及以上(或 500 千瓦及以上)的客船按照《内河船舶最低安全配员标准》之(一)、(二)执行。

二、《中华人民共和国内河船舶最低安全配员证书》格式

中华人民共和国

内河船舶最低安全配员证书

根据《中华人民共和国船舶最低安全配员规则》附录 3 签发。

船名	船舶识别号	船舶登记号码	船籍港
船舶种类	吨位（总吨）	主机总功率	载客定额
航行区域			

此船航行时,船舶配员在下表中所列出的职务、证书类别和人数的基础上,同时满足所列附加规定或特别要求说明,即符合安全配员的要求。

职务	证书类别	人数	职务	证书类别	人数
船长			轮机长		
大副			大管轮		
二副			二管轮		
三副			三管轮		
驾驶员			轮机员		
普通船员					
适用范围					
附加规定或特别要求说明					

本证书有效期自____年____月____日起至____年____月____日止

发证机关(印章)：_____签发日期：____年____月____日

特别提示：

本证书规定了本船舶配员的最低标准,该标准不妨碍船舶所有人（或者其船舶经营人、船舶管理人）为保证船舶安全航行和作业而增配必要的船员。

参考文献

［1］宿靖波,王松明.机舱管理.大连:大连海事大学出版社,2016.

［2］张跃文,等.船舶管理.大连:大连海事大学出版社,2012.

［3］张本,俞嘉虎.造船轮机大意.大连:大连海事大学出版社,2006.

［4］安翔.轮机工程基础:修订版.北京:科学出版社,2019.

［5］刘万鹤.船舶管理:轮机工程专业.大连:大连海事大学出版社,2019.

［6］魏海军.轮机维护与修理.2版.大连:大连海事大学出版社,2012.

［7］满一新.轮机维护与修理.大连:大连海事大学出版社,2000.

［8］张卫锋.金工实训简明教程.北京:机械工业出版社,2013.

［9］刘转照.动力设备拆装与操作.大连:大连海事大学出版社,2009.

［10］金跃波,张育华.船舶管理:未满750 kW船舶.大连:大连海事大学出版社,2012.

［11］赵邦良,戚发勇.内河船舶船员基本安全知识与技能.大连:大连海事大学出版社,2012.

［12］中华人民共和国海事局.内河船舶法定检验技术规则,2020.

［13］中华人民共和国海事局.河船法定营运检验技术规程,2011.

［14］中华人民共和国海事局.中华人民共和国船舶安全监督规则,2020.

［15］中华人民共和国交通部.中华人民共和国船舶安全营运和防止污染管理规则(试行),2003.

［16］中华人民共和国交通运输部.中华人民共和国老旧船舶管理规定,2017.